Bernhard Bouvier

NOSTRADAMUS

Seine prophetischen Verse

kompetent übersetzt und entschlüsselt

EINFÜHRUNG
von
JAN VAN HELSING

Was ist eine Prophezeiung und aus welchem Grund wird dem Menschen prophezeit?

Die Wissenschaft ist immer noch geteilter Meinung darüber, wie das Universum entstanden ist, aber über eines ist man sich einig - daß im Universum eine Ordnung herrscht. Eine Ordnung ist *"eine Entsprechung mit Gesetzen"* und das Wort *"ordentlich"* wird im Lexikon als *"gut geführt"* erklärt. Wir leben in einem Kosmos, (griech: Ordnung). Doch was genau ist diese Ordnung im Universum?

Die Ordnung bzw. die Gesetze der Materie, der physischen Welt, erklärt uns die Physik. Doch das Leben spielt sich nicht nur in der Materie ab, sondern auch in der zweiten Komponente, nämlich der geistigen Welt. Die geistige Welt hat ebenfalls ihre Gesetze, welche durch die Metaphysik dargelegt werden.

Wir haben also die physische und die metaphysische Welt, das Diesseits und das Jenseits. So wie der Körper durch den Geist belebt wird, so werden auch Tiere, Pflanzen und Mineralien von Geist be- und durchlebt. So hat auch unser Planet Geist und wie jeder Mensch auch ein Gedächtnis.

Beide, die physische wie auch die geistige Welt werden durch die gleichen Gesetze aufrecht- und zusammengehalten. Es ist die gleiche Ordnung, wie Innen so Außen, wie im Großen so im Kleinen.

Die wichtigsten Gesetze, die diese Ordnung bilden und auf denen alle anderen Gesetze aufgebaut sind, sind das Kausalitätsgesetz und das Resonanzbeziehungsweise Schwingungsgesetz. Alle anderen Gesetze, wie zum Beispiel das Gravitations- oder das Fallgesetz schlußfolgern aus dem Kausalitätsgesetz. Das Kausalitätsgesetz nennt man allgemein das Gesetz von *"Ursache und Wirkung"*. Auch bekannt als das Gesetz von *"Saat und Ernte"*. Auch versinnbildlicht durch den Spruch *"wie man in den Wald hineinschreit, so hallt es auch zurück"*. Das Resonanzgesetz ergänzt sich mit dem Kausalitätsgesetz, da eben nur das auf den Betreffenden zurückkommt, was auf Resonanz gestoßen ist, bzw. womit er gleich schwingt. Das heißt er bekommt nur das als Resonanz zurück, was er auch zuvor gesät hatte.

Somit halten wir fest: es ist Gesetz, daß wenn man Roggen sät, auch Roggen erntet und nicht Weizen. Man braucht sich also weder zu wundern, noch ist es ein Zufall, wenn nach dem Säen des Roggensamens auch der Roggen hervorgeht. So geschieht auch demjenigen, der das Wort "Haß" in den Wald hineinschreit. So wird er nach dem Gesetz das zurückbekommen, beziehungsweise als Echo hören, was er auch hineingeschrien hatte, nämlich "Haß". Und er braucht sich nicht zu wundern, das nicht das Wort "Liebe" zurückhallt. Dies als Beispiel für die physische Welt.

Sowohl im Metaphysischen als auch im irdischen Leben würde das Gesetz sich beispielsweise so erfüllen, indem man das vom Leben zurückbekommt, was man zuvor in dieses hinein"geschrien" beziehungsweise hineingelebt hatte.

Bildlich ausgedrückt: Ist eine Person aggressiv, so ist dies die Ursache, die sie gesetzt hat. So bekommt sie nach dem Gesetz von Saat und Ernte auch das zurück, was sie gesät hatte, nämlich Aggression. Kein Zufall, sondern logisch, gesetzmäßig und fair.

Alle Gesetze auf einen Nenner gebracht können in dem folgenden Satz wiedergegeben werden: *"Alles was Du Gottes-Geschöpfen antust, ob Gutes oder Schlechtes, ob Menschen, Tieren oder Pflanzen, kommt irgendwann als Gutes oder Schlechtes auf Dich zurück."*

Um das ganze noch etwas anschaulicher zu machen, wollen wir hier das Computerbeispiel heranziehen, durch welches die Ordnung und Perfektion des Lebens, im Großen wie im Kleinen, sehr schön veranschaulicht werden kann.

Der Computer stellt die perfekte Ordnung dar. Was auch immer der Bedienende durch die Tastatur in den Rechner eingibt, wird am Bildschirm sichtbar und nach dem Druckbefehl vom Drucker ausgedruckt. Egal was man durch die Tastatur eingibt, es wird unweigerlich auf dem Bildschirm erscheinen, beziehungsweise "Realität", durch das ausgedruckte Papier.

Und wenn man vorher unbewußt einen Schreibfehler gemacht hatte, wird man ihn dann dort vorfinden. Nicht zufällig, sondern gesetzmäßig. Schreibt man das Wort "Liebe", wird der Computer auch dieses Wort ausdrucken.

Der Computer selbst jedoch ist neutral. Ihm ist es gleich, ob man "Liebe" oder "Haß" eingibt, er druckt es rein gesetzmäßig aus. Und man braucht den Computer nicht zu beschimpfen beziehungsweise verantwortlich zu machen, wenn man nachher viele Schreibfehler in dem Text entdeckt, den man selber eingegeben hatte.

Auf das Leben übertragen hieße das, was immer wir durch unsere Gedanken, Gefühle, Worte und Taten aussäen, wir auch ernten werden. Und wir brauchen dann nicht das Leben zu beschuldigen, daß es schlecht oder unfair zu uns ist. Das Leben ist neutral. Es ist die Ordnung, anhand der wir lernen, nämlich auf unsere Ursachensetzungen aufmerksam zu werden, indem uns das Leben wie ein Spiegel unser Geschaffenes durch entsprechende Wirkungen vorhält.

Ist ein Mensch krank, ist die Krankheit nicht zufällig, sondern gesetzmäßig bei der Person, da sie die entsprechenden Ursachen dafür gesetzt hatte.

So ist es mit Geld, Gesundheit, Erfolg oder Mißerfolg, allen Komponenten, die das Leben zu bieten hat. Nicht zu-fällig, sondern resonanz-fällig, nach Gesetz.

Und wie ein Computer eine Festplatte und einen Speicher hat, so hat es jeder Mensch und auch jedes andere Wesen auch.

Achte auf Deine Gedanken, denn sie werden Worte,
achte auf Deine Worte, denn sie werden Handlungen,
achte auf Deine Handlungen, denn sie werden Gewohnheiten,
achte auf Deine Gewohnheiten, denn sie werden Dein Charakter,
achte auf Deinen Charakter, denn er wird Dein Schicksal.

(Talmud)

Alles, was und wie ein Mensch über die Dauer seines Lebens hinweg "ver-ursacht", nämlich denkt, fühlt oder handelt, wird automatisch in seinem Magnetfeld abgespeichert und auch "ausgedruckt" - sprich: er wird mit seinen Ursachensetzungen im Leben konfrontiert.

Das ist weder "gut" noch "schlecht", es ist einfach so und es ist in Ordnung. Das Leben ist absolut neutral und urteilt nicht über die Saat der Menschen. Es ermöglicht dem Menschen einfach, sich wie in einem Spiegel das anzuschauen, was er gesät hat. Der sogenannte "Freie Wille" ist ein Privileg, vor dem jedoch die meisten Menschen Angst haben. Angst, frei zu sein, selbst entscheiden zu können, ja zu dürfen, Verantwortung zu tragen, selbst schöpfen und erschaffen zu können, ein eigener kleiner "Gott" zu sein. Die Menschen, die all dies nicht verstanden haben, obwohl alleine schon Buddha und Jesus es so einfach und klar ausgedrückt haben, haben noch eine lange Reise vor sich. Auch hier gilt das Gesetz der Resonanz, wer sich vor seiner Eigenverantwortung drücken will, der wird vom Leben "gedrückt".

Und wie die Menschen ihre Magnetfelder haben, so hat die Erde auch das ihre. Das Magnetfeld der Erde, welches im asiatischen Teil der Welt als "Akasha-Chronik" bezeichnet wird, hat alle Gedanken, alle Gefühle und Handlungen aller Lebewesen, die sich auf der Erde tummeln und über die letzten Jahrtausende getummelt haben, abgespeichert. Diese Akasha-Chronik könnte mit der Festplatte eines Computers verglichen werden.

Das Geschehen auf der Erde entspricht dem Kollektiv aller Gedanken und Gefühle und den daraus entstandenen Handlungen aller Menschen. Diese Daten (Gefühle und Gedanken) sind sozusagen als Geschehen auf der Erdoberfläche "ausgedruckt" - beziehungsweise erkennbar.

Der Zustand auf der Erde ist das Produkt der Gedanken aller Menschen, die zuerst in deren Köpfen waren, dann zu Worten wurden, zu Handlungen gediehen, zu Gewohnheiten reiften, dann zu unserem Kollektivcharakter und nun zu unserem SCHICKSAL geworden sind!!!

Eine Vision eines Sehers ist daher eine Momentaufnahme des kollektiven Magnetfeldes, zu dem Zeitpunkt, als er sie geschaut hat. Demzufolge wird dem Seher sichtbar gemacht, welche Wirkungen die Bewohner der Erde aufgrund ihrer Ursachensetzungen bis dahin erfahren werden, falls sie sich nicht ändern. Es sind also keine willkürlichen Szenarien, die hier einem Seher gezeigt werden, sondern es ist eine Art "Lebensfilm" der Erde, durch den dem Mensch vor Augen gehalten wird, was er bisher verursacht/getan hat, und was die Wirkungen seiner Handlungen sein werden.

Doch wozu einen Seher und Prophezeiungen?

Durch die Prophezeiungen wird uns Wesen, die auf diesem Planeten zur Schule gehen (durch Geist belebte Seelen, die physische Körper bewohnen, um in der Dritten Dimension mit den Körpern (als Vehikel) das "Spiel" Leben-in-der-Materie spielen zu können), vor Augen gehalten, was wir bisher "geschöpft" haben, um uns bewußt werden zu lassen, welche Wirkungen unsere Taten haben. Die Erde ist das Spielfeld der Seelen, um sich darauf entwickeln zu können. Eine Art Lebens-Schule. Und durch die Hilfe und

Unterstützung der geistigen Welt, also Wesen, die außerhalb von Raum und Zeit existieren und daher einen größeren Überblick haben als wir, werden uns diese Visionen über Propheten und Seher als Warnung gezeigt, da wir offenbar mit unseren Schöpfungen sehr einseitig und destruktiv umgegangen sind.

So erklärt sich nun auch der Doppelcharakter der Prophetie: Sie ist Warnung und Voraussage zugleich. Hat sie als Warnung Erfolg und bewirkt beim Menschen eine Umkehr, so braucht sie als Voraussage keinen Erfolg zu haben. Erkennt der Mensch durch die Voraussage seine Handlungsweise und verändert ab diesem Moment sein Handeln, so hat er neue Ursachen gesetzt, wird neue Wirkungen erfahren und die Voraussage hat ihren Zweck als Warnung erfüllt und wird nicht eintreffen.

Aus dieser Sichtweise heraus ist die Zukunft ein sich ständig veränderndes Webmuster, sich verändernd durch das Denken, Fühlen und Handeln der Menschen. Unsere Zukunft ist nicht ein willkürliches Schicksal, von irgendeinem Gott geplant und unveränderbar, sondern unsere Zukunft ist die Wirkung der Ursachen, die wir jetzt setzen.

Eine apokalyptische Vision ist daher nicht nur eine Zukunft, die verändert werden KANN, sondern die verändert werden SOLL.

Im 19. Jahrhundert hat schon Charles Dickens dazu geschrieben: ***"Das menschliche Verhalten führt zu einem gewaltsamen Ende. Aber wenn das gewaltsame Verhalten geändert wird, ändert sich zwangsläufig auch das Ende!"***

Wie auch immer unsere Zukunft aussehen wird, die Macht, sie zu gestalten, haben wir! Die Verantwortung liegt also bei uns allein!

"Das Schicksal einer Nation kann durch den kollektiven freien Willen ihrer Menschen modifiziert werden, und das Schicksal eines Planeten kann durch den kollektiven freien Willen seiner Nationen verändert werden."

Moira Timms

Vorwort

Dieses Buch über den bekanntesten und geheimnisvollsten aller Seher ist ein Glücksfall, der in der deutschsprachigen Deutungsliteratur seinesgleichen sucht.

Hier findet sich endlich ein Übersetzer, der fließend Französisch spricht, der über ein ebenso breites wie fundiertes historisches Wissen verfügt, und der sich mit außergewöhnlicher Intuition in die alles andere als einfachen oder gar offensichtlichen Bezüge, Anagramme, Wortspiele einzuschwingen vermag, mit denen der französische Arzt, Astrologe, Hellseher, Mystiker seine Voraussagen zu tarnen trachtete.

Das aber gerade macht die Faszination des Nostradamus aus: Ist ein zunächst völlig unverständlicher Vers erst entschlüsselt, dann entrollen sich relevante Prognosen, die man - ist das prophezeite Ereignis eingetreten - mit bestem Willen nicht mehr als zufällig oder erst hinterher hineininterpretiert abtun kann.

Wie Nostradamus zu seinen immer wieder überraschenden Vorhersagen von verblüffender Präzision kam, weiß bisher niemand, und was in seinen Centurien wirklich steckt, war niemals mühelos zugänglich. Doch was die einzelnen Verse allem Anschein nach aussagen, hat noch keiner so gut und so korrekt entschlüsselt wie Bernhard Bouvier.

Wer immer sich nur ein wenig für Prognostik interessiert, dem steht in diesem Buch eine spannende Lektüre bevor, die seine Erwartungen übertreffen wird.

Siegfried Hagl
Gräfelfing, 27. Oktober 1995

Einführung

Leben und Werk

Der größte und bekannteste aller Seher ist zweifellos Michael de Nostredame. Im Gegensatz zur landläufigen Meinung kein weltabgeschiedener Sonderling, sondern vor allem ein tatkräftiger, genialer Arzt. Für seine Kranken setzt er sich so erfolgreich ein, daß ihm die dankbare Bevölkerung schon zu Lebzeiten ein Denkmal setzt.

Seiner Zeit ist er in den Behandlungsmethoden weit voraus. Durch und durch Praktiker, geht er nüchtern und pragmatisch vor. Sein Erfolg gibt ihm recht. Er beobachtet das Leben und verschreibt Salben und Naturheilmittel. Er erkennt die heilende Wirkung, die ein ausgeglichenes Seelenleben auf die Gesundheit hat. Oft verordnet er neben seinen Medikamenten dem Patienten eine Veränderung der Einstellung zu den Mitmenschen, zum Alltagsleben. Zeitlebens ist er frommer Katholik.

Geboren wird Nostradamus am 14.12.1503 als Sohn des Notars Jacques de Nostredame in Saint-Rémy/Provençe. Sein Großvater ist Kaufmann in Avignon, handelt mit Mehl, Korn und Hafer.

Nostradamus hat zwei jüngere Brüder. Jean (1507-1577) wird Prokurator im Parlament zu Lyon; er dichtet und macht sich einen Namen als provençalischer Schriftsteller. Bertrand, der jüngste der drei Brüder, wird Notar wie der Vater. Er läßt sich im nahen Salon nieder, wo später auch Michael wirken wird.

Michael besucht zunächst das Collegium in Avignon. Dank seiner großen Sprachbegabung ist er bereits mit sechzehn Jahren mit Latein, Griechisch und Hebräisch vertraut. Er beherrscht Mathematik und Astrologie und hat Grundkenntnisse in der Medizin. Als Siebzehnjähriger erhält er das Diplom eines *Maître des Arts*, das ihm gestattet, Literatur und Philosophie zu unterrichten. Ganz ohne Zweifel ist er hochbegabt. Er studiert Medizin an der Universität in Montpellier bis 1532 und läßt sich als Arzt in Agen nieder. Im Jahr darauf latinisiert er, der Mode folgend, seinen Namen in *Nostradamus*. Er heiratet. Seine geliebte Frau und seine beiden Kinder sterben jedoch bereits 1535 an der Pest. Diesen Schicksalsschlag hat Nostradamus wohl nie verwunden. Verzweifelt über den Verlust begibt er sich auf eine zwölfjährige Wanderschaft.

Er durchreist ganz Frankreich, Lothringen, das Elsaß, die deutschen Fürstentümer und Italien. Erst mit 45 Jahren heiratet Nostradamus wieder. Seine zweite Frau ist eine wohlhabende Witwe; sie soll eine Schönheit gewesen sein.

Dem Paar werden in Salon, ihrem Wohnsitz, acht Kinder geboren. Nostradamus stirbt am 2. Juli 1566 nach zehnjährigem Leiden an Gicht. Sein Sohn Cäsar (1553-1631), den der Vater besonders liebt, wird Historiker, Dichter und Kunstmaler, außerdem Konsul von Salon.

1555 veröffentlicht Nostradamus seine prophetischen Verse. Überwiegend handelt es sich um Vierzeiler, die er jeweils zu hundert - den *Centurien* - zusammenfaßt. Insgesamt mögen die zehn Centurien vollständig gewesen sein, jedoch bricht die VII. mit Vers 42 unvermittelt ab. Über den Grund ist viel spekuliert worden. Möglich ist, daß einflußreiche Persönlichkeiten am französischen Hof dafür gesorgt haben, daß unbequeme Vorhersagen, die Monarchie oder die Kirche betreffend, der Leserschaft vorenthalten blieben.

Was die Deutung seines umfangreichen Werkes so außerordentlich erschwert, ist, daß die Verse nicht in geschichtlicher Folge vorliegen, sondern daß der Autor sie in scheinbar willkürlicher Art verwürfelt hat. Sollte bei der Verwürfelung ein System verwandt worden sein, so ist es derart genial, daß allein deswegen Nostradamus hoher Respekt gebührt: Seit Jahrhunderten versuchen sich kluge Köpfe an diesem Rätsel. Ohne Erfolg. Selbst der Einsatz moderner Großrechenanlagen ist gescheitert. Darüber hinaus haben es die Verse selbst in sich. Für den Laien sind sie unverständlich, wirken häufig geradezu sinnlos.

In diesem Zusammenhang möchte ich auf eine Merkwürdigkeit hinweisen, die bisher allen Experten entgangen ist. Für eine Vielzahl - auch eher unbedeutender Begebenheiten - liegen uns zwei Verse von Nostradamus vor. Häufig werden sogar die gleichen Worte verwendet, dasselbe Geschehen zu beschreiben. Als Beispiel möchte ich folgende Schilderungen aufführen:

- Nostradamus beschreibt die Methode seiner Prophetie
- der Unfalltod Heinrichs II.

- der Untergang des Hauses Valois
- die Einnahme von Paris durch Heinrich IV.
- die Hinrichtung Charles II.
- die Erfindung der Porzellans in Europa
- Ludwig XIV.
- die Hinrichtung Ludwigs XVI.
- Neger / Indianer in den USA
- die Geburt Napoleons I.
- Napoleons Aufstieg
- Wellington vor Toulouse
- Napoleons Flucht von Elba
- die Flucht Ludwigs XVIII.
- Napoleons Ende in St. Helena
- der Aufstand der Kommune 1870
- Verdun / Grabenkrieg im I. Weltkrieg
- Mussolini / Tut-ench-Amun 1922
- die Einnahme von Paris im II. Weltkrieg
- Stauffenbergs Attentat
- Judenverfolgung im Dritten Reich
- das Ende Hitlers
- das Schicksal Marschall Pétain
- Atombomben auf Hiroschima und Nagasaki
- das Ende der Sowjetunion nach 73 Jahren (Doppel im Prosateil)
- das spanische Königshaus
- die Flucht des Papstes während der italienischen Revolution
- Kollaps der Währungen
- Bürgerkrieg in Italien
- die Russen bei Köln
- die atomare Zerstörung von Paris
- Agrippine im Dritten Weltkrieg
- der Großmeteor (effrayeur)
- Avignon neuer Regierungssitz
- Neuer Monarch in Frankreich

- Christenheit geeint und reformiert
- das Islamische Imperium - IV. Weltkrieg (?)
- Vorstoß von Völkern aus Zentralrußland - V. Weltkrieg (?)

usw...

Es drängt sich der Verdacht auf, daß Nostradamus alle Begebenheiten, die er beschreibt, jeweils in zwei Versen niedergelegt hat. Die *Doppel* wären dann gemischt unter das *Originalwerk* geschoben. Die Methode der Entschlüsselung bestünde dann darin, die Doubletten aus der Folge des Originals herauszulösen, wodurch man ein in sich vollständiges Exemplar in richtiger historischer Reihenfolge erhalten würde.

Für die Wahrscheinlichkeit der o.a. Überlegungen spricht, daß Nostradamus überaus häufig die Schilderung eines Geschehens mit einem zwischengeschobenen Vers kurz unterbricht und der Faden mit dem folgenden wiederaufgenommen wird. Jedoch: mag dieser Gedankengang richtig sein, wie soll man die *Zwillinge* Doppel/Original unterscheiden? Lassen wir es dabei bewenden. -

Für Länder, Personen, häufig auch Städte verwendet Nostradamus Decknamen oder Umschreibungen. Bunt mischt er altfranzösische Begriffe, Latein, astrologische Fachwörter, greift auf griechische Mythen zurück, nennt als Zeitangabe astronomische Konstellationen, benutzt phonetische Abwandlungen und Anagramme. Hitler ist *Hadrie*, von griechisch Hades, die Unterwelt. Oder auch *Hister*. Hier ist Hi- von Hitler übernommen und ergänzt durch Ister, dem lateinischen Namen der Donau. Frankreich ist der *Hahn*, Deutschland der *Greif*, Israel die *Synagoge*, Paris ist häufig einfach die *Stadt*, oder auf Latein *Lutetia*, wird als Anagramm zu *Rapis*. Bei wörtlicher Übersetzung aus dem französischen in andere Sprachen geht darüber hinaus gelegentlich sogar der Sinn verloren. So heißt es in Vers IV/67: "L'air fort seiche longue trajection" = Die Luft stark trocken mit langer Bahn. Worte scheinbar ohne Sinn, und nach der Übersetzung auch nicht mehr zu dechiffrieren. Mit "air fort seiche" ist die US-*air force* gemeint (das *t* wird im französischen nicht gesprochen): air for (t) se. Ihre Flugzeuge fliegen auf *langer Bahn*.

Als bedeutenden Staatsführer der Zukunft erwähnt Nostradamus einen *Selim* = *Miles*, (lat.): Soldat. Leicht macht es uns Nostradamus also gewiß nicht. Zum Entschlüsseln gehört neben perfekter Beherrschung der französischen Sprache und fundierter Geschichtskenntnisse auch eine gehörige Portion Einfühlungsvermögen und Intuition. Auf gar keinen Fall handelt es sich um sinnloses Gestammel.

Zweifellos war Nostradamus seherisch hochbegabt. Wahrscheinlich hörte er neben den Bildern, die er sah, auch Namen. Nur so läßt sich eine Vielzahl eingetroffener Vorhersagen, Personen betreffend, erklären.

Häufig wird die Meinung vertreten, Nostradamus habe sein Werk verschlüsselt, um der Inquisition zu entgehen. Diese Deutung ist naheliegend, jedoch nicht schlüssig und trifft nicht. Nostradamus genoß die Protektion des Hofes, war vor Nachstellungen von Häschern und Meinungsschnüfflern gefeit. Der Grund ist ein anderer. Nostradamus sah Bilder der Zukunft, Geschehen, das sich eines Tages wirklich ereignet. Läge sein Werk unverschlüsselt vor, wäre ja das Scheitern manches Vorhabens schon vorab bekannt, würde es also gar nicht erst unternommen. Das beinhaltet eine logische Unmöglichkeit in sich. Sie wäre nur dadurch zu vermeiden, daß sein Werk unbekannt bleibt oder vielleicht vernichtet wird. Das wollte Nostradamus vermeiden. Deshalb die Verschlüsselung, die uns immer wieder neue Rätsel aufgibt. Sie verleiht den Versen aber auch einen eigenen Reiz.

Die Prophezeiungen sind auf Frankreich ausgerichtet. Vor allem interessiert ihn seine Heimat, die Provençe sowie das Schicksal der Kirche und ihrer Päpste. Im Blickfeld liegen auch die angrenzenden Länder und der Mittelmeerraum, berührt doch deren Schicksal auch Frankreich und Paris.

Der Ruhm des Sehers nimmt seinen Anfang bereits vier Jahre nach dem Erscheinen seines Werkes. Nostradamus hatte seinen König, Heinrich II., dem er auch sein Werk widmet, vor der tödlichen Gefahr gewarnt, die ihm aus einem Waffengang drohe (Vers I/35). Der König schlägt die Warnung in den Wind. Die Prophezeiung erfüllt sich im Hochsommer 1559: Im Turnier kreuzt Heinrich II. mit Graf Montgomery die Lanzen. Montgomerys Lanze bricht, splittert, und ein langer Span stößt dem König ein Auge aus, dringt ihm in das Gehirn. Nach zehntägigen schrecklichen Qualen stirbt der Monarch.

Nun wird Nostradamus als Seher weit über seine engere Heimat hinaus bekannt. Mit Vers I/35 beginnend, treffen seine Prophezeiungen ein. Vom Hof wird er mit Gunstbezeugungen überschüttet. Catharina von Medici, Regentin von Frankreich, die ihn bereits 1556 empfangen hatte, um sich beraten zu lassen, wird seine Vertraute. Der Herzog von Savoyen begibt sich persönlich nach Salon. Karl IX. bestellt ihn zu seinem Leibarzt. Auch er überschüttet ihn mit Wohltaten.

Nostradamus wird bereits zu Lebzeiten berühmt. Der Ruhm steigt ihm nicht zu Kopf. Er bleibt schweigsam, überlegt, verständnisvoll. Mit dem Alter verschlechtert sich seine sonst stets gute Gesundheit. Gicht und Rheumatismus verleiden ihm das Leben. Er stirbt in seiner Heimatstadt Salon, wo die Bevölkerung ihn wie einen Heiligen verehrt. Seine seherische Begabung und sein medizinisches Können machen ihn zu einem Großen dieser Welt.

Daß sein Werk sich nicht jedermann sogleich erschließt, nimmt diesem nichts an Bedeutung.

Anmerkungen zur Übersetzung

Angesichts der Hürden, die Nostradamus zum Schutz seines Werkes aufgerichtet hat und die unmittelbaren Zugang auch akademisch gebildeten Laien verwehren, mutet es auf den ersten Blick merkwürdig an, daß sein Name quer durch alle Bevölkerungsschichten auch außerhalb Europas so bekannt ist. Der Grund liegt wohl darin, daß kaum jemand den Originaltext kennt und dem Publikum aus zweiter, dritter Hand aus dem Zusammenhang gerissene, verstümmelte und verfälschte Fragmente vorgesetzt werden. Das sind dann freilich *Sensationen*, die unter die Haut gehen. Die sachliche Richtigkeit dieser Informationen nachzuprüfen, ist der Durchschnittsleser/Fernsehkonsument gar nicht in der Lage.

Ich möchte zwei Beispiele anführen: Im Regionalfernsehen eines süddeutschen Bundeslandes wurde im Winter 1993 in einer Sendung über bayerische Seher ein *Nostradamus-Experte* vorgestellt. Er behauptete kühn, er habe den Schlüssel zur Verwürfelung der Verse gefunden. Es sei ganz einfach: Zum Beispiel beziehe sich Vers IX/94 (-994) auf 1994. Und in diesem Vers stünde, Deutschland würde Afrika angreifen. Wir könnten uns auf einiges einstellen! Auf Nachfassen der Moderatorin mußte er zwar kleinlaut zugeben, daß er noch nicht einmal französisch könne; er sehe die Worte aber ganz einfach im Lexikon nach! Da wird aus *tenir barbare part* = Afrika angreifen. Das geht so: Barbaren sind Neger, und die leben in Afrika. Aus *tenir* (halten/halten zu) wird das militärische *halten/verteidigen*. Und daraus wird dann *angreifen* gefälscht.

Was in Vers IX/94 wirklich steht, können Sie in diesem Buch nachschlagen: Der Osten Deutschlands hält zu den *Barbaren* (Nichtchristen), ergreift deren Partei. Von einem Angriff Deutschlands gegen Afrika kein einziges Wort. Und 1994 schon gar nicht. So kommt zweierlei zuwege: Einmal eine *Sensation*: Gut für den Fernsehsender und den Experten. Zum anderen ist mit Ablauf des Jahres '94 den Zuschauern klar, daß Nostradamus sich wieder einmal geirrt hat. Man kann es ja selbst bezeugen. Aber es geht noch besser. Vor fünf Jahren rief mich eine Bekannte an, die mir mitteilte, es sei ein neuer Nostradamus-Band auf dem Markt, sensationell, den müsse ich mir unbedingt beschaffen. Ein Hit. Da stünden Sachen drin, von denen ich noch nie gehört hätte: Tom Cruise (ein amerikanischer Filmstar) würde

Gouverneur von Kalifornien, Prinz Charles würde Prinzessin Diana ermorden (oder war es umgekehrt?). Demnächst würden die Marsmenschen landen, usw. usw. Davon hatte ich im Nostradamus allerdings noch nie etwas gelesen. Es stellte sich heraus, daß der Autor so etwa einhundert Nostradamus-Verse frei nach amerikanischem Geschmack erfunden hatte, gleich auf englisch. Das Buch ist graphisch hervorragend gemacht, auf Hochglanzpapier, farbig reich bebildert, Autor und Verleger verdienen Millionen.

Ich sichere dem Leser zu, daß ich sorgfältig, gewissenhaft und integer arbeite. Mit Nostradamus und seinem Werk beschäftige ich mich schon seit Jahrzehnten. Daß ich in der Lage bin, erfolgreich zu analysieren, bezeugt mein Buch *Die letzten Siegel*, das sich mit der Auswertung europäischer Seherschauungen beschäftigt: Fall der Mauer, Zusammenbruch der Sowjetunion Juni 1991, Golfkrieg, neue Steuern, Abzug der Besatzungstruppen aus Deutschland, Reduzierung der Bundeswehr. Fertiggestellt 1988. Viele Verlage winkten damals ab: "Undenkbar." Doch wirklich interessant werden erst die nächsten Jahre.

Was Nostradamus wirklich sagte, können Sie auf den folgenden Seiten nachlesen. Ihr Augenmerk richten möchte ich auf Vers X/72, weil dort Nostradamus einmal eine unverschlüsselte Jahreszahl nennt: 1999. Dieser Vers ist so schwer zu deuten, daß sogar manch Experte vorsichtshalber einen Bogen um ihn schlägt. Andere behaupten, für 1999 habe Nostradamus den Weltuntergang vorhergesagt. Ich kann Sie beruhigen: Davon steht in X/72 kein Wort. Die Prophezeiungen des Meisters reichen im übrigen noch weit, weit in die Zukunft, möglicherweise bis in die zweite Hälfte des dritten Jahrtausends.

Es wird unter Kennern allgemein davon ausgegangen, daß die Verse ursprünglich in Latein verfaßt waren. Der Autor ist ernstlich bemüht, durch werkgetreue Übersetzung die blockartige Art und Weise, in der Nostradamus daher schreibt, in der deutschen Fassung zu bewahren. Im allgemeinen wird das - im Deutschen mögliche - Präsens statt Futurum gewählt. Leser mit etwas Kenntnissen der französischen Sprache, die im Text über ein Wort stolpern, das ihnen (lt. Lexikon) nicht völlig korrekt erscheint, werden ersucht, ihre Lateinkenntnisse zu bemühen.

Nostradamus verwendet kaum Satzzeichen oder Akzente. Und so kann ein *preteur* ein *préteur*, ein (römischer) Prätor oder ein *prêteur* = Pfandleiher sein. Cologne ist die alte Stadt Colonia Agrippinensis = Köln, und nicht, wie oft falsch übersetzt, Neukölln = Berlin (Vers V/94), und *la Cité* ist stets Paris und nicht nach Belieben Wanne-Eickel, New York oder Graiova. Vorliegende Übersetzungen sind gelegentlich nicht völlig fehlerfrei: Vers IV/29, 2. Zeile heißt nicht: "Sie (die Sonne) steht nur noch am *zweiten Himmel*“, sondern (die Sonne) "wird am Himmel auf den *Zweiten (Platz*) gesetzt.“ Wir haben es nicht mit zwei Himmeln zu tun, sondern mit einem neuen Himmelskörper, der so brennt, daß er die Sonne auf den zweiten Platz verweist. Aber die falsche Variante liegt als Übersetzung vor, falsch und daher absolut sinnentleert.

Aber da gibt es noch ganz andere Finessen: "L'oeil de la mer ... donra ... froment" (Vers IV/15) heißt nicht: "Das Auge des Meeres wird Getreide geben“, sondern, da l'oeil *auf Pump* heißt, wird "vom Meer (den USA) Getreide geborgt." Im Deutschen haben wir eine verwandte Redewendung: "Auf seine blauen Augen hin...“ Richtig schwierig aber wird es, wenn es heißt (Vers IV/37, Zeile 3): "Au plus profond son ost fera entrer“ (...ost... ist der verstümmelte Rest von (lat.) hostis, der Gegner). Soll gemeint sein: "Ganz tief wird sein Feind eindringen“ oder "Ganz tief wird (er) in seinen Feind eindringen“? Die Lösung in derlei Fällen muß offen bleiben, sie wird die Zukunft weisen.

Über die *Deutung*, ja, *darüber* läßt sich trefflich spekulieren. Aber ein *beau fils* (Vers IV/87) ist eben ein Schwiegersohn und kein *prächtiger* Sohn. Ohne Sprachkenntnisse geht es nicht.

Wie bereits oben erwähnt, habe ich mich bemüht, den dunklen Duktus, die komprimierte Sprache der aneinandergereihten Substantive zu erhalten und ganz ganz eng am Original zu bleiben. Und so lesen Sie dann z.B. in Vers IV/28, Zeile 4: "Durch Kriegsgeschrei gerät er in Verhöhnung", und nicht, wie woanders geschrieben: "Dann beginnt der Krieg unter Kriegsgeschrei." Der ganze Sinn der Aussage besteht darin, daß man dem Verhöhnten = Nichtbeachteten zu wenig Aufmerksamkeit schenkt! Sie dürfen versichert sein, daß der Autor durchaus die intellektuelle Fähigkeit hätte, zu schreiben: "Wegen des (beginnenden) Krieges wird er nicht beachtet.“ Diese Übersetzung entfernt sich jedoch bereits um mehrere Akzente vom Original und dergleichen wird nach Möglichkeit vermieden. Wenn jemand Lyrik lesen möchte, dem steht nichts dagegen, der nehme Eichendorff zur Hand. Hier geht es um sorgfältigste Analyse, um das Herausarbeiten feinster, verdeckter, oft vorsätzlich versteckter, winziger Details, die mit Pinzette und Lupe ans Licht gebracht werden müssen. Ein Bulldozer ist sicherlich bequemer. Aber diese Methode führt eben zu keiner Erkenntnis bei Nostradamus.

Meinen aufrichtigen Dank möchte ich M.J. Mansfield sagen. Nicht nur dafür, daß er mein durch immer neue Überarbeitung häufig fast unentzifferbares, handgeschriebenes Manuskript in die hier vorliegende ansprechende Form gebracht hat, sondern auch dafür, daß durch seine detaillierte Geschichtskenntnis meine Deutung eine zweite unabhängige Prüfung erfahren hat.

Danken möchte ich auch Herren Ulrich Lokowandt, der Übersetzung und Analyse kritisch mitverfolgt hat. Dank seiner historischen Kenntnisse hat er mir immer wieder helfen können, wenn es nicht mehr voranging.

Bernhard Bouvier

Trier 1995

Eine Auswahl von Versen, die für den Leser möglicherweise von besonderem Interesse sind

Vers

I. Centurie

1/2 Nostradamus beschreibt die Methode der Prophetie
7 Französische Revolution am 14. Juli 1789
21 Erfindung des Porzellans
25 Pasteur entdeckt die Wirkung der Mikroben
28 Rommel in Afrika
32 Die Vichy-Regierung in Frankreich 1940
35 Tod Heinrichs II. Dieser Vers begründet den Ruhm des Sehers
46 Meteoreinschläge
48 Die drei dunklen Tage
57 Die Hinrichtung Ludwigs XVI.
60 Geburt Napoleons I.
62 Dritter Weltkrieg
63 und die Zeit danach
64 Dritter Weltkrieg
67 Weltweite Hungersnot
70 Das Ende des Schahs von Persien
77 Die Seeschlacht von Trafalgar 1805
82 Hinrichtung Ludwigs XVI.
84 Der Großmeteor
98 Napoleons I. Ende

II. Centurie

6 Hiroschima und Nagasaki
14 Nostradamus prophezeit dem 11jährigen Heinrich von Navarra den französischen Thron
15 Ein Meteor am Himmel vor dem Dritten Weltkrieg

III. Centurie

IV. Centurie

77/ Selim/Heinrich, der christliche Weltbeherrscher und Bezwinger des Isla-
79 mischen Imperiums
80 Die Einnahme von Paris im Juni 1940
82 Rußland löst den Dritten Weltkrieg aus
93 Die Geburt des Herzogs von Chambord
100 Kriegsbeginn des Dritten Weltkrieges im Monat Juli

V. Centurie

4 Hitler und Stalin teilen sich Polen
5 "Onkel Toms Hütte"
8 Die Vernichtung von Paris
20 Die Dampfmaschine 1776
29 Hitler und Mussolini
31 Roosevelt ?
32 Der Großmeteor
38 Ludwig XV.
41 Frankreich nach dem nächsten Krieg wieder Monarchie
42 Die Schlacht von Solferino 1859
43 Priesterverfolgung vor dem Dritten Weltkrieg, die Russen am Rhein
52 Der Bolschewismus in Rußland
64 Der Papst flieht wegen Kirchenspaltung in die Schweiz
65 Der Großmeteor wird bei seiner Entdeckung verharmlost
82 Gambetta flieht im Ballon aus Paris (Krieg 1870/71)
83 Verschwörung gegen König Heinrich V.
85 Deutschland führt Krieg in einer entfernteren Küstenregion
87 Revolution (eine künftige) in Frankreich, zugleich Spaniens Königin eine griechische Prinzessin
93 Schottland, eine Insel; Grund: der Großmeteor
94 Dritter Weltkrieg, die Russen vor Köln
96 Roosevelt!
98 Einschlag von Teilen des Großmeteors
100 Ausbruch des Dritten Weltkriegs: der Papst flieht aus Rom

VI. Centurie

1 du Mas = Dumas
4 Der Rhein ändert sein Flußbett
5 Dritter Weltkrieg: Masseneinsatz von A-Waffen
6 Ein Meteor wird entdeckt
8 Zusammenbruch der Papierwährungen
11 Tod Heinrichs II. und aller seiner Kinder
17 Inhaftierung der Juden in Lagern nach 1942
21 Ende des Tauwetters USA - Rußland; dort ein neuer Machthaber
22 Kardinal ermordet; Kirchenspaltung
24 Das Datum des nächsten Krieges in Europa?
28 Rückkehr des Papstes nach Rom
35 Landstriche durch die *Sonne* versengt
37 Unglück über das Haus Valois
40 Feindvorstoß bis Köln im Dritten Weltkrieg
44 Das *Monster* von Sachsen
49 Der *Papst* von Mütterchen Rußland: Stalin
57 Aufblühen Frankreichs unter Kardinal Mazarin
61 Die Halsbandaffäre
65 Zweiter Weltkrieg
67 Robespierre
70 Henric, der Gründer des Weltimperiums
71 Scheitern des Imperialismus
74 Linke Renaissance in Rußland
77 Revolution in Deutschland
85 Die Zerstörung Istanbuls
87 Deutschland ohne Kaiser
88 Erdbeben im Mai
91 Dritter Weltkrieg
97 New York atomar zerstört?
98 Lyon
99 Das Grab Tut-Ench Amuns 1922 entdeckt
100 Die Welt im kollektiven Irrsinn

VII. Centurie

8 Revolution in Italien

13 Napoleon I.

18 Vorspiel zum Dritten Weltkrieg

27 Panzerarmee aus dem Osten plündert in Norditalien

35 Heinrich III., der Pfirsich

36 Umsturz in der Türkei durch sieben verbündete *rote* Staaten

37 Basisvers Dritter Weltkrieg

38 Tod des französischen Thronfolgers Ferdinand 1842

39 Verdun

40 Kapitänleutnant Prien in Scapa Flow

VIII. Centurie

15 Verfinsterung von Sonne und Mond, Verschiebung der Kontinente

16 Sizilien und Griechenland unter Wasserflut begraben

18 Frankreich wieder Monarchie

19 Massenmord im Vatikan

23 Die Affäre der Kassettenbriefe Maria Stuarts

34 Atombomben auf Lyon und Ulm; feindliche Armee an der Schweizer Grenze

35 Das Ende des Dritten Weltkriegs

37 Die Hinrichtung König Charles I.

38 Avignon Regierungssitz nach der Zerstörung von Paris

42 Der Bürgerkönig Louis-Philippe

45 Der Tod Hitlers

55 Zweifrontenkrieg Deutschlands 1914-18

57 Der Aufstieg Napoleons I.

58 England und der Zweite Weltkrieg

60 Der Dritte Weltkrieg in der Retrospektive

65 Marschall Pétain und Hitler, der Tyrann

66 Das Ende der Monarchie in Italien 1945/46

67 Das Ende von Paris; Frankreich in zwei Lager gespalten

70 Der Ayatollah Khomeini

74 Ein Einwanderer wird Präsident der USA

76 Oliver Cromwell

77/79 Der Antichrist

81 Der Dreißigjährige Krieg
82 Metternich 1848
93/94 Der *Sieben-Monate*-Papst / Dritter Weltkrieg
99 Grundlegende Glaubensreform; Rom nicht mehr länger Zentrum der Christenheit
100 Kollaps der modernen Gesellschaft

IX. Centurie

3 Das Scheitern der EG
7 Howard Charter entdeckt 1922 das Grab Tut-Ench Amuns
8 Hitlers Aufstieg und die zahme neue Demokratie
12 Die Erfindung der Porzellanherstellung in Europa
13 Massenflucht aus Paris nach Süden. In Frankreich ein moskauhöriger Politiker
16 Franco und Primo de Rivera
17 Der *Erste* im *Dritten* (Reich): Hitler
18 *Clerepeyne*, - ein Meisterstück des Sehers
20 Die Flucht Ludwigs XVI.
24 Der Dauphin und Marie-Antoinette befreit
25 Die spanische Heirat Ludwigs XIV.
26 Napoleon I. flieht von Elba
34 Die Verurteilung Ludwigs XVI.
42 Islamische Invasion an sämtlichen Westküsten des Mittelmeers
44 Finanzieller Zusammenbruch in Verbindung mit einem *Zeichen* am Himmel. Auf Erden ein König des *Teufels*.
48 Großstadt am Atlantik durch Tsunamiwelle und Sturmwind vernichtet
51 Die Welt gegen die *Roten* verbündet
53 Die Verfolgung der Juden durch Hitler
59 Beispiel für einen Vers, der im vorhinein nicht zu analysieren ist.
63 Vor dem Dritten Weltkrieg: Revolutionen
68 Lyon Ausgangspunkt der roten Revolution
76 Der *Linkshänder*: Stauffenberg
83 Vernichtendes Erdbeben an einem 11. Mai
87 Wald durch *Typhon* gerodet (der Großmeteor)
90 Der Kapitän aus *Großdeutschland*: Hitler
93 Panzerwagen im Zweiten Weltkrieg
94 Ergreift Deutschlands Osten für *Barbaren* Partei?

X. Centurie

Nostradamus

Bannspruch gegen unfähige Kritiker

Wer diese Verse liest, der möge sie reiflich prüfen.
Gottlose und Unwissende sollen sich nicht damit befassen.
Alle Astrologen, Toren und Barbaren sollen sich fernhalten.
Wer sich nicht daran hält, der sei nach heiligem Ritus verflucht.

I. Centurie

1

Estant assis de nuict secret estude,
Seul reposé sur la selle d'ærain:
Flambe exigue sortant de sollitude,
Fait prospérer qui n'est à croire vain.

Des Nachts sitze ich über geheime Studien,
Allein bin ich und sitze auf ehernem Stuhl:
Eine Flamme steigt empor, sie kommt aus der Einsamkeit,
Sie bringt ans Licht, woran man nicht vergeblich glaubt.

Nostradamus erklärt im ersten Vers seines Werks die Technik seiner Schauungen. Der *eherne Stuhl* dürfte dem bronzenen Dreifuß des Orakels zu Delphi gleichen. Magische Formeln, kombiniert mit der Erhitzung halluzinogener Essenzen, die der Seher einatmet, lassen ihn Bilder zukünftigen Geschehens schauen.

2

La verge en main mise au milieu de Branches,
De l'onde il moulle & le limbe & le pied:
Un peur & voix fremissent par les manches:
Splendeur divine. Le divin pres s'assied.

Die Wünschelrute zur Hand genommen, in der Mitte des Zauberkreises,
Die Welle netzt den Saum und den Fuß.
Angst überkommt mich und Stimmen brausen durch die Griffe.
Göttlicher Schein. Das Göttliche nimmt Sitz bei mir.

Fortsetzung von Vers 1. Mit *Branches* deutet Nostradamus an, daß seine Vorgehensweise dem der Priester des Apoll von Didyma/Milet (Branchiden) gleicht. In einem runden Becken mit Wasser als Seherspiegel fängt es an zu wallen, so daß Wasser überläuft. Der Seher hält die Griffe der Wünschelrute; er hört Stimmen.

3

Quand la lictiere du tourbillon versee,
Et seront faces de leurs manteaux couverts,
La republique par gens nouveaux vexee,
Lors blancs & rouges iugeront à l'envers.

Wenn die Sänfte vom Sturm umgestürzt ist,
Und die Gesichter mit ihren Mänteln bedeckt werden,
Wird die Republik durch neue Leute gequält werden.
Die Weißen und die Roten werden sich dann gegenseitig verurteilen.

Die französische Revolution 1789 fegt im Sturm die Sänften der Aristokraten hinweg. Der Adel versteckt sich oder geht ins Exil. Frankreich wird Republik, das Land vom Terror der roten Revolutionäre gequält.

Weiß ist die Farbe der Königstreuen. In der Vendée herrscht Bürgerkrieg. Der König und die Königin werden zum Tode verurteilt, aber ebenso der Motor der Revolution, Robespierre.

4

Par l'univers sera faict un Monarque,
Qu'en paix & vie ne sera longuement:
Lors se perdra la piscature barque,
Sera regie en plus grand detriment.

Die Welt wird einen Monarchen hervorbringen,
Der wird nicht lange Frieden halten und nicht lange am Leben bleiben.
Dann geht das Fischerboot verloren,
Es wird ins größte Unglück gelenkt.

Kaiser Napoleon I. Aus Zeile 1 geht deutlich hervor, daß es sich bei diesem Monarchen nicht um einen Herrscher legitimer Abstammung handelt, sondern um einen Usurpator. Seine Regierung ist gekennzeichnet von einer Kette von Kriegen. Napoleon stirbt am 5. Mai 1821, nach nur fünfeinhalb Jahren Haft auf St. Helena.

Das *Fischerboot* ist bei Nostradamus stets der Papst/die römische Kurie: während Napoleons Herrschaft zur Unbedeutendheit verurteilt und abhängig.

5

Chassez seront pour faire long combat,
Par le pays seront plus fort grevez:
Bourg & cité auront plus grand debat,
Caracas. Narbonne auront cœur esprouvez.

Sie werden verjagt, woraus ein langer Kampf entsteht;
Im ganzen Land werden sie verfolgt.
Festungen und Städte werden größte Zwietracht haben.
In Carcassonne und Narbonne wird das Herz geprüft.

Verfolgung der Hugenotten in Frankreich zwischen 1562 und 1598: 36 Jahre bürgerkriegsartige Zustände mit häufig wechselnden Fronten.

6

L'œil de Ravenne sera destitué,
Quand à ses pieds les aisles failliront:
Les deux de Bresse auront constitué,
Turin, Verseil que Gaulois fouleront.

Das Auge von Ravenna wird abgesetzt,
Wenn die Flügel versagen und zu seinen Füßen liegen.
Die zwei aus Bresse werden es festgesetzt haben.
Turin und Vercelli, das die Franzosen knechten.

Die Zerschlagung des Kirchenstaates in Italien: Die Gebiete um Ravenna waren 754 durch Pippin I. dem Papst geschenkt worden. Napoleon I. erobert die Lombardei und besetzt 1796 die genannten Städte.

Unter den Königen Victor Emanuel I. und II. (1848-1878) - der zwei aus Bresse, dem Geschlecht, aus dem sie stammen - wird mit der Einigung Italiens endgültig der Schlußstrich gezogen, der Papst weltlich entmachtet. 1870 schließt sich der Rest des ehemaligen Kirchenstaates Italien an.

7

Tard arrivé, l'execution faicte,
Le vent contraires, lettres au chemin prinses:
Les coniures xiiij. d'une secte,
Par le Rousseau senez les entreprinses.

Er kommt zu spät, die Hinrichtung ist geschehen.
Der Wind schlägt um, die Briefe werden auf dem Weg abgefangen.
Die Verschwörer xiiij. einer Sekte,
Von dem Rousseau werden die Unternehmen ausgehen.

Der vergebliche Rettungsversuch des schwedischen Baron von Versen, der zu spät kommt, die von ihm verehrte französische Königin Marie-Antoinette vor der Guillotine zu retten. Die Korrespondenz war abgefangen worden; die Stimmung schlug um zu ihren Ungunsten. Verschlüsselt nennt Nostradamus den 14. Juli (xiiij.), das Datum der französischen Revolution. Dieser Tag, an dem die Bastille den Aufrührern in die Hände fiel, ist bis zum heutigen Tag Nationalfeiertag. Geistiger Urheber der Revolution war Rousseau mit seinem Werk *Le Contract social* (1762).

8

Combien de fois prinse cité solaire
Sera changeant les lois barbares & vaines:
Ton mal s'approche. Plus seras tributaire
Le grand Hadrie recourira tes veines.

Wie oft wird die Sonnenstadt erobert,
Es wechseln die barbarischen und nutzlosen Gesetze.
Dein Unheil naht. Einmal mehr wirst Du tributpflichtig,
Der große Hitler wird Dich zur Ader lassen.

Der *Sonnenkönig* ist Ludwig XIV., die *Sonnenstadt* Paris, eine Stadt, von der aus in ihrer Geschichte wieder und wieder Revolutionen ausgingen. Im Juni 1940 wird Paris besetzt, Hitler besucht die Stadt. Frankreich wurde gezwungen, für Deutschland Rüstungsgüter zu liefern (vgl. Verse I/9, II/55, III/11).

9

De l'Orient viendra le cœur Punique
Fascher Hadrie, & les hoirs Romulides.
Accompagné de la classe Libyque,
Temple Melites et proches Isles vuides.

Aus dem Osten wird das punische Herz kommen.
Hadrie und die Erben Roms werden verdrossen sein.
Begleitet von der libyschen Flotte,
Die Tempel Maltas und angrenzenden Inseln werden ausgeplündert.

Der bekannteste Punier war Hannibal, der von Nordafrika aus Rom bedrohte (211 v. Chr.). Im Zweiten Weltkrieg landen die Alliierten in Marokko und setzen von Libyen aus mit ihrer Flotte nach Sizilien und Italien über. Der Beginn und das Ende der römischen Faschisten und Hitlers (Hadrie).

10

Serpens transmis en la cage de fer,
Où les enfants septains du Roy sont prins,
Les vieux & peres sortiront bas de l'enfer,
Ains mourir voir de fruict mort & cris.

Die Schlange wird in den eisernen Käfig gesperrt,
Wo die sieben Kinder des Königs gefangen sind.
Die Eltern und Vorfahren werden aus der Unterwelt steigen.
Aber sterben sieht sie die Frucht, Tod und Schreie.

Prophezeiung über das Aussterben des Hauses Valois. Heinrich II. hatte sieben Kinder, die früh verstarben. Sie werden in metallenen Särgen beigesetzt. Es folgt das Haus der Bourbonen (1589-1792). Zeile 1 hat eine doppelte Bedeutung: 1598 endet der Bürgerkrieg nach 36 Jahren, Religionsfreiheit wird verkündet, die ***Schlange*** wird von Nostradamus häufig als Deckname für die Witwe Heinrichs II., Katharina von Medici, verwendet. Sie muß mit ansehen (Zeile 4), wie ihre Kinder vor ihr sterben.

11

Le mouvement de sens, cœur, pieds & mains,
Seront d'accord Naples, Lyon, Sicille
Glaives, feux, eaux puis aux nobles Romains,
Plongez, tuez, morts par cerveau debile.

Der Antrieb der Sinne, des Herzens, der Füße und Hände
Werden gleichermaßen in Neapel, Lyon und Sizilien sein,
Schwerter, Feuer, Wasser dann gegen die römischen Edlen,
Ersäuft, getötet, tot durch Irrsinn.

Prophezeiung über schwere Unruhen in Italien und Südfrankreich. Mit Wasser/Überschwemmung bezeichnet Nostradamus stets Revolutionen. Die ***römischen Edlen*** dürften die hohen Kleriker der Kurie sein, die von der Revolution weggeschwemmt werden.

12

Dans peu dira faulce brute fragile,
Deb as en hault eslevé promptement.
Puis en istant desloyale & labile,
Qui de Veronne aura gouvernement.

Kurz darauf wird man sprechen vom Falschen, Brutalen, Verderber,
Den man sogleich hoch erhoben hat.
Kurz darauf wird derjenige abtrünnig und schwach,
Der dann über Verona herrscht.

Möglicherweise Fortsetzung von Vers 11. Die Wirren bringen in Italien einen Gewaltherrscher hervor, der seinen Machtbereich ausdehnt. Verona bricht zusammen, Norditalien fällt dem Usurpator zu.

13

Les exilez par ire, haine, intestine,
Feront au Roy grand coniuration:
Secret mettront ennemis par la mine,
Et ses vieux siens contre eux sedition.

Die Verbannten durch Zorn, mit Wut im Bauch,
Werden eine große Verschwörung gegen den König anzetteln:
Insgeheim werden sie Feinde durch Geld werben,
Und seine alten Getreuen werden gegen sie Partei ergreifen.

Unklar ist, ob es sich bei den ***Verbannten*** um Franzosen im Exil handelt, die sich gegen den König verschwören, oder um Ausländer in Frankreich. In der französischen Geschichte ist die geschilderte Situation bisher noch nicht geschehen. Es wird künftiges Geschehen beschrieben; möglicherweise multikultureller Bürgerkrieg gegen den Staatschef Frankreichs, verbunden mit heimlicher massenhafter Zuwanderung Fremder.

14

De gent esclave chansons, chants & requestes.
Captifs par Princes & Seigneurs aux prisons:
A l'advenir par idiots sans testes,
Seront receuz par divines oraisons.

Das Volk der Slawen hat (nur) Gesänge, Lieder und Gebete.
Von Fürsten und Herren werden sie in Gefängnissen inhaftiert,
Einer Zukunft entgegen durch hirnlose Idioten,
Das werden sie empfangen als göttliche Offenbarungen.

Die Unterwerfung der sowjetischen Völker unter den Kommunismus und seine Heilslehren.

15

Mars nous menasse par la force bellique,
Septante fois fera le sang espandre:
Auge & ruyne de l'Ecclesiastique,
Et plus ceux qui d'eux rien voudront entendre.

(Kriegsgott) Mars bedroht uns mit kriegerischer Macht,
Siebzigmal läßt er das Blut vergießen:
Untergang und Verderben derer vom Klerus,
Und mehr noch jene, die von ihnen nichts hören wollen.

Hier geht es um lang andauernde Kämpfe zwischen Anhängern des Klerus und deren Widersachern, was beiden Parteien schadet. Der Vers bezieht sich wohl auf die acht Hugenottenkriege im Innern Frankreichs (1567-1598).

16

Faulx à l'estang ioncte vers le Sagittaire,
En son hault AUGE de l'exaltation,
Peste, famine, mort de main militaire,
Le siecle approche de renovation.

Der Mond steht im Wassermann, verbunden mit dem Schützen,
Es befindet sich auf seinem höchsten Punkt.
Pest, Hunger, Tod durch Soldatenhand.
Das Jahrhundert nähert sich der Erneuerung.

Ein Vers, der kaum zu entschlüsseln ist, da zwei Tierkreiszeichen sich nicht verbinden können.

17

Par quarante ans l'Iris n'apparoistra,
Par quarante ans tous les iours sera veu:
La terre arride en ficcité croistra,
Et grand deluges quand sera apperceu.

Vierzig Jahre lang wird der Regenbogen nicht erscheinen,
Vierzig Jahre lang wird man ihn täglich sehen:
Das Land verdorrt zur wachsenden Wüste,
Und große Überschwemmungen, wenn es bemerkt wird.

Normalerweise bezeichnet Nostradamus mit ***Überschwemmungen*** Revolutionen. Hier scheint es sich jedoch um eine reale Umweltkatastrophe größten Ausmaßes zu handeln. Vierzig Jahre ist eine symbolische Zahl der Bibel und nicht als Zeitangabe zu verstehen. Jedoch: geschildert wird eine Dürrekatastrophe, gefolgt von verheerenden Regenfluten. Die Dürre scheint künstlich hervorgerufen zu sein, da sie endet, als die Ursache erkannt wird.

18

Par la discorde negligence Gauloise
Sera passage à Mahommet ouvert:
De sang trempé la terre & mer Senoyse,
Le port Phocen de voiles & nefs couvert.

Durch Zwietracht und Nachlässigkeit Frankreichs
Wird dem Islam Zugang verschafft.
Von Blut getränkt sind Land und Meer bei Siena,
Der Hafen von Marseille ist mit Segeln und Schiffen bedeckt.

Mit *Senoyse* ist Siena gemeint, mit *Phocen* die Phönizier, Gründer der Hafens von Marseille. Vorstoß arabischer Streitkräfte zu Land und Wasser in Südosteuropa. Italien wird besetzt, Flüchtlinge treffen an den Küsten Südfrankreichs ein.

19

Lors que serpens viendront circuir l'are,
Le sang Troyen vexé par les Espaignes:
Par eux grand nombre en sera fait tare,
Chef fuit, caché au mares dans les saignes.

Wenn die Schlangen beginnen, den Altar zu umtänzeln,
Wird das trojanische Blut von den Spaniern gequält.
Durch sie gerät dadurch eine große Zahl in Schande.
Der Führer flieht, versteckt in Lachen und in Abzugskanälen.

Folgt man den Legenden, fließt in den Adern der französischen Könige das Blut der Fürsten Trojas. Beschrieben wird der Spanische Erbfolgekrieg (1701-1714). Katharina von Medici, Witwe Heinrichs II., führte eine Schlange im Wappen. Sie war streng katholisch. Welcher Führer in jenem Krieg floh und sich verstecken mußte, ist mir nicht bekannt.

20

Tours, Orleans, Blois, Angers, Reims & Nantes
Citez vexees par subit changement,
Par langues estranges seront tendues tentes,
Feuves, dars, Renes, terre & mer tremblement.

Tours, Orleans, Blois, Angers, Reims und Nantes,
Diese Städte werden durch plötzliche Veränderungen gequält.
Durch Fremdsprachige werden Zelte errichtet,
Feuer, Geschosse, bei Rennes zittern Erde und Meer.

Eine Szene aus dem Dritten Weltkrieg: Plötzlicher Feindvorstoß durch Nordfrankreich bis an die Loire-Linie. Der Angriff scheint dort zum Stehen zu kommen, da man sich häuslich einrichtet. Die *Fremdsprachigen* sind wohl weder Engländer noch Deutsche; die Sprache scheint Nostradamus fremd zu sein. Das Wort *dars* (vgl. engl. dart = Wurfpfeil) weist auf Raketen hin. Ihre Sprengköpfe verursachen Beben (vergl. Vers IV/46).

21

Profonde argile blanche nourrit rocher,
Qui d'un abysme istra lacticineuse,
En vain troublez ne l'oseront toucher,
Ignorant estre au fond terre argilleuse.

Aus der Tiefe des Felsen quillt weiße Töpfererde,
Der aus einem Schacht milchweiß fließt,
Ohne Grund besorgt, wagt man nicht, sie zu berühren,
Weil man nicht weiß, daß es im Grund Ton ist.

Das weiße Gold Sachsens, Porzellan. Den Chinesen längst bekannt, wurde es durch den Apotheker Bötticher in Meißen für Europa entdeckt. Grundstoff ist die milchweiße Tonerde Kaolin. Beginn der sächsischen Manufaktur 1725. Porzellan war so unglaublich kostbar, daß bei unachtsamer Berührung entstandener Bruch dem Schuldigen ernsthaft Ärger bereitete.

22

Ce qui vivra et n'ayant aucun sens,
Viendra leser à mort son artifice,
Autun, Chalons, Langres, & les deux Sens,
La gresle et glace fera grand malefice.

Das, was lebt und doch keinerlei Bewußtsein hat,
Wird seinen Erfinder tödlich verletzen.
In Autun, Chalons, Langres und den beiden Sens
Werden Hagel und Eis großes Unheil anrichten.

Eine Großkatastrophe in Burgund. Zeile 1 und 2 lassen an eine radioaktive Katastrophe denken, wären da nicht Hagel und Eis. Nicht sicher ist, was es vom Himmel hagelt. Vielleicht geben *Hagel und Eis* auch nur die Jahreszeit des Geschehens an.

23

Au mois troisième se levant le Soleil,
Sanglier Liepard, au champ Mars pour combattre
Liepard lassé au Ciel estend son œil,
Un aigle autour du Soleil voit s'esbattre.

Im dritten Monat bei Sonnenaufgang,
Sind Eber und Leopard auf dem Schlachtfeld, um sich zu bekämpfen,
Des Leoparden überdrüssig, wendet man das Auge zum Himmel.
Man sieht einen Adler um die Sonne kreisen.

Mit Schwein/Eber bezeichnet Nostradamus das Volk der Juden, mit Leopard werden Völker Nordafrikas bezeichnet, Aus anderen Prophezeiungen geht hervor, daß dort ein *Leopard* an die Macht kommt. Hier wird der Abbruch einer Schlacht im März oder im dritten Kriegsmonat beschrieben, weil ein kosmisches Spektakel die Fortsetzung des Krieges verhindert.

24

A cité neuve pensif pour condamner,
L'oisel de proye au Ciel se vient offrir:
Apres victoire à captifs pardonner,
Cremone et Mantouë grand maux aura souffert.

In der Neuen Stadt gedenkt man zu verdammen.
Der Raubvogel ist dabei, sich dem Himmel zu opfern.
Nach dem Sieg werden die Gefangenen begnadigt.
Cremona und Mantua werden großes Leid erlitten haben.

Die *Neue Stadt* könnte New York sein und für Amerika stehen, der Adler für Deutschland. Möglicherweise wird hier der Kriegseintritt der Vereinigten Staaten 1917 beschrieben, der deutsche Kaiser will dem Friedensschluß nicht im Weg stehen; er opfert sich und geht nach Holland ins Exil. Die Städte Cremona und Mantua stehen für Italien, das nach der Kriegserklärung 1915 an Österreich-Ungarn dort im Norden vier Jahre erbittert gekämpft hat.

25

Perdu, trouvé, caché de si long siecle,
Sera pasteur demy Dieu honoré:
Ains que la Lune acheve son grand cycle,
Par autres vieux sera deshonoré.

Das Verlorene wird entdeckt, das versteckt war so viele Jahrhunderte,
Es wird Pasteur sein, wie ein Halbgott geehrt.
Es geschieht, wenn der Monde seinen großen Zyklus vollendet,
Durch andere Alte wird er entehrt.

Louis Pasteur (1822-1895), französische Chemiker und Biologe, entdeckt, daß Krankheiten durch Keime entstehen können und durch Erhitzung auf 65 Grad (pasteurisieren) Getränke haltbar werden. Er legt trotz Anfeindungen durch die Schulmedizin die Grundlage der Bakteriologie und entwickelt Impfstoffe gegen Tollwut und Milzbrand. Der Mondzyklus endete 1889.

26

Le grand du fouldre tombe d'heure diurne.
Mal & predict par porteur postulaire:
Suivant presage tombe d'heure nocturne,
Conflict Reims, Londres, Etrusque pestifere.

Der Große fällt durch Blitz am hellichten Tag.
Das ist ein Unglück und war vorher gesagt durch einen Briefboten.
Der Vorhersage gemäß wird er zu Grabe gebracht in nächtlicher Stunde,
Konflikt in Reims und London, die Toskana ist verseucht.

Ein Ereignis aus der Zukunft. Fraglich ist, ob ***der Große*** tatsächlich durch einen Blitzschlag getötet wird, ober ob hier ***Blitz*** für ein blitzartig schnelles Geschehen steht. Wieso findet die Beisetzung eilig oder heimlich bei Dunkelheit statt? Möglicherweise besteht ein Zusammenhang mit außenpolitischen Wirren. Die beteiligten Staaten sind Frankreich, England und Italien.

27

Dessous le chaine Guien du Ciel frappé,
Non loing de là est caché le tresor,
Qui par long siecles avoir esté grappé,
Trouvé mourra, l'œil crevé de ressor.

Unter der Eiche von Guyenne, vom Himmel getroffen,
Nicht weit von da ist der Schatz versteckt,
Der in langen Jahrhunderten zusammengetragen worden war.
Der Finder wird sterben, das Auge ausgestochen durch Federkraft.

Hier scheint es sich um einen Schatz zu handeln, der unweit einer vom Blitz gezeichneten Eiche vergraben liegt. Dem *glücklichen* Finder wird ein schreckliches Ende vorhergesagt, er stirbt durch einen Unfall: den Stahl einer gespannten Feder. Früher waren Geldkassetten durch einen Stahlbolzen gesichert, der mit Federkraft bei unsachgemäßem Öffnen aus dem Schlüsselloch schoß.

28

La tour de Boucq craindra fuste Barbare,
Un temps, long temps apres barque hesperique
Bettail, gens, meubles, tous deux feront grand tare,
Taurus & libra, quelle mortelle picque?

Tour de Bouq wird die barbarische Flotte fürchten,
Eines Tages, lange Zeit danach, kommt die Flotte der Westmächte,
Tiere, Menschen, Ausrüstung, alles. Zwei werden völlig zuschanden,
Stier und Waage, welch tödliches Treffen?

Kämpfe in Nordafrika um *Tobruk* im April 1941 (Stier) durch Rommel und die Rückeroberung ab Oktober (Waage) durch die Engländer. Während der Nachschub der Deutschen ausbleibt, verfügen die Westmächte über alles. Das entscheidet die Kämpfe. Die Italiener und die Deutschen müssen kapitulieren - lange Zeit danach (1943).

29

Quand le poisson terrestre & aquatique
Par force vague au gravier sera mis,
Sa forme estrange suave & horrifique,
Par mer aux murs bien tost les ennemis.

Wenn der Land- und Wasserfisch
Durch Macht der Welle an den Strand geworfen wird,
Wird sein ungewohntes Aussehen lieblich und entsetzlich sein,
Vom Meer her an den Mauern werden die Feinde bald stehen.

Den Franzosen lieblich und willkommen, den Deutschen entsetzlich: amphibische Landungsfahrzeuge der Alliierten in der Normandie am 6. Juni 1944. Briten und Amerikaner stehen am Atlantikwall, den sie stürmen.

30

La nef estrange par le tourment marin,
Abordera pres de port incogneu:
Nonobstant signes de rameau palmerin,
Apres mort pille bon advis tard venu.

Das fremde Schiff wird durch Meergewalten,
In der Nähe eines unbekannten Hafens stranden.
Ungeachtet der Zeichen mit dem Ölzweig
Folgen darauf Tod und Plünderung; der gute Rat kommt zu spät.

Ein fremdes Schiff, ein unbekannter Hafen. Der Leser tappt im Dunkel. Aus dem Bruch des internationales Seerechts scheinen sich jedoch ungeahnte Folgen für die Missetäter zu ergeben, sonst hätte Nostradamus den Vers nicht aufgeführt. Offenbar ein künftiges Ereignis von Bedeutung.

31

Tant d'ans en Gaule les guerres dureont,
Outre la course du Castulon monarque:
Victoire incerte trois grands couronneront,
Aigle, Coq, Lune, Lyon, Soleil en marque.

So viele Jahre dauern in Frankreich die Kriege,
Länger als die Dauer des Königs von Spanien.
Den unsicheren Sieg krönen drei Große,
Adler, Hahn, Mond, Löwe, Sonne kennzeichnen das.

Erster und Zweiter Weltkrieg (1914-1945), die länger als die spanische Monarchie dauerten. 1931 dankt Alfons XIII. ab. Obgleich anfangs (1940) Frankreich besetzt wird, siegen *drei Große*: USA, Rußland, England (Zeile 4). Die starken Mächte heute sind Deutschland (Adler), Frankreich (Hahn), der Islam (Mond), England (Löwe), Japan (Sonne [in der Flagge]). *Soleil en marque* bedeutet auch: "Die Sonne als Zeichen dafür." Abwurf von Atombomben über japanischen Städten. Ein Augenzeuge der ersten Atomexplosion sagte: "Wir haben die Sonne gesehen!"

32

Le grand Empire fera tost translaté
En lieu petit, qui bien tost viendra croistre,
Lieu bien infime d'exigue comté,
Où au milieu viendra poser son sceptre.

Das große Reich wird bald verlagert,
In einen kleinen Ort, der sogleich wachsen wird,
Ein unbedeutender Ort einer kleinen Grafschaft,
Dort in der Mitte wird er sein Zepter niederlegen.

Nostradamus-Kenner sind der Auffassung, daß hier die Übersiedlung der französischen Regierung von Paris (im Dritten Weltkrieg zerstört) nach Avignon beschrieben wird. Diese Erklärung befriedigt deshalb nicht völlig, weil Avignon nicht *infime* (nicht berühmt) ist, sondern als ehemaliger Sitz der Päpste im Gegenteil eine zwar kleine, aber sehr bekannte Stadt ist.

33

Pres d'un grand pont de plaine spatieuse,
Le grand Lyon par forces Cesarees,
Fera abbattre hors cité rigoureuse,
Par effroy portes luy seront reserrees.

Bei einer großen Brücke in weiter Ebene
Wird der große Löwe mit kaiserlichen Truppen
Außerhalb der Stadt erbittert kämpfen,
Voller Schrecken werden ihm die Tore geöffnet.

Die berühmte Schlacht bei Lodi, die im Frühjahr 1796 Napoleons I. militärischen Ruhm begründete. Dort, bei Mailand, führte eine strategisch wichtige Brücke in der Po-Ebene über die Adda. Napoleon beschließt, die Brücke, die unter schwerem Beschuß liegt, zu nehmen. Die Generale halten das Vorhaben für puren Wahnwitz. Napoleon auf seinem Schimmel feuert ein Regiment freiwilliger Savoyarden an. Die Verluste sind entsetzlich. Als es dunkel wird, fliehen die Österreicher und lassen zehn Geschütze, 355 Tote und 1.700 Gefangene zurück. Die Österreicher sind demoralisiert. Fünf Tage später zieht Napoleon in Mailand als Sieger ein.

34

L'oyseau de proye volant à la fenestre,
Avant conflict faict aux François pareure,
L'un bon prendra, l'un ambigu sinistre;
La partie foible tiendra par bon augure.

Der Raubvogel fliegt zum Fenster,
Vor dem Konflikt zeigt er sich den Franzosen,
Der eine sieht darin ein gutes, der andere ein düsteres Vorzeichen,
Die schwache Partei hält es für ein gutes Zeichen.

Das Münchner Abkommen im September 1939. Der Raubvogel ist Hitler, der mit Daladier und Chamberlain aus der Position der Stärke heraus konferiert. Der drohende Krieg scheint vermieden, aus Schwäche haben die Westmächte nachgegeben, haben sich die Lage schöngeredet.

35

Le lyon ieune le vieux surmontera,
En champ bellique par singulier duelle,
Dans cage d'or les yeux luy crevera,
Deux classes une puis mourir mort cruelle.

Der junge Löwe wird den alten überwinden,
Auf dem Turnierplatz beim Einzelduell,
Durch den goldenen Käfig wird er ihm die Augen ausstechen,
Zwei Ränge einer, stirbt dann grausamen Tod.

Diese Vorhersage begründete den Ruhm des Sehers. Am 15. Juli 1559 kreuzt König Heinrich II. (der alte Löwe) mit dem Leutnant Graf Montgomery (dem jungen Löwen) bei einem Turnier die Lanzen. Montgomerys Lanze splittert, ein scharfer Holzspan dringt dem König durch das vergoldete Visier und das Auge ins Gehirn. Er stirbt unter entsetzlichen Qualen nach zehn Tagen.

Die letzte Zeile enthält verschlüsselt sowohl den Hinweis auf den Tod Heinrichs II. (Zweiter Rang), als auch auf Heinrich III.: Zwei und einer (durch einen Attentäter).

36

Tard le Monarque se viendra repentir,
De n'avoir mis à mort son adversaire,
Mais viendra bien à plus hault consentir,
Que tout son sang par mort fera deffaire.

Zu spät wird der König es bedauern,
Seinen Gegner nicht getötet zu haben.
Aber er wird dann noch viel Wichtigerem zustimmen,
So daß sein Blut durch Tod erlischt.

Das Ende des Hauses Valois 1589. Mit der Ermordung Heinrichs III. erlischt diese katholische Linie. Sein Gegner, Führer der Hugenotten, begründet als Heinrich IV. die Herrschaft der Bourbonen.

37

Un peu devant que le Soleil s'absconse,
Conflict donné, grand peuple dubiteux,
Prosligez, port marin ne fait response,
Pont & sepulcre en deux estranges lieux.

Kurz bevor die Sonne verschwindet,
Beginnt der Krieg, ein großes Volk zögert.
Sie werden geschlagen, der Meereshafen gibt keine Antwort,
Brücke und Grab bei zwei ausländischen Orten.

Kriegsbeginn des Zweiten Weltkriegs. Die Sonne verschwindet bei der Sonnenfinsternis am 12. Oktober 1939. Kurz davor, im September, beginnt der Krieg. Die Franzosen werden geschlagen. Amerika, jenseits des Meeres, hält sich einstweilen zurück. Das Grab zweier ausländischer Orte könnte ein Hinweis auf das Kriegsende (Hiroschima/Nagasaki) sein.

38

Le Sol et l'Aigle au victeur paroistront,
Response vaine au vaincu l'on asseure,
Par cor ny cris harnois n'arresteront,
Vindicte paix, par mort l'acheve à l'heure.

Sonne und Adler erscheinen dem Sieger,
Mit leeren Versprechen beruhigt man den Besiegten,
Weder Horn noch Geschrei werden die Geharnischten aufhalten,
Den Besiegten Frieden, durch Tod erreicht er es zu dieser Stunde.

Die Schlacht bei Waterloo am 18. Juni 1815. Am späten Nachmittag erscheinen die Preußen (der Adler) unter Blücher gerade noch rechtzeitig in der französischen Flanke. Der Regen hat am Vormittag aufgehört, abends bricht die Sonne durch. Der Sieger ist der Herzog von Wellington. Im Wiener Kongreß wird der Frieden für Frankreich ausgehandelt. Voraussetzung war dieser Feldzug, der unzählige Tote forderte.

39

De nuict dans lict le supresme estrangle,
Pour trop avoir seiourné blond esleu,
Par trois l'Empire subroge exancle,
A mort mettra carte, & paquet ne leu.

Des Nachts im Bett der Höchste erdrosselt,
Da er sich zu sehr mit der blonden Erwählten abgegeben hatte.
Durch Drei wird das bevormundete Reich aus den Angeln gehoben,
Den Tod bringen das Dokument und das Paket, nicht die Herkunft.

Der letzte Bourbone - Joseph de Condé - wird 1830 am Bett erhängt aufgefunden. Seine blonde Geliebte, der er hörig war, ist die Engländerin Sophie Dawes. Die drei Totengräber der Monarchie waren anschließend Charles X., Louis-Philippe und Napoleon III. Den Tod haben ihn gebracht ein Paket sowie sein Testament, das er unter dem Einfluß der Engländerin geänderte hatte. Das letzte Wort in Zeile 4, ***lieu*** scheint falsch geschrieben zu sein, ist jedoch ein Hinweis auf den Ort des Geschehens, das Jagdschloß St. Leu.

40

La trombe fausse dissimulant folie,
Fera Bisance un changement de loix.
Histra d'Egypte, qui veut que l'on deslie,
Edict changeant monnoye & aloys.

Die falsche Trompete täuscht Irrsinn vor,
In Byzanz bewirkt sie eine Gesetzesänderung,
Histra von Ägypten scheidet aus, es fordert, daß man ihn als Alliierten entläßt,
Ein Edikt ändert Geld und Münzlegierung.

Unerfüllte Prophezeiung: Umsturz in der Türkei grundlegender Art. Die Massen folgen der *falschen Trompete*. Histra ist sicherlich ein Anagramm.

41

Siege en cité de nuict assaillie,
Peu eschapé, non loin de mer conflict,
Femme de ioye, retours fils defaillie,
Poison & lettres cachees dans le plic.

Die belagerte Stadt wird des Nachts angegriffen,
Wenige entkommen, nicht weit vom Meer kommt es zum Kampf.
Die Freudenmädchen werden bei der Rückkehr der Söhne scheitern.
Gift und Briefe im Korb versteckt.

Die Stadt ist bei Nostradamus stets Paris. Geschildert wird der Zusammenbruch Frankreichs im Juni 1940. Frankreich hatte Deutschland den Krieg erklärt, wurde jedoch blitzartig überrannt. Ein kleiner Rest der Armee entkommt nach den Kämpfen bei Dünkirchen nach England. Die Bevölkerung hat mit den Deutschen durchweg gutes Einvernehmen. Bei der Rückkehr der Truppen - der Söhne Frankreichs - werden Mädchen, die sich mit den Deutschen eingelassen hatten, kahlgeschoren und gejagt. Die Resistance bezog Sprengstoff, Gift und Anweisungen heimlich aus England, lebte versteckt und untergetaucht.

42

Le dix Calende d'Avril de faict Gotique,
Resuscité encor par gens malins,
Le feu estainct, assemblee diabolique,
Cherchant les os du d'Amant & Pselin.

Am zehnten Tag des April gotischer Zeitrechnung,
Wird das Feuer, das durch Übeltäter entfacht worden war,
Wieder gelöscht, die teuflische Versammlung
Sucht nach den Gebeinen des Liebhabers und die von ***Pselin***.

Mit gotischem Kalender ist wohl der in der Gotik gebräuchliche, alte julianische gemeint. Aber das hilft hier nicht weiter. Es geht um okkulte Praktiken, die entstehen, dann aber wieder enden. ***Pselin*** ist wohl ein Anagramm. Einen Bezug gibt es auch zum Griechen Pselos, der ein Buch über Dämonen verfaßte.

43

Avant qu'advienne le changement d'Empire,
Il adviendra un cas bien merveilleux,
Le champ mué, le pillier de Porphire
Mis, transmué sus le rocher noilleux.

Bevor sich der Wechsel des Reiches vollzieht,
Begibt sich ein ganz wunderbares Ereignis:
Die Erde bricht auf, die Porphyrsäule wird gehoben
Und auf den klüftigen Felsen transportiert.

Von Säulen aus Porphyr handeln auch die Verse IX/32 und X/93. Geschildert wird ein Geschehen der Zukunft. Das Auftauchen der Säule/Säulen ist offenbar ein Indikator für einen Umbruch in Frankreich. In Vers IX/32 erfahren wir, daß sie eine geheimnisvolle Inschrift trägt, in Vers X/93 ist von Reformation der Kirche die Rede. Wahrscheinlich ist mit ***roter Säule*** ein rot gekleideter Kardinal, Stütze und Säule des Christentums, gemeint.

44

En bref seront de retour sacrifices,
Contrevenans seront mis à martyre:
Plus ne seront moines, abbez, ne novices,
Le miel sera beaucoup plus cher que cire.

Kurze Zeit später werden die Sakramente zurückkehren,
Zuwiderhandelnde werden das Martyrium erleiden.
Es wird keine Mönche, Äbte, noch Novizen geben,
Der Honig wird viel teurer sein als Wachs.

Offizielle Abschaffung des Christentums in der französischen Revolution und Verfolgung der Priester, die nicht auf die Verfassung schwören. Nach der Revolution (1799 wird Napoleon Konsul) wird die Kirche wieder geduldet. Die Kirche als größter Verbraucher an Kerzen war einige Jahre ausgefallen. Die Folge: Überangebot an Wachs und Preisverfall bei Kerzen.

45

Secteur de sectes grand peine au delateur,
Beste en theatre, dresse le ieu scenique,
Du faict antique annobly l'inventeur,
Par sectes monde confus & schismatique.

Der Sektierer der Sekten bereitet dem Verräter große Qual.
Wilde Bestien im Theater, die Aufführung ist vorbereitet.
Mit altertümlichen Gebräuchen gewinnt der Erfinder Ansehen.
Durch die Sekten wird die Welt verwirrt und gespalten.

Ein Vers, der gut auf Hitler paßt. Den Konkurrenten Röhm läßt er ermorden. Im Reichstag treten die Nationalsozialisten wie Schauspieler tobend und schreiend auf. Germanisches Gepränge und alte Ideen werden wiederbelebt. Im Ausland hat der deutsche Reichskanzler zunächst hohes Ansehen. Nach 1936 spaltet sich die Welt in zwei Lager: Anhänger und Gegner des Faschismus. Hitlers Reden beschwören Völkerfreundschaft; die Welt ist ratlos, was sie davon halten soll.

46

Tout apres d'Aux, de Lestore & Mirande,
Grand feu du ciel en trois nuicts tombera:
Cause adviendra bien stupende & Mirande,
Bien peu apres la terre tremblera.

Ganz in der Nähe von Aux, Lectoure und Mirande wird
Großes Feuer vom Himmel während dreier Nächte fallen:
Der Grund wird verblüffend sein und als Wunder angesehen werden,
Kurz darauf wird die Erde beben.

Die auch von anderen Sehern beschriebene dreitägige Finsternis, die den Dritten Weltkrieg beendet. Weltweit schlagen Meteore ein. Sie verursachen Staubwolken, die die Sonne verdunkeln und mehrtägiges Erdbeben verursachen (vergl. Vers V/100).

47

Du Lac Leman les sermons fascheront,
Des iours seront reduicts par des semaines,
Puis mois, puis an, puis tous defailliront,
Les Magistrats damneront leurs loix vaines.

Die Predigten vom Genfer See werden zum Ärgernis.
Die Tage werden zu Wochen,
Dann zu Monaten, dann zum Jahr, schließlich wird alles scheitern.
Die Räte verwerfen ihre nutzlosen Gesetze.

Calvin und seine Predigten. Nach jahrelangen Predigten über Dogma und Sittenzucht werden die Genfer der Reformen, die Calvin ihnen auferlegt hat, überdrüssig. Schließlich wird er vom Rat der Stadt seines Amtes enthoben und vertrieben.

48

Vingt ans du regne de la Lune passez,
Sept mille ans autre tiendra sa monarchie:
Quand le Soleil prendra ses iours lassez,
Lors accomplir & mine ma prophetie.

Zwanzig Jahre der Herrschaft des Mondes sind verstrichen.
Im siebten Jahrtausend wird ein anderen die Herrschaft antreten,
Wenn die Sonne ihre ausgelassenen Tage nehmen wird,
Dann wird sich meine Prophezeiung verwirklichen und Ansehen haben.

Der Islam (Mond) blüht auf seit 1979 (Khomeini). Nostradamus rechnet ab biblischer Erschaffung der Welt 4000 vor Christus: 7. Jahrtausend = 2000 n.Chr. 1979 + 20 Jahre = 1999. Nach den drei dunklen Tagen ohne Sonne - eine kosmische Katastrophe durch Meteoriteneinschläge 1998, wird Frankreich wieder Monarchie. Nostradamus frohlockt.

49

Beaucoup avant telle menees,
Ceux d'Orient par la vertu lunaire:
L'an mil sept cens feront grand emmenees,
Subiuguant presque le coing Aquilonaire.

Sehr lange vor diesen Umtrieben werden
Die aus dem Orient durch die Kraft des (Halb)Mondes
Im Jahre 1700 große Raubzüge machen und
Fast die ganze Nordecke unterwerfen.

Das letzte Wort, Aquilon = Nordwind verwendet Nostradamus als Begriff für die slawischen Völker. 1684 stehen die Türken vor Wien, 1699 wird der Friede von Karlowitz geschlossen. Die letzte Expansion der Orientalen ist 300 Jahre her. Nostradamus deutet in Zeile 1 an, daß dies nicht ihr letzter Vorstoß war. Er warnt vor einer künftigen Expansion der Araber. Einmal mehr ist zu bedauern, daß wir nicht wissen, welcher Vers I/49 vorangeht. Dort sind die *Umtriebe* ja beschrieben.

50

De l'aquatique triplicité naistra,
D'un qui fera le leudy pour sa feste:
Son bruit, loz, regne, sa puissance croistra,
Par terre & mer aux Orienstempeste.

Der vom Wasserzeichen ist aus der Dreifaltigkeit geboren.
Von einem, der den Donnerstag zu seinem Sonntag erklären
Seine Propaganda, sein Ruhm, sein Reich, seine Macht werden wachsen
Über Land und Meer dem Orient Orkan.

Der Antichrist der Apokalypse, "das Tier, das aus dem Meer steigt". Bei seiner Geburt stehen die Planeten in den drei Wasserkreiszeichen Krebs/Skorpion/Fische. Christen feiern den Sonntag, Juden den Sonnabend, die Araber den Freitag, die neu gegründete Religion den Donnerstag. Unklar ist, ob der *Orkan* aus dem Orient kommt oder dort wütet.

51

Chefs d'Aries, Iupiter & Saturne,
Dieu eternel quelles mutations?
Puis par long siecle son maling temps retourne
Gaule et Italie, quelles esmotions?

Die Beherrscher des Widders, Jupiter und Saturn (in Konjunktion).
Ewiger Gott, was für Umwälzungen?
Dann kehrt für ein langes Jahrhundert die schlechte Zeit wieder.
Frankreich und Italien, was für ein Aufruhr?

Astrologisch steht Deutschland im Zeichen des Widders. In den Jahren 1939/40 fand zwischen Jupiter und Saturn eine dreimalige Konjunktion statt, eine ***Conjunktio magna***. In diesem Jahrhundert sollen drei Weltkriege stattfinden, der letzte am Ende des letzten Jahrzehnts. Er beginnt mit dem staatlichen Zusammenbruch Italiens. Es folgt die Revolution in Frankreich.

52

Les deux malins de Scorpion conioincts,
Le grand seigneur meurdry dedans la salle:
Peste à l'Eglise par le nouveau Roy ioinct,
L'Europe basse et Septentrionale.

Die beiden Übeltäter des Skorpions (Mars und Saturn) befinden sich in Konjunktion.
Der große Herr wird in dem Saal ermordet.
Pest in der Kirche durch den neuen gesalbten König
Und durch Süd- und Nordeuropa.

Mars und Skorpion befinden sich ziemlich regelmäßig alle zwei Jahre in Konjunktion. Die nächsten Konjunktionen sind in diesem Jahrhundert am 22. März 1996 und am 2. April 1998. Aus anderen Prophezeiungen geht hervor, daß der französische Präsident unmittelbar vor dem Dritten Weltkrieg ermordet wird. Zu diesem Zeitpunkt soll es in der römischen Kurie zu Wirren kommen. Das Frühjahr 1998 sollte man im Auge behalten (vgl. Verse I/54 und X/72).

53

Las qu'on verra grand peuple tourmenté,
Et la loy saincte en totale ruine,
Par autres loix toutes la Chrestienté,
Quand d'or d'argent trouve nouvelle mine.

Dann, wenn man sehen wird, daß das große Volk gequält wird
Und das heilige Gesetz im totalen Ruin,
Die ganze Christenheit unter anderem Gesetz,
Dann findet man neue Gold- und Silberminen.

Beschreibung der Situation des Volks und der Kirche in Frankreich während der Revolution. Das Vermögen der Kirche wird eingezogen; sie wird ihrer Güter beraubt. Für den Konvent gilt der Besitz der Kirche als ***Goldmine***.

54

Deux revolts faits du maling facigere,
De regne & siecles fait permutation:
Le mobil signe à son endroit si ingere,
Aux deux esgaux & d'inclination.

Zwei Revolutionen, verursacht von bösen Sichelträger.
Herrschaft und Jahrhundert wechseln.
Das bewegliche Zeichen neigt sich zu seinem Platz,
Zu den zwei Gleichen und mit Zuneigung.

Der ***böse Sichelträger*** ist der Planet Saturn. Mit Sichelträger könnte auch Sowjetrußland gemeint sein, das Hammer und Sichel in der Fahne führt. Die erste Revolution war 1917. Die zweite steht noch aus. Ende dieses Jahrzehnts wechselt das Jahrhundert. Gemäß anderen Prophezeiungen werden die europäischen Länder danach wieder Monarchien. Mit den zwei Revolutionen könnte die italienische und die französische gemeint sein.

Die zwei Gleichen - Mars und Saturn stehen am 2. April 1998 im Widder (!) in Konjunktion, zehn Tage darauf trifft an diesem Platz auch das bewegliche Zeichen, die Sonne, ein. Diese Konstellation wiederholt sich erst wieder in rund 720 Jahren, aber wohl kaum ausgerechnet wieder zur Jahrhundertwende! Zeile 2: 1999 wechselt in Frankreich die Regierung zur Monarchie, kurz vor der Jahrhundertwende (vergl. Vers X/72).

55

Soubz l'opposite, climat Babylonique,
Grande sera de sang effusion,
Que terre & mer, air, ciel sera inique,
Secte, faim, regnes, pestes, confusion.

Unter den Gegensätzlichkeiten des Zweistromlandes
Wird großes Blutvergießen sein,
Gleichermaßen zwischen Land und Meer, in der Luft, am Himmel,
Parteiungen, Hunger, Regierungen, Seuchen, Durcheinander.

Treffende Beschreibung der Situation des Vorderen Orients, der seit Jahrhunderten nicht zur Ruhe kommt. Das scheint sich auch künftig nicht zu ändern. Nicht nur, daß Nostradamus Blutvergießen in der Luft = Flugzeuge (!) erwähnt, am ***Himmel*** wird gekämpft (Star-wars). Eine Prophezeiung für die Zukunft also.

56

Vous verrez tost & tard faire grand change,
Horreurs extremes & vindications:
Que si la Lune conduicte par son ange,
Le ciel s'approche des inclinations.

Ihr werdet früher oder später sehen, wie große Veränderungen durchgeführt werden.
Entsetzliche Schrecken und Beschimpfungen,
Als ob der Mond von seinem Engel geführt würde,
Der Himmel nähert sich Verschiebungen.

Ein zugegeben recht unklarer Vers. *Große Veränderungen* gibt es jederzeit. *Früher oder später* ist nichtssagend. Die Sterne am Himmel können sich nur subjektiv verschieben, wenn nämlich die Erdkruste bewegt wird. Gehört möglicherweise zum Verszyklus *der Großmeteor*, wobei der Himmelskörper als *Mond* bezeichnet wird!

57

Par grand discord la trombe tremblera,
Accord rompu dressant la teste au Ciel,
Bouche sanglante dans le sang nagera,
Au sol la face oincte de laict & miel.

Bei großer Zwietracht wird die Fanfare ertönen,
Der Ton bricht ab, man hebt den Kopf zum Himmel.
Der blutende Mund wird im Blut schwimmen.
Am Boden liegt das Haupt gesalbt mit Milch und Honig.

Die Hinrichtung Ludwig XIV. am 21. Januar 1793. Mit tönendem Fanfarenklang verkünden normalerweise königliche Herolde die Edikte des Monarchen. Der Beschluß, den König zu töten, ist Folge eines revolutionären Sondergerichts. Am Ende liegt das gesalbte königliche Haupt am Boden.

58

Trenché le ventre naistra avec deux testes,
Et quatre bras, quelques ans entiers vivra!
Iour qui Alquiloye celebrera ses festes,
Fossen, Turin, chef Ferrare suyvra.

Der Bauch geschlitzt, wird er mit zwei Köpfen geboren
Und mit vier Armen. Er wird insgesamt es einige Jahre leben.
Am Tag, an dem Aquileia seine Festtage feiern wird,
Werden Fossano, Turin, dem Führer Ferraras folgen.

Nicht, wie man meinen mag, ein unglückliches Kind. Aber eine durch Kunst ans Licht der Welt gebrachte staatliche Mißgeburt, offenbar in Norditalien, denn bei dessen frühem Ende scheitern dort auch weitere Führer und Provinzen. Gewinner in dieser Situation scheint die Region um Aquileia zu sein.

59

Les exilez deportez dans les Isles,
Au changement d'un plus cruel Monarque
Seront meurtris, & mis deux les scintiles,
Qui de parler ne seront estez parques.

Die Vertriebenen werden auf die Inseln deportiert.
Beim Wechsel zu einem noch grausameren Herrscher
Werden sie ermordet und zwei in die Glut geworfen.
Die beim sprechen nicht sparsam gewesen sind.

Eine verwickelte Geschichte in der Zukunft (vgl. Vers II/7). Ein grausamer Machthaber wird von einem noch grausameren gefolgt, wohl im Mittelmeerraum mit seinen vielen Inseln. Bei den *Vertriebenen* handelt es sich wohl um Mitglieder einer Verschwörung, denn wer redet, erhält Pardon. Eine Geschichte, die im alten Rom sich hätte zutragen können.

60

Un Empereur naistra pres d'Italie,
Qui à l'Empire sera vendu bien cher,
Diront avec quels gens il se ralie,
Qu'on trouvera moins prince que boucher.

Ein Kaiser wird in der Nähe Italiens geboren,
Der dem Reich sehr teuer zu stehen kommen wird.
Man wird sagen, "mit welchen Leuten verbündet er sich",
Man ist der Meinung, er sei weniger Fürst als vielmehr Metzger.

Napoleon I. (1769-1821) wurde als Sohn des Rechtsanwalts Buonaparte auf Korsika geboren, das zu Genua gehörte. Erst ein Jahr zuvor war Korsika von Frankreich erworben worden. Durch Geburt zwar Franzosen, sind die Buonapartes eigentlich Genuesen. Als

Kaiser setzt er seine Verwandtschaft auf die Throne Europas, kleine Leute macht er zu Marschällen und Herzögen. Zu Metternich sagte er brutal: "... Ein Mann wie ich schert sich den Henker um das Leben einer Million Menschen!"

61

La republique miserable infelice
Sera vastée du nouveau magistrat,
Leur grand amas de l'exil malefice
Fera Sueve raur leur grand contract.

Die erbärmliche und unglückliche Republik
Wird von der neuen Obrigkeit entvölkert.
Ganze Massen treibt sie ins mißliche Exil
Und macht, daß die Schwaben ihren großen Vertrag brechen.

Nostradamus verabscheut die junge französische Republik, die den König ermordet hatte, zutiefst. Schon vor dieser Bluttat strömten Massen - und nicht nur der Adel - nach Deutschland ins Exil. Erster Revolutionskrieg 1792-1797, zweiter Revolutionskrieg: 1798-1802.

62

La grande perte, las que feront les lettres,
Avant le Ciel de Latona parfaict,
Feu grand deluge plus par ignares sceptres,
Que de long siecle ne se verra refaict.

Welch großer Verlust, das wird durch die Wissenschaft bewirkt wird,
Vorher ist der Himmel der Latona vollendet.
Feuer und große Flut, mehr noch durch Feuerszepter,
Was durch ein langes Jahrhundert nicht wieder aufgebaut wird.

Eine Großkatastrophe, hervorgerufen durch menschlichen Größenwahn, möglich durch Wissenschaft und Technik. Schäden, die auch nach hundert Jahren nicht beseitigt sind, lassen Schlimmstes vermuten: entweder Vernichtung ganzer Kontinente oder aber - Feuerszepter weist darauf hin - atomare Verwüstungen.

Latona ist in der griechischen Mythologie die Mutter des Apoll, eine Anspielung auf ihren Sohn, den Schirmherrn der Musen.

63

Les fleurs passez diminue le monde,
Long temps la paix terres inhabitees,
Seur marchera par Ciel, terre, & onde,
Puis de nouveau les guerres suscitees.

Wenn das Unheil vorbei ist, ist die Welt kleiner geworden,
Lange Zeit Frieden in den unbewohnten Gebieten,
Sicher reist man am Himmel, zu Land und über das Meer,
Dann folgen erneut Kriege.

Die Welt nach einer globalen Zerstörung. Es folgt der Wiederaufbau, dann verfallen die Staaten in ihre alten Fehler. Die Menschheit - wie sollte sie auch - hat nichts dazugelernt.

64

De nuict Soleil penseront avoir veu
Quand le pourceau demy homme on verra.
Bruit, chant, bataille au Ciel bettre aperceu,
Et bestes brutes à parler l'on orra.

Bei Nacht glauben sie, die Sonne gesehen zu haben,
Wenn man das Schwein - halb Mensch sehen wird.
Lärm, Gesang, man beobachtet, wie am Himmel eine Schlacht geschlagen wird,
Und brutale Bestien hört man sprechen.

Feuerschein atomarer Sprengkörper erhellt die Nacht. Soldaten mit Gasmasken - sie scheinen daher ***Schweineköpfe*** zu tragen - wühlen sich in die Erde. Am Himmel Luftkämpfe. Panzerschlacht mit dem Brüllen von Kanonen.

Wie mag sich Nostradamus gefühlt haben, als er schauen mußte, was die Menschheit in 500 Jahren treibt?

65

Enfant sans mains iamais veu si grand foudre,
L'enfant Royal au ieu d'œsteuf blessé,
Au puy brises fulgures allant mouldre,
Trois souz les chaines par le milieutroussez.

Das Kind ohne Hände hat nie zuvor einen so großen Blitz gesehen.
Das königliche Kind wird beim Ballspiel verletzt.
Auf dem Berg werden Sturmwinde von Blitzen einschlagen,
Drei in Fesseln werden in die Mitte gezerrt.

Ludwig XVII., das *Kind ohne Hände*, das niemals regierte, gefangen im Temple im Gewahrsam der Revolutionäre. Die Würfel des Schicksals sind gefallen (8. Juni 1795). Die Revolution fegt die oppositionelle *Berg*(!)-Partei hinweg. In Fesseln, durch die Mitte der Gaffer, werden Ludwig XVI., die Königin und die Tante Elisabeth nacheinander zum Schafott gezerrt.

66

Celuy qui lors portera les nouvelles,
Apres un il viendra respirer,
Viviers, Tournon, Montferrant & Pradelles,
Gresles & tempeste le fera souspirer.

Jener, der dann die Neuigkeiten überbringt,
Kommt nach einer Weile wieder zu Atem.
Viviers, Tournon, Montferrand und Pradelles,
Hagel und Orkan lassen sie stöhnen.

Schwere Umweltkatastrophe in Mittelfrankreich. Um die Bedeutung beurteilen zu können, müßte man die Zuordnung in der Versfolge kennen.

67

La grand famine que ie sens approcher,
Souvent tourner, puis estre universelle,
Si grande & longue qu'on viendra arracher
Du bois racine, & l'enfant de mammelle.

Die große Hungersnot, die ich kommen sehe,
Wird häufig werden, dann weltweit sein,
So groß und anhaltend, daß man daran geht,
Baumwurzeln auszureißen und das Kind von der Brust.

Hungersnot der Zukunft, offenbar nicht als Folge von Kriegen, sondern eher von Raubbau und Überbevölkerung. Eine schreckliche Vision.

68

O quel horrible & mal'heureux tourment,
Trois innocens qu'on viendra à livrer,
Poison suspecte, mal gardé tradiment,
Mis en horreur par bourreaux enyvrez.

Oh, welch entsetzlicher und unglückseliger Qual
Wird man drei Unschuldige aussetzen,
Man vermutet Gift, schlecht bewacht, Verrat,
Werden sie von betrunkenen Bütteln ins Entsetzen getrieben.

Wohl kein Justizirrtum, sondern Geiseln, die mißhandelt werden. Nicht klar ist, ob das Gift schlecht bewacht war, oder, was wahrscheinlicher ist, daß Henkersknechte sich ohne Aufsicht an Unschuldigen vergreifen.

69

La grand montagne ronde de sept stades,
Apres paix, guerre, faim, inondation,
Roulera loin abismant grands contrades,
Mesmes antiques, & grand fondation.

Der große Berg, sieben Stadien im Umkreis,
Wird er nach Frieden, Krieg, Hungersnot, Überschwemmung
Weit rollen und dabei große Gegenden verderben,
Selbst antike Stätten und große Gründung.

Einen Berg, der nur 1.120 m im Umfang mißt, kann man wohl kaum als groß bezeichnen. Er wird auch kaum *weit rollen* oder *Verträge brechen. Antike Stätten* deutet auf ein Geschehen im Mittelmeerraum hin. Der *Berg* könnte der Spitzname eines Politikers sein, den zu seiner Zeit jeder wird zuordnen können; - wären da nicht die sieben Stadien. Rätseln Sie mal mit!

70

Pluye, fain, guerre en Perse non cessee,
La foy trop grande trahira le monarque:
Par la finie en Gaule commencée,
Secret augure pour à un estre parque.

Regen, Hunger, Krieg nehmen in Persien kein Ende,
Der zu starke Glaube wird den Monarchen verraten,
Das Ende nimmt seinen Anfang in Frankreich,
Geheimes Vorzeichen für *a*, ein schicksalhaftes Wesen.

Der fanatische Glaube des Islams stürzt den Schah von Persien, der sein Land in einen modernen Staat umwandeln wollte. Von seinem Exil in Frankreich aus wurde der Sturz des Monarchen vom Ayatollah Khomeini betrieben.

In der letzten Zeile ist das *a* grammatisch falsch und überflüssig. Das schicksalhafte Wesen für Persien ist der **A**yatollah; Nostradamus weist insgeheim auf den ersten Buchstaben seines Titels hin!

71

La Tour Marine trois fois prise et reprise,
Par Espagnols, Barbares, Ligurins:
Marseille & Aix, Arles par ceux de Pise,
Vast, feu, fer, pillé Avignon des Thurins.

Der Marineturm wird dreimal genommen und zurückerobert,
Von Spaniern, Barbaren, Liguriern,
Marseille und Aix, Arles durch die Pisaner.
Verwüstung, Feuer, Eisen, Brandschatzung Avignons durch die Turiner.

Zukünftiger Krieg in der Provençe. Spanier und Italiener sind verbündet. Die Hauptakteure scheinen aus Norditalien zu kommen: Turiner und Genuesen (Provinz Ligurien) sowie Pisaner. Die Front wogt hin und her. *Tour* könnte einen Hinweis auf Tou-lon sein, der von Festungen stark gesicherte Kriegshafen Frankreichs am Mittelmeer.

72

Du tout Marseille des habitants changee,
Course & poursuite iusque aupres de Lyon.
Narbon, Toloze, par Bordeaux outragee,
Tuez captifs presque d'un million.

In ganz Marseille sind die Bewohner ausgetauscht,
Flucht und Verfolgung fast bis Lyon.
Narbonne und Toulouse werden von Bordeaux beschimpft,
Getötete und Gefangene fast eine Million.

Dieser Vers schließt sich möglicherweise an den vorhergehenden an. Wird die französische Bevölkerung aus Marseille vertrieben, sind allein 670.000 Menschen auf der

Flucht. Bürgerkrieg in Frankreich mit entsetzlich hohem Blutzoll. Am Atlantik in Bordeaux (der Vendée) scheint die konservative Gegenpartei ihren Sitz zu haben. Die Frage ist, wer nach der Vertreibung der Franzosen als neue Bevölkerung Marseille bewohnt. Vielleicht Araber? In Vers I/71 werden Barbaren genannt.

73

France à cinq pars par neglect assaillie,
Tunys, Argal esmeuz par Persiens:
Leon, Seville, Barcellonne faillie,
N'aura la classe par les Venitiens.

Wegen seiner Nachlässigkeit wird Frankreich von fünf Seiten her angegriffen,
Tunesien und Algerien werden von den Persern aufgehetzt.
Leon, Sevilla und Barcelona fallen.
Es wird keine Flotte mehr in der Adria geben.

Jetzt wird das Bild klarer: Italien greift Frankreich von Südosten an, fanatische Moslems/Araber nehmen die Côte Azur und dringen auch von Spanien aus, das sie bereits erobert hatten, über die Pyrenäen. Offen bleibt, welche Feinde Frankreich im Norden und Osten angreifen.

74

Apres sejourné vogueront en Epire,
Le grand secours viendra vers Antioche:
Le noir poil crespe tendra fort à l'Empire,
Barbe d'ærain se rostira en broche.

Nach dem Aufenthalt segeln sie nach Epirus.
Die große Hilfe richtet sich nach Antiochia.
Der schwarze Krauskopf hält fest an der Macht,
Der Bronzebart röstet am Bratspieß.

Ein künftiges Geschehen. Unklar ist, ob es sich bei der Person in Zeile 3 um einen *Schwarzen* mit Krauskopf handelt, oder um jemanden mit schwarzen Locken. Ich neige zu ersterem. Er ist nicht zu verwechseln mit der in Vers II/79 genannten Person ***barbe crespe & noire = Bart gekräuselt und schwarz.*** ***Poil*** bedeutet Haupthaar. Wer in Epirus, im Nordwesten Griechenlands Station gemacht hat und nach Kleinasien übersetzt, kommt aus Rußland oder Deutschland, ist dort Herrscher. Der Bart war bis 1698 Kennzeichen und Stolz des russischen Mannes. Bärte wurden dort vom 6. September an spontan durch den Zaren Peter den Großen verboten und unter Strafe gestellt. Vielleicht ist die ausdrückliche Erwähnung des Bartes also ein Hinweis auf Rußland.

Nun ergeben sich zwei Varianten: der ***Krauskopf*** verteidigt ein mediterranes Großreich an seiner östlichen Grenze in Antiochia, wohin er sich mit Verstärkungen begibt und Bronzebarts Angriff scheitert. Oder: der ***Bronzebart*** greift aus dem Westen mit Verstärkungen in Kleinasien an, während der ***Krauskopf*** dort zäh und erfolgreich an seiner Herrschaft festhält. Ich halte die zweite Variante für wahrscheinlicher, ordne den Bronzebart dem Westen zu und halte den Kraushaar für einen Farbigen.

75

Le tyran Siene occupera Savonne,
Le fort gaigné tiendra classe marine:
Les deux armees par la marque d'Anconne
Par effrayeur le chef s'en examine.

Der Tyrann von Siena wird Savona besetzen,
Nachdem er die Festung erobert hat, besitzt er auch die Flotte.
Die beiden Armeen stehen dann in der Mark Ancona.
Voll Schrecken wird der Chef in sich gehen.

Fontbrune und Allgeier sind der Auffassung, Napoleons Italienfeldzug würde hier beschrieben. Meines Erachtens steht dagegen, daß sich bei Ancona damals nie zwei Armeen gegenübergestanden haben. Auch kann der Tyrann von Siena kaum Napoleon sein. Und auch ***die Flotte*** paßt nicht. Das Mittelmeer wurde völlig von England beherrscht. Schiffe sind Napoleon nie zugefallen. Ein künftiges Geschehen also, Kleinkrieg in Italien.

76

D'un nom farouche tel proféré sera,
Que les trois seurs auront fato le nom:
Puis grand peuple par langue & faict dira,
Plus que nul autre aura bruit & renom.

Er hat einen entsetzlichen Namen, wenn er ausgesprochen wird,
Als hätten die drei Schwestern den Namen verflucht.
Dann wird er das große Volk durch Reden und Taten führen,
Mehr als jeder andere wird er von sich reden machen und berühmt.

Nostradamus verabscheut den Usurpator Napoleon I. von ganzem Herzen. Hier macht er sich über seinen Namen her. ***Ausgesprochen*** (Zeile 1) klingt er ***entsetzlich***, nämlich wie der des Antichristen in der Bibel, der (griech.) ***Ne apollyon***, der ***Verderber*** heißt.

Die drei Schwestern, die Napoleon/seinen Namen, was auf das gleiche hinausläuft, verfluchen, sind die drei Parzen, die Schicksalsschwestern. Sie weben die Lebensfäden der Menschen.

77

Entre deux mers dressera promontoire,
Que puis mourra par le mors du cheval:
Le sien Neptune pliera voile noire,
Par Calpre & classe aupres de Rocheval.

Zwischen zwei Meeren erhebt sich ein Vorgebirge,
Dem, der dann durch Pferdebiß sterben wird,
Dem Neptun wird das schwarze Segel entfaltet,
Zwischen Gibraltar und Flotte bei Kap Roche.

Eine Glanzleistung des Meisters. Die Seeschlacht von Trafalgar (Vorgebirge an der spanischen Südküste) zwischen zwei Meeren: Atlantik und Mittelmeer am 21. Oktober 1805. Admiral Villeneuve wird geschlagen, Admiral Nelson von einer Musketenkugel auf den Tod verwundet: ***dem Neptun*** das Todessegel. (Die Matrosen stecken Nelsons Leiche in ein Branntweinfaß, um sie zu konservieren). Auch der spätere Tod des französischen Admirals ist in den Vers eingearbeitet: Tod durch ***Pferdebiß***. Nicht jedoch ein Biß wird den Admiral töten. "Prendre le ***mors*** aux dents" heißt: über die ***Stränge*** schlagen. Villeneuve ***stranguliert*** sich - mit einem ***Pferde***zügel!

Zeile 4 habe ich vorsätzlich wörtlich übertragen. Wie bei der späteren Schlacht steht auch im Satzbau die Flotte zwischen Gibraltar und dem Kap Roche - zu entschlüsseln, wie so häufig, leider erst im nachhinein.

78

D'un chef vieillard naistra sens hebeté,
Degenerant par sçavoir & par armes:
Le chef de France par sa sœur redouté,
Champ divisez, concedez aux gendarmes.

Der greise Chef entwickelt sich zum Schwachsinnigen,
Er ist zu verfallen, um zu begreifen oder zu kämpfen.
Der Chef von Frankreich wird von seiner Schwester gefürchtet,
Das Land wird geteilt und den Soldaten überlassen.

Der greise Chef ist der alte Marschall Pétain, der nach der französischen Kapitulation (22. Juli 1940) mit den Deutschen zusammenarbeitet. Italien, die ***Schwester*** Frankreichs, hatte nach den deutschen Erfolgen noch schnell den Krieg erklärt, war aber schimpflich zurückgeschlagen worden. Frankreich wird geteilt, der unbesetzte Teil von Vichy aus regiert, die Küste und Paris wird den deutschen Soldaten überlassen.

79

Bazaz, Lectore, Condon, Ausch, Agine,
Esmeus par loix, querelle & monopole:
Car Bourd, Tholoze Bay mettra en ruine,
Renouveller voulant leur tauropole.

Bazas, Lectoure, Condon, Auch, Agen,
Aufruhr durch Gesetze, Streitigkeiten und Vormachtstellung.
Carcassonne, Bordeaux, Toulouse, Bayonne werden zum Ruin gebracht,
Erneuern wollen sie ihr Stieropfer.

Bürgerkrieg und Separationsbestrebungen in Frankreich an der spanischen Grenze. Stieropfer klingt nach neuen heidnischen Gebräuchen. Zukunft.

80

De la sixiesme claire splendeur celeste,
Viendra tonner si fort ent la Bourgongne,
Puis naistra monstre de tres hideuse beste,
Mars, Avril, May, Iuin grand charpin & rongne.

Bei dem sechsten hellen himmlischen Schein,
Wird es in Burgund mächtig donnern,
Dann wird das Monster der abscheulichen Bestie geboren,
März, April, Mai, Juni großes Schlachten und Quälerei.

Das *Monster* ist ein Teil der Bestie, es zeigt sich durch Donner in Burgund. Wird in ganz Burgund der Donner gehört, fällt dort eine Atombombe oder aber, wahrscheinlicher, handelt es sich um den Einschlag eines Teilstücks eines Meteoriten (vgl. Verse I/84 und III/34; dort wird das *Monster* ebenfalls erwähnt).

Zuvor sind bereits fünf Meteore niedergegangen und haben beim Verglühen prächtig geleuchtet. Diesmal ist es ernst. Das Geschehen mag im März stattfinden, zu Beginn der Schlächterei oder im Juni, wenn sie zu Ende geht. Ich neige zu Juni, dem *sechsten* Monat (siehe Zeile 1). Bei dem Jahr könnte es sich um 1998 handeln (vergl. Vers X/74). Die *Schlächterei* ist dann der französische Bürgerkrieg.

81

D'humain troupeau neuf seront mis à part,
De iugement & conceil separez,
Leur fort sera divisé en depart,
Kappa, Thita, Lambda mors bannis esgarez.

Aus der menschlichen Herde werden neun ausgesondert werden,
An Urteil und klugen Rat unterscheiden sie sich,
Ihr Schicksal wird von Anfang an unterschiedlich sein,
Kappa, Theta, Lambda tot, verbannt, verirrt.

Der Wohlfahrtsausschuß bestand ab 1793 und aus neun Mitgliedern. An deren Spitze standen Danton und Robespierre. Den übrigen waren sie deutlich überlegen. Sie übten eine blutige Schreckensherrschaft aus und endeten beide unter der Guillotine. Die griechischen Buchstaben K, Th, L bedeuten im hebräischen ***Katal*** = töten, ein Hinweis auf die Tätigkeit der Neun.

82

Quand les colonnes de bois grande tremblee,
D'austere conduicte, couverte de rubriche,
Tant vuidera dehors grande assemblee,
Trembler Vienn & le pays d'Autriche.

Wenn die Pfeiler aus Holz stark zittern,
Von Strenge geleitet, bedeckt mit Rot,
Wird die große Versammlung völlig verjagt,
Es zittern Wien und das Land Österreich.

Wenn bei der Guillotine das Fallbeil zuschlägt, zittert das Holzgerüst. Es ist bedeckt mit Blut. Verjagt wurde dann später die Nationalversammlung. Wien und das ganze Land Österreich zittern um das Leben der Tochter der österreichischen Kaiserin, der im Temple gefangenen französischen Königin Marie-Antoinette. Doch auch sie endet 1790 unter der Guillotinc (vcrgl. Vcrs I/65).

83

La gent estrange divisera butins,
Saturne en Mars son regard furieux,
Horrible estrange aux Toscans & Latins,
Grecs qui seront à frapper curieux.

Das fremde Volk wird die Beute teilen,
Saturn gegen Mars mit grimmigen Blick,
Entsetzlich seltsames Gesicht der Toskana und Latium,
Als sie begierig sind, die Griechen zu schlagen.

Das ***entsetzliche*** und ***seltsame***, das Italien geschieht, ereignet sich in den ersten Dezembertagen 1940. Die Italiener, begierig die Griechen zu schlagen, werden zurückgeworfen und müssen sich mit schweren Verlusten nach Albanien zurückziehen. Die Datierung durch Nostradamus ist perfekt: Saturn - Mars in Opposition am 2. Dezember. Deutschland, das ***fremde Volk***, muß helfen und erhält die Beute Griechenland.

84

Lune obscurcie aux profondes tenebres,
Son frere passe de couleur ferrugine,
Le grand caché long temps sous les tenebres,
Tiedera fer dans la praye sanguine.

Mond verborgen im tiefsten Dunkel,
Sein Bruder zieht vorbei mit rostroter Farbe,
Der Große lange Zeit verborgen unter den Finsternissen,
Das Eisen bleibt in der blutenden Wunde stecken.

Im französischen ist der Mond weiblich, die Sonne männlich. Es zieht also kein zweiter Mond vorbei (das müßte heißen: ***ihre Schwester***), sondern es ist ***le sol***, die Sonne, ***der*** Bruder. Jedoch ohne zu leuchten, kaum zu sehen. Den Mond (Zeile 1) kann man gar nicht erkennen. Der Grund besteht darin, daß die ganze Atmosphäre durch eine kosmische Katastrophe entsetzlichen Ausmaßes voller Ruß und Staub ist. (Es folgen die ***Drei Tage Finsternis*** mit Massensterben der Menschheit, vgl. Vers III/34). Zeile 4: Sämtliche Konflikte weltweit kommen schlagartig zum Erliegen.

85

Par la response de Dame Roy troublé,
Ambassadeurs mespriseront leur vie,
Le grand ses freres contrefera doublé.
Par deux mourront ire, haine & envie.

Der König ist wegen der Antwort der Dame verstört.
Die Botschafter geben ihr Leben verloren.
Der Große wird seine Brüder zweifach betrügen,
Durch zwei werden sie sterben in Zorn, Haß und Mißgunst.

Intrigen am französischen Königshof. Trotz einiger Geschichtskenntnisse kann ich diesen Vers keinem Geschehen der Vergangenheit zuordnen. Eher Zukunft.

86

La grande Royne quand se verra vaincuë
Fera excez de masculin courage,
Sur cheval, fleuve passera toute nue,
Suite par fer, à foy fera outrage.

Wenn sich die große Königin besiegt sieht,
Wird sie ein Übermaß an männlicher Tapferkeit zeigen.
Auf einem Pferd, den Fluß, durchquert sie völlig bloß,
Verfolgt vom Schwert, dem Glauben wird man Schmach zufügen.

Das Schicksal Maria Stuarts, Königin der Schotten (1542-1587), vermählt (1559/60) mit dem französischen König Franz II. Aus Schottland mit dem Schwert vertrieben, floh sie völlig mittellos im Mai 1568 mit einem Fischerboot, vor und nachher zu Pferd, über die Grenze nach England, wo die Protestantin Elisabeth I. sie sogleich gefangen nehmen ließ. Die ganzen Jahre 1568 bis zu ihrer Hinrichtung im Februar 1587 drohte ihr das Richtschwert. Sie starb mit beispielloser Tapferkeit. Die Hinrichtung einer katholischen Königin durch Protestanten fügte auch dem Katholizismus Schmach zu.

87

En nosigee feu du centre de terre,
Fera trembler autour de cité neuve
Deux grands rochers longtemps feront la guerre,
Puis Arethuse rougira nouveau fleuve.

Durch den Erschütterer Feuer aus dem Zentrum der Erde,
Das läßt die Umgebung der Neuen Stadt erzittern.
Zwei große Felsen führen lange Zeit Krieg,
Dann wird Arethusa von neuem einen Fluß rot färben.

Der Erderschütterer, der Beben verursacht, ist der Meeresgott Poseidon. Bei der ***Neuen Stadt*** dürfte es sich um New York handeln. Arethusa war eine harmlose Nymphe, die sich allerdings bei Vulkanen aufhielt. Wir haben also einen Zusammenhang zwischen einem Vulkanausbruch/Erdbeben und einem langen Krieg zweier gleichstarker ***Felsen*** = Blöcke, wobei eine wichtige Schlacht offensichtlich einen Fluß mit Blut rot färbt. Letztlich noch zu Arethusa: Areth (hebr.) = Erde, usa = USA. Mehr kann wohl nicht entnommen werden.

88

Le divin mal surprendra le grand Prince,
Un peu devant aura femme espousee
Son appuy & credit à un coup viendra mince,
Conseil mourra pour la test rasee.

Göttliches Unheil wird den großen Fürsten treffen,
Ein wenig zuvor hat er die Frau geheiratet.
Seine Macht und sein Ansehen werden schlagartig schwinden.
Der Rat wird sterben für den geschorenen Kopf.

Wieder ein Napoleon-Vers. 1804 krönt sich Napoleon I. zum Kaiser der Franzosen. Er ist 35 Jahre alt und auf dem Höhepunkt seiner Macht. 1809 läßt er sich scheiden und heiratet ein Jahr darauf die Prinzessin Marie-Louise von Österreich. Von nun an läuft alles schief. Nur zwei Jahre später, auf dem Rückzug von Moskau, ist er gescheitert, seine Macht, sein Ansehen schlagartig geschwunden. Der geschorene Kopf - im Gegensatz zu den Perücken, ist sein Kennzeichen.

89

Tous ceux de Illerde seront dans la Moselle,
Mettant à mort tous ceux de Loire & Seine,
Secours marin viendra pres d'haute velle,
Quand Espagnols ouvrira toute veine.

All die aus Lerida werden an der Mosel sein,
Sie bringen alle von Loire und Seine um,
Hilfe vom Meer her wird bis zum Hochtal kommen,
Wenn die Spanier alle zur Ader lassen.

Lerida ist eine Provinz Spaniens in Katalonien. Bis zum Westfälischen Frieden (1648) standen spanische Truppen in den Niederlanden und in Belgien bis an die Mosel. Kämpfe mit den Franzosen.

90

Bourdeaux, Poictiers au son de la campagne,
A grande classe ira jusqu'à l'Angon,
Contre Gaulois sera leur tramontane,
Quand monstre hideux naistra pres de Orgon.

Schall der Sturmglocken in Bordeaux und Poitiers,
Die große Armee wird bis nach Langon vorstoßen,
Ihr Marsch bergauf - bergab richtet sich gegen die Franzosen,
Dann wird das abscheuliche Monstrum bei Orgon geboren.

Künftiger europäischer Großkrieg: Die Stadt Orgon (Provençe) finden wir nämlich wieder in Vers V/62. Dort wird Rom erwähnt, versenkte Schiffe und der *Tridental* = *Dreizack*-Fürst = *Poseidon*-Fürst: Eine Großmacht, deren Kennzeichen Meeresbeherrschung ist. Bei Orgon scheint erstmals eine vernichtende Waffe eingesetzt zu werden.

91

Les Dieux feront aux humains apparence,
Ce qu'ils seront auteurs de grand conflict,
Avant Ciel veu serain espee & lance,
Que vers main gauche sera plus grand afflict.

Die Götter lassen die Menschen wissen,
Daß sie die Urheber des großen Krieges sind,
Vorher kann man am heiteren Himmel Degen und Lanzen sehen,
So daß linker Hand die größte Trübsal sein wird.

Ein Krieg beginnt mit dem Abschuß von Raketen. Den Nachteil scheinen die *Linken* zu haben. Zeile 1 läßt darauf schließen, daß der Konflikt schicksalhaft entsteht (... hat Gottes unerforschlicher Ratschluß ...).

92

Sous un la paix par tout sera clamee,
Mais non long temps pille & rebellion,
Par refus ville, terre & mer entamee,
Mort et captifs le tiers d'un million.

Unter einem wird der Friede weit und breit verkündet,
Aber es dauert nicht lange, dann folgen Plünderung und Aufruhr.
Wegen der Verweigerung der Städte, werden Land und Meer verwüstet.
Tote und Gefangene das Drittel einer Million.

Hitler verkündet den Frieden und beginnt den Krieg. Dadurch, daß man ihm die Stadt (Danzig) und das Land (der Korridor nach Ostpreußen) verweigert, läßt er den bösen Geist aus der Flasche, *entkorkt* das Meer (England), das Deutschland den Krieg erklärt. Dieser Feldzug hatte laut dem deutschen Heeresbericht 330.000 Tote und Gefangene zur Folge.

93

Terre Italique pres de monts tremblera,
Lyon & Coq non trop confederez,
En lieu de peur l'un l'autre s'aydera,
Seul Catulon & Celtes moderez.

Nahe den Bergen wird die italienische Erde beben.
Löwe und Hahn sind nicht allzusehr verbündet,
Im Angesicht der Gefahr helfen sie sich gegenseitig.
Nur Spanien und Frankreich wirken mäßigend.

Der Löwe (England) und der Hahn (Frankreich) halten seit einem Jahrhundert zusammen. Das scheint auch trotz gelegentlicher Differenzen so zu bleiben. Nicht klar ist, welche *Gefahr* auftritt. Zeitgleich soll es in Norditalien ein Erdbeben geben. England ist wohl kriegerisch gesonnen, Frankreich wirkt mäßigend zusammen mit Spanien.

94

Au port Selin le tyran mis à mort
La liberté non pourtant recouvree:
Le nouveau Mars par vindicte et remort,
Dame par force de frayeur honnoree.

Beim türkischen Hafen wird der Tyrann ermordet,
Die Freiheit wird dennoch nicht überall zurückgewonnen.
Der neue Krieg entspringt Rachsucht und Gewissensbissen.
Die Dame wird mit Gewalt und Schrecken verehrt.

Die Seeschlacht bei Lepanto (jetzt griech. Naupaktos) 1571. Sieg der Heiligen Liga; der türkische Admiral fällt. Der Vorstoß der Osmanen wird jedoch fortgesetzt, die Kämpfe gehen zu Land weiter. Das Abendland kämpft für den *wahren Glauben*, betet zur heiligen Jungfrau und weiht ihr seine Erfolge.

95

Devant moustier trouvé enfant besson,
D'heroic sang de moine & vetustique:
Son bruit par secte langue & puissance son,
Qu'on dira fort eslevé le vopisque.

Vor dem Kloster wird ein Zwilling gefunden,
Von heldischem Blut der Mönche und der Sittsamkeit,
Berühmt wird er durch fromme Predigten und machtvollen Schall,
So daß man sagen wird, er habe das *Vobiscum* sehr gefördert.

Lopez von Loyola, genannt Ignatius (1491-1556) stammt aus altem baskischen Adel. Als spanischer Offizier wird er 1521 schwer verwundet und stiftet den Jesuitenorden. Schutzheiliger der Soldaten. Sein Geburtsdatum ist mir nicht bekannt. Wahrscheinlich ist er im *Zwilling* geboren. Ins Kloster kommt er schwer verletzt, hilflos wie ein Kleinkind. Den Gebrauch des *Dominus vobiscum* in der katholischen Kirche hat er energisch betrieben.

96

Celuy qu'aura la charge de destruire
Temples, & sectes, changez par fantasie:
Plus aux rochers qu'aux vivans viendra nuire,
Par langue ornee d'oreilles ressasie.

Jener, der die Aufgabe haben wird,
Tempel und Sekten zu zerstören, geht mit schillernder Phantasie ans Werk,
Mehr den Steinen als den Lebenden wird er schaden,
Mit wohlgedrechselten Worten übersättigt er die Ohren.

Siehe Vers I/95. Die Jesuiten hatten vom Papst die Aufgabe erhalten, durch äußere und innere Mission die katholische Kirche zu festigen. Dabei benutzte der Orden phantasievoll eine breite Palette unterschiedlicher Mittel, vor allem aber kluge Beredsamkeit.

97

Ce que fer, flamme n'a sçeu parachever,
La douce langue au conseil viendra faire:
Par repos, songe, le Roy fera resver,
Plus l'ennemy en feu, sang militaire.

Das, was Eisen und Feuer nicht zuwege brachten,
Das wird zuckersüße Rede als Ratschlag bewirken,
Durch Einschläferung und Gaukelbild wird der König träumen.
Der Feinde noch mehr im Feuer, kriegerisches Blut.

Die Ermordung Heinrich IV. am 14. Mai 1610. François Ravaillac fühlt sich als Werkzeug Gottes, als er in den offenen Wagen des Königs springt und ihm den Dolch ins Herz stößt. Die geistlichen Väter des Volksschullehrers aus Angoulême hatten ihm eingeredet, der Schöpfer des Toleranzedikts von Nantes sei niemand anders als der Antichrist auf dem Thron. Der König wird ohnmächtig und verblutet langsam. Alle irdischen Probleme, Feinde, Krieg ... vorbei.

98

Le chef qu'aura conduict peuple infini
Loing de son ciel, de meurs & langue estrange
Cinq mil en Crete & Thessalie finy,
Le chef fuyant sauvé en la marine grange.

Der Chef, der Völker ohne Zahl geführt hat,
Ist weit weg von seinem (heimatlichen) Himmel, und unter fremder Sitte und Sprache.
Fünftausend von Crethi und Plethi Ende.
Der geflohene Chef wird abgesichert in der Meeres-Scheune.

Wieder Napoleon I. Der Chef, der Völker ohne Zahl geführt hatte, wird nach St. Helena verbannt, eine winzige Insel im Atlantik, 8.000 km von Frankreich entfernt. Die Sprache ist englisch, die Einwohner einfachste Menschen, insgesamt 3.400 Seelen. Nur fünf Jahre darauf stirbt Napoleon: Ende. Nach der Schlacht von Waterloo hatte Napoleon (der Chef) noch versucht, nach Amerika zu fliehen, war aber abgefangen worden. Auf St. Helena mußte er seine letzten Jahre mitten im Meer in einem winzigen ehemaligen Farmgebäude auf einem kahlen Plateau, von Stürmen umtobt, verbringen.

Ein typischer Nostradamus-Vers, nicht zu dechiffrieren, bevor das Ereignis eingetreten ist: Das Schlüsselwort ist die ***grange***, die Scheune, in der der Chef abgesichert leben wird. Dazu kommt ein unübersehbarer Wegweiser, der in die Irre führt: "Crete & Thessalie", eben kein geographischer Hinweis, sondern es handelt sich um eine Anspielung auf die Leibwache König Davids, die aus fremden Söldnern bestand, Crethi (Kreter) und Plethi (Philister), fremde Berufssoldaten wie die Briten (1380 Soldaten bewachten Napoleon). Die Philister sind keine Semiten, sondern waren in frühgeschichtlicher Zeit fremdstämmig dorthin ausgewandert. Raten Sie mal woher? Aus Thessalien in Nordgriechenland. Goliath brachte es zu einiger Berühmtheit als Zwei-Meter-Mann.

99

Le grand monarque que fera compagnie
Avec deux Roys unis par amitié:
O quel souspir fera la grand mesgnie,
Enfans Narbon à l'entour, quel pitié.

Der große Monarch wird ein Bündnis schließen
Mit zwei Königen, mit denen ihn Freundschaft verbindet.
Oh, welch Seufzen wird dieser Wurf verursachen,
Kinder von Narbonne und Umgebung, welches Mitleid wird man haben.

Verteidigungsbündnis zwischen dem Deutschen Reich, Österreich-Ungarn und Italien, abgeschlossen 1882. In Verbindung mit dem Rückversicherungsvertrag mit Rußland der größte Wurf deutscher Außenpolitik, der damit die Aggressionspolitik Frankreichs vereitelte. Frankreich ist isoliert, der Friede sicher.

100

Longtemps au ciel sera veu gris oyseau,
Aupres de Dole & de Toscane terre:
Tenant au bec un verdoyant rameau,
Mourra tost grand et finira la guerre.

Lange Zeit wird man am Himmel einen grauen Vogel sehen,
In der Nähe von Dôle und in der Toskana.
Im Schnabel hält er einen grünenden Zweig.
Der Große wird bald sterben und der Krieg ist beendet.

Dôle ist ein Bergrücken im schwarzen Jura, die Toskana steht für Italien. Über beiden Ländern fliegt die Friedenstaube mit dem Zweig im Schnabel. Beide Länder scheinen (mit wem?) Krieg zu führen, denn der Vogel läßt sich nicht nieder. Hinderlich ist ***der Große***, dessen Tod die Einstellung der Feindseligkeiten herbeiführt. Zukunft.

<u>I. Centurie</u>

1

Vers Aquitaine par insuls Britanniques
De par eux mesmes grandes incursions:
Pluyes, gelees feront terroirs iniques,
Port Selyn fortes fera invasions.

Nach Aquitanien von den britischen Inseln aus
Durch sie selbst große Streifzüge.
Regen, Fröste, machen das Gelände unwegsam,
Vom Hafen *Selyn* werden verstärkt Invasionen durchgeführt.

Aquitanien ist die Gegend zwischen Toulouse und Bordeaux in Südfrankreich. Dort haben sich die Engländer festgesetzt. *Sie selbst* können die Franzosen sein, jedoch auch die Angreifer. Noch schwieriger wird es mit *Selin*. Es ist entweder ein militärischer Führer selim = miles (lat.) Soldat, oder *Port Selyn* = Mondhafen, von Selene (griech.) Mondgöttin, Mond = Islam. In dem Fall führen auch Araber Angriffe durch. Der Vers wird erst klar werden, wenn es soweit ist.

2

La teste bleue fera la teste blanche
Autant de mal que France a faict leur bien:
Mort à l'anthene, grand pendu sus la branche,
Quand prins des siens le Roy dira combien.

Der mit dem blauen wird den mit dem weißen Kopf
Genausoviel schlechtes antun wie Frankreich ihm Gutes getan hat.
Tod am Mastbaum, der Große aufgehängt am Ast,
Wenn gefangen von den Seinen, sagt der König, wieviele.

Teste bleue - blauer Kopf - ist in alter Ausdruck für Nordmänner/Engländer, die *weißen* sind Franzosen, abgeleitet von der weißen Fahne der Bourbonen. Geschildert wird ein britisch-französischer Konflikt, an dessen Ende ein *Großer* und (Zeile 4) nach Belieben des Königs, weitere Gefangene aufgeknüpft werden. Zukunft.

3

Pour la chaleur solaire sus la mer
De Negropont les poissons demy cuits,
Les habitans les viendront entamer,
Quand Rhod & Gennes leur faudra le biscuit.

Wegen der Sonnenglut über dem Meer
werden in Schwarzen Meer die Fische halb gekocht,
Die Bewohner werden sie aufschneiden,
Wenn Rhodos und Genua ihnen Zwieback schuldet.

Hier wird keine normale Umweltkatastrophe geschildert; auf derart hohe Temperaturen erwärmt sich das Meer nun doch nicht. Zu denken wäre eher an die Sonnenglut von Atomsprengkörpern, die das Wasser zum kochen bringt. Doch würde man kaum diese toten Fische essen. Im Gilgamesch-Epos wird geschildert, daß durch einen Meteoriteneinschlag sich das Meer derart erhitzte, daß man gekochte Fische zum Essen einsammeln konnte. An ein derartiges Ereignis ist zu denken.

4

Depuis Monech iusqu'aupres de Sicile,
Toute la plage demourra desolee,
Il n'y aura faux-bourg, cité, ne ville,
Quae par Barbares pillee soit & volle.

Von Monaco bis nach Sizilien hin
Ist die ganze Küste verwüstet,
Es wird keine Dörfer geben, keine Orte noch Städte überhaupt,
Die nicht von den Barbaren geplündert und ausgeraubt worden wären.

Das überbevölkerte Nordafrika bricht in Massen auf nach Europa, dem Kontinent, in dem "Milch und Honig fließen". Schöne Aussichten!

5

Qu'en dans poissons, fer & lettre enfermee,
Hors sortira, qui puis fera la guerre,
Aura par mer sa classe bien ramee
Apparoissant pres de Latine terre.

Wenn in einem Fisch Waffen und Dokumente verwahrt sind,
Entsteigt der, der dann den Krieg auslöst.
Er hat im Meer seine gutgerüstete Flotte liegen,
Dann wird er bei Latium erscheinen.

Hier haben wir wieder einen ***Fisch***, diesmal handelt es sich offensichtlich um ein Unterseeboot. Noch wird verhandelt (Dokumente), aber auch Waffen (Eisen) stehen zur Verfügung. Der Vorabend eines Krieges. Latium liegt in Mittelitalien; im Golf von Neapel ist die VI. US-Flotte stationiert.

6

Aupres des portes & dedans deux citez
Seront deux fleaux & onc n'apperceu un tel,
Faim, dedans peste, de fer hors gens boûtez,
Crier secours au grand Dieu immortel.

Bei den Häfen und in zwei Städten
Werden zwei Geißeln sein, wie man sie noch nie gesehen hat.
Hunger, Seuche drinnen, durch Eisen werden die Menschen fortgetrieben,
Sie rufen um Hilfe zum allmächtigen Gott.

Atombombenabwurf auf die beiden Hafenstädte Hiroschima und Nagasaki im August 1945. Ersteinsatz dieser verbrecherischen Massenvernichtungsmittel (eine halbe Million Tote und Verwundete bei der schutzlosen Zivilbevölkerung) durch die USA. Japan hungert und ist der Blockade ausgesetzt, während die vertragsbrüchige Sowjetunion mit Waffen die japanische Bevölkerung aus der Mandschurei vertreibt. Friedensangebote Japans hatten die USA einfach nicht zur Kenntnis genommen, sie bestand auf dem ***totalen Endsieg***: Gute Gründe für die geschundenen Japaner, sich an Gott zu wenden.

7

Entre plusieurs aux isles deportez,
L'un estre nay à deux dents en la gorge:
Mourront de faim les arbres esbrotez,
Pour eux neuf Roy, nouvel edict leur forge.

Unter den vielen, die auf die Inseln deportiert werden,
Wird ein Geschöpf geboren mit zwei Zähnen im Schlund.
Dem Hungertod preisgegeben, müssen sie Baumrinde essen.
Für sie ein neuer König, ein neues Edikt schmiedet er ihnen.

Vergl. Vers I/59. Behandelt der Vers das gleiche Geschehen, besteht das ***neue Edikt*** darin, daß sie alle umgebracht werden. Der Überlieferung gemäß wird der Antichrist mit zwei Zähnen geboren.

8

Temples sacrez prime façon Romaine,
Reietteront les goffres fondements,
Prenant leurs lois premieres & humaines,
Chassant, non tout, des saincts les cultements.

Den Kirchen, die in erster Linie römisch geweiht waren,
Zerschlagen sie die untauglichen Grundmauern.
Sie übernehmen grundlegende und menschliche Gesetze,
Sie verjagen, jedoch nicht alle, die Heiligen aus dem Ritus.

Protestantismus und Beginn des Humanismus.

9

Neuf ans le regne le maigre en paix tiendra,
Puis il cherra en soif si sanguinaire,
Pour luy grand peuple sans foy & loy mourra,
Tué par un beaucoup debonnaire.

Neun Jahre lang wird die Herrschaft des Mageren friedlich verlaufen,
Dann verfällt er dem Blutrausch.
Seinetwegen stirbt das große Volk ohne Glaube und Gesetz.
Er wird von einem viel Sanftmütigeren getötet.

Das große Volk ist bei Nostradamus stets Frankreich, seine Heimat. Da ist er Patriot. Frankreich ist die *Grande Nation*. Dort herrschen jetzt Zustände wie in Rom zu Beginn der Imperatoren. Dazu gehört auch der Tyrannenmord (Cäsar, Caligula, Claudius, Nero usw.).

10

Avant long temps le tout sera rangé,
Nous esperons un siecle bien senestre:
L'estat des masques & des seuls bien changé,
Peu trouveront qu'a son rang vueille estre.

Bevor es lange dauert, wird alles wieder geordnet sein,
Wir erwarten ein recht finsteres Jahrhundert.
Der Stand der Masken und der Alleinstehenden hat sich recht verändert,
Wenige fänden sich, die an ihrer Stelle sein möchten.

Der Stand der Masken ist der Adel mit seinen Maskenfesten, die *Alleinstehenden* die Priester. Diese beiden Stände werden verfolgt: Die französische Revolution. Aber der Spuk ist bereits nach zehn Jahren, 1799, vorbei.

Es folgt ein finsteres Jahrhundert für Frankreich: Revolution 1830, Revolution 1848, Revolution 1871.

11

Le prochain fils de l'aisnier parviendra,
Tant eslevé iusqu'au regne des fors:
Son aspre gloire un chacun la craindra,
Mais ses enfans du regne gettez hors.

Der nächste Sohn wird den älteren übertreffen,
Derart emporgekommen bis zur Herrschaft über die Armee.
Sein bitterer Ruhm wird jeden schrecken,
Doch seine Kinder sind von der Herrschaft ausgeschlossen.

Dieser Vers paßt auf Napoleon I. Giuseppe, der ältere Bruder, ist bereits als Kind still und zurückhaltend, Napoleon dagegen voller Tatendrang und Neugier. Besucher nannten ihn scherzhaft Rabullione, "der seine Nase in alles steckt". Sein Sohn, der Herzog von Reichstadt, stirbt mit 21 Jahren im Wiener Exil. Seine anderen Kinder sind unehelich und deshalb von der Herrschaft ausgeschlossen.

12

Yeux clos, ouverts d'antique fantasie,
L'habit des seuls seront mis à neant:
Le grand monarque chastiera leur frenaisie
Ravir des temples le trésor par devant.

Sie haben die Augen geschlossen, offen (aber) für antike Träumereien.
Die Röcke der Alleinstehenden werden zur Unbedeutendheit gebracht.
Der große Monarch wird ihre Tollheit zügeln.
Sie plündern aus den Kirchen die Schätze ganz offen.

Es könnte die französische Revolution 1789 sein mit Plünderung der Kirchen, den Jakobinern mit ihrem Kultus der Vernunft. Die *Röcke der Alleinstehenden* sind wieder Priesterröcke. Aber Nostradamus nennt Napoleon, den er verabscheut, ganz sicher nicht den *großen Monarchen*. Zukünftiges Geschehen in Frankreich, das dergleichen ja schon mehrmals durchlitten hat.

13

Le corps sans ame plus n'estre en sacrifice,
Iour de la mort mis en nativité:
l'esprit divin fera l'âme felice,
Voyant le verbe en son esternité.

Der Körper ohne Seele wird nicht länger beweihräuchert,
Der Tag des Todes wird zum Tag der Geburt.
Der göttliche Geist wird die Seele beglücken,
Sie sieht das Wort in seiner Ewigkeit.

Manche sagen Nostradamus nach, er schaue stets nur Unglück, Kriege, Verderben. Hier eine wahrhaft beglückende Schau! Lassen Sie die Zeilen auf sich wirken. Sie sprechen für sich selbst. Nach dem Tod streift die Seele den Körper ab und wechselt ins Jenseits. Die Ankunft dort ist eine neue Geburt. Wenn die Menschheit die Wahrheit dieser Aussage erkannt hat, wird es auch mit den Menschen hier auf der Erde besser werden.

14

A Tours, Gien, gardé seront yeux penetrants,
Descouvriront de loing la grand sereine:
Elle & sa suite au port seront entrans,
Combat, poussez, puissance souveraine.

In Tours und Gien spähen scharfe Augen,
Von fern schon entdecken sie die große Fürstin,
Sie und ihr Gefolge betreten den Hafen,
Kampf, Gedränge, königliche Macht.

Der einzige *Kampf*, der sich hier abspielt, ist der um die besten Plätze. Katharina von Medici bereist mit ihrem Gefolge ganz Frankreich. Hier hat sie sich auf der Loire eingeschifft, besucht Tours und Gien. Diese Reise begann 1564 und dauerte über zwei Jahre. Lustbarkeiten und Feste wechselten in bunter Folge.

Am 17. Oktober war man erst in Salon angekommen, wo Nostradamus den mit im Gefolge reisenden Prinzen von Navarra (den späteren Heinrich IV.) zu sprechen wünschte. Heinrich ist erst elf Jahre alt, dazu noch Hugenotte. Zwischen ihm und dem Thron steht u.a. noch der jüngere Bruder Karls IX. Am Hof wird Heinrich wie eine ausländische Geisel behandelt. Nostradamus zieht das Kind aus der Menge und äußert die erstaunliche Prophezeiung: "Der da wird das ganze Erbe haben!" Kaum jemand hielt das damals für irgend denkbar.

15

Un peu devant monarque trucidé:
Castor, Pollux en nef, astre crinite:
L'erain public par terre & mer vuidé,
Pise, Ast, Ferrare, Turin, terre interdite.

Nur kurz bevor der Monarch ermordet wird:
Castor und Pollux im Schiff, am Himmel ein Meteor.
Das öffentliche Habe wird zu Land und Wasser verschwendet,
Pisa, Asti, Ferrara, Turin sind verbotene Gegenden.

Wenn ich mit der folgenden Deutung richtig liege, habe ich mir unter Nostradamus-Experten einen Namen gemacht. Also: ***Castor und Pollux*** sind das große Brüderpaar der griechischen Mythologie. Im christlichen Bereich entspricht das ***Peter und Paul***. Das Schiff ist bei Nostradamus stets die Kirche/die römische Kurie. Dort müssen also zwei ***Brüder*** Päpste gewesen sein. Es handelt sich um das Papstpaar Paul I./Paul II. Paul II. regiert noch heute. Der Meteor wird im Frühjahr 1997 erscheinen. Er wurde gerade entdeckt, soll ein ***Jahrhundertereignis*** sein. Er zieht nahe der Erde vorbei, nur in etwa vierfacher Mondentfernung. Dann bricht Italien durch Staatsbankrott zusammen und versinkt in revolutionären Wirren. Der französische Präsident wird ermordet: Auftakt zum Dritten Weltkrieg. Über diesen Ablauf des Geschehens gibt es eine Vielzahl von Seherschauungen.

16

Naples, Palerme, Sicile, Syracuses,
Nouveaux tyrans, fulgures feux celestes:
Force de Londres, Gand, Bruxelles & Suses,
Grand hecatombe, triomphe faire festes.

Neapel, Palermo, Sizilien, Syrakus,
Neue Tyrannen, Wetterleuchten himmlischer Feuer.
Streitkräfte aus London, Gent (Flandern), Brüssel und der Schweiz
Großes Blutvergießen, triumphale Feste werden gefeiert.

Die ***neuen Tyrannen*** könnten Mussolini und Hitler sein, denen mit der alliierten Landung in Süditalien und an der Kanalküste wie ein fernes ***Wetterleuchten*** das Ende dämmert. - Wäre da nicht die Schweiz! Ich halte das Wetterleuchten für Neutronenbomben. Sie sind praktisch lautlos. Auf sie paßt auch eher die Beschreibung ***himmlisches Feuer***. Eine Szene aus dem Dritten Weltkrieg.

17

Le champ du temple de la vierge vestale,
Non esloigné d'Ethene & monts Pyrenees:
Le grand conduict est caché dans la male,
North getez fleuves et vignes mastinées.

Der Tempelbezirk der vestalischen Jungfrau,
Nicht weit von Ethene und den Pyrenäen.
Der Zutritt des Großen wird im Bösen verborgen,
Im Norden treten Flüsse über die Ufer und Weinberge werden verwüstet.

Ethene klingt nach Athen oder der griechischen Göttin Pallas *Athene*. Dazu würde auch der Tempelbezirk passen. Dem *Großen* wird irgend etwas bösartig vorenthalten.

18

Nouvelle et pluye subite, impetueuse,
Empeschera subit deux exercites:
Pierre, ciel, feux faire la mer pierreuse,
La mort de sept terre & marin subites.

Erneut und plötzlich ungestümer Platzregen,
Hält jäh zwei Heere auf.
Sterne vom Himmel und Feuer machen das Meer steinig,
Der Tod der sieben kommt plötzlich zu Land und zu Wasser.

Das *steinige Meer* ist weniger rätselhaft, als man meint. Nach Einschlagen von Großmeteoriten ins Meer bilden sich explosionsartig abertausende von Kubikkilometer Bimsstein, der dann weltweit meterhoch auf dem Wasser schwimmt und lange Zeit jegliche Schiffahrt unterbindet.

Bei den zwei Heeren wird es sich um zwei Armeen handeln, deren Zangenangriff scheitert: Vom Himmel regnet es Steine und Feuer. *Die Sieben* sind sieben verbündete Staaten (vergl. Verse III/39, IV/60, IV/81, V/2, VI/82, VII/18, VII/26, VII/36, VIII/64, IX/94, X/44).

19

Nouveaux venus lieu basty sans defence,
Occuper la place par lors inhabitable:
Pres, maisons, champs, villes prendre à plaisance
Fain, peste, guerre, arpen long labourable.

Die Neuankömmlinge finden die befestigte Gegend ohne Verteidigung,
Sie besetzen die Gegend, die bis dahin unbewohnbar war.
Wiesen, Häuser, Felder, Städte nimmt man nach Gutdünken,
Hunger, Seuche, Krieg, auf den Äckern schuftet man mühsam.

Die Situation in weiten Teilen Europas nach dem Dritten Weltkrieg. Wer nicht vorgesorgt hatte, wird umkommen.

20

Freres & seurs en divers lieux captifs,
Se trouveront passer pres du monarque:
Les contempler ses rameaux ententifs,
Desplaisant voir menton, front, nez, les marques.

Brüder und Schwestern, an verschiedenen Orten gefangen,
Werden nahe am König vorbeiziehen.
Er betrachtet die Zusammengefesselten genau,
Und ist ungehalten, Spuren am Kinn, an der Stirn und an der Nase zu sehen.

Im September 1557 zieht an Heinrich II. ein Zug gefangener Hugenotten vorbei. Der König ist aufgebracht, als er sehen muß, daß man die Gefangenen mißhandelt hat.

21

L'ambassadeur envoyé par biremes,
A my chemin d'incogneus repoulsez:
De sel renfort viendront quatre triremes,
Cordes & chaines en Negrepont troussez.

Der Botschafter, geschickt mit einer Bireme,
Wird auf halber Strecke von Unbekannten zurückgeschlagen.
Als einzige Verstärkung kommen vier Triremen,
Taue und Ketten zieht man in Negropont hoch.

Eine Bireme ist ein Kriegsschiff mit Rudern auf zwei Etagen, eine Trireme hat drei. Aber die Sache mit den Galeeren sollte man nicht allzu wörtlich nehmen.

Es ist wohl ein Ereignis in der Zukunft: irgend eine dritte Partei verhindert erfolgreich die Verständigung zwischen dem Westen und Kleinasien. ***Negropont*** ist das Schwarze Meer. Das Hochziehen von Tauen und Ketten dort bedeutet die Sperrung der Durchfahrt durch die Dardanellen (vergl. Vers II/3).

22

Le camp Ascop d'Europe partira.
S'adioignant proche de l'Isle submergee:
D'Arton classe phalange pliera,
Nombril du monde plus grand voix subrogée.

Das Heerlager Griechenlands wird von Europa aufbrechen,
Um sich in der Nähe der Insel untergetaucht zu vereinen.
Die Phalanx der Flotte *Arton* wird wanken,
Der Nabel der Welt ernennt eine viel lautere Stimme.

ARTON könnte das Anagramm für NATO sein. Vielleicht bezieht sich ***submerge*** = untergetaucht auf die Flotte, die sich "in der Nähe der Insel untergetaucht vereint", also mit Masse aus Unterseeboten besteht. Eine Schlachtreihe, die ins Wanken gerät, dürfte aus Verteidigern bestehen. Das heißt, ein Angreifer aus dem östlichen Bereich des Mittelmeers stößt erfolgreich nach Westen vor. Hinter dem ***Nabel der Welt*** verbirgt sich wohl die Zentrale der UNO in New York. Möglicherweise wird nun ein anderer Befehlshaber ernannt.

23

Palais, oyseaux, par oyseau dechassé,
Bien tost apres le Prince parvenu:
Combien qu'hors fleuve ennemy repoulsé,
Dehors saisi trait d'oyseau soustenu.

Die Vögel des Palais werden von einem Vogel verjagt,
Gleich nachdem der Fürst gekommen ist.
Wie oft auch über den Fluß der Feind zurückgeworfen,
Draußen wird der ununterbrochene Vogelzug aufrechterhalten.

Der Fürst scheint der *Vogel* zu sein, der die anderen Vögel vertreibt, bei sich reinen Tisch macht. Auf die Dauer ist dem *Fürsten* kein Erfolg beschieden: Vielleicht Hitler und seine Gegner. An der Reichskanzlei (Palais) wird übergroß der Reichsadler angebracht. Gegen Kriegsende Abwehrschlachten an der Oder. Die Vögel in Zeile 4 stehen für feindliche Luftwaffen über dem Reich, die man versucht, abzuwehren.

24

Bestes farouches de faim fleuves tranner,
Plus part du champ encontre Hister sera,
En caige de fer le grand fera treisner,
Quand rien enfant de Germain observera.

Bestien, wild vor Hunger, durchschwimmen den Fluß.
Die Mehrzahl der Schlachten wird an der Donau sein.
In seinem Eisenkäfig läßt der Große verschleppen,
Wenn kein Kind Deutschlands es bemerkt.

Die Donau heißt (lat.) eigentlich *Ister*, nicht Hister (Zeile 2). Nostradamus hat Hitlers Namen eingeschmuggelt. Landhunger treibt die Deutschen über die Grenzflüsse. Die schwersten Schlachten wurden im Osten geschlagen (die Donau mündet ins Schwarze Meer!). Die Eisenkäfige sind die Stacheldrahtlager, in die Kriegsgefangene, Gegner, Juden, unterschiedslos verschleppt wurden. Die Verbrechen, die ausgeübt wurden, waren den Deutschen vor Kriegsende weitgehend unbekannt.

25

La garde estrange trahira forteresse,
Espoir & umbre de plus hault mariage:
Garde deceuë, fort prinse dans la presse,
Loire, Saone, Rosne, Gar à mort outrage.

Die fremde Wache wird die Festung verraten,
Hoffnung und Dunkel wegen allerhöchster Ehe,
Die Wache wird überrumpelt, die Festung in der Verwirrung genommen.
Loire, Saône, Rhône, Garonne erleiden tödliche Schmach.

Feldzug des Krieges 1870/71; Niederlage Frankreichs in Elsaß-Lothringen, das deutschsprachig ist. Die Festung ist Metz. In ganz Frankreich ertönt der Ruf "Verrat!" Man beschönigt die eigene Schmach, Marschälle werden vor Gericht gezerrt. Der Anlaß zum Krieg mit Preußen war die Spanische Thronfolge, der Gedanke, ein Hohenzoller würde spanischer König werden = Ehe Preußen/Spanien. Frankreich erklärt den Krieg, weil Preußen angeblich nicht ausdrücklich genug von dem Angebot der Spanier abgerückt ist.

26

Pour la faveur que la cité fera,
Au grand qui tost prendra camp de bataille
Fuis le rang Pau Thesin versera,
De sang, feux mors noyez de coup de taille.

Wegen der Gunst, die die Stadt hat gegenüber
Dem Großen, der bald darauf das Schlachtfeld gewinnt,
Bricht dic Ordnung zusammen, Po und Tessin umgeworfen,
Durch Blut, Feuer, Tod, Ertränken, durch Schwertstreich.

Auf Anordnung der *Stadt* (Paris) übernimmt Napoleon I. am 2. März 1796 den Befehl über die Alpenarmee. Carnot und Barras fertigen den Befehl aus. Napoleon hat den Befehl, die Alpen zu überschreiten und in die Po-Ebene einzumarschieren. In Italien brechen Widerstand und Ordnung zusammen.

27

Le divin verbe sera du ciel frappé,
Qui ne pourra proceder plus avant:
Du reserrant le secret estoupé,
Qu'on marchera par dessus & devant.

Das göttliche Wort wird vom Himmel geschlagen,
Es wird nicht weiter vorankommen.
Das Geheimnis der Offenbarung wird verstopft,
So daß man darüber hinweggeht und daran vorbei.

Belege des Meisters, daß die irdischen Religionen nicht in der Lage sind, göttliche Wahrheiten zu vermitteln. Was sie wissen, hüten sie eifersüchtig. Der suchende Mensch tappt blind umher, findet den Zugang nicht.

28

Le penultiesme du surnom du prophete,
Prendra Diane pour son iour & repos:
Loin vaguera par frenetique teste,
Et delivrant un grand peuple d'impos.

Der Vorletzte mit dem Zunamen des Propheten
Wird Diana als seinen Ruhetag wählen.
Weit wird er schweifen mit tollem Eigensinn
Und ein großes Volk von Steuern befreien.

Man könnte an Peter den Großen (1672-1725) denken, den vorletzten Peter in direkter männlicher Linie der Romanows. Seine tollwütigen Rasereien, weite Reisen ins Ausland und Neuordnung der Steuern in Rußland kennzeichnen ihn. Mich stört aber ***Diana***. Fontbrune sieht einen Bezug zum Dianatempel in Rom und somit zu den Päpsten. Diana wird in Verbindung mit dem Mond gebracht. Macht jemand den Montag zum Feiertag?

29

L'Oriental sortira de son siege,
Passer les monts Apennins voir la Gaule:
Transpercera le ciel, les eaux & neige,
Et un chacun frappera de sa gaule:

Der aus dem Osten wird seinen (Heimat)sitz verlassen,
Den Apennin durchqueren, um Frankreich zu sehen.
Durchstoßen wird er den Himmel, die Meere und den Schnee,
Und einen jeden wird er schlagen mit seiner Knute.

Angriff auf Europa aus dem Osten. Gelegentlich wird ***Oriental*** unbedacht mit ***Orientale*** übersetzt. ***gaule***, die Knute/Peitsche paßt jedoch nicht recht auf einen Araber. Eine ähnliche Geschichte wird auch in Vers V/54 geschildert (mit denselben Worten: "Transpercera, voir Gaule: durchstoßen, Frankreich sehen!"). Der Feind kommt aus dem Osten, vom Schwarzen Meer und aus der großen Tatarei (Zentralrußland). Der Angriff scheitert offenbar an Frankreichs Grenzen. ***Himmel durchstoßen*** steht für Raketen- und Luftangriffe. Vermutlich der Basisvers des Vierten Weltkriegs.

30

Un qui les dieux d'Annibal infernaux,
Fera renaistre, effrayeur des humains:
Oncq' plus d'horreur ne plus dire journaux,
Qu'avint viendra par Babel aux Romains.

Einer, der die teuflischen Götter Hannibals
Wiederauferstehen läßt, wird zum Schrecken der Menschheit.
Nie zuvor größerer Schrecken und Neuigkeiten,
Das, was von Babylon auf die Römer zukommt.

Hannibal (246-183 v.Chr.), Karthagischer Feldherr aus dem heutigen Tunesien, zog 218 über die Alpen und stand 211 vor Rom. Erbitterter Feind der Römer. Die Karthager sind von ihren Wurzeln her Phönizier. Die ***teuflischen Götter***, denen sie huldigen, ist der Kult des Baal, in Israel lange Zeit Konkurrent von Jahwe. Angeblich wurden ihm zu Ehren Kinder lebendig verbrannt. Aber das mag antike Greuelpropaganda sein. Die Wissenschaft ist sich da uneinig. Ein Feldherr wie Hannibal voll grauenhafter Bosheit soll aus dem heutigen Irak (Babylon) gegen Italien/die römische Kirche vorgehen. Zukunft.

31

En Campanie le Cassilin fera tant,
Qu'on ne verra que d'aux les champs couvers:
Devant apres la pluye de longtemps,
Hors mis les arbres rien l'on verra de verts.

In der Gegend von Capua wird sich derartiges ereignen,
Daß man nur noch Wasser sieht, das die Felder bedeckt.
Vorher und danach Regen lange Zeit,
Außer den herausragenden Bäumen wird man dort kein Grün mehr sehen.

Cassilin ist das antike Casilium bei Capua. Vergl. Vers IX/37, es scheint sich um eine Art Sintflut im kleinen zu handeln.

32

Laict, sang grenoilles escoudre en Dalmatie,
Conflict donné, peste pres de Balennes
Cry sera grand par toute Esclavonie,
Lors naistra monstre pres & dedans Ravenne.

Milch, Blut Frösche verborgen in Dalmatien,
Der Streit ist da, die Seuche bei Balennes.
Ein Ruf hallt laut durch alles Slawenland,
Dann wird das Monster bei und in Ravenna geboren.

Schlüsselworte sind - ganz unauffällig - die ersten beiden: *Laict sang*, (griech.) *Leukämie* als Symbol von Strahlenkrankheit. Nostradamus weist darauf hin. Müßten nicht eigentlich zwischen Milch, Blut, Frösche zwei Kommas stehen? Wir werden aufmerksam. Verschieben wir das vorhandene Komma dorthin, wo es fehlt, wird alles klar: ein Komma ist korrekt.

Den Ort Balennes vermag ich nicht zuzuordnen. Bei der *Seuche* handelt es sich um eine atomare Verseuchung auf dem Balkan. Bei dem Monster in Italien mag es sich um Unruhen handeln; *Frösche* sind bei Nostradamus Italiener, sie scheinen auf dem Balkan mitzumischen.

33

Par le torrent qui descend de Veronne,
Par lors qu'au Pau guidera son entree:
Un grand naufrage, & non moins en Garonne,
Quand ceux de Gennes marcheront leur contrée.

Durch den Sturzbach, der von Verona hinunterfließt,
Dort, wo er schließlich in den Po hineinmündet.
Ein großer Untergang und ebenso bei der Garonne,
Wenn die von Genua ihnen entgegenmarschieren.

Der Fluß, der durch Verona fließt, ist die Etsch. Und in den Po mündet sie eigentlich nicht, sondern hat nur das gleiche Mündungsdelta. Die Mündung der Garonne ist das Delta der Gironde. Beides sind flachste Küsten. Sie werden sich senken und untergehen. Oder: *Untergang* von Truppen hier und dort. Wir werden abwarten müssen.

34

L'ire insensee du combat furieux,
Fera à table par freres le fer luire:
Les departir, blessé, curieux,
Le fier duelle viendra en France nuire.

Der unsinnige Haß des wilden Kampfes
Macht, daß bei Tisch Brüder das Schwert ziehen.
Beim Versuch, sie zurückzuhalten, wird ein Zuschauer verletzt,
Der stolze Zweikampf wird Frankreich schaden.

Variante 1: Mir unbekannte Querele am französischen Hof.

Variante 2: *Brüder* als Symbol für Bruderstaaten, wodurch ein vermittelnder Staat Nachteile hat. Zu denken wäre auch an einen Bürgerkrieg, wie z.B. jetzt auf dem Balkan, der Frankreich bereits viele Tote abgefordert hat. Die UN-Truppen auf dem Balkan sind weitestgehend hilflose *Zuschauer*.

35

Dans deux logis de nuict le feu prendra,
Plusiers dedans ostouffez & rostis:
Pres de deux fleuves pour seur il adviendra:
Sol l'Arq, & Caper tous seront amortis.

In zwei Unterkünften wird nachts Feuer ausbrechen,
Mehrere darinnen ersticken und werden geröstet.
Nahe bei den beiden Flüssen wird es sicher geschehen,
Wenn die Sonne zwischen Schütze und Steinbock steht, werden alle vertilgt.

"Die beiden Flüsse" oder "die Stadt mit den beiden Flüssen": ist bei Nostradamus stets Lyon, Zusammenfluß von Rhône und Saône. Zeitpunkt: die Nacht vom 22. auf dem 23. Dezember. Aber welches Jahr?

Zeile 1: deux heißt hier nicht *Zwei*, sondern ist, abgeleitet von (lat.) deus = Gott, als deux logis = Gottesunterkunft/Kirche zu dechiffrieren (vergl. Vers VI/100, auch dort steht *deux* für Gott).

36

Du grand Prophete les lettres seront prinses,
Entre les mains du tyran deviendront,
Frauder son Roy seront ses entreprinses,
Mais ses rapines bien tost le troubleront.

Die Schriften des großen Propheten werden beschlagnahmt,
Sie geraten in die Hände des Tyrannen.
Seine Bemühungen zielen darauf hin, seinen König zu täuschen,
Doch seine Raubzüge werden ihn recht bald beunruhigen.

Centurio schreibt zu diesem Vers: "Im Mai 1941 ließ Hitler ... die Centurien des Nostradamus beschlagnahmen. Nur der Schweizer Astrologe Krafft entging dieser Razzia und legte mitunter die Prophezeiungen des Sehers zu Hitlers Gunsten aus ... Das Mißlingen seines Raubzuges gegen die Sowjetunion nahm dem Diktator die Ruhe." Dem ist nichts hinzuzufügen.

37

De ce grand nombre que l'on envoyera,
Pour secouir dans le fort assiegez,
Peste & famine tous les devorera,
Hors mis septante qui seront profligez.

Von dieser großen Zahl, die man schicken wird,
Um die belagerte Festung zu entsetzen,
Werden Seuche und Hunger alle verschlingen,
Ausgenommen siebzig, die werden erschlagen.

Vergeblicher Versuch, einer belagerten Festung zu helfen. Vergeblich auch jeglicher Versuch, ohne Kenntnis der Anschlußverse diese Zeilen zuzuordnen.

38

Des condamnez serait fait un grand nombre,
Quand les Monarques seront conciliez:
Mais l'un d'eux viendra si malencombre,
Que guere ensemble ne seront raliez.

Von Verurteilten wird es eine ganze Menge geben,
Wenn die Staatschefs sich versöhnt haben.
Aber einer von ihnen wird ein solcher Quertreiber,
Daß sie sich kaum wieder verbünden werden.

Kriegsende in Deutschland und eine endlose Kette politischer Prozesse der Siegerjustiz. Deutschlands Expansion hatten Staaten unterschiedlichster Natur als Alliierte zusammengebracht mit dem einzigen gemeinsamen Ziel, Deutschlands Macht wieder zu brechen. Als das erreicht ist, geraten sich die Sieger in die Haare. Jeder sucht den eigenen

Vorteil. (Das ist wohl der Lauf der Welt, leider.) Es folgen die Jahrzehnte des Kalten Krieges, der *Böse*, vorher Deutschland, ist nun stets die andere Partei.

39

Un'an devant le conflit Italique,
Germains, Gaulois, Espagnols pour le fort,
Cherra l'escolle maison de republique,
Où hors mis peu, seront suffoquez mors.

Ein Jahr vor dem Krieg Italiens,
Deutsche, Franzosen, Spanier kämpfen ganz gewaltig.
Die Schule der Republik wird einstürzen,
Außer ganz wenigen; sie werden ersticken.

Bürgerkrieg in Spanien (1936-1939). Franco beseitigt die rote Republik und wird Diktator. Er *erstickt* den Kommunismus. Zuvor erklärt Frankreich Deutschland bereits 1939 den Krieg; jedoch erst im Jahr darauf beginnt der Feldzug: Deutschland besetzt Frankreich; die Italiener, die sich auch Lorbeeren erhofft hatten, erleiden an der Riviera schmähliche Niederlagen.

40

Un peu apres non point longue intervalle,
Par mer & terre sera faict grand tumulte.
Beaucoup plus grand sera pugne navalle,
Feux, animaux, qui plus feront d'insulte.

Ein wenig später, nach nicht langer Zwischenzeit,
Wird zu Wasser und zu Land großer Aufruhr gemacht werden.
Sehr viel größer wird die Seeschlacht sein,
Feuer, Tiere, die dann mehr Überfälle unternehmen.

Möglicherweise der Anschlußvers zu Vers II/39: Zweiter Weltkrieg. Zwischen dem Polenfeldzug im Herbst 1939 und Frühsommer 1940 fanden in Europa praktisch keine Kampfhandlungen statt. Im Dezember 1941 greifen die Japaner Hawaii an: der Krieg weitet sich weltweit aus. Die größte Seeschlacht der Geschichte wird zwischen dem 4. und 6. Juni 1942 bei den Midway-Inseln geschlagen. Entscheidender Sieg der Amerikaner über einen japanischen Flottenverband. Damit war Japans Untergang besiegelt. In der letzten Zeile ringt Nostradamus sichtlich um Worte, wenn er versucht, zu beschreiben, wie feuernde Panzer sich querfeldein bewegen und alles niederwalzen. Er vergleicht sie mit Tieren.

41

La grand estoille par sept iours bruslera,
Nuee fera deux soleils apparoir,
Le gros mastin toute nuict hurlera,
Quand grand pontife changera de terroir.

Der große Stern wird sieben Tage lang brennen.
Zwei Sonnen lassen eine Wolke erscheinen.
Der große Mastin wird die ganze Nacht heulen,
Wenn der große Papst das Land verläßt.

Der Großmeteor nähert sich der Erde. Da er aus dem Tageshimmel kommt, wird er erst bemerkt, wenn er diesseits der Sonne ist. Man sieht ihn sieben Tage lang als zweite Sonne auf dem Weg zur Erde. Dort richtet er entsetzliche Verwüstungen an.

Zeile 2 wird stets sinnentleert übersetzt: "Eine Wolke wird zwei Sonnen erscheinen lassen." Nostradamus führt hier den flüchtigen Leser mit der gleichen Methode in die Irre, die er auch in Vers III/65 anwendet. Man fragt sich kurz kopfschüttelnd, welche Wolke wohl zwei Sonnen erscheinen lassen könne und geht weiter. Bei der Wolke handelt es sich um den mehrtägigen Ascheregen, der als Folge der weltweiten kosmischen Katastrophe, die aus anderen Seherschauungen sattsam bekannte dreitägige Finsternis auslöst. Die zweite Sonne ist der Großmeteor.

Mastin ist einmal ein Mastino = Bluthund, zum anderen ein Anagramm für einen zweiten STALIN, der dann in Rußland herrscht (siehe Prosaprophezeiungen des Nostradamus). Der Papst wird von der Revolution in Italien vertrieben, er muß fliehen. Vergl. Vers V/100: Flucht des Papstes wiederum zeitgleich mit dem Angriff der Russen durch Sachsen und Thüringen auf die Engen der Hasse-Berge bei Bamberg; und Feuer fällt auf Südfrankreich. Zeit: aller Voraussicht nach Sommer 1998. Ich forsche zu diesem Thema seit zwanzig Jahren. Hier ist nicht Raum, sich dazu weiter auszulassen.

Vergl. Verse I/84, II/65, II/70, III/34, V/65, VII/7; vergl. auch Vers II/15. Der o.a. Großmeteor ist nicht zu verwechseln mit dem harmlosen Kometen im Frühjahr 1997.

42

Coq, chiens & chats de sang seront repeus,
Et de la paye du tyran mort,
Au lict d'un autre iambes et bras rompus,
Qui n'avoit peu mourir de cruel mort.

Hahn, Hunde und Katzen werden sich beim Blut treffen,
Und von der Wunde des toten Tyrannen (sich laben),
Im Bett eines anderen werden dem Beine und Arme gebrochen,
Der keinen grausameren Tod sterben konnte.

Das paßt eigentlich recht gut auf die Hinrichtung von Robespierres am 27. Juli 1794. Schwer verletzt, der halbe Unterkiefer war ihm weggeschossen worden und nur notdürftig mit einer Binde der Rest am Kopf befestigt, wurde er guillotiniert. Auch wird berichtet, eine Katze habe sein Blut geleckt. Meines Wissens lag Robespierre jedoch nie (!) in einem anderen Bett, als in dem seinen. Die Kugel aus der Pistole des Gendarmen Merda traf ihn nachts bei seiner Festnahme; bereits am folgenden Morgen wurde er hingerichtet. Bis zu diesem Zeitpunkt lag er an Armen und Beinen bewegungsunfähig auf einem Tisch.

43

Durant l'estoille chevelue apparente,
Les trois grands princes seront faits ennemis:
Frappez du ciel paix terre tremulente,
Pau, Timbre undans, serpent sus le bort mis.

Während der geschweifte Stern auftaucht,
Werden die drei großen Fürsten sich verfeinden.
Geschlagen vom Himmel werden Friede und Erde erzittern,
Po, Tiber überschwemmen, die Schlange wird über Bord geworfen.

Der Halleysche Komet 1910. Die drei Monarchen von England, Rußland und Deutschland (Vettern) gehen vier Jahre vor dem Krieg auf Distanz. Die ***Schlange*** könnte Bismarck sein, der vom Kaiser 1890 ***ausgebootet*** wurde.

44

L'aigle poussée entour de pavillons,
Par autres oyseaux d'entour sera chasse:
Quand bruit des cymbres tube & sonnaillons
Rendront le sens de la dame insensee.

Der Adler wird um die Zelte gestoßen,
Durch andere Vögel wird er umhergejagt.
Wenn der Lärm der Zimbeln, Posaunen und Kuhglocken
Die Sinne der verrückten Dame wieder beruhigt.

Der *Adler*: wieder Napoleon I. Die anderen Vögel sind die Adler von Preußen, Österreich und Rußland. Frankreich kommt unter Ludwig XVIII. wieder zur Vernunft.

45

Trop le ciel pleure l'Androgyn procree,
Pres de ciel sang humain respandu:
Par mort trop tard grand peuple recree,
Tard & tost vient le secours attendu.

Allzusehr weint der Himmel, weil er einen Zwitter hervorgebracht hat.
Am Himmel wird menschliches Blut vergossen.
Durch zu späten Tod wird ein großes Volk wiederauferstehen,
Früher oder später kommt die erwartete Hilfe.

Hier wird anscheinend das gleiche geschildert, wie in Vers IV/14. Das ***große Volk***, das wieder aufersteht, sind die Franzosen/Frankreich, soviel ist klar. Die erwartete Hilfe ist ein Wechsel an der Spitze der französische Regierung.

Was den ***Zwitter*** betrifft, so handelt es sich um ein Bild des zu diesem Zeitpunkt gespaltenen Landes; teils kommunistisch beherrscht, aber nicht ganz, teils konservativ, aber auch nicht richtig. Frankreich am Vorabend des Dritten Weltkriegs. Nahe Zukunft. Darüber liegen Berichte einer Vielzahl auch anderer Seher vor.

46

Apres grand torche humain plus grand s'appreste
Le grand moteur les siecles renouvelle:
Pluye, sang, laict, famine, fer et peste,
Au ciel veu feu, courant longue esticelle.

Nach der großen Erschütterung der Menschheit nähert sich noch eine größere.
Der große Beweger erneuert die Jahrhunderte.
Regen, Blutmilch, Hunger, Eisen und Seuche.
Am Himmel sieht man Feuer, es laufen lange Funken.

Ein sehr interessanter Vers, beschreibt er doch, was der Menschheit in wenigen Jahren bevorsteht, wenn nämlich "die Jahrhunderte erneuert" werden, also die Jahrtausendwende kommt. Die "große Erschütterung der Menschheit" war der letzte Weltkrieg; dann folgt der nächste, noch größere. Nostradamus deutet jedoch an, daß diesmal nicht alle Zerstörung von Menschenhand sein wird. Blutmilch = (griech.) Leukämie als Folge radioaktiver Verstrahlung kennen wir bereits aus Vers II/32. Das ist wohl auch die ***Seuche***. Das Feuer am Himmel ist der Großmeteor, die langen Funken abgeplatzte Teilstücke, die auf die Erde fallen, Kleinmeteoriten, die verglühen. (Vergl. Vers II/41)

47

L'ennemy grand vieil dueil meurt de poison,
Les souverains par infiniz subiuguez:
Pierres plouvoir, cachez soubs la toison.
Par mort articles en vain sont alleguez.

Der große Feind des alten Zweikampfs stirbt an Gift.
Die Staatsoberhäupter werden bis ins Unendliche unterdrückt.
Steine regnen, versteckt unter dem Vlies.
Die Gesetze der Todesstrafe werden grundlos angewandt.

Bei dem ***Zweikampf*** handelt es sich um einen Krieg Frankreichs mit einem gegnerischen Staat etwa gleicher Stärke, der längst vorbei ist. Das ***goldene Vlies*** wurde der griechischen Sage gemäß von Iason, dem Führer der Argonauten, am Schwarzen Meer erbeutet. Hier spielt Nostradamus auf etwas an, das ich nicht recht verstehe. Vielleicht mimt ein Staat das friedliebende Schaf, verhält sich jedoch hinter dieser Tarnung heimtückisch und läßt Steine = Bomben regnen. Ein möglicher Kandidat wäre Rußland mit seinem ***großen Territorium*** und Stalin, der - wenig bekannt - vergiftet worden ist. Für diese Hypothese spricht auch die Wahl des Wortes ***toison*** = Vlies, das auf das Schwarze Meer/Rußland weist, statt des gebräuchlicheren *poil* = Fell. Rußland und Frankreich waren letztmalig Gegner im Krimkrieg (1854/55). Auch das würde passen, ebenso die Todesstrafe, die unter Stalin überreichlich und grundlos verhängt wurde.

48

La grand copie qui passera les monts,
Saturne en l'Arcq tournant du poisson Mars:
Venins cachez soubs testes de saulmons,
Leur chief pendu à fil de polemars.

Das große Heer wird die Berge überqueren.
Saturn im Schützen, Mars rückläufig in den Fischen.
Gift ist versteckt unter den Köpfen der Lachse,
Ihr Häuptling mit Garn am Marterpfahl gebunden.

Sommer 1663: Krieg der Franzosen in Kanada mit den Briten, die von Süden aus ***über die Berge*** in Richtung Ontariosee und dem St. Lorenz-Strom vorstoßen. Der Saturn steht im Schützen, der Mars rückläufig in den Fischen! Insgesamt sechzig Jahre vorher/nachher stand der Saturn in anderen Zeichen. Wiederholt hat sich diese Konstellation mit dem Mars erst wieder im Herbst 1988.

Die Franzosen waren wie die Lachse den St. Lorenz-Strom aufwärts vorgestoßen und hatten dort eine Kette von Forts errichtet. Bemerkenswert ist, daß Nostradamus das Wort

Chief = Indianerhäuptling gebraucht; ein Hinweis auf den anderen Kontinent. Der ***Chef*** der Franzosen verliert den Feldzug.

49

Les conseillers du premier monopole,
Les conquerants seduits par la Melite:
Rodes, Bisance pour les exposants pole,
Terre faudra les poursuivans de fuite.

Die Berater der ersten Stadt,
Die Eroberer verführt wegen Malta.
Rhodos, Byzanz von ihren Volksführern,
Land fehlt den Verfolgern der Flucht.

Die ***erste Stadt*** ist Rom, die Berater sind die Kurienkardinäle. Die Johanniter müssen von Rhodos nach Malta flüchten, als die Türken 1523 die Insel erobern. Vom deutschen Kaiser Karl V. erhalten sie Malta als Lehen und nennen sich fortan ***Malteser***. Die Inselgruppe wird eine einzige Festung, der ***Nabel*** im Mittelmeer. Die Türken setzen ihren Angriff auf Europa fort und stehen 1683 vor Wien.

50

Quand ceux d'Hainault, de Gand & de Bruxelles
Verront à Langres le siège devant mis,
Derrier leurs flancs seront guerres cruelles,
La playe antique sera pis qu'ennemis.

Wenn die von Hainault, die von Gent und Brüssel
Die Belagerung von Langres sehen,
Gibt es hinter ihren Flanken grausame Schlachten.
Die alte Wunde wird schlimmer sein als die Feinde.

Spanischer Erbfolgekrieg (1701-1714). Es geht um die spanischen Besitzungen in den Niederlanden. Die Schlachten sind jedoch bei Höchstädt, Turin, Ramilles, Oudenaarde und Malplaquet (Marlborough/Prinz Eugen von Savoyen). Die südlichen Niederlande fallen an Österreich; Flamen und Wallonen gehen auf Distanz, eine ***Wunde*** zerreißt das Volk.

51

Le sang du iuste à Londres fera faute,
Bruslez par foudres de vingt trois les six,
La dame antique cherra de place haute,
De mesme sectes plusieurs serront occis.

Das Blut des Gerechten zu London wird zum Schicksal,
Verbrannt durch zwanzig Blitze drei die sechs.
Die alte Dame fällt von ihrem hohen Ort.
Von derselben Partei werden mehrere getötet.

Hinrichtung des englischen Königs Charles I. 1649 durch Cromwell. Nostradamus sieht den großen Brand von London 1666 (dreimal die sechs) als Strafe Gottes für den Königsmord. Welche alte Dame dabei den Flammen zum Opfer fiel, ist mir nicht geläufig; vielleicht meint Nostradamus die alte Kathedrale Londons (St. Paul), die niederbrannte.

52

Dans plusieurs nuits la terre tremblera,
Sur le printemps deux efforts suite,
Corinthe, Ephese aux deux mers nagera,
Guerre s'esmeut par deux vaillants de luite.

Während mehrerer Nächte wird die Erde beben,
Zur Frühjahrszeit folgen zwei weitere Stöße.
Korinth, Ephesus schwimmen auf zwei Meeren,
Ein Krieg entsteht durch zwei strahlende Helden.

Korinth liegt in Griechenland, Ephesus in der Türkei, beide exakt auf der gleichen Breite: 38°. Möglicherweise eine Szene aus den Türkenkriegen. Ich meine jedoch, eher Zukunft, da es seit dem 16. Jahrhundert Erdbeben, die sich über Tage hinzogen, nicht gegeben hat. Auch die "zwei strahlenden Helden", die einen Krieg auslösen, suchen wir in der Ägäis bisher vergeblich. Die Kriegsparteien scheinen wieder einmal Griechen und Türken zu sein: Der Golf von Korinth ist durch die Straße von Korinth im Westen mit dem Ionischen Meer verbunden, Ephesus liegt an der Küste Kleinasiens, an der Ägäis – zwei Meere.

53

La grande peste de cité maritime,
Ne cessera que mort ne soit vengee
Du iuste sang par pris damné sans crime,
De la grand dame par feinte n'outragee.

Die große Pest wird von der Hafenstadt
Nicht weichen, bis daß der Tod gerächt ist.
Das gerechte Blut, gefangen und verurteilt ohne Schuld,
Von der Großen Dame wurde hinterhältig nicht protestiert.

Die Pest von London 1665 mit mehr als 60.000 Toten. Die große Dame ist Frankreich, das nichts unternahm, den englischen König zu retten (vergl. Vers II/51).

54

Par gent estrange, & Romains loingtaine.
Leur grand cité apres eaue fort troublee,
Fille sans main, trop different domaine,
Prins chef, ferreure n'avoir esté riblee.

Durch fremdes Volk und durch Römer lange.
Ihre Große Stadt ist danach durch Überschwemmungen sehr verstört.
Die Tochter ohne Hände, zu unterschiedlich der Staatsbesitz,
Der Chef gefangen, der Verschluß war nicht verriegelt.

Die große Stadt ist wahrscheinlich Rom, das lange durch die Faschisten unter Mussolini und dann kurz durch fremdes Volk (die Deutschen) gelitten hat. Es folgt *Überschwemmung* = Revolution. Die *Tochter ohne Hände* ist die hilflose italienische Republik der Nachkriegszeit. Zeile 4: Möglicherweise ein Gerichtsurteil gegen einen italienischen Präsidenten.

55

Dans le conflict le grand qui peu valloit,
A son dernier fera cas merveilleux,
Pendant qu'Hadrie verra ce qu'il falloit,
Dans le banquet pongnale l'orgueilleux.

In dem Krieg wird der Große, der wenig gilt,
Am Ende das Wunder fertigbringen,
Während Hadrie sieht, was er alles nötig hätte,
Wird der Größenwahnsinnige beim Festessen erdolcht.

Stalin, der *Große*, gewinnt mit amerikanischer Unterstützung den Krieg. Sein gleichwertiger Gegner Hitler (Hades = (lat.) Hölle) begeht Selbstmord. Bis zum Ende ging es ihm gut im Bunker unter der Reichskanzlei, während die Deutschen im alliierten Bombenhagel starben (vergl. Vers I/8).

56

**Que peste et glaive n'a sçeü definer,
Mort dans le puys sommet du ciel frappé:
L'Abbé mourra quand verra ruiner,
Ceux du nauffrage l'escueil voulant grapper.**

Was Pest und Schwert nicht haben beenden können,
Stirbt auf dem Hügel, die Spitze vom Himmel geschlagen.
Der Abt wird sterben, wenn er sehen wird, wie scheitern
Jene des Schiffbruchs, die die Klippen greifen wollen.

Tosendes Unwetter: Gewitter/Blitze auf den Bergen, Orkan an der Küste. Ich meine jedoch, es handelt sich auch um Symbolik. Das ***Schiff*** ist stets der Vatikan, der Abt mag der Papst sein. Das heißt: Die Kurie scheitert, der Papst stirbt. Das alles folgt nach einem Umsturz und Seuchen (Zeile 1).

57

**Avant conflict le grand mur tombera:
Le grand à mort, mort, trop subite & plainte,
Nay mi parfaict, la plus part nagera,
Aupres du fleuve de sang la terre tainte.**

Vor dem Krieg wird die große Mauer fallen.
Der Große kommt zu Tod, allzu plötzlich und beklagt,
Das Schiff halb fertig, der größere Teil wird schwimmen,
Beim Fluß wird die Erde von Blut gefärbt.

Vor dem Dritten Weltkrieg wird die große Mauer um Berlin fallen. Die Wiedervereinigung ist nicht Folge des Dritten Weltkrieges, sondern geht ihm voraus. Der ***Große***, der plötzlich zu Tode kommt, ist der französische Präsident. Der unerwartete Tod deutet auf ein Attentat hin. Es gibt über dieses Ereignis Schauungen auch anderer Seher aus Frankreich.

Das ***Schiff*** ist der Deckname für die römische Kurie. Sie ist nicht mehr handlungsfähig. Aus anderen Prophezeiungen ist bekannt, daß der Papst kurz vor Kriegsausbruch den Vatikan und Italien verläßt. Revolutionen bezeichnet Nostradamus häufig als ***Überschwemmungen***. Deshalb muß der größere Teil des Landes ***schwimmen***, wird fortgerissen von den Wirren. In Frankreich herrscht zu Beginn des Krieges Bürgerkrieg, ausgelöst durch die Ermordung des Präsidenten. Der Angriff aus dem Osten, der Deutschland überrollt, erreicht den Rhein und Frankreichs Grenzen. Dort wird erbittert gekämpft.

58

Sans pied ne main dent ayguë et forte,
Par globe au fort de port et lainé nay,
Pres du portail desloyal transporte,
Silene luit, petit, grand emmené.

Ohne Fuß noch Hände, mit scharfem, kräftigem Zahn,
Über dem Globus zur Festung am Hafen, wo der Ältere geboren wurde.
Beim Portal ein verräterischer Vorgang.
Der Mond leuchtet, der Kleine vom Großen weggeführt.

Ein Kind, das sich nicht selbst helfen kann, wird bei Nacht über eine weite Strecke ans Meer gebracht. Die Sache scheint am ***Portal*** beinahe durch Verrat zu scheitern. Zeile 4 läßt sich auch folgendermaßen übersetzen: Der Mond leuchtet, der Kleine hat den Großen weggeführt. Oder: Der Mond leuchtet dem Kleinen, der Große wird weggeführt. Die Substantive stehen einfach hintereinander. Dieser Vers mag vorläufig sein Geheimnis bewahren.

59

Classe Gauloise par appuy de grand garde,
Du grand Neptune, & ses tridens souldars,
Rongee Provençe pour soustenir grand bande,
Plus Mars Narbon par iavelots & dards.

Die französische Flotte, unterstützt durch die große Garde
Des großen Neptun und seine *Tridens Souldars*,
Greifen in der Provençe ein, um die große Bande aufzuhalten.
Mehr kriegerisches noch bei Narbonne durch Wurfspeere und *darts*.

Der Meeresgott Neptun (lat.) oder Poseidon (griech.) steht für Seemacht. Hier sind die USA gemeint. Die amerikanische U-Boot-Flotte ist mit Poseidon-Booten ausgestattet und mit Trident-Raketen bewaffnet. Das Wort ***Souldarts*** gibt es im französischen nicht. Enthalten ist: Sous-l'eau = Unterwasser, Soldiers (engl.) = Soldaten (phonetisch wie Nostradamus schreibt: Souldars!), darts = (engl.) kurze, dicke Pfeile = Raketen. Also: Unterwassersoldaten mit Raketengeschossen vom Trident-Typ.

Wenn die USA die Franzosen mit Atomraketen des Trident-Typ unterstützt, dürfte die ***große Bande*** ein ernstzunehmender Gegner sein. Die Raketen (Speere/darts) werden auf die Provençe abgefeuert. Eine Szene aus dem Dritten Weltkrieg (vergl. Vers V/62).

60

**La foy Punique en Orient rompue,
Gang, Ind. & Rosne, Loyre, & Tag, changeront,
Quand du mulet la faim sera repue,
Classe espargie, sang et corps nageront.**

Der Punische Glaube wird im Orient gebrochen,
Ganges, Indus und Rhône, Loire und Tajo werden wechseln,
Wenn der Hunger des Maultiers gestillt ist,
Wird die Flotte zersprengt, Blut und Leichen schwimmen.

Frage 1: Heißt es: ...und Tajo werden wechseln, wenn der Hunger ... oder: wenn der Hunger ... gestillt ist, wird die Flotte ...? Nostradamus hat nämlich listig keinen Punkt gesetzt, sondern Kommas, so daß beide Möglichkeiten offen sind. Schlüsselwort ist ***mulet*** = das Maultier. Ein Muli ist halb Pferd, halb Esel und nicht zeugungsfähig. Das Wort mag für einen Führer stehen, der Mischling ist. Punien, das ist Nordafrika (zur Römerzeit), steht wohl für Araber/Islam. In die Zange genommen von Indien aus und von Europa wird die Macht des Nahen Ostens gebrochen. Ferne Zukunft.

61

**Euge, Tamins, Gironde & la Rochelle,
O sang Troyen Mort au port de la flesche,
Derrier le fleuve au fort mise l'eschelle,
Pointes feu grand meurtre sus la bresche.**

Wohlan, Ihr von Themse, Gironde und La Rochelle.
Oh, trojanisches Blut, TOD im Hafen des Pfeils.
Hinter dem Fluß wird an die Festung die Leiter gelegt.
Feuerblitze, großes Abschlachten in der Bresche.

Das Wort mort = Tod ist bewußt entgegen der Grammatik groß geschrieben: Mort. Es muß eine bedeutende Persönlichkeit ums Leben kommen. Das wird bestätigt durch trojanisches Blut, das der Legende nach in königlichen Adern fließt. Die letzten Worte in Zeile 2 wären eigentlich ganz konkret zu übersetzen mit ***Pfeilhafen***. ***Flèsche*** ist auch ein Fachausdruck im Befestigungswesen, ein Mauerteil, so daß es dann Festungshafen heißen müßte, in dem ein Königlicher ums Leben kommt. Engländer und Franzosen kämpfen Seite an Seite. Trotz der zur Irreführung von Nostradamus gewählten mittelalterlichen Bilder ein Geschehen in der Zukunft. Dafür sprechen auch die ***Feuerblitze***.

62

Mabus puis tost alors mourra, viendra
De gens & bestes une horrible defaite,
Puis tout à coup la vengeance on verra,
Cent, main, soif, faim, quand courra la comete.

Mabus wird dann bald sterben, er kommt
Für Menschen und Tiere eine schreckliche Vernichtung.
Dann plötzlich wird man die Rache sehen.
(Jahr)hundert, Hand, Durst, Hunger, wenn der Meteor heranzieht.

Mabus dürfte das Anagramm eines Namens sein: Subam, BM USA = Ballistic Missiles der USA, Bamus etc. etc. Der Möglichkeiten sind viele. Eine plausible Lösung kenne ich noch nicht. Wichtiger ist etwas ganz anderes, sehr versteckt von Nostradamus eingefügt. Der Durst! In seinem Fachbuch über die Folgen von Einschlägen von Großmeteoriten beschreibt Prof. Dr. Tollmann (*Und die Sintflut gab es doch*) neben Erdbeben und Hitzeorkanen das Massensterben von Lebewesen aufgrund von Stickoxyden in der Luft und die Vergiftung des Oberflächenwassers durch schwefeligen Säureregen. Die Folge: Durst (vergl. Vers II/41). Ein Geschehen, möglicherweise gegen Ende des Jahrhunderts, wenn der *Meteor heranzieht*.

63

Gaulois Asone bien peu subiuguera,
Pan, Marne & Seine fera Perme l'urie,
Qui le grand mur contre eux dressera,
Du moindre au mur le grand perdra la vie.

Die Franzosen werden recht bald Italien unterwerfen.
Pau, Marne und Seine werden aus Parma eine Kloake machen.
Der, der die große Mauer gegen sie errichten wird,
Durch den Geringeren wird an der Mauer der Große sein Leben verlieren.

Diese Geschichte ist mir nicht geläufig. Es handelt sich wohl um einen der vielen, vielen Kriege Frankreichs mit Italien zwischen dem 16. und 19. Jahrhundert.

64

Seicher de faim, de soif, gent Genevoise,
Espoir prochain viendra au deffaillir,
Sur point tremblant sera loy Gebenoise,
Classe au grand port ne se peu acueillir.

Ausgezehrt vor Hunger und Durst die Bewohner von Genf.
Die nahe Hoffnung wird trügen.
Das Gesetz der Cevennen ist kurz vor dem Zusammenbruch.
Die Flotte kann sich nicht im großen Hafen sammeln.

Zusammenbruch der staatlichen Autorität in den Cevennen, als die Calvinisten gegen die Aufhebung des Edikts von Nantes (1685) durch Ludwig XIV. revoltieren. Die Erhebung wird blutig niedergeschlagen, die Glaubensbrüder in Genf können nicht helfen. *Flotte*, *Hafen*, dürften wieder einmal für das Schiff der römischen Kirche und ihrem *Schoß* stehen, die Kurie. Die Einheit der Konfession läßt sich nicht erreichen.

65

Le parc enclin grande calamité,
Parl l'Hesperie & Insubre fera,
Le feu en nef peste & captivité,
Mercure en l'Arc Saturne fenera.

Im abschüssigen Park herrscht großes Unheil,
Gespräche werden zwischen den Westmächten und Italienern geführt,
Durch Feuer im (Kirchen)schiff Pest und Gefangenschaft.
Merkur im Schützen verletzt Saturn.

Der *abschüssige Park* könnte das Musterland, die gepflegte Schweiz mit ihren Bergen sein. Herrscht dort *Unheil*, steht das für finanzielles Desaster. In Italien scheint es wieder einmal zu kriseln. Auch die Kirche ist betroffen: Es *brennt*. Soll Merkur im Schützen stehen und Saturn *verletzen*, so bedeutet das Opposition oder Aspekt. Saturn muß also in den Fischen stehen, im Zwilling oder in der Jungfrau. Die Intervalle sind wie folgt: Anfang Dezember 1995 (Saturn in den Fischen), nach 7,5 Jahren (Saturn im Zwilling), nach weiteren 7,5 Jahren (Saturn in der Jungfrau), nach weiteren 15 Jahren Saturn wieder in den Fischen (2025) und so weiter von vorn.

66

Par grands danglers le captif eschapé,
Peu de temps grand a fortune changee:
Dans le palais le peuple est attrapé,
Par bon augure la cité assiegee.

Unter großen Gefahren ist der Gefangene entkommen,
Für kurze Zeit kann der Große das Schicksal wenden.
Im Palast sind die Bewohner überlistet.
Unter günstigen Vorzeichen wird die Stadt belagert.

Wieder ein Napoleon-Vers. Nostradamus kommt von ihm nicht los. Am 26. Februar 1815 entkommt Napoleon mit knapper Not seinem britischen Bewacher Champbell von der Insel Elba und segelt nach Frankreich. Mit Gold im Wert von 800.000 Francs und 650 Soldaten der Alten Garde landet er am 1. März 1915 in Antibes. Für 136 Tage wendet sich noch einmal sein Schicksal. Nach nur zwanzig Tagen fällt ihm ***die Stadt*** (Paris) zu. Ludwig XVIII muß nach Belgien ins Exil abreisen. "Am meisten tut es mir um meine Pantoffeln leid", sagt der dickliche König, "sie hatten sich schon so gut meinen Füßen angepaßt." (vergl. Vers X/13)

67

Le blonds au nez forche viendra commettre.
Par le duelle & chassera dehors,
Les exilez dedans fera remettre,
Aux lieuz marins commettant les plus forts.

Der Blonde mit der Hakennase wird es begehen,
Durch das Duell und wird ihn nach draußen verjagen.
Die Verbannten wird er wieder hereinholen,
Die Hafenstädte übergibt er den Stärksten.

Wilhelm von Oranien wagt es: Er verjagt *im Duell* der *Glorreichen Revolution* 1688 ohne Krieg den katholischen Stuart Jakob II. Die anglikanische Kirche hat sich nach 153 Jahren (Suprematsakte von 1535 durch Heinrich VIII.) durchgesetzt. England baut in der Folge seine Seemacht aus.

68

De l'Aquilon les efforts seront grands,
Sur l'Ocean sera la porte ouverte:
Le regne en Isle sera reintegrand,
Tremblera Londres par voille descouverte.

Von Norden her werden große Anstrengungen unternommen.
Zum Ozean wird das Tor geöffnet.
Die Herrschaft auf der Insel wird wieder eingesetzt,
Zittern wird London, wenn es das Segel entdeckt.

Anschlußvers an Vers II/67. Wilhelm von Oranien setzt das Parlament wieder in seine Rechte ein; England ist ihm wie eine reife Frucht in den Schoß gefallen.

69

**Le Roy Gaulois par la Celtique dextre,
Voyant discorde de la grand Monarchie,
Sus les trois parts fera florrir son sceptre,
Contre la cappe de la grand Hierarchie.**

Der französische König von der französischen Rechten,
Sieht die Zwietracht der großen Monarchie.
Über drei Teilen läßt er sein Szepter blühen,
Gegen die Kapetinger der großen Hierarchie.

Mit dem ***Bürgerkönig*** Louis Philipp (1830-1848) geht in Frankreich die Zeit der Bourbonen zu Ende. Louis hatte sich bereits 1789 der Revolution angeschlossen. Er bestieg nach Karl X., der zur Abdankung durch die Revolution von 1830 gezwungen worden war, den Thron und akzeptierte die ***Drei Teile*** = Drei Farben = die Trikolore. Die Form seiner Regierung war rechtsliberal. Nostradamus meint, er habe sich damit gegen seine großen Vorfahren, die Kapetinger, schnöde verhalten. Am Ende siegt die Zwietracht in Frankreich: die Revolution von 1848 fegt ihn hinweg.

70

**Le dard du ciel fera son estendue,
Morts en parlant, grande execution,
La pierre en l'arbre la fiere gent rendue,
Bruit humain monstre purge expiation.**

Der Speer des Himmels wird seine Bahn ziehen,
Tod während des Sprechens, große Hinrichtung.
Der Stein im Baum zahlt es dem stolzen Volk heim.
Lauter Lärm, die Menschheit wird vom Monster zur Sühne gereinigt.

Wieder einmal der Meteor. Er läßt Nostradamus nicht los (vergl. Vers II/41). Er bringt überraschenden Tod weltweit. Teile schlagen ein, während die Welt sich im Krieg befindet, der damit abrupt beendet ist. Das ***stolze Volk*** sind die Angreifer aus dem Osten (Analyse aufgrund anderer Seherschauungen). Der ***Lärm*** ist die unglaublich laute Detonation, wenn Bruchstücke den Erdmantel zerschlagen. Es entsteht ein Auswurf (zu rechnen in Kubikkilometern), der bis in die Stratosphäre geschleudert wird und dann zur Weißglut erhitzt ringförmig zur Erde zurückfällt. Das Bild ähnelt einem Weidenbaum: in der Mitte der ***Stamm*** (wie bei einer Atomexplosion), ringsum die ***Äste*** des niederfallenden Auswurfs. Ein Hitzeorkan von ca. 1.800 Grad rast rund 1.000 km weit, es folgen Stickgase. Die Folgen der Einschläge von Großmeteoren hat Prof. Dr. Tollmann in seinem Buch ***Und die Sintflut gab es doch*** ausführlich beschrieben.

71

Les exilez en Sicile viendront,
Pour délivrer de faim la gent estrange,
Au point du jour les Celtes lui faudront
La vie demeure à raison Roy se range.

Die Vertriebenen kommen nach Sizilien,
Um das fremde Volk vom Hunger zu befreien..
Bei Tagesanbruch brauchen sie die Franzosen.
Am Leben bleiben sie, weil der König sich unterordnet.

Da nicht klar ist, ob es sich bei dem ***fremden Volk*** um Franzosen = ***fremd*** in Sizilien handelt oder um eine dritte Partei, ist dieser Vers nicht zu entschlüsseln. Es fehlt wieder einmal jeglicher Bezug. Künftiges Geschehen.

72

Armee Celtique en Italie vexee,
De toutes parts conflict & grande perte,
Romains fuis, ô Gaule repoulsee,
Pres du Thesin, Rubicon pugne incerte.

Die französische Armee wird in Italien gequält,
An allen Fronten Krieg und große Verluste.
Die Römer fliehen, die Franzosen werden zurückgeworfen,
In der Nähe des Tessins und am Rubicon eine unentschiedene Schlacht.

Ebenfalls künftiges Geschehen. Italiener und Franzosen kämpfen als Waffenbrüder. Am Südrand der Alpen scheint der feindliche Vorstoß zum Stehen zu kommen. Bei dem Angreifer handelt es sich wohl um islamische Kräfte aus dem Nahen Osten.

73

Au lac Fucin de Benac le rivage,
Prins du Leman au port de l'Orguion,
Nay de trois bras predict bellique image,
Par trois couronnes au grand Endymion.

Vom Fucinersee bis zum Gestade des Gardasees,
Der Genfer See eingenommen am zum Hafen von Oerlikon,
Geboren aus drei Armen entsteht das vorhergesagte kriegerische Bild,
Durch drei Kronen dem großen Endymion.

Drei Kronen = drei Könige kämpfen mit ***drei Armen*** = drei Armeen gegen den ***großen Endymion***. Der Sage nach versetzte die Mondgöttin Selene den Jäger Endymion in Schlaf, um ihn ungestört zu küssen. Dieser große Endymion scheint, - da ***groß***, ein Franzose zu sein und ein rechter Träumer dazu. Künftiges Geschehen.

74

De Sens, d'Autun viendront iusque au Rosne,
Pour passer outre vers le monts Pyrenees,
La gent sortir de la marque d'Anconne,
Par terre & mersuivra à grand trainees.

Von Sens und Autun kommen sie bis zur Rhône,
Um weiter vorzustoßen auf die Berge der Pyrenäen.
Die Menschen flüchten aus dem Gebiet um Ancona,
Über Land und Meer folgt er der großen Spur.

Paris - Sens - Autun - Genf liegen auf einer Linie von Nordwest nach Südost. Der Feind stößt aus dem Norden die Rhône abwärts Richtung Mittelmeer vor. Flüchten die Menschen bei Ancona (südlich Rimini an der Adria) und folgt der Feind über Land und Meer, dann haben wir es mit zwei verschiedenen Armeen zu tun. Die zweite kommt aus dem Balkan über die Adria. Wahrscheinlich Vorstoß der Russen im Dritten Weltkrieg.

75

La voix ouye de l'insolit oyseau,
Sur le canon du respiral estage
Si haut viendra du froment le boisseau,
Que l'homme d'homme sera Anthropophage.

Man hört die Stimme des merkwürdigen Vogels
Über dem Geschützdonner auf dem Dach.
So teuer wird der Scheffel Weizen,
Daß der Mensch dem Menschen zum Menschenfresser wird.

Zweiter Weltkrieg: Dröhnen der Flugzeugmotoren am Himmel, Flak-Abwehrfeuer auf den Hochbunkern. Anschließend bittere Hungersnot.

76

Foudre en Bourgogne fera cas portenteux.
Que par engin oncques ne pourroit faire,
De leur senat sacriste faict boiteux.
Fera sçavoir aux ennemis l'affaire.

Der Blitz in Burgund macht etwas Ungewöhnliches,
Was man mit Erfindungsgabe bisher nicht machen konnte.
Von ihrer Behörde wird das Heiligste verdreht,
Man läßt die Feinde von der Sache wissen.

Entweder eine geheimzuhaltende Erfindung, die dem Feind hinterbracht wird, oder aber - und das scheint wahrscheinlicher - ein Unglücksfall in einem Atomkraftwerk, das die Verantwortlichen vergebens versuchen, zu vertuschen.

77

Par arcs feux, poix & par feux repoussez,
Cris hurlements sur la minuit ouys:
Dedans sont mis par les rempars cassez,
Par canicules les traditeurs suys.

Mit Feuerbögen, Pech und durch Feuer werden sie zurückgeworfen,
Geschrei, Geheul hört man um Mitternacht.
Die Hineingeschickten werden in den Befestigungen zerrissen,
Wegen der Feuer fliehen die Feiglinge.

Die Hölle von Verdun: Granatwerfer, Flammenwerfer, Maschinengewehrfeuer. Nächtlicher Kampf Mann gegen Mann. Tod in den Gräben, im offenen Gebäude flieht man vor dem Feuer der Maschinengewehre.

78

Le grand Neptune du profond de la mer.
De gent Punique et sang Gaulois meslé:
Les Ifles à sang pour le tardif ramer,
Plus luy nuira que l'occult mal célé.

Der große Neptun aus der Tiefe des Meeres,
Gemischt aus punischem Volk und französischem Blut.
Die Blutinseln wegen des zu späten Ruderns,
Das wird ihm mehr schaden, als das schlecht gehütete Geheimnis.

Neptun/Poseidon, der Meeresgott ist wieder die USA mit ihren Unterseebooten der Poseidon-Klasse. Das antike Punien ist heute die Region um Tunis. Nostradamus gibt den Standort von Booten an: Nep*tun*/*Pun*ique/ = T*un*is. Ein weiteres Boot steht südwestlich Ajaccio an der korsischen Küste bei den Iles Sanguinaires (Blutinseln).

Statt *Isles* schreibt Nostradamus vorsätzlich falsch: Ifles ... *tardif*. Ein drittes Boot liegt bei Marseille, bei der Insel *If*. Der Einsatz kommt jedoch zu spät, man ist nicht rechtzeitig aufgebrochen. In *ramer* steckt noch ein Hinweis auf die Herkunft der Boote: (*r*)*Amer*(*ique*) = Amerika.

79

La barbe crespe & noire par engin,
Subiuguera la gent cruelle & fiere:
Le grand CHIREN ostera du longin,
Tous les captifs par Seline baniere.

Der schwarze Krausbart wird mit Beharrlichkeit
Das grausame und stolze Volk unterjochen,
Der große CHIREN wird lösen aus den Banden
Alle durch Selin festgesetzten Gefangenen.

Nach Auffassung aller Nostradamus-Experten handelt es sich bei CHIREN um den künftigen König Frankreichs: HENRIC = Heinrich. Statt Heinrich II., seinem König, habe Nostradamus ihm sein Werk gewidmet. Er nennt ihn *unbesiegbar*, *überaus mächtig*, *allerchristlich*; Attribute, die auf Heinrich II. nicht recht passen. Selin, = miles (lat.). Soldat, ist Heinrichs arabischer Gegenspieler. Als Anagramm wählt Nostradamus *Selin* auch deshalb mit Bedacht, weil er anklingt an die Mondgöttin Selene. Der Halbmond ist das Symbol des Islams.

80

Apres conflict du lesé l'eloquence,
Par peu de temps se trame faint repos:
Point l'on n'adment les grands à délivrance,
Des ennemls sont remls à propos.

Nach dem Krieg der schändlichen Beredsamkeit,
Herrscht für kurze Zeit falsche Ruhe.
Man läßt nicht zu, daß die Großen frei ausgehen,
Den Feinden sind sie zur Willkür überlassen.

Der Krieg der schändlichen Beredsamkeit, der Zweite Weltkrieg. Mit Propaganda, Radio, Reden, Aufmärschen, brachten Hitler und Goebbels das deutsche Volk hinter sich.

Die Gegenseite war auch nicht faul. Bereits im Ersten Weltkrieg waren über die Deutschen Greuelgeschichten verbreitet worden, um die Welt auf das Kaiserreich zu hetzen: Kriegsgefangene zu Seife verarbeitet, belgische Nonnen planmäßig geschändet, Kindern Hände abgehackt. Das alles wurde geglaubt. Im Zweiten Weltkrieg hielt man deshalb derlei Geschichten lange auch für unwahr. In Zeile 3 und 4 wird die Siegerjustiz der Nürnberger Prozesse beschrieben.

81

Par feu du ciel la cité presque aduste,
L'urne menace encor Deucalion,
Vexees Sardaigne par la Punique fuste,
Apres que Libra lairra son Phaëton.

Durch Feuer des Himmels die Stadt fast völlig zu Staub gemacht.
Die Urne bedroht auch Deukalion.
Gequält Sardinien durch die Punische Flotte,
Nachdem die Sonne die Waage verlassen hat.

Die Stadt ist wieder Paris; sie wird von Atombomben zu Staub gemacht. Eine Szene aus dem Dritten Weltkrieg. Die ***Urne*** ist zugleich Todessymbol für die französische Hauptstadt, als auch ein Hinweis dafür, was das Ende der Stadt auslöst: ***Uran*** der Bombe. Auch Deukalion hat doppelte Bedeutung. Einmal steht der Name für Griechenland - Deukalion ist der Sage nach Stammvater aller Griechen -, zugleich steht er für eine Brandkatastrophe: Sein Vater ist Phaëton, der als Wagenlenker der Sonne diese aus der Bahn brachte und eine weltweite entsetzliche Naturkatastrophe mit dreitägiger Finsternis verursachte. Die letzte Zeile gibt das Datum der Zerstörung von Paris an: nach dem 22. Oktober verläßt die Sonne jedes Jahr das Sternzeichen Waage (vergl. Verse II/91, III/84, V/8, V/94).

82

Par faim la proye fera loup prisonnier,
L'assaillant lors en extresme detresse,
Le nay ayant au devant le dernier,
Le grand n'eschappe au milieu de la presse.

Vom Hunger getrieben macht die Beute den Wolf zum Gefangenen,
Der Angreifer gerät dann in extreme Verzweiflung.
Der Erstgeborene kommt vor dem letzten.
Der Große entkommt nicht der Mitte des Drucks.

Der *Greif*/der *Wolf*, das ist Deutschland. In ***guten*** Zeiten (wie unter den Kaisern und Königen) der Greif, in ***schlechten***, z.B. unter der Herrschaft der Nationalsozialisten, der Wolf.

Der *Wolf* machte im Zweiten Weltkrieg laufend angrenzende Länder zur Beute: Polen, Dänemark, Norwegen, Belgien, Niederlande ... Aber die Tide wendete sich; von allen Seiten geriet das Dritte Reich unter Druck. Feindliche Armeen rückten vor aus dem Süden (Italien), Westen (Normandie), Osten (Balkan), Norden (Rußland). Am Schluß erschoß sich Hitler, als die Gegner auf Berlin, das Zentrum, einstürmten. Zeile 3 bleibt mir noch unklar.

83

Le gros traffic d'un grand Lyon changé,
La plus part tourne en pristine ruine,
Proye aux soldats par pille vendange:
Par lura mont & Sueve bruine.

Der große Handel eines großen *Lyon* hat gewechselt,
Der größte Teil stürzt in schnellen Ruin.
Beute den Soldaten durch Wurfspeer, abgeerntet.
Über den Jura-Bergen und Schwaben Nieselregen.

Der Untergang Lyons im Dritten Weltkrieg. Erst die Finanzkatastrophe, die diese Handelsmetropole wirtschaftlich vernichtet; ***changé*** (Zeile 1) heißt auch: Bank/Wechselgeschäft, dann folgt die Zerstörung durch die ***Pille***, die Bombe an der Spitze des ***Wurfspeers*** = Rakete. Die Bewohner werden ***abgeerntet***. Der Winds treibt den radioaktiven Niederschlag über das Juragebirge bis hin nach Schwaben (vergl. Vers III/46).

84

Entre Campaigne, Sienne, Flora, Tustie,
Six mois neuf iours ne pleuvera une goutte:
L'estrange langue en terre Dalmatie,
Courira sus, vastant la terre toute.

Zwischen der Campagna, Siena, Florenz und der Toskana
Regnet es sechs Monate und neun Tage keinen Tropfen.
In Dalmatien wird eine fremde Sprache gesprochen.
Es läuft darauf hinaus, die ganze Erde zu zerstören.

Es fängt ganz harmlos an, eine Trockenperiode wird anscheinend geschildert. Verdächtig ist die Zeitangabe mit den sechs Monaten und neun Tagen. Dahinter verbirgt Nostradamus etwas, das sich jetzt nicht entschlüsseln läßt. Auf dem Balkan scheinen fremde Truppen zu stehen, was schlimme Folgen zeitigt. Der Balkan ist seit fast 2.000 Jahren ein Herd der Unruhe; extrem schwierig zu entscheiden, ob Geschichte oder Zukunft.

85

Le vieux plain barbe soubs le statut severe,
A Lyon faict dessus l'Aigle Celtique,
Le petit grand trop outre persevere,
Bruit d'arme au ciel, mer ronge Lygustique.

Der alte Vollbart steht unter dem strengen Gesetz,
Das in Lyon unter dem französischen Adler erlassen wurde.
Der Kleine hat den Großen anderswo zu sehr ausgenommen.
Schlachtlärm am Himmel, das Ligurische Meer gequält.

Ferne Zukunft. Lyon ist wieder ein wichtiges Zentrum Frankreichs. Am Ligurischen Meer liegt Genua; dort herrscht wieder einmal Krieg: Kampfflugzeuge am Himmel.

86

Naufrage à classe pres d'onde Hadriatique,
La terre tremble esmuë sus l'air en terre mis,
Egypte tremble augment Mahometique,
L'Herault soy rendre à crier est commis.

Untergang der Flotte in der Nähe des Adriatischen Meeres.
Die Erde bebt, was hoch gebaut ist, wird bewegt und umgeworfen.
Ägypten zittert vor dem wachsenden Islam.
Der Herold, der die Übergabe fordern soll, ist losgeschickt.

Am 30. Juni 1798 trifft Napoleon I. mit 55.000 Mann in Ägypten ein. Seine Schiffe läßt er in der anscheinend sicheren Bucht von Abukir zurück. Dort wird sie fast vollständig von Admiral Nelson vernichtet. Napoleon ist abgeschnitten, das ganze Unternehmen scheitert. Ein Erdbeben gab es nicht; Napoleon in seinem Tatendrang kehrt allerdings das Unterste zu oberst.

Zeile 4: Die Belagerung von Akkon wird nach sechs Wochen ergebnislos abgebrochen; Napoleon stiehlt sich allein aus Ägypten fort und überläßt die Reste seines Heeres ihrem Schicksal (Zeile 3).

87

Après viendra des estremes contrees,
Prince Germain, dessus le trosne doré:
La servitude et eaux rencontrees,
La dame serve, son temps plus n'adoré.

Danach kommt aus abgelegenen Gegenden
Ein Deutscher Prinz auf den goldenen Thron.
Knechtschaft und Gegenströmung.
Die Dame dient, ihre Zeit wird nicht mehr angebetet.

Der *goldene Thron* ist der Englands. 1714 wird Kurfürst Georg Ludwig von Hannover als Georg I. zugleich König von Großbritannien. Er regiert dreizehn Jahre. 1707 hatten sich England und Schottland vereinigt zu Großbritannien. Für Frankreich (die Dame), bedeutet das den Verlust seiner Führungsposition in Europa. Den möglichen Aufstieg Deutschlands machten zwei Weltkriege zunichte.

88

Le circuit du grand faict ruineux,
Le nom septiesme du cinquiesme sera:
D'un tiers plus grand l'estrange belliqueux,
Mouton, Lutece, Aix ne garentira.

Der Umkreis des Großen wird verderblich,
Der Name Siebenter des Fünften, wird sein:
Ein Dritter. Ein viel größerer, fremder, kriegerischer.
Widder, Paris und Aix sind nicht sicher.

Verderblich wurde das Haus Valois, das trotz der sieben Kinder Katharinas von Medici ausstarb. Mit dem fünften Kind wurde Heinrich III. 1574 Frankreichs (der siebente und letzte Valois) Herrscher. Er wurde 1589 von einem Mönch ermordet. Der viel *größere, fremde, kriegerische* ist Heinrich IV. Er ist Bourbone, Nachkomme Ludwigs des Heiligen. In Zeile 4 liefert Nostradamus eines seiner Meisterstücke: Heinrich ist zwar König, aber Paris sperrt sich, er muß vier Jahre kämpfen, bis er den Widerstand brechen kann. Er zieht am 22. März 1594 in seine Hauptstadt ein. An diesem Tag wechselt die Sonne in den Widder!

89

Un iour seront demis les deux grand maistres,
Leur grand pouvoir se verra augmenté:
La terre neuve sera en ses hauts estres,
Au sanguinaire le nombre raconté.

Eines Tages werden die beiden großen Meister heimgeschickt,
Ihre große Macht wird man wachsen sehen.
Die neue Welt steht auf dem Höhepunkt der Macht.
Dem Blutrünstigen wird die Zahl genannt.

Die Waffenbrüderschaft Amerikas und Rußlands im Zweiten Weltkrieg. Sie sind die Meister, die bestimmenden Mächte bis Ende der achtziger Jahre, Rivalen dann um die Vormacht. Der Blutrünstige, dem die Zahl genannt wird, soll wohl Hitler sein. Aber sowohl Stalin, der Millionen Menschen auf dem Gewissen hat, wäre ein Kandidat, als auch Roosevelt, der die Atombombe bauen ließ.

90

Par vie & mort changé regne d'Ongrie,
La loy sera plus aspre que service:
Leur grand cité d'urlemens plaincts et crie,
Castor et Pollux ennemis dans la lice.

Auf Leben und Tod hat die Herrschaft in Ungarn gewechselt.
Das Gesetz wird härter sein als die Knechtschaft.
In ihrer großen Stadt Heulen, Klagen und Schreie.
Castor und Pollux sind Feinde auf der Rennbahn.

Der Ungarnaufstand 1956. Der russische Imperialismus unterdrückt mit seinem Gesetz das ungarische Volk. Die Ungarn werden zu Knechten. Die härtesten Kämpfe fanden in der Hauptstadt Budapest statt. Amerikaner und Russen ringen um die Vorherrschaft. Sie sind sich darin gleich wie das berühmte Brüderpaar der Dioskuren.

91

Soleil levant un grand feu lon verra,
Bruit & clarté vers Aquilon tendants
Dedans le rond mort & cris l'on orra,
Par glaive feu, faim, mort les attendans.

Wenn die Sonne aufgeht, wird ***Lon*** ein großes Feuer sehen,
Lärm und Lichtschein weisen gegen das Adlerland.
Im Inneren des Kreises Tod, und Schreie hört man,
Durch Schwert, Feuer, Hunger, Tod erwarten sie.

Die atomare Zerstörung Londons im Dritten Weltkrieg (vergl. Vers II/81). In Zeile 3 schreibt Nostradamus korrekt: man = l'on. Hier jedoch lon = Lon = London. Das Feuer, das London im Morgengrauen treffen wird, ist: Lärm = Detonationsknall, Druckwelle und Lichtschein = Lichtblitz der Atombombe. Nostradamus weist auf Deutschland, das ***Adlerland***; ***gegen*** das Adlerland richtet sich der Angriff der (russischen) Streitkräfte zunächst. Die atomaren Sprengkörper vernichten alles im Inneren des Wirkungsbereichs der Bombe (Zeile 3).

92

Feu couleur d'or du ciel en terre veu,
Frappé du haut nay, faict cas merveilleux:
Grand meurtre humain: prinse du grand neveu,
Morts d'espectacles eschappé lorgueilleux.

Goldfarbenes Feuer vom Himmel sieht man auf der Erde,
Geschlagen vom Hochgeborenen, geschieht ein Wunder.
Großes menschliches Morden. Der große Neffe gefangen,
Dem aufsehenerregenden Tod entkommt der Stolze.

Der Feldzug in Frankreich 1870/71. Der ***Stolze***, Napoleon III., hatte Preußen aus nichtigem Anlaß den Krieg erklärt. Unter Führung des ***Hochgeborenen***, des preußischen Königs Wilhelm I., des späteren deutschen Kaisers, werfen die verbündeten deutschen Stämme Frankreich "wie durch ein Wunder" in wenigen Wochen nieder. Napoleon III. ist der Neffe des Kaisers Napoleon I.; er suchte angesichts der Niederlage den Tod auf dem Schlachtfeld, geriet jedoch in ehrenvolle Gefangenschaft.

93

Bien pres du Tymbre presse la Lybitine,
Un peu devant grand inondation:
Le chef du nef prins, mis à la sentine,
Chasteau, palais en conflagration.

Ganz nahe beim Tiber tobt die Libitina,
Kurz vor der großen Überschwemmung.
Der Chef des Schiffs gefangen und in die Bilge geworfen.
Kastell, Palast im Feuerorkan.

Überschwemmung = Aufstand und Revolution, *Chef des Schiffes* = der Papst. Nostradamus wählt meist die gleichen Deckworte. In Italien herrscht Revolution. Dann wütet in Rom, beim Tiber, die Totengöttin Libitina. Der Papst wird gefangengesetzt. Die Engelsburg und der Vatikan werden ein Raub der Flammen. Alle Anzeichen weisen auf die Situation in Italien unmittelbar vor dem Dritten Weltkrieg hin. Wäre nicht die Gefangennahme des Papstes, denn der wird fliehen können. Das ist durch mehrere Seher eindeutig belegt. Möglicherweise beschreibt Nostradamus hier den Sturm der italienischen Nationalisten auf die Vatikanstadt am 20. September 1870. In die Porta Pia wurde eine Bresche geschossen. Der Papst betrachtete sich seitdem als Gefangener im Vatikan. Erst Papst Paul VI beendete diese *Gefangenschaft*, als er nach Jerusalem und New York reiste.

94

GRAND PAU, grandmal pour Gaulois recevra.
Vaine terreur au maritim Lyon:
Peuple infini par la mer passera,
Sans eschapper un quart d'un million.

GRAND PAU wird wegen der Franzosen großes Leid erdulden.
Vergeblicher Terror gegen den Löwen des Meeres.
Riesige Menschenmassen ziehen über das Meer,
Kaum entkommen wird eine viertel Million.

Der Schlüssel ist das Anagramm GRAND PAU = der *Große Pau L*(?) Ein anderer Papst? Der Löwe des Meeres ist England, das wieder einmal seine Stärke beweist. Nur 250.000 (Soldaten des Feindes?) kommen davon.

95

Le lieux peuplez seront inhabitables,
Pour chams avoir grande division:
Regnes livrez à prudents incapables,
Lors les grands freres mort & dissention.

Die bewohnten Gegenden werden unbewohnbar sein,
Wegen der Felder gibt es großen Zwist.
Die Regierung wird klugen, aber unfähigen Leuten übergeben,
Dann werden die großen Brüder Tod und Unfrieden haben.

Die Schilderung einer atomaren Verstrahlung: Städte sind unbewohnbar, Äcker nicht zu nutzen. Es handelt sich um einen durchgebrannten Reaktor, denn radioaktive Asche als Bombenfolge ist wenige Tage aktiv, da nur angestrahlte Erde eben. Anders bei originärem

Brennmaterial aus Kraftwerken. Die großen Brüder dürften Nachbarstaaten Frankreichs sein, die die Folgen mittragen müssen. Der Unfrieden richtet sich gegen den Urheber des Unfalls.

96

Flambeau ardant au ciel soir fera veu,
Pres de la fin & principe du Rosne,
Famine, glaive, tard le secours pourveu,
La Perse tourne envahir Macedoine.

Brennendes Leuchten am Abendhimmel wird man sehen.
In der Nähe der Mündung und der Quelle der Rhône,
Hunger, Schwert. Spät kommt die vorgesehene Hilfe.
Persien geht vor, Mazedonien zu besetzen.

Vorsicht, Nostradamus-Falle! Kein Leuchten an der Mündung und Quelle der Rhône oder von dort aus zu sehen, sondern dort sind Hunger und Schwert = Krieg. Zeile 1 steht allein. Das Leuchten am Himmel abends oder am Abendhimmel dürfte der Widerschein von Bombenabwürfen sein, kein Nordlicht. Möglicherweise jedoch auch ein Meteor. Mazedonien ist Nordgriechenland. Stehen dort persische Truppen, ist das ganze eine Szene aus einem künftigen Weltkrieg.

97

Romain Pontife garde de t'approcher.
De la cité que deux fleuves arrouse,
Ton sang viendra aupres de là cracher,
Toy & les tiens quand fleurira la rose.

Römischer Pontifex, hüte dich davor,
Dich der Stadt zu nähern, die zwei Flüsse benetzen,
Du wirst dort dein Blut spucken,
Du und die Deinen, wenn die Rose blüht.

Eine Warnung, die dem Papst gewidmet ist. Und zwar ausnahmsweise im Klartext. Die Stadt mit zwei Flüssen ist wieder Lyon, durch die Rhône und Saône fließen. 120 km südlich von Lyon, in der Nähe, nämlich in Valence, starb 1799 Papst Pius VI. an Lungenschwindsucht. Er hustete Blut bis zum August, "wenn die Rose blüht".

98

Celuy du sang reperse le visage,
De la victime proche sacrifice,
Tenant en Leo, augure par presage,
Mais estre à mort pour la fiancee.

Derjenige, dessen Gesicht mit dem Blut des nahen
Heiligen Opfers gezeichnet ist,
Hält durch bis zum Löwen, Vorzeichen durch Vorhersage,
Aber wird zu Tod gebracht wegen der Verlobung.

Philipp von Orleans, ein entfernter Vetter des französischen Königs, wird im August 1793 (er hat "durchgehalten bis zum Tierkreiszeichen Löwe") mit der Guillotine hingerichtet. Das ***heilige Opfer*** ist Ludwig XVI., der mit auf Betreiben Philipps, der sich mit den Revolutionären verbündet hatte (***Verlobung***, Zeile 4), bereits im Januar 1793 unter das Fallbeil kam.

99

Terroir Romain qu'interpretoit augure,
Par gent Gauloise par trop sera vexee:
Mais nation Celtique craindra l'heure,
Boreas classe trop loing l'avoit poussée.

Das italienische Gebiet, wie vom Seher gesagt,
Wird durch das französische Volk allzusehr gequält.
Aber die französische Nation soll die Stunde fürchten,
Wenn der Nordwind die Truppe zu weit getrieben hat.

Zeile 1 und 2: Napoleon I. begründet seinen Ruhm als junger General. Er fällt in Italien ein (1796) und plündert es aus. Zeile 3 und 4: Die Plünderung von Moskau bekommt ihm schlechter: Er scheitert im Winter 1812 in den eisigen Stürmen auf dem Rückzug.

100

Dedans les isles si horrible tumulte,
Rien on n'orra qu'une bellique brigue,
Tant grand sera des predateurs l'insulte,
Qu'on se viendra ranger à la grand ligue.

II. Centurie

Auf den Inseln entsteht ein so entsetzliches Durcheinander,
Daß man allein den Kriegstreiber hört.
So groß werden die Überfälle der Räuber,
Daß man sich der großen Liga anschließen wird.

Die Inseln, das ist Großbritannien, die große Liga die Vereinigten Staaten von Amerika, der Räuber ist Hitler, die Überfälle die des Führers auf Österreich, die Tschechei und Polen. Zum Krieg trieb der britische Premier Churchill, der den Beschwichtiger Chamberlain 1937 abgelöst hatte. England erklärt Deutschland den Krieg und ruft die USA um Hilfe. Die USA waren wegen der desolaten Wirtschaftslage nur zu begierig, in den Krieg einzusteigen, der Profit und Machtzuwachs versprach.

II. Centurie

1

Apres combat et bataille navalle,
Le grand Neptune à son plus haut befroy:
Rouge aversaire de peur viendra pasle,
Mettant le grand Ocean en effroy.

Nach Kampf und Seeschlacht ist
Der große Neptun im höchsten Alarmzustand.
Der rote Gegner vor Furcht vor Schrecken bleich,
Wenn er den großen Ozean in Schrecken versetzt.

Eintritt der USA in den Dritten Weltkrieg. Der große Neptun ist wieder die Seemacht der Vereinigten Staaten von Amerika. Der rote Gegner ist das neoimperialistische Rußland unter einem charismatischen Führer. Zunächst halten sich die USA aus dem europäischen Krieg heraus. - Bis dann die amerikanischen Flotten auslaufen...

2

Le divin Verbe donra à la substance,
Comprins ciel, terre, or occult au laict mystique
Corps, ame, esprit ayant toute puissance,
Tant soubs ses pieds comme au siege Celique.

Das göttliche Wort erschließt dem Irdischen
Himmel, Erde, auch Verborgenes mit mystischer Milch wird verstanden,
Körper, Seele, Geist verfügen über Allmacht.
Soviel haben sie unter ihren Füßen, wie wenn sie auf himmlischem Thron säßen.

Der Durchbruch des Menschen zur göttlichen Erkenntnis. Not, Elend, Kriege liegen dann hinter der Menschheit, die *Geschichte* im herkömmlichen Sinn hat ihren Abschluß gefunden. Der Sinn des Daseins erschließt sich, die Schöpfung ist vollendet.

3

Mars & Mercure, & l'argent ioint ensemble,
Vers le Midy extreme siccité:
Au fond d'Asie on dira terre tremble,
Corinthe, Ephese lors en perplexité.

Mars, Merkur und das Silber sind vereint.
Im Süden große Trockenheit.
Aus dem hinteren Asien wird berichtet, die Erde bebe,
Korinth und Ephesus sind dann in Verwirrung.

Leider stehen Mars, Merkur und der Mond derart häufig in Konjunktion, daß dieser Hinweis vorher nicht aussagekräftig ist. Wie oft bei den Prophezeiungen des Nostradamus: Der ***Aha-Effekt***, wenn die Situation eintritt. Korinth liegt in Griechenland, Ephesus an der türkischen Westküste. Irgend etwas Bedeutendes wird sich dann ereignen. Aber was?

4

Quand seront proche le defaut des lunaires,
De l'un à l'autre ne distant grandement,
Foid, siccité, dangers vers les frontières,
Mesme ou l'oracle a prins commencement.

Wenn der Fehler der Lichter nahe sein wird,
Von einen zum anderen nicht weit auseinander.
Kälte, Trockenheit, Gefahren an den Grenzen,
Selbst wo die Prophezeiung ihren Anfang genommen hat.

Wörtlich steht in Zeile 1: ...der Fehler der Monde (lunaires). Ich übersetze statt dessen lumierès = Lichter, was damit wohl gemeint ist. Es handelt sich um das seltene Eintreffen von Mond- und Sonnenfinsternis unmittelbar hintereinander. Das nächste Mal geschieht das am 27. Juli (Mondfinsternis) und am 11. August 1999 (Sonnenfinsternis. 1999 ist ein sehr interessantes Jahr (vergl. Vers X/72!). Die Prophezeiung hat ihren Anfang genommen in der Provençe, der Heimat des Nostradamus.

Sollten jedoch zwei Monde gemeint sein, die nicht weit voneinander entfernt sind, handelt es sich bei dem zweiten um den häufig erwähnten Großmeteor (siehe Inhaltsübersicht).

5

Pres loing defaut de deux grands luminaires,
Qui surviendra entre l'Avril et Mars:
O quel cherté: mais deux grands debonnaires
Par terre & mer secourrant toutes parts.

Recht lang der Fehler der zwei großen Lichter.
Was geschieht zwischen April und März.
Oh, welche Teuerung! Aber zwei große Wohltäter werden
Über Land und Meer umfassend zu Hilfe eilen.

Der Fehler der zwei großen Lichter (Sonne und Mond) besteht darin, daß man sie nicht wird sehen können. Der Grund ist der Einschlag eines oder mehrerer Großmeteore, die durch Rauchpilze und Staub in der Atmosphäre die Sonne verfinstern. Über dieses

Geschehen liegt eine Vielzahl von Seherschauungen vor. Der Zeitpunkt liegt zwischen dem April des einen und dem März des folgenden Jahres, also im Oktober.

Im Prosateil seiner Prophezeiungen schreibt Nostradamus: "...kommt es zu einer Sonnenfinsternis. Es wird die dunkelste und finsterste seit Erschaffung der Welt ... bis zum heutigen Tag (sein). Im Monat ***Oktober*** werden einige so große Verschiebungen eintreten, daß man glauben wird, die Schwerkraft der Erde hätte ihre natürliche Bewegung verloren und die Erde wäre hinausgeschleudert in die ewige Finsternis ..."

Die Folge ist Massensterben der Bevölkerung. Mit ***Teuerung*** wohl recht harmlos umschrieben. Zu Hilfe Frankreichs kommen Spanien (über Land) und die USA (über das Meer). Vergl. Verse II/41 und III/34.

6

Dans le temple clos le foudre y entrera,
Les citadins dedans leur fort grevez:
Chevaux, bœufs, hommes, l'onde mur touchera
Par faim, soif, soubs les plus foibles armez.

In die verschlossene Kirche dringt der Blitz,
Die Bürger drinnen nehmen schweren Schaden.
Pferde, Kühe, Menschen, die Welle erreicht die Mauer,
Hunger, Durst unter denen, die am schlechtesten ausgerüstet sind.

Nur die Strahlung von Atomwaffen kann als ***Blitz*** in geschlossene Gebäude dringen. Die Bürger haben sogar das Vieh in den Schutz der schweren Wände der Kirche gebracht, um es vor dem radioaktiven Fallout zu schützen und man hat die Kirche ***verschlossen*** = abgedichtet. Umsonst: die Druckwelle bricht die Mauer. Eine Szene wie aus dem Film *The Day after*. Aus der Leitung kommt kein Wasser mehr, das offene Wasser ist vergiftet.

7

Les fugitifs, feu du ciel sus les piques.
Conflict prochain des corbeaux s'esbatans,
De terre on crie, aide, secours celiques,
Quand pres des murs seront les combattants.

Auf die Waffen der Flüchtenden fällt Feuer vom Himmel.
Den nächsten Krieg kämpfen die Raben aus.
Von der Erde aus schreit man um Hilfe zum Himmel,
Wenn bei den Mauern die Kämpfer stehen.

Fortsetzung von Vers III/6. Beinahe erübrigt sich ein Kommentar Dritter Weltkrieg, die Russen stehen an Frankreichs Mauern = Grenzen (vergl. Verse III/18 und 19).

8

Les Cimbres ionts avecques leurs voisins,
Depopuler viendront presque l'Espaigne:
Gens amassez, Guienne, & Limosins,
Seront en ligue, & leur feront compaigne.

Die Deutschen, verbündet mit ihren Nachbarn,
Werden fast ganz Spanien entvölkern:
Menschen laufen zuhauf in Guyenne und Limoussin,
Sie bilden eine Liga und unterstützen sie.

Bürgerkrieg in Spanien 1936-39. Die ***Liga*** ist die sozialistische Volksfront Frankreichs und die Sowjetunion, die die rote Republik Spaniens unterstützen. Die Deutschen und Italiener helfen General Franco. Unter dem Krieg leidet die Bevölkerung Spaniens entsetzlich.

9

Bourdeaux, Roüan, & la Rochelle ioints,
Tiendront autour la grand mer Occeane,
Anglois, Bretons & les Flamans conioints,
Les chasseront iusqu'au pres de Roüane.

Bordeaux, Rouen und La Rochelle vereint,
Halten den Bereich am Atlantik.
Engländer, Bretonen und die Flamen gemeinsam
Jagen sie fast bis Rouen.

Fortsetzung von Vers III/7: Vorstoß der Russen fast bis zum Atlantik. Unter Aufbietung aller Kräfte stabilisiert sich die Front im Westen Frankreichs. Es kämpfen Belgier, Briten, Franzosen Schulter an Schulter. Deutschland hatte im Wahn des ewigen Friedens seine Verteidigung derart vernachlässigt, daß es in wenigen Tagen überrannt wird. Der Wendepunkt des Dritten Weltkrieges (vergl. Vers V/94).

10

De sang & faim plus grand calamitè,
Sept fois s'appreste à la marine plage:
Monech de faim, lieu pris, captivité,
Le grand mené croc enferree cage.

Durch Blut und Hunger größte Not,
Siebenmal sucht es die Meeresküste heim.
Monaco im Hunger, der Ort genommen. In Gefangenschaft
Wird der Große am Haken mitgeschleppt, im Käfig eingesperrt.

Zeile 4 dürfte (hoffentlich) wieder einmal eine Allegorie sein. Zukünftiges Geschehen.

11

Les armes battre au ciel longue saison,
L'arbre au milieu de la cité tombé:
Vermine, rogne, glaive, en face tyson,
Lors le Monarque d'Hadrie succombé.

Die Waffen kämpfen lange Zeit am Himmel.
Der Baum in der Mitte der Stadt fällt.
Geschmeiß, Krätze, Schwert, im Gesicht die Flamme,
Wenn der Fürst der Hölle fällt.

Wieder ein ***Hadrie*** (= Hades/Hölle) = ***Hitler***-Vers. Hitlers Leiche wird mit Benzin übergossen und bis zur Unkenntlichkeit verbrannt. Über dem Himmel Berlins sind die alliierten Luftflotten, der Berliner Tiergarten ist zerschossen, es steht dort kein Baum mehr.

12

Par la tumeur de Heb, Po, Tag, Timbre & Rome,
Et par l'estang Leman & Aretin:
Les deux grands chefs & citez de Garonne,
Prins, morts, noyez. Partir humain butin.

Wegen des Anschwellens von Ebro, Po, Tajo, Tiber und Rhône (oder Rom?)
Wie durch den Genfer See und Arezzo.
Die beiden großen Führer der Garonne-Städte
Werden gefangen genommen, ermordet, ersäuft. Die menschliche Beute wird geteilt.

Möglicherweise wieder keine ***Überschwemmung***, sondern revolutionäre Wirren: der Genfer See und der See von Arezzo können nicht überlaufen. Ebenso undenkbar scheint gleichzeitiges Hochwasser aller Flüsse am Mittelmeer Spaniens, Italiens und Frankreichs. Für die ***Revolutionsvariante*** spricht, daß die Bürgermeister von Toulouse und Bordeaux, den beiden ***Garonne-Städten***, umgebracht werden. Auch Rom (?) wäre ein Indikator. Wahrscheinlich allernächste Zukunft, Vorspiel des Dritten Weltkriegs.

13

Par foudre en l'arche or & argent fondu,
De deux captifs l'un l'autre mangera:
De la cité le plus grand estendu,
Quand submergee la classe nagera.

Durch Blitz im Bogen sind Gold und Silber geschmolzen.
Von zwei Gefangenen frißt einer den anderen auf.
Von der am weitesten ausgedehnten Stadt,
Wenn untergetaucht die Flotte schwimmt.

Die ***untergetauchte Flotte***, das sind Unterseeboote. Bewaffnet heutzutage vor allem mit Atomraketen. Abgeschossen fliegen sie mit ballistischem ***Bogen***, treffen mit Atom-*Blitz* und vernichten durch Hitze (***geschmolzen***) und Druckwelle. Die Gegner eines atomaren Krieges sind ***Gefangene*** der Vergeltungsdoktrin, einer vernichtet den anderen. Zur Zeit von Nostradamus war London die größte Stadt; das paßt auch recht gut zur *Flotte*.

14

Par le rameau du vaillant personnage,
De France infime, par le pere infelice:
Honneurs, richesses, travail en son vieil aage,
Pour avoir cre le conseil d'homme nice.

Durch den Zweig der heldenmütigen Person
Des siechen Frankreichs vom unglücklichen Vater.
Ehren, Reichtümer, Arbeit im hohen Alter,
Weil er den Rat eines siegreichen Mannes gefolgt ist.

Die ***Heldenmütigen***, das ist der Stamm der französischen Bourbonen. Ein Sproß aus diesem Hause wird an die Regierung kommen, wenn Frankreich am Boden liegt. Nahe Zukunft.

15

Cœur, vigueur, gloire le regne changera,
De tous points contre ayant son adversaire:
Lors France enfance par mort subiuguera,
Un grand Regent sera lors plus contraire.

Beherztheit, Tapferkeit, Ruhm werden das Reich verändern,
Von allen Seiten bedrängt; er hat seinen Gegenspieler,
Dann wird Frankreich kindlich wegen Tod bedrückt.
Ein großer Regent wird dann noch widriger sein.

Ludwig XV. folgt 1715 Ludwig XIV. Er ist dessen Urenkel; Vater und Großvater werden zur gleichen Zeit von den Pocken dahingerafft. Fünfjährig kommt er auf den Thron. Bis zu seinem 18. Lebensjahr steht er unter der Regentschaft des Herzogs Philipp von Orleans. Willkür, Verschwendung und außenpolitische Mißerfolge (Siebenjähriger Krieg. Verlust Nordamerikas und Ostindiens) untergraben die französische Monarchie. Zeitlebens steht er unter fremden Einflüssen (Kardinal Fleury und die Mätressen Pompadour und Dubarry).

16

Un Prince Anglois, Mars à son cœur de ciel,
Voudra poursuivre sa fortune prospere:
Des deux duelles l'un percera le fiel,
Hay de luy, bien aymé de sa mere.

Ein englischer Prinz, Krieg in seinem himmlischen Herzen,
Möchte sein glückliches Schicksal verfolgen.
In einem der beiden Zweikämpfe durchstößt er die Leber.
Wehe ihm, dem Liebling seiner Mutter.

Zeile 3 ist fast nicht zu übersetzen, so sehr schillert sie. "Einer der beiden Zweikämpfe" oder "Einer durchstößt die Leber". Und wer wem? Ist der Prinz nun tot oder der Gegner? Wird der Prinz anschließend wegen der Tötung gehaßt oder der Gegner, weil er den Prinzen getötet hat? Die Leber ist der Sage nach Sitz des Gemüts. Der Stoß in die Leber kann durchaus sinnbildlich gemeint sein, denn die Zeit der Duelle ist vorbei, und in der Geschichte hat sich diese Begebenheit noch nicht zugetragen.

17

Mont Aventine brusler nuict sera veu,
Le ciel obscur tout à coup en Flandres,
Quand le Monarque chassera son neveu,
Leurs gens d'Eglise commettront les esclandres.

Den Aventin wird man des Nachts brennen sehen,
Der Himmel verdunkelt sich plötzlich in Flandern,
Wenn der Monarch seinen Neffen davonjagt.
Die Männer der Kirche werden Skandale auslösen.

Dieser Vers ist nicht eindeutig zuzuordnen.

Variante 1: Skandal in der Kirche: am 18. Juli 1870 wird das Unfehlbarkeitsdogma verkündet, das weithin langen Widerstand auslöste und als Skandal empfunden wurde. In Frankreich wird nach der Niederlage von Sedan im deutsch-französischen Krieg (2. Sept. 1870, - an der Grenze zu Flandern) der Neffe Kaiser Napoleons I., Napoleon III. davongejagt und die Monarchie gestürzt.

Variante 2: Der ***Monarch*** ist der Papst, er entläßt einen ***Neffen*** = Kardinal. Im Mittelalter machten die Päpste häufig ihre Neffen zu Kardinälen. Nostradamus nennt Kardinäle oftmals ***Neffen***. Dann handelt es sich um Zukünftiges. In Flandern braut sich zeitgleich ein Konflikt zusammen.

18

Apres la pluye laict assez longuette,
En plusieurs lieux de Rheims le ciel touché:
O quel conflict de sang pres d'eux s'appreste,
Pere & fils Roys n'oseront approché.

Nach ziemlich langem Milchregen
Wird an mehreren Orten bei Reims der Himmel angetastet.
Oh, welch blutiger Krieg nähert sich ihnen,
Väter, Söhne, Könige wagen nicht, sich zu nähern.

Der weiße Regen ist mit ziemlicher Sicherheit weißer Aschenregen = radioaktiver Fallout. Dafür spricht auch, daß niemand das betroffene Gebiet betreten kann. Dritter Weltkrieg.

19

En Luques sang & laict viendra plouvoir,
Un peu devant changement de preteur:
Grand peste & guerre, faim & soif fera voir,
Loin où mourra leur Prince recteur.

In Lucca wird es Blut und Milch regnen.
Ein wenig vorher wechselt der Gouverneur.
Große Seuche und Krieg, Hunger und Durst wird man beobachten,
Weit entfernt, wo ihr Prinz und Leiter sterben wird.

Blutmilch (griech.) Leukämie, das typische Symptom der Strahlenkrankheit bei radioaktivem Fallout. Lucca ist eine Stadt in der Toskana. Die Regierung scheint dort zu kippen. Der italienische Regierungschef hat das Land bereits verlassen. Fazit: Unruhen in Italien vor dem Dritten Weltkrieg. Bestätigt durch viele andere Seher.

20

Par les contrees du grand fleuve Bethique,
Loin d'Ibere au royaume de Grenade:
Croix repousses par gens Mohametiques,
Un de Cordube trahira la contrade.

In der Gegend des großen Flusses Guadalquivir
Weit in Spanien vom Königreich von Granada,
Werden die Kreuze werden abgewiesen durch die Mohammedaner,
Einer von Corduba wird den Vertrag verraten.

Granada war die letzte maurische Bastion, die Ende des 15. Jahrhunderts an Spanien fiel. Die Muslime durften jedoch bleiben. Erst gut einhundert Jahre später, unter König Philipp II., findet man sich nicht mehr damit ab, daß die Mohammedaner und Juden das Kreuz zurückweisen. Der Toleranzvertrag wird gebrochen, Fernando von Corduba verfolgt im königlichen Auftrag die Ungläubigen.

21

Au Crustamin par mer Hadriatique,
Apparoistra un horrible poisson,
De face humaine, & la fin aquatique,
Qui se prendra dehors de l'ameçon.

Bei Crustamin am Adriatischen Meer
Taucht ein schrecklicher Fisch auf,
Er hat Menschenantlitz und einen Fischschwanz,
Den man mit einem Haken herausholt.

Sicherlich nicht eine Mißgeburt für das Raritätenkabinett. Nostradamus dürfte auf ganz etwas anders anspielen: Offenbarung des Johannes 13: "Und ich sah aus dem Meer ein Tier aufsteigen, das ... sieben Köpfe hatte ... und die ganze Erde staunte ... und es wurde ihm ein Mund gegeben, der große Dinge redete ... und ... Macht ... Und es öffnete seinen Mund zu Lästerungen gegen Gott ..." Sein Ende findet dies negative Wesen entfernt von seinem Ursprung: draußen. *Dort* trifft es der Haken.

22

Six iours l'assaut devant cité donné:
Livree sera forte & aspre bataille:
Trois la rendront, & à eux pardonné,
Le reste à feu & sang tranche taille.

Sechs Tage dauert der Angriff auf die Stadt,
Man liefert sich harten und bitteren Kampf,
Drei übergeben sie und ihnen gewährt man Pardon,
Der Rest wird dem Feuer und dem Blut, dem Schwert übergeben.

Wahrscheinlich eine Begebenheit aus den Hugenottenkriegen (1562-1589). Feldzüge und Belagerungen kreuz und quer durch ganz Frankreich. Ludwig de Condé und Heinrich von Navarra (ab 1589 König Heinrich IV.) gegen die Katholiken. Ludwig XIV. hebt 1685 das Edikt von Nantes nach 87 Jahren wieder auf. 200.000 Hugenotten fliehen ins Ausland.

23

Si France passe outre mer Lygustique,
Tu te verras en isles & mers enclos:
Mahommet contraire, plus mer Hadriatique,
Chevaux & Asnes tu rongeras les os.

Wenn Du, Frankreich, über das Meer von Ligurien vordringst,
Wirst Du Dich zwischen Inseln und Meeren eingeschlossen sehen.
Die Mohammedaner in Feindschaft entgegen, noch mehr das Adriatische Meer.
Pferden und Eseln wirst Du die Knochen abnagen.

Eine allgemeine Warnung und Mahnung an Frankreich, innerhalb seiner Grenzen zu bleiben. Nachdem England die Vormachtstellung Frankreichs vor 300 Jahren gebrochen hat, sind sämtliche Versuche Frankreichs, überseeisch Fuß zu fassen oder neu zu expandieren, zuschanden geworden und endeten im Fiasko: in Ägypten, in Afrika, in Europa, in Indochina, im Libanon, in Algerien. Das algerische Erbe mit Millionen Afrikanern in den Großstätten lastet heute schwer auf dem Land.

24

De l'entreprinse grande confusion,
Perte de gens, thresor innumerable:
Tu n'y dois faire encore tension,
France à mon dire fais que sois recordable.

Das Unternehmen verursacht große Verwirrung.
Verlust an Menschen und unschätzbaren Werten.
Du darfst keinen weiteren Schritt wagen,
Frankreich, tu was ich sage, wie niedergeschrieben.

Fortsetzung von Vers III/23, bezogen auf ein bestimmtes, künftiges Geschehen. Ganz offensichtlich ist diese Warnung des Meisters jedoch in den Wind gesprochen. Frankreich wird eines Tages wieder eine Expansion wagen, die dem Land jedoch entsetzliches Unglück bringen wird.

25

Qui au Royaume Navarrois parviendra,
Quand le Sicile & Naples seront ioincts:
Bigore & Landes par Foix loron tiendra,
D'un qui d'Espagne sera par trop conioinct.

Der, der im Königreich Navarra an die Macht kommt,
Wenn Sizilien und Neapel vereinigt sind.
Wird Bigorre und Landes durch Foix auch Orleans erhalten,
Durch einen, der Spanien allzu sehr verbunden sein wird.

Aus Navarra stammt Heinrich IV., dort und von dort kommt er an die Macht. Navarra war seit 905 ein selbständiges Königreich beiderseits der Westpyrenäen. Erst 1512 fällt der Süden durch Ferdinand den Katholischen an Kastilien. Der Norden - Niedernavarra - geht 1589 durch Heinrich IV an Frankreich über.

26

Des Roys & Princes dresseront simulacres,
Augures, creuz eslevez aruspices:
Corne victime doree, & d'azur, d'acre,
Interpretez seront les extipices.

Von Königen und Prinzen stellen sie Götzenbilder auf,
Propheten machen sinnlose, erhabene Vorhersagen.
Das gehörnte Opfertier ist vergoldet und azurfarben, bitter,
Aus den Eingeweiden wird wieder gelesen.

Nach dem Rückzug des Christentums aus dem weltlichen Bereich folgt der Verfall des Rationalen. Okkulte Praktiken werden modern. Leere Form ohne den alten mystischen Zauber und dem tiefen Sinn, den diese Handlungen in der Antike hatten. Das Rad der Geschichte hat sich einmal voll gedreht und scheint das alte Thema wieder aufzugreifen. Aber man drischt nur leeres Stroh, man äfft nur äußere Praktiken nach. Wohl fernere Zukunft.

27

Prince Lybinique puissant en Occident,
François d'Arabe viendra tant enflammer,
Sçavant aux lettres fera condenscendent,
La langue Arabe en François translater.

Ein libyscher Prinz, mächtig im Westen,
Begeistert die Franzosen für die Araber derart,
Daß die Schriftgelehrten sich dazu herablassen,
Die arabische Sprache ins französische zu übersetzen.

In dem libyschen Prinzen hat man schon den Libyer Ghaddafi sehen wollen, aber der ist es sicherlich nicht; dieser Vers schildert fernere Zukunft. Beschrieben wird nicht einfach die Übersetzung arabischer Werke. Hier geht es um handfeste politische und religiöse Einflußnahme bis hin zur Abhängigkeit Europas vom Islamischen Imperium.

28

De terre foible & pauvre parentele,
Par bout & paix parviendra dans l'Empire,
Long temps regner une ieune femelle,
Qu'oncques en regne n'en survint un si pire.

Aus kärglicher Gegend und von armen Eltern
Zum Ziel, und im Frieden gelangt er zur Kaiserwürde.
Lange Zeit regiert ein junges Weibchen,
Nie zuvor ist von einer Regierung so Schlimmes verblieben.

Kaiser Napoleon III., Neffe Napoleons I. wird völlig durch seine Frau, die Kaiserin Eugenie beherrscht, ein intelligentes und kapriziöses Weib, Schankwirtstocher mit Starallüren. Frankreich muß nach dem Krieg 1870/71 das von Deutschland geraubte Elsaß-Lothringen zurückgeben. Napoleon III. geht nach England ins Exil. Und in Paris bricht wieder einmal eine Revolution aus, die vierte innerhalb von 100 Jahren.

29

Les deux neveux en divers lieux nourris:
Navale pugne, terre peres tombez:
Viendront si haut eslevez enguerris,
Venger l'iniure, ennemis succombez.

Die beiden Neffen wachsen in verschiedenen Gegenden auf.
In einer Seeschlacht und in einer Landschlacht sind die Väter gefallen.
Die Kriegerischen werden es sehr weit bringen,
Sie rächen die Schmach, wenn die Feinde niedergeworfen sind.

Zukünftiges Heldenepos. Wahrscheinlich handelt es sich um Vettern, die Väter dürften Brüder sein. Irgendwann einmal, in vielen Jahren, wird man sagen: "Sieh mal, ***die*** hat Nostradamus gemeint!"

30

Celuy qu'en luitte & fer au faict bellique
Aura porté plus grand que luy le pris:
De nuict au lict six luy feront la pique,
Nud sans harnois subit sera surprins.

Jener, der im Kampf und Eisen mit kriegerischer Tat
Den Siegerpreis über einen, größer als er selbst, errungen haben wird,
Des nachts im Bett werden ihn sechs durchbohren,
Nackt ohne Rüstung wird er plötzlich überrascht.

Der Tod des Leutnants der Wache Graf Montgomery am 25. Juni 1574. Er hatte (vergl. Vers I/35) im Turnier seinen König, Heinrich II. tödlich am Auge verletzt. Er wird von sechs Rittern im Schloß Domfront gefangengenommen und dann ermordet.

31

Aux champs de Mede, d'Arabe & d'Armenie,
Deux grans copies trois fois s'assembleront,
Pres du rivages d'Araxes la mesgnie,
Du grand Soliman en terre tomberont.

Auf den Feldern von Medien, Arabien und Armenien
Werden sich zwei große Armeen dreimal sammeln.
Nahe der Ufer des Araxes wird das Heer
Des großen Soliman zu Boden fallen.

Die Türkenkriege zwischen dem 16. und 18. Jahrhundert. Suleiman II., der Große, eroberte nach dem Sieg bei Mohács 1526 den größten Teil Ungarns und griff 1529 Wien an. 1683 standen die Türken dann abermals vor Wien. Das ist die siegreiche Epoche des Vordringens der Osmanen. Von nun an ging es bergab mit den Türken, sie "fallen zu Boden". Prinz Eugen schlägt sie 1637 entscheidend bei Senta. Im Frieden von Karlowitz muß die Türkei Ungarn und Siebenbürgen an Österreich abtreten.

Der russische General Debitsch stößt 1828/29 bis Adrianopel vor, die Türken müssen Griechenland freigeben und den Russen die Ostküste des Schwarzen Meeres überlassen. 1877/78 stehen die Russen dann kurz vor Istanbul. Irgendwann ist sicherlich auch am Araxes gekämpft worden.

32

Le grand sepulchre du peuple Aquitanique
S'approchera aupres de la Toscane:
Quand Mars sera pres du coing Germanique,
Et au terroir de la regent Mantuane.

Das große Grab des Volks von Aquitanien
Liegt in der Nähe der Toskana.
Wenn Krieg bei der deutschen Bastion ist,
Und auf dem Gebiet des Herrschers von Mantua.

Mars ist bei Nostradamus häufig der Planet Mars und dient dann zur Datierung, hier ist er der Kriegsgott. Die deutsche Ecke dürfte der Oberrhein sein. Aquitanien ist der alte Begriff für die flache Landschaft zwischen Bordeaux und den Pyrenäen. Ein französisches Truppenkontingent von dort kämpft in der Toskana, in Mittelitalien. Mantua liegt weiter im Norden. Es sind insgesamt drei Kriegsschauplätze zugleich. Reichlich verworrenes Szenario künftigen Geschehens.

33

En la cité où le loup entrera,
Bien pres de là les ennemis seront:
Copie estrange grand pays gastera,
Aux murs & Alpes les amis passeront.

Bei der Stadt, in die der Wolf tritt,
Ganz in der Nähe von dort werden die Feinde sein.
Fremde Truppen werden große Länder verderben,
Über Mauern und Alpen ziehen die Freunde.

In guten Zeit der ***Greif***, in schlechten der ***Wolf***, das ist Deutschland. Hier steht ***Wolf*** für Hitler persönlich. Gegen Kriegsende zieht sich Hitler aus der ***Wolfsschanze***, seinem Hauptquartier, nach Berlin zurück. Die Russen stoßen nach. Im Laufe des Krieges waren drei ***große Länder***: Rußland, Polen und Deutschland von ihren Feinden verwüstet worden. Die Amerikaner landen in der Normandie und überwinden den Atlantikwall, später auch den Westwall. Von Italien aus stoßen sie auf die Alpen vor.

34

Quand le deffaut du Soleil lors sera,
Sur le plain iour le monstre sera veu,
Tout autrement on l'interpretera,
Cherté n'a garde, nul n'y aura pourveu.

Wenn dann der Fehler der Sonne ist,
Wird das Monster am hellichten Tag gesehen werden,
Ganz anders wird man es deuten,
Gegen die Teuerung gibt es keinen Schutz, niemand wird vorgesorgt haben.

Das ***Monster*** ist ein Großmeteorit, der wohl an der Erde vorbeizieht, aber es scheinen abgesprengte Teile auf die Kontinente zu fallen. Die Folgen sind verheerend: Feuerorkane, tagelange Erdbeben weltweit, Stickgase, lange Verfinsterung. Es folgen Hungersnot und Elend. Aus anderen Seherschauungen ist zu entnehmen, daß die Katastrophe schlagartig den Dritten Weltkrieg beendet. Möglicherweise im Oktober 1998 (vergl. Verse II/41 und X/72).

35

Du plus profond de l'Occident d'Europe,
De pauvres gens un ieune enfant naistra,
Qui par sa langue seduira grande troupe,
Son bruit au regne d'Orient plus croistra.

Im hinteren Winkel des Westens von Europa,
Von armen Leuten wird ein junges Kind geboren,
Das durch seine Beredsamkeit eine große Armee verführen wird,
Sein Ruf wird durch Herrschaft im Osten noch mehr wachsen.

An der Peripherie Europas, wirklich dem ***hintersten Winkel***, wird in Ajaccio auf Korsika am 15. August 1769 Napoleone Buonaparte geboren. Die Buonapartes stammen aus der Toskana. Korsika war erst 1768 von Genua an Ludwig XV. verkauft worden. Die Eltern Napoleons gehören zum einfachen Landadel mit ein wenig Grundbesitz. Ihr Jahreseinkommen beträgt rund 3.000 DM heutiger Währung - damals durchaus ausreichend, denn man benötigte ja wenig Geld, alles ist in Naturalien vorhanden. Napoleons ***Beredsamkeit*** liegt eher in der Schärfe seines Denkens und den überzeugenden Argumenten. So, und nicht mit langen Tiraden, gewinnt er die Herzen seiner Soldaten. Obgleich der Ägyptenfeldzug letztlich an der Übermacht der Türken und Briten scheitert (am 23. August 1799 läßt Napoleon die Reste seiner Armee in Stich), vermehrt dieses Abenteuer unerklärlicherweise noch den Ruhm Napoleons und fördert seinen Aufstieg.

36

Ensevely non mort apopletique,
Sera trouvé avoir les mains mangees,
Quand la cité damnera l'heretique,
Qu'avoit leurs loix, ce leur sembloit changees.

Der Begrabene ist nicht gestorben, er war nur scheintot,
Er wird gefunden werden mit abgefressenen Händen,
Dann wird die Stadt den Ketzer verdammen,
Weil er ihre Gesetze, wie ihnen scheint, geändert hat.

Keine Gruselgeschichte eines scheintot Begrabenen, sondern allegorisch aufzufassen: Wiederauferstehung und Neubelebung einer Ideologie oder einer Glaubensrichtung. Die fehlenden Hände deuten an: Machtlosigkeit. *Die Stadt* ist wieder Paris, die offenbar auf die alten/neuen Irrlehren eine Zeitlang eingeht.

37

Avant l'aussaut l'oraison prononcee,
Milan prins d'Aigle par embusches deceus,
Muraille antique par canons enfoncee,
Par feu & sang à mercy peu receus.

Vor dem Angriff findet das Konzil statt.
Mailand wird vom Adler mit einem Hinterhalt getäuscht.
Antike Mauern brechen durch Kanonen,
Wegen Feuer und Blut erhalten nur wenige Pardon.

Das Konzil, um das es hier geht, fand 1869 statt. Es war das erste Vatikanische Konzil; verkündet wurde das Dogma der Unfehlbarkeit des Papstes. Rom und die Papststadt werden von den italienischen Nationalisten am 20. September 1870 erobert und besetzt. In die antike Porta Pia wird mit Kanonen eine Bresche geschossen. Mailand und die Lombardei fallen nach geheimen Verhandlungen mit den Österreichern durch den *Adler* = Napoleon III. an Frankreich.

38

La gent Gauloise & nation estrange,
Outres les monts, morts, prins & profligez
Au moins contraire et proche de vendange,
Par les seigneurs en accord redigez.

Das französische Volk und die fremde Nation erleiden
Jenseits der Berge Tod, Gefangenschaft und Niederlage,
In widrigen Monaten und nahe der Weinlese.
Durch die Herren werden sie zur Übereinkunft gebracht.

Jenseits der Berge, das kann Spanien oder Italien sein. Offenbar werden die Franzosen durch eine fremde Nation unterstützt. Richtig *fremd*, das müßten schon Schweden, Russen oder Griechen sein. Zukünftiges Geschehen, das jetzt noch nicht zu lösen ist. Man müßte den Vers im Zusammenhang sehen.

39

Les sept en trois mois en concorde,
Pour subiuguer des Alpes Apennines,
Mais la tempeste & Ligure coüarde,
Les profligent en subites ruines.

Die Sieben sind in drei Monaten einig,
Den Apennin zu unterwerfen,
Aber der Orkan und die ligurische Feigheit
Bringen sie zum plötzlichen Scheitern.

Großangriff von sieben verbündeten Staaten des Ostens auf Westeuropa. Der *Orkan* wird in Vers II/18 beschrieben.

40

Le grand theatre se viendra redresser,
Les dez iettez & les rets ja tendus,
Trop le premier en glaz viendra lasser,
Par arc prostrais de long temps ja fendus.

Das große Theater beginnt von vorn,
Die Würfel sind gefallen, die Netze schon gespannt.
Der Premier läßt sich zu sehr auf das Glatteis führen, weil
Der Bogen kraftlos ist, seit langem schon zerspellt.

Frankreich ohne Truppen, die Sache ist schon *gelaufen*, der Premier geht ... auf den Leim? Möglicherweise Marschall Pétain, der nach der Niederlage Frankreichs den unbesetzten Teil von Hitlers Gnaden in Vichy regierte.

41

Bossu sera esleu par le Conseil,
Plus hideux monstre en terre n'apperceu,
Le coup volant Prelat crevera l'œil,
Le traistre au Roy pour fidele receu.

Der Bucklige wird vom Rat gewählt werden,
Ein scheußlicheres Monstrum hat die Welt noch nicht gesehen.
Der fliegende Schuß durchbohrt das Auge des Prälaten.
Der Verräter wird vom König als Getreuer empfangen.

Der von Kindesbeinen an Bucklige ist Prinz Louis de Condé, der Bruder Antons von Navarra. Neben seinem Oheim Coligny ist er Führer der Hugenotten. Gegen den König (Karl IX., 1560-74; er stand unter dem Einfluß seiner Mutter Katharina von Medici, die sein Einverständnis zur Bluttat der Bartholomäusnacht erlangte) intrigierte er. 1569 wird Condé gefangengesetzt und erschossen.

42

L'enfant naistra à deux dents en la gorge,
Pierres en Tuscie par pluy tomberont,
Peu d'ans apres ne sera bled ni orge,
Pour saouler ceux qui de faim failliront.

Das Kind wird mit zwei Zähnen im Rachen geboren.
Steine in der Toskana fallen statt Regen,
Wenige Jahre später gibt es weder Weizen noch Gerste,
Um jene zu retten, die dem Hunger zum Opfer fallen.

Das *Kind mit zwei Zähnen* kennen wir bereits aus dem Vers II/7. Da ist er - wohl als Erwachsener - auf die Inseln verbannt worden. Der Sage nach soll der Antichrist mit Zähnen geboren werden. Möglicherweise spielt Nostradamus hier darauf an. Dieser Vers schildert eine armselige Zeit. Bei den *Steinen*, die fallen, könnte es sich um von Flugzeugen abgeworfene Bomben handeln, sonst kommt ein Meteoritenschauer in Frage.

43

Gens d'alentour de Tarn, Loth, & Garonne,
Gardez les monts Apennines passer,
Vostre tombeau pres de Rome & d'Anconne,
Le noir poil crespe fera tropher dresser.

Leute aus der Gegend des Tarn, des Loth und der Garonne,
Hütet Euch, die Berge des Apennin zu überschreiten,
Euer Grab wird bei Rom und Ancona sein.
Der schwarze Kraushaar wird die Siegesstandarte aufpflanzen.

Ferne Zukunft. Der ***schwarze Kraushaar*** ist ein Farbiger, nicht jemand, der schwarze Haare hat. Wahrscheinlich handelt es sich um einen arabischen Fürsten, der Süd- und Mittelitalien bereits erobert hat. Die Südfranzosen eilen den Italienern zu Hilfe, doch ihre Unterstützung scheitert bei Rom und südlich Rimini. Es ist davon auszugehen, daß der Sieger weiter vordringt in Richtung Frankreich und Alpen.

44

Quand l'animal à l'homme domestique,
Apres grands peines & sauts viendra parler,
De foudre à vierge sera si malefique,
De terre prinse & suspendue en l'air.

Wenn das von Menschen gezähmte Tier
Nach großen Mühe und Rückschlägen zu sprechen beginnt,
Wird der gediegene Blitz so verderblich sein,
Daß er von der Erde genommen und am Himmel aufgehängt wird.

Natürlich handelt es sich nicht um ein Tier, sondern um eine Maschine, die ***sprechen*** kann: Radio, Telefon, moderne Rechner. Der gediegene/feste Blitz erinnert an Laser mit seinem festen, gebündelten Licht. Auf geostationärer Bahn wird er in Kürze sicher als Waffe in Satelliten eingebaut werden.

45

Les cinq estranges entrez dedans le temple,
Leur sang viendra la terre prophaner:
Aux Tholousains sera bien du exemple,
D'un qui viendra ses loix exterminer.

Die fünf Fremden dringen in den Tempel ein,
Ihr Blut wird die Erde entweihen.
Für die Bewohner von Toulouse wird das ein hartes Exempel sein,
Durch einen, der ihre Gesetze auslöschen wird.

Das Ende des französischen Kaiserreichs unter Napoleon I. Die ***fünf Fremden***, die in den ***Tempel*** = Frankreich eintreten, sind die siegreichen Engländer, Preußen, Österreicher, Russen und Spanier. Nach Toulouse stieß die Armee Wellingtons von Spanien kommend im Frühjahr 1814 vor. Alles dies geschah durch Napoleon, der mit den alten Gesetzen brach. Frankreich erhielt ein neues Rechtssystem: den ***Code Napoleon***.

46

**Le ciel (de Plancus la cité) nous presage,
Par clercs insignes & par estoilles fixes,
Que de son change subit s'approche l'aage,
Ne pour son bien, ne pour ses malefices.**

Der Himmel über der Stadt Plancus sagt uns voraus,
Durch klare Zeichen und durch Fixsterne,
Daß sich das Zeitalter plötzlich einem Wechsel nähert,
Nicht zum Guten, nicht zum Bösen.

Die Stadt Lyon wurde der Sage nach 43 v.Chr. vom Römer Plancus gegründet. Der *Wechsel des Zeitalters* dürfte die Jahrtausendwende sein. Plötzlich geschieht ein Umbruch, noch vor dem *Wechsel*, also vor dem Jahr 2000 (vergl. Vers II/83).

47

**Le vieux Monarque deschassé de son regne,
Aux Orients son secours ira querre:
Pour peur des croix ployera son enseigne,
En Mitylene ira par port & par terre.**

Der alte Herrscher wird aus der Regierung vertrieben,
Aus dem Osten wird ihm kaum Hilfe kommen.
Aus Angst vor den Kreuzen neigt er sein Feldzeichen,
Zur Muschel geht er über den Hafen und zu Land.

Der alte Herrscher ist der greise Marschall Pétain (1856-1951), der 1944 vor den heranrückenden Amerikanern aus Vichy, von wo aus er von Hitlers Gnaden regiert hatte, vertrieben wird. Aus dem Osten, von den Deutschen, kann er jetzt kaum noch Hilfe erwarten. Er geht nach Sigmaringen, gehorcht Hitler weiter. Er wird von den *(Haken)**kreuzen*** unter massivem Druck gesetzt. Nach dem Ersten Weltkrieg Nationalheld und Symbol Frankreichs für den Sieg, wird er nun als ***Verräter*** zum Tode verurteilt, dann begnadigt und über den Hafen St. Nazaire auf die Insel Yeu verbannt. Dieses karge Eiland im Atlantik lebt von der Muschelzucht (vergl. Vers III/49).

48

Sept cens captifs attachez rudement,
Pour la moitié meurtrir, donné le fort:
Le proche espoir viendra si promptement,
Mais non si tost qu'une quinziesme mort.

Siebenhundert Gefangene sind streng gefesselt,
Damit nur die Hälfte stirbt, wird dem Starken gegeben.
Die nahe Hoffnung wird sich sogleich erfüllen,
Aber nicht so bald, daß nicht ein Fünfzehntel stürbe.

Möglicherweise das entsetzliche Los der Besatzung französischer Linienschiffe. Die Briten hielten die Seeleute im Hafen von Plymouth während der Kriege mit Frankreich unter Napoleon I. in abgewrackten Hulks gefangen, wo man sie verkommen ließ. Bei Friedensschluß war ein hoher Prozentsatz nicht mehr am Leben.

49

Regne Gaulois tu seras bien changé,
En lieu estrange est translaté l'empire:
En autres mœurs & lois seras rangé,
Roan, & Chartres te feront bien du pire.

Französisches Reich, du wirst dich sehr verändert haben,
An einem fremden Ort ist die Regierung verlegt worden.
Nach deren Gebräuchen und Gesetzen wirst du dich richten.
Rouen und Chartres werden dir viel Schlechtes antun.

Frankreich unter deutscher Herrschaft im Zweiten Weltkrieg. Der Osten und Süden blieb unbesetzt und wurde durch Marschall Pétain von Vichy aus, einem kleinen Kurort östlich von Clermont-Ferrand, regiert. Zeile 4 beschreibt harte Kämpfe der Alliierten bei der Eroberung Frankreichs: Schlachten bei Rouen und Chartres (vergl. Vers III/47).

50

La republique de la grande cité,
A grand rigueur ne voudra consentir,
Roy sortir hors par trompette cité,
L'eschelle au mur, la cité repentir.

Die Republik der großen Stadt will
Einer großen Strenge nicht zustimmen.
Der König entweicht heimlich aus der Stadt.
Die Leiter an der Mauer, die Stadt bereut.

Der französische Staatsmann Gambetta (1838-1882) flieht 1870 heimlich im Ballon aus dem von den Deutschen belagerten Paris. Gambetta war ein erbitterter Gegner Kaiser Napoleons III. und stellte nach dessen Gefangennahme bei Sedan Massenheere auf zum Entsatz von Paris. Er war eine treibende Kraft des Revanchegedankens und hetzte zeitlebens gegen Deutschland. In Paris wird der Aufstand der Kommune (18. März bis 29. Mai 1871) durch Marschall Mac-Mahon blutig niedergeschlagen.

51

**Paris coniure un grand meurtre commettre,
Blois le fera sortir en plein effect:
Ceux d'Orleans voudront leur chef remettre,
Angers, Troyes, Langes, leur feront un meffait.**

Paris verschwört sich, eine große Mordtat zu begehen,
In Blois wird sich die volle Wirkung zeigen.
Die von Orleans wollen ihren Chef einsetzen.
Angers, Troyes, Langres fügen ihnen Schaden zu.

Franz von Guise entfesselt 1562 die Hugenottenkriege. Er und sein Bruder Karl waren die Häupter der katholischen Partei in Frankreich. Geschildert wird die Ermordung Heinrichs von Guise, dem Sohn des älteren der beiden Brüder, in Blois am 23. Dezember 1588. Ab 1576 hatte er die Liga geführt. Der Plan der Ermordung ging aus von Paris, vom König Heinrich III., der dann im Jahre darauf selbst ermordet wurde.

52

**En la campagne sera si longue pluye,
Et en la Poüille si grande siccité,
Coq verra l'aigle, l'aisle mal accomplie,
Par Lyon mise sera en extremité.**

In der Campagna wird es endlos regnen,
Und in Apulien herrscht so große Trockenheit.
Der Hahn wird den Adler sehen, den Flügel schlecht zusammengesetzt,
Im Löwen wird er in äußerste Not gebracht.

Zeile 3 und 4 sind brisant: Frankreich = der Hahn wird Deutschland = den Adler sehen, der ***fluguntauglich*** ist. Grund ist, daß einer der Teile nicht funktioniert; er paßt nicht: Deutschland nach der Wiedervereinigung, mit dem östlichen Flügel lahm (Singular!). In Friedenseuphorie hatte Deutschland nach der Wiedervereinigung abgerüstet (vergl. Vers IV/22). Es folgt jedoch der Dritte Weltkrieg. Im August (Sternzeichen Löwe) bricht die Verteidigung zusammen. Frankreich sieht das mit Entsetzen (vergl. Verse V/100 und X/72). Diesen Ablauf beschreiben auch unzählige andere Seher seit Jahrhunderten. In Zeile 1 und 2 wird nicht das Wetter beschrieben, sondern die politische Lage in Italien: Rote Revolution in der Campagna, die Gegner in Apulien. Italien ist entzweit. Nächste Zukunft.

53

Quand le plus grand emportera le pris,
De Nuremberg, d'Ausbourg, & ceux de Basle
Par Agrippine chef Frankfort repris,
Traverseront par Flamant iusqu'en Gale.

Wenn der Größte den Preis davontragen wird,
Von Nürnberg, von Augsburg und von denen aus Basel, wird
Durch den Chef von Agrippina Frankfurt zurückerobert.
Sie stoßen vor durch Belgien bis gerade nach Frankreich.

Anschlußvers von Vers III/52. Wäre nicht das schweizerische Basel, könnte man meinen, es würde der Erste oder Zweite Weltkrieg beschrieben, wo die Deutschen auch nach Flandern vorstießen. Diesmal sind es die Russen. Eine Szene aus dem Dritten Weltkrieg (vergl. Verse IV/22, VI/24, VI/40 und V/100). Der ***Größte*** ist ein deutscher General, möglicherweise ein Kölner. (Der römische Name für Köln war ***Colonia Agrippinensis*** nach der Frau des Germanicus.) Er erobert Frankfurt zurück mit Süddeutschen und mit Unterstützung Schweizer Truppen. Zeile 4 bezeichnet den Vormarsch der Nordfront der Russen durch die Norddeutsche Tiefebene mit dem Ziel Atlantikküste. Sie kommen aber nur bis zum Rhein bzw. gerade nach Nordfrankreich. Dann bricht bei den Russen alles zusammen. Grund ist der Einschlag von Meteoriten, die eine Naturkatastrophe auslösen (vergl. Vers III/34).

54

L'un des plus grands fuyera aux Espaignes
Qu'en longue playe apres viendra saigner,
Passant copies par les hautes montaignes,
Devastant tout, & puis en paix regner.

Einer der Größten wird nach Spanien fliehen,
Das danach aus einer Wunde lange bluten wird.
Truppen überqueren die hohen Berge,
Sie verwüsten alles und danach in Frieden regieren.

Der spanische Bürgerkrieg (1936-1939). Spanien litt entsetzlich. Es wurde hemmungslos gemordet. General Franco setzte von Afrika aus mit seinen Truppen nach Spanien über und verweigerte der roten Republik den Gehorsam. Anschließend regierte er streng, aber weise. Er brachte dem Land Frieden und Wohlstand, hielt es aus dem Zweiten Weltkrieg heraus und legte die Grundlagen der heutigen konstitutionellen Monarchie.

55

En l'an qu'un œil en France regnera,
La Cour sera en un bien fascheux trouble,
Le grand de Bloys son amy tuera,
Le regne mis en mal & doubte double.

In dem Jahr, in dem in Frankreich ein Auge regiert, wird
Am Hof schlimme Verwirrung herrschen.
Der Große aus Blois wird seinen Freund töten.
Die Regierung wird ins Unglück gestürzt und in zweifache Besorgnis.

Der ***Große*** ist Heinrich III., der bei Blois 1588 den Führer der katholischen Partei, Heinrich von Guise, ermorden läßt (vergl. Vers III/51). Die schwierigen Zeiten begannen bereits 1559 mit dem Tod Heinrichs II., der im Turnier ein Auge verlor, also nur mit einem regierte (vergl. Vers I/35). In Zeile 4 ist fein ein Hinweis auf den Unfalltod Heinrichs II. versteckt. Sie läßt sich nämlich auch so lesen: Die Regierung wird ins Unglück gestürzt und ahnt/vermutet den II. (Heinrich).

56

Montauban, Nismes, Avignon & Besier,
Peste, tonnere & gresle à fin de Mars,
De Paris pont, Lyon mur, Montpellier,
Depuis six cens & sept-vingt trois pars.

Montauban, Nîmes, Avignon und Béziers.
Pest, Donner und Hagel am Ende des Krieges.
Von der Pariser Brücke, der Mauer von Lyon, Montpellier.
Seit Sechshundertsiebenundzwanzig drei Teile.

Gelegentlich führt Nostradamus am Ende des Verses in Zeile 4 Sechshunderter Zahlen an. Bisher konnte nicht geklärt werden, was er damit ausdrücken will. Aber damit nicht genug: auch aus Zeile 1 bis 3 läßt sich nichts entnehmen.

57

Sept fois changer verrez gens Britannique,
Taints en sang en deux cens nonante an,
Franche non point par appuy Germanique,
Arles doubte son pole bastarnan.

Man wird sehen, daß sich das britische Volk siebenmal verändert.
Blutflecken, im zweihundertneunzigsten Jahr.
Frankreich überhaupt nicht wegen deutschem Nachdruck.
Der Widder zweifelt wegen seines Bastarner Pole.

Dieser Vers prophezeit den Zweiten Weltkrieg im Jahr 1939. Entschlüsselt hat ihn C. Loog 1921 und sich unter Experten einen Namen gemacht. Eckpunkt der Datierung ist die Blutschuld, die Hinrichtung des englischen Königs Charles I. 1649. 290 Jahre danach trifft die Prophezeiung ein. 1926 tritt die sechste Veränderung des britischen Volkes ein, als das *British Commonwealth of Nations* gegründet wird. Die siebente ist die Regierung durch das Kriegskabinett Chamberlain. Der Widder wird als Tierkreiszeichen Deutschland zugeordnet, die Bastarner sind ein alter germanischer Stamm an der Weichsel, im späteren *Pole*(n). Sie fließt durch die Hauptstadt Warschau. Frankreich ist zunächst nicht willens und in der Lage, den nachdrücklichen (und nicht völlig ungerechtfertigten) Forderungen Deutschlands an Polen entgegenzutreten. Dann legt Hitler die Lunte an die Bombe, die Engländer sind des Nachgebens müde und erklären den Krieg.

58

Aupres du Rhin des montaignes Noriques
Naistra un grand de gens trop tard venu,
Qui defendra Saurome & Pannoniques,
Qu'on ne sçaura qu'il sera devenu.

Am Rhein der norischen Berge
Wird ein Großer geboren aus dem Volk, das zu spät gekommen ist,
Der Sarmatien und Pannonien verteidigen wird, und
Von dem man nicht wissen wird, was aus ihm geworden ist.

Noch ein Hitler-Vers. Spanien, Schweden, Rußland, Frankreich, England, alle diese Länder sind bereits Große der Geschichte, als Deutschland 1871 neu in den Kreis tritt. Es ist "zu spät gekommen". Der Rhein der norischen Berge ist Norica = die Donau. Am Ende des Krieges verteidigt Deutschland sich an der Weichsel = Sarmatien und die Grenzen Österreichs = Pannonien. Hitlers Leiche wurde von seinen Getreuen mit Benzin übergossen und zu Asche verbrannt. Wo eventuelle Knochenreste sein könnten, darüber wird bis heute spekuliert; man weiß es nicht.

59

Barbare empire par le tiers usurpé,
La plus grand part de son sang mettra à mort:
Par mort senile par luy le quart frappé,
Pour peur que sang par le sang ne soit mort.

Das barbarische Reich wird durch den Dritten in Besitz genommen,
Den größten Teil seines Blutes schickt es in den Tod.
Durch Alterstod wird von ihm ein Viertel geschlagen,
Aus Angst, daß Blut aus dem Blut nicht tot sein könne.

Deutschland, das Brudervolk Frankreichs. Aus französischer Sicht ein Volk ohne Lebenskunst und Leichtigkeit, einfach und grob, mit einer harten Sprache. Nach Abschaffung der Monarchie nimmt die Masse, der *Dritte Stand*, es in Besitz und wählt aus seiner Mitte die Repräsentanten. In den Augen von Nostradamus eine Ungeheuerlichkeit. Es folgt die Beschreibung des jetzigen Zustandes: Mehr Kinder werden abgetrieben als geboren, über 25 Prozent alte Menschen. "Blut aus dem Blut", das sind deutsche Kinder. Sie sind nicht willkommen. Statt dessen zieht Deutschland Millionen Kurden, Neger, Zigeuner, Russen, Türken, usw. usw. ins Land und fördert deren Kinderreichtum. Nostradamus nennt uns Barbaren.

60

Par toute Asie grand proscription,
Mesme en Mysie, Lysie, & Pamphylie:
Sang versera par absolution,
D'un ieune noir remply de felonnie.

In ganz Asien große Verfolgung,
Selbst Mysien, Lysien und Pamphylien:
Blut wird vergossen wegen Heilslehren,
Von einem jungen Schwarzen, voll von Verräterei.

Der rote Terror in den Staaten der Sowjetunion in den 20ern. Gleichzeitig führt in der Türkei Mustafa Kemal Pascha seine Landreform durch. 1922 beseitigt er das Sultanat. Er führt die Türkei von 1920 bis zu seinem Tode 1938. Er gab dem Land Ansehen und Macht. Zeile 3: Bürgerkrieg in Rußland (1918-21). Der *junge Schwarze* ist Stalin, der eigentlich Dschugaschwili heißt. Während der bolschewistischen Revolution ist er 38 Jahre alt.

61

La grande bande & secte crucigere.
Se dressera en Mesopotamie:
Du proche fleuve compagnie legere,
Que telle loy tiendra pour ennemie.

Die große Bande und Partei der Kreuzträger
Schlägt das Lager in Mesopotamien auf.
Vom nahen Fluß kommen leichte Truppen,
Die dies Gesetz für ihren Feind halten.

Mesopotamien, das ist der heutige Irak. Die ***Kreuzträger*** sind Streitkräfte des christlichen Abendlandes. Der ***Fluß*** ist der Euphrat oder der Tigris; leichte arabische Truppen greifen die ***Ungläubigen*** an. Es dürfen Parallelen zum Golfkrieg gezogen werden. Der zweite Golfkrieg, nahe Zukunft.

62

Proche del duero par mer Tirene close,
Viendra percer les grands monts Pyrenées.
La main plus courte & sa percée glose
A Carcassonne conduira ses menées.

In der Nähe des Dueros, während das Tyrrhenische Meer geschlossen ist,
Wird er die großen Berge der Pyrenäen durchstoßen.
Mit strafferer Hand und das Visier geschlossen,
Nach Carcassonne führen seine Wege.

Das Tyrrhenische Meer liegt zwischen Korsika, Italien und Sizilien. Es ist für die Franzosen während der napoleonischen Kriege ***geschlossen***, unbefahrbar, wie das ganze restliche Mittelmeer. Der Duero mündet in Portugal bei Porto in den Atlantik. Von dort bricht Wellington, Befehlshaber der britischen Truppen gegen die Franzosen in Spanien, zu einem Zug quer durch die beiden Länder auf. Er überquert die Pyrenäen und schlägt am 10. April 1814, einem Ostersonntag, die Franzosen unter General Soult bei Toulouse, unweit von Carcassonne.

63

Romain pouvoir sera du tout à bas
Son grand voisin imiter ses vestiges:
Occultes haines civiles & debats
Retarderont aux bouffons leurs follies.

Die römische Macht liegt völlig am Boden,
Sein großer Nachbar folgt seinen Spuren.
Verborgener Haß bei den Bürgern und Streit.
Ihre Verrücktheiten degradieren sie zu Narren.

Der große Nachbar Italiens ist Frankreich. Dem Dritten Weltkrieg voraus geht der Zusammenbruch der staatlichen Strukturen in Italien. Die Folge ist ein Bürgerkrieg. Nach kurzer Zeit ebenfalls in Spanien und Frankreich. Bestätigt durch andere Seher. Nächste Zukunft.

64

Le chef de Perse remplira grande Olchade,
Classe Trireme contre gent Mahometique,
De Parthe & Mede, & piller les Cyclades,
Repos lon temps au grand port Ionique.

Der Chef von Persien läßt ein großes Lastschiff voll beladen,
Die Kriegsflotte zieht gegen den Islam
Aus Parthien und Medien werden die Kykladen gebrandschatzt.
Lange Zeit Rast im großen ionischen Hafen.

Zeile 1: Truppentransporter aus Persien stechen in See. Zeile 2: Gegen sie zieht die westliche Kriegsflotte, nämlich gegen den Islam. Zeile 3: Die Kykladen liegen zwischen Griechenland und der Türkei. Werden sie von westlichen Schiffen beschossen, sind sie noch in der Hand des Westens. Zeile 4: Die ionischen Häfen liegen auf der Westseite Griechenlands. Hier liegt die europäische Flotte während der Friedenszeit lange vor Anker, bevor sie ausläuft. Unklar, um welchen künftigen Krieg es sich handelt.

65

Quand le sepulchre du grand Romain trouvé.
Le iour apres sera esleu Pontife,
Du Senat gueres il ne sera prouvé,
Empoisonné, son sang au sacré scyphe.

Wenn das Grab vom großen Römer gefunden wird,
Wird am nächsten Tag der Papst gewählt.
Von der Behörde wird keineswegs bewiesen, daß
Sein Blut mit heiligem Kelch vergiftet wurde.

Hier wird kein "Grab des großen Römers gefunden", wie viele bei oberflächlichem Lesen von Zeile 1 meinen mögen, sondern "das Grab wird vom großen Römer ***gefunden***", kurz, er ***findet*** den Tod. Nostradamus benutzt hier lateinische Deklination. (An dieser Zeile waren bisher sämtliche Fachleute in die Irre gegangen). Sofort wird ein neuer Papst gewählt. Daß der verstorbene Papst vergiftet worden ist, wird zwar angenommen, aber es kann nicht bewiesen werden.

Von Papst Johannes Paul I. wird z.B. gemunkelt, er sei vergiftet worden. Eigentlich bei bester Gesundheit verstarb er verdächtig kurz nach seinem Amtsantritt. "Am nächsten Tag" bedeutet: eilig, einmütig, verzugslos.

Noch einmal zurück zu Zeile 1: Es gibt Interpreten, die behaupten, in Rom würde eines schönen Tages das Grab Petri gefunden. Da können sie warten bis zum Ende aller Zeiten. Zum einen war Petrus kein ***Großer Römer***, sondern ein einfacher Galiläer. Zum ***Großen*** wurde er erst durch die Kirchenpropadanda gemacht. Zum anderen, und da ist sich die Forschung einig, und die Kirche gibt es hinter vorgehaltener Hand auch zu, ist Petrus friedlich bei seinen Stammesgenossen in Babylon alt geworden. In Babylon saßen nämlich seit der Babylonischen Gefangenschaft durch Nebukadnezar 586 v.Chr. mehr Juden als in Palästina. Nur ein Bruchteil wanderte 539 v.Chr. unter Kyros wieder nach Jerusalem aus, die Masse hatte sich eingelebt. Petrus schreibt mehrere Briefe und zeichnet sie auch ***aus Babylon*** aus. Daß Petrus in Rom gewesen sei, ist eine Erfindung der Bischöfe von Rom, die, um sich gegenüber Ostrom zu profilieren, eine gefälschte Ahnenreihe zugelegt hatten. Inzwischen glaubt es aber fast jeder.

66

Le grand Baillif d'Orleans mis à mort,
Sera par un de sang vindicatif:
De mort merite ne mourra que par sort,
Des pieds & mains malle faisoit captif.

Der große Gouverneur von Orleans wird zu Tode gebracht,
Das geschieht durch einen Blutrünstigen.
Den Tod zu sterben hat er nicht verdient, außer durch Schicksal,
An Händen und Füßen festgeschmiedet, wird er gefangengehalten.

Robespierre, der ***Blutrünstige***, läßt Philippe von Orleans hinrichten (vergl. Vers II/97).

67

Une nouvelle secte de Philosophes,
Mesprisant mort, or, honneurs & richesses,
Des monts Germains ne seront limitrophes,
A les ensuyvre auront appuy & presses.

Eine neue Sekte der Philosophen,
Die Tod, Gold, Ehre und Reichtümer verachten.
Die deutschen Berge werden (für sie) keine Grenzen sein,
Unterstützt und angespornt von ihren Anhängern.

Der deutsche, nationale Sozialismus unter dem *Führer*. Vorbild war der italienische Faschismus. Ableger dieser Ideologie gab es seinerzeit - und gibt es merkwürdigerweise bis auf den heutigen Tag - in vielen europäischen Ländern, in Amerika und seit neuestem recht virulent in Rußland.

68

Peuples sans chef d'Espaigne d'Italie,
Morts, profligez dedans le Cheronese,
Leur duict trahy par legere folie,
Le sang nager par tout à la traverse.

Völker ohne Führer in Spanien und Italien.
Tod und Niederlage bei den Dardanellen.
Ihr Zug wurde verraten durch leichtfertigen Irrsinn.
Das Blut schwimmt überall auf der Passage.

Daß sich Spanien und Italien aufmachen, ohne Führung den Bosporus zu erobern, scheint recht unwahrscheinlich. Eher ist es umgekehrt: Während Spanien und Italien in revolutionärer Agonie liegen, versucht Rußland oder der Islam, im Mittelmeer vorzudringen. Die Dardanellen sind für das Schwarze Meer ein enger Flaschenhals. Dort wird gekämpft. Wahrscheinlich das Vorspiel zum Dritten Weltkrieg.

69

Grand exercite conduict par iouvenceau,
Se viendra rendre aux mains des ennemis,
Mais le vieillard nay au demy pourceau,
Fera Chalon & Mascon estre amis.

Das große Heer, geführt von einem Jüngling,
Ist dabei, sich in die Hände des Feindes zu begeben.
Aber der Alte, geboren zum halben Schwein,
Wird Châlon und Mâcon zu Freunden machen.

Châlon und Mâcon liegen nicht weit von einander nördlich von Lyon an der Sâone. Wenn die Freundschaft dieser Orte so wichtig ist, kann das Unternehmen zwar bedeutsam sein, jedoch nur regional. Ein Jüngling, der bereits eine Armee führt, muß von hoher Abstammung sein. Künftiges Geschehen, das zugeordnet werden kann, wenn das Rätsel mit dem ***halben Schwein*** geklärt ist. Es darf geraten werden: 1. ein halber Eber im Wappenschild, 2. der Name lautet Pour ... oder ... eau (Für ... oder ... Wasser). 3. Er wird auf einem kleinen Bauernhof geboren, fast im ***Schweinestall*** usw... Von diesem ***Jüngling*** wird die Geschichte sicherlich noch zu berichten haben, wenn er älter geworden ist.

70

La grande Bretaigne comprinse d'Angleterre,
Viendra par eaux si haut inonder
La Ligue neuve d'Ausonne fera guerre,
Que contre eux ils se viendront bander.

Großbritannien einschließlich England
Wird durch Fluten sehr hoch überschwemmt.
Die neue Liga von Italien wird einen Krieg beginnen,
So daß man sich gegen sie verbündet.

Zeile 1 und 2: Flutkatastrophe in Großbritannien 1607. (Den Begriff ***Großbritannien*** gab es zu Nostradamus Lebzeiten noch nicht!) Zeile 3 und 4: Die neue katholische Liga wird 1609 gegründet. Ihr gehören die meisten katholischen deutschen Fürsten an. Der Führer ist Herzog Maximilian von Bayern. Zwischen 1618 und 1632 hat die Liga ein eigenes Heer unter Tilly. Gegen sie verbünden sich die protestantischen Fürsten und Freien Reichsstädte in der *Union*.

71

Ceux dans les isles de long temps assiegez,
Prendront vigueur force contre ennemis:
Ceux par dehors morts de faim profligez,
En plus grand faim que iamais seront mis.

Die auf den Inseln werden lange Zeit belagert,
Gegen ihre Feinde zeigen sie Festigkeit und Kraft.
Die draußen werden vom Hungertod dahingerafft,
Dem größten Hunger jemals sind sie ausgeliefert.

England und Deutschland im Ersten Weltkrieg. Deutschland versucht im U-Bootkrieg die Hilfe der *neutralen* USA abzufangen. England blockiert mit seinen Flotten die Meere. Am Ende ernährt sich die deutsche Bevölkerung von Steckrüben. Das Kaiserreich bricht zusammen. Nach dem Waffenstillstand wird die Blockade der Sieger fortgesetzt, um Deutschland völlig willfährig zu machen. Hunderttausende Alte, Kranke, Kleinkinder verhungern. Deutschland ist dem Haß und der Willkür der Sieger ausgeliefert. Erst jetzt beginnt das wahre Grauen.

72

Le bon vieillard tout vif ensevely,
Pres du grand fleuve par fausse soupçon:
Le nouveau vieux de richesse ennobly,
Prins à chemin tout l'or de la rançon.

Der gute Alte wird völlig lebendig begraben,
Beim großen Fluß durch falschen Verdacht.
Dem neuen Alten, durch Reichtum geadelt,
Wird auf dem Weg das ganze Gold des Lösegelds geraubt.

Der *große Fluß* ist vielleicht der Rhein oder die Elbe. Auf alle Fälle wird ein alter Politiker unter Vorwänden politisch kaltgestellt und verschwindet in der Versenkung. Dem Neuen zerfließt der politische Gewinn unter den Händen. Vielleicht die *Kaltstellung* Bismarcks 1890 und der junge Kaiser Wilhelm II., der alles selber machen wollte. Das *Lösegeld* wäre dann die Kriegsentschädigung Frankreichs von 1871, die in den Gründerjahren verpufft. Fraglich ist allerdings, ob der Franzose Nostradamus Bismarck einen *guten Alten* nennen würde.

73

Quand le regne parviendra le boiteux,
Competiteur aura proche bastard,
Luy et le regne viendront si fort roigneux,
Qu'ains qu'il guerisse son faict sera bien tard.

Wenn die Herrschaft an den Hinkenden kommt,
Wird er einen Mitbewerber haben, ein naher Bastard,
Er und die Herrschaft werden so sehr von Krätze befallen,
Daß für seine Heilung alle Mühen zu spät kommen.

Die Orleans und die Bourbonen streiten sich um den französischen Thron. Henry-Charles, Enkel Karls X. (1824-30), hinkte seit einem Reitunfall. Mit dem Grafen von Paris rivalisiert er um die Nachfolge. Die Royalisten spalten sich und Henry-Charles mäkelt an der Trikolore. Das ist das Ende der französischen Monarchie. Im ganzen 19. Jahrhundert ist Frankreich ein morscher Kahn im Sturm, geschüttelt von Umbrüchen (vergl. Vers III/91).

74

Naples, Florence, Favence, & Imola,
Seront en termes de telle fascherie,
Que pour complaire aux malheureux de Nolle,
Plainct d'avoir faict à son chef moquerie.

Neapel, Florenz, Faenza und Imola
Werden derart aufgebracht sein,
Daß, um die Unglücklichen von Nola willfährig zu machen, man
Sich entschuldigt, sich über ihren Chef lustig gemacht zu haben.

Die Zukunft Italiens: Zerfall in Kleinstaaterei, wie bereits in der Renaissance. Nola liegt in Süditalien. Es scheint Pech gehabt zu haben und sitzt wie ein Kleinkind im Schmollwinkel.

75

Pau, Verone, Vicence, Sarragousse,
De glaives loings, terroirs de sang humides:
Peste si grande viendra à la grand gousse,
Proche secours, & bien loing les remedes.

Pau, Verona, Vincenza, Saragossa,
Die Schwerter gezogen, die Gegenden sind mit Blut benetzt.
Eine riesige Seuche kommt über die große Hülse.
Die Hilfe ist nah, recht fern die Arzneien.

Nach Frankreich, Italien, Spanien reichen ***lange Schwerter***, so daß dort die Menschen in Massen sterben. Die langen Schwerter dürften für Fernwaffen stehen. ***Gousse*** (Zeile 3) heißt Hülse, aber das gibt keinen Sinn. Ein anderes Wort für ***Hülse*** ist auf französisch ***robe*** mit der Doppelbedeutung Hülse und Robe/Talar. Damit klärt sich dieser Vers: Eine Seuche kommt über die Amtsträger von Kirche und Staat. Sie werden verfolgt in den Mittelmeerstaaten. Bei Robe... klingt auch der Name des roten Blutsäufers Robespierre an. Nahe Zukunft.

76

En Germanie naistront diverses sectes,
Sapprochant fort de l'heureux paganisme,
Le cœur captif & petites receptes,
Feront retour à payer le vray disme.

In Deutschland werden verschiedene Parteien geboren,
Sie nähern sich stark dem glücklichen Heidentum.
Das Herz ist gefangen, klein die Erträge,
Sie werden umkehren, den wahren Zehnten zu bezahlen.

Kaiserreich, Demokratie, Nationalsozialismus, Kommunismus, Sozialismus. Seit 1918 wird in Deutschland experimentiert. Teils nacheinander, teils, wie im geteilten Deutschland, auch zeitgleich. Nationalsozialismus und Kommunismus sind heidnisch oder kirchenfeindlich, Demokratie freundlich-neutral, Sozialismus wieder ablehnend. Nostradamus sagt voraus, das alles wird enden. Der ***wahre Zehnte***, seiner Meinung nach, gebührt den christlichen Kirchen und einem König.

77

Le tiers climat sous Aries comprins,
L'an mil sept cens vingt & sept en Octobre
Le Roy de Perse par ceux d'Egypte prins:
Conflit, mort perte: à la croix grand opprobe.

Die dritte Klimazone unter dem Widder, versteht sich.
Im Jahre 1727 im Oktober
Wird der König von Persien durch die aus Ägypten gefangen.
Krieg, Tod, Verlust, dem Kreuz große Schande.

Die ***dritte Klimazone*** ist die dritte Jahreszeit, der Herbst. Der Widder steht astrologisch für resolutes Vorwärtsstürmen. Unter Sultan Ahmed III. (1703-1736) nutzen die Osmanen das Vordringen der Afghanen in Persien und ergreifen Besitz von Kohi (1724). Der Krieg gegen Persien wird fortgesetzt, Hassan Pascha erobert Hamadan, im Jahr darauf Täbris. Im Herbst 1727 endet die persische Dynastie mit Hosein unter dem Ansturm des Osmanischen Reiches. Ägypten ist zu jener Zeit Teil des Osmanischen Reiches. Der Westen, das Kreuz, hat tatenlos zugesehen, wie die Türken einen potentionellen Verbündeten vernichten.

78

Le chef d'Ecosse, avec six d'Allemagne,
Par gens de mer Orientaux captif:
Traverseront le Calpre & Espagne,
Present en Perse au nouveau Roy craintif.

Der Regierungschef Schottlands mit sechs aus Deutschland
Wird von Leuten vom persischen Golf gefangen.
Sie passieren Gibraltar und Spanien,
Zum Geschenk an Persien, den neuen furchtsamen König.

Hier führt ein arabisches Terrorkommando auf eigene Faust eine Entführung durch, um die persische Regierung in Zugzwang zu bringen.

79

L'ordre fatal sempiternel par chaisne,
Viendra tourner par ordre consequent:
Du port Phocen sera rompue la chaisne,
La cité prinse, l'ennemy quant & quant.

Die schicksalhafte Ordnung, uralt durch die Folge,
Wird durch die nachfolgende Ordnung umgedreht.
Dem Hafen von Marseille wird die Kette gebrochen,
Die Stadt wird genommen, der Feind Stück für Stück (geschlagen).

Künftiges Geschehen. Mit Ketten wurde früher angreifenden Flotten der Zugang zu den Häfen verlegt. Marseille/die Provençe wird von - möglicherweise islamischen - Angreifern besetzt. Der Feind scheint mehr und mehr Verstärkung zu erhalten, seine Truppen landen nach und nach.

Aus den ersten beiden Zeilen werde ich nicht recht klug. Es mag sich um den Umbruch einer Geschlechterfolge handeln. Es gibt auch glaubhafte, sehr alte Schilderungen, daß früher die Sonne im Westen aufgegangen sei. Bei der Umpolung des Magnetfeldes, was in geologischen Zeitabständen häufig geschehen ist, soll die Erde dann den Kreiselgesetzen gemäß Norden und Süden auch physikalisch tauschen. Der subjektive Lauf der Gestirne wäre dann umgedreht. Aber ob das mit den ersten beiden Zeilen gemeint ist (vergl. Vers III/82)?

80

Du regne Anglois l'indigne dechasser,
Le conseiller par ire mis à feu:
Ses adherans iront si bas tracer,
Que le bastard sera demy receu.

Von der Herrschaft Englands wird er als unwürdig verjagt,
Der Ratgeber wird aus Zorn dem Feuer übergeben.
Seine Anhänger werden so minderwertige Wege verfolgen,
Daß der Bastard halb akzeptiert wird.

Die Absetzung Charles I. von England (Bürgerkrieg zwischen dem englischen König und dem Parlament 1642-1648). Der ***Ratgeber***, Erzbischof Laud, wird hingerichtet. Als Herrscher wird Cromwell, der Lordprotektor (1653-1658), nicht recht akzeptiert.

81

Le grand criard sans honte audacieux,
Sera esleu gouverneur de l'armee:
La hardiesse de son contentieux,
Le pont rompu, cité de peur pasmee.

Der große Schreihals, schamlos und frech,
Wird zum Befehlshaber der Armee gewählt.
Wegen der Kühnheit seiner Handlung wird
Die Brücke abgebrochen, die Stadt ist vor Angst gelähmt.

Anschlußvers an III/80: Cromwell entschied als Heerführer 1644/45 den Bürgerkrieg gegen den Stuart Charles I., drängt 1648 auch das Parlament beiseite, besiegt Schotten und Iren und läßt 1649 den König hinrichten. Er errichtet eine Militärdiktatur und stützt sich auf seine Privatarmee, die *Ironsides*, schwer gepanzerte Kavallerie.

82

Freins, Antibor, villes autour de Nice,
Seront vastées fort par mer & par terre:
Les sauterelles terre & mer vent propice,
Prins, morts, troussez, pillez, sans loy de guerre.

Frejus, Antibes, Städte rund um Nizza
Werden vom Meer und vom Land her schwer verwüstet.
Die Heuschrecken fallen bei günstigem Wind über Land und Meer her,
Gefangene, Tode, Gequälte, Ausgeraubte, ohne Kriegsrecht.

Anschlußvers an III/79. Invasion des Islams. Die ***Heuschrecken*** sind Kampfhubschrauber. Nostradamus spielt auf die Offenbarung des Johannes 9/1-12 an. Ferne Zukunft.

83

Les longs cheveux de la Gaule Celtique,
Accompagnez d'estranges nations:
Mettront captif la gent Aquitaine,
Pour succomber à leurs intentions.

Die Langhaarigen des keltischen Galliens,
Begleitet von fremden Nationen:
Sie nehmen das aquitanische Volk gefangen,
Um es ihren Absichten gefügig zu machen.

Aquitanien ist das Landstrich im Südwesten Frankreichs zwischen der Garonne und den Pyrenäen. *Keltische* Franzosen dürften so etwas wie ***französische Faschisten*** sein; aber in Anklang an Asterix und Obelix mit langen Haaren. Sie werden aktiv aus dem Ausland unterstützt. Leider zeitlich noch nicht zuzuordnen.

84

La grand'cité sera bien desloee,
Des habitans un seul n'y demourra:
Mur, sexe, temple, & vierge violee,
Par fer, feu, peste, canon peuple mourra.

Die große Stadt wird völlig zerstört,
Von den Bewohnern wird nicht ein einziger überleben.
Die Mauern, beide Geschlechter, Kirchen und Jungfrauen geschändet,
Par, Eisen, Feuer, Seuche, Kanonen. Das Volk stirbt.

Wieder ein Vers, der die Vernichtung von Paris im Dritten Weltkrieg beschreibt (vergl. Verse II/81, V/8 und V/34). Daß Paris gemeint ist und keine andere Stadt, ergibt sich aus dem Komma nach dem ersten Wort in der Zeile 4. Dort steht nämlich nicht: Par fer = durch Eisen, sondern: Par, fer = Par(is), Eisen... Dies Vorgehen ist typisch für Nostradamus. Aus Metall ist die Bombe. Zuerst sieht man den Feuerball, dann hört man den Detonationsknall = *Kanone*, es folgt der radioaktive Fallout = *Seuche*. Ergebnis: "Das Volk stirbt, nicht ein einziger wird überleben." Die Bombe selektiert nicht, trifft unterschiedslos alles: Gebäude, Männer, Frauen, Kirchen, tötet kleine Mädchen. Verbrecherischer Wahnsinn in Vollendung.

85

Par cité prinse par tromperie & fraude,
Par le moyen d'un beau ieune attrapé.
Assaut donné Raubine pres de LAUDE,
Luy & tous morts pour avoir bien trompé.

Par die Stadt wird durch Täuschung und Betrug genommen,
Durch das Mittel eines Überlisteten hübschen jungen Mannes,
Der Angriff beginnt; Raubine nahe bei LAUDE,
Er und alle tot, weil sie erfolgreich betrogen haben.

Die *Stadt* ist einwandfrei Paris. In Zeile 1 und 2 dreimal (!) Par(is). Dieser Vers bleibt dennoch dunkel. LAUDE ist nicht der Fluß Aude in Südfrankreich. Großbuchstaben heißt: Achtung Anagramm! Es könnte bedeuten: Le Dau(phin). Der Kronprinz also steht in Südfrankreich; dort fließt die Robine. Zukunft.

86

Un chef d'Ausonne aux Espaignes ira,
Par mer sera arrest dedans Marseille,
Avant sa mort un long temps languira.
Apres sa mort on verra grand merveille.

Ein Führer von Italien wird über das Meer nach Spanien gehen,
In Marseille legt er einen Aufenthalt ein,
Vor seinem Tode wird er lange Zeit dahinsiechen,
Nach seinem Tod wird man ein großes Wunder sehen.

Ein Führer aus Italien könnte u.U. ein Papst ein, der Italien verlassen muß. Über ihn wird nicht gesagt, daß er in Marseille dahinsiecht, nur, daß er dort Station macht. Zukünftiges Geschehen, das noch nicht gedeutet werden kann.

87

Classe Gauloise n'approches de Corsegne.
Moins de Sardaigne tu t'en repentiras:
Trestous mourrez frustrez de l'aide grogne,
Sang nagera, captif ne me croiras.

Französische Flotte, nähere dich nicht Korsika,
Noch weniger Sardinien, du wirst es bereuen.
Allesamt werden sterben, vergeblich um Hilfe heulen,
Das Blut wird schwimmen, Gefangennahme, wenn man mir nicht glaubt.

Verlustreiches Seegefecht der Franzosen, die ihre Truppen in Italien 1646 mit den Spaniern verstärken wollen. Der ***Gefangene*** ist Louis de Condé, der 1643 bei Rocroi und 1648 bei Lens die Spanier geschlagen hatte. Gegner Mazarins; geht er zu den Spaniern über. Er wurde erst von Mazarin gefangengesetzt, dann 1659 rehabilitiert, und wieder Feldherr Ludwigs XIV.

88

De Barselone par mer si grand'armee,
Toute Marseille de frayeur templera
Isles saisies de mer ayde fermee,
Ton traditeur en terre nagera.

Von Barcelona über das Meer kommt eine sehr große Armee.
Ganz Marseille wird vor Angst zittern.
Da die Inseln genommen sind, ist Hilfe über das Meer ausgeschlossen.
Dein Verräter wird auf dem Trockenen zappeln.

Eine spanische Armee wird kaum auf dem Seeweg nach Marseille kommen. Eher kann man davon ausgehen, daß von Afrika aus nach und nach die spanische Küste besetzt wird, und nachdem Barcelona gefallen ist, man sich den Golf von Lion vornimmt. Dazu paßt auch, daß offensichtlich die Balearen bereits gefallen und feindbesetzt sind. Die feindlichen Flotten beherrschen das westliche Mittelmeer. Teil des islamischen Krieges, ferne Zukunft.

89

En ce temps là sera frustree Cypres,
De son secours de ceux de mer Egee:
Vieux trucidez, mais par mesles & lyphres
Seduit leur Roy, Royne plus outragee.

Zu dieser Zeit dann wird Zypern enttäuscht sein,
Wegen der Hilfe jener des Ägäischen Meeres.
Die Alten werden ermordet. Aber durch Machenschaften und Weihwasser
Wird ihr König verführt, die Königin noch mehr beleidigt.

1571 wurde Zypern nach langer Verteidigung durch die Venezianer osmanisch. 1878 kam es unter britische Verwaltung; ab 1925 wurde es britische Kronkolonie. Bestrebungen nach Vereinigung mit Griechenland führten 1931 zu einer Erhebung und zu Unruhen 1948 und seit 1955 verstärkt zu Terrorakten der Untergrundbewegung EOKA. Zur Zeit ist Zypern unabhängig und geteilt. Die traurige Geschichte dieser Insel dürfte so weitergehen.

Bei diesem Wirrwarr ist der Vers schlecht zuzuordnen. Der König und die Königin mögen die griechischen Könige (ab 1832 Königreich mit Prinz Otto von Bayern) gewesen sein.

90

Le grand Satyre & Tigre d'Hircanie,
Don presenté à ceux de l'Occean:
Un chef de classe istra de Carmanie:
Qui prendra terre au Tyrren Phocean.

Der große Satyr und Tiger von Hyrkanien,
Bietet ein Geschenk denen am Ozean.
Ein Chef der Flotte kommt aus Carmanien.
Der erobert Land beim Tyrrhenischen Meer, Marseille.

Hyrkanien und Carmanien sind zwei Namen für Persien. Der ***Tiger*** bietet den Westmächten Unterstützung und Zusammenarbeit an, offenbar scheitert jedoch die Verständigung. Eine Flotte sticht in See, Griechenland, Süditalien und Sizilien (rund um das Tyrrhenische Meer) werden besetzt. Fortsetzung von Vers III/79 und III/88. Es ist davon auszugehen, daß die Flotte nicht direkt aus Persien kommt; sie wird sicher aus Häfen im westlichen Kleinasien auslaufen, das zu diesem Zeitpunkt längst zum Herrschaftsbereich der Perser gehört. Ferne Zukunft.

91

L'arbre qu'estoit par longs temps mort seché,
Dans une nuict viendra à reverdir:
Cron Roy malade, Prince pied estaché,
Criant d'ennemis fera voile bondir.

Der Baum, der lange Zeit tot und vertrocknet war, wird
In einer Nacht wieder grünen.
Der alte König ist krank, der Prinz hat den Fuß gelähmt,
Als die Feinde schreien, setzt er das Segel.

Im Februar 1820 wird der Herzog von Berry, der Sohn Karls X., ermordet. Die Bourbonen scheinen ***tot*** zu sein. Doch dann wird sieben Monate nach seinem Tod Henry Charles, Graf von Chambord, geboren. Karl X. fällt der Revolution von 1830 zum Opfer und geht ins Exil (Zeile 4). Er stirbt 1836 mit 79 Jahren. Das Bein seines Enkels blieb nach einem Reitunfall gelähmt (vergl. Vers III/73).

92

Le monde proche du dernier periode,
Saturne encor tard sera de retour:
Translat empire devers nations Brodde,
L'œil arraché à Narbon par autour.

Die Welt nähert sich der letzten Periode.
Saturn zaudert noch und ist rückläufig.
Übergeben ist das Kaiserreich verschiedenen schwarzen Völkern.
Das Auge wurde Narbonne vom Habicht ausgerissen.

Fernste Zukunft. Das europäische Imperium fällt den Randvölkern anheim. Es erleidet das gleiche Schicksal wie alle Macht- und Kulturzentren der Geschichte. Vergleiche mit Indien, Ägypten, Griechenland, Rom bieten sich an. Saturn ist jedes Jahr eine Zeitlang rückläufig und, was die Zeit betrifft, in dieser Hinsicht keine Hilfe. Die Stadt Narbonne liegt Nostradamus zeitlebens am Herzen. Das Kostbarste wurde offenbar vernichtet. Ein unschätzbares Kulturgut? Oder kommt eine bedeutende Persönlichkeit, die in Narbonne geboren worden ist, gewaltsam ums Leben?

93

Dans Avignon tout le chef de l'Empire,
Fera arrest pour Paris desolé:
Tricast tiendra l'Annibalique ire,
Lyon par change sera mal consolé.

In Avignon nimmt die ganze Regierung
Ihren Sitz, weil Paris zerstört ist.
Auf Tricastin richtet sich der hannibalische Zorn.
Lyon wird durch den Umschwung schlecht getröstet.

Paris wird im Dritten Weltkrieg völlig zerstört (vergl. Verse II/81, III/84 und V/8). Die Regierung wird nach Avignon verlegt, das im 14. Jahrhundert schon Sitz der Päpste gewesen war. Hannibalischer Zorn ist geradezu rasende Wut. Sie richtet sich gegen Tricastin. In Tricastin, südlich von Lyon, arbeiten die atomaren Wiederaufbereitungsanlagen Frankreichs. Man kann sie von der Autobahn aus sehen. Noch. Bei Lyon kommt im Dritten Weltkrieg der Vorstoß einer feindlichen Armee, die entlang der Rhône vorgeht, zum Stehen. Gut für Frankreich, dieser Umschwung des Kriegsglücks, aber ob das Lyon tröstet?

94

De cinq cens ans plus compte lon tiendra,
Celuy qu'estoit l'ornement de son temps,
Puis à un coup grande clarté donra,
Que par ce siecle les rendra trescontens.

Fünfhundert Jahre lang wenig Beachtung schenken wird man
Dem, der eine Zierde seiner Zeit war.
Doch dann plötzlich wird große Klarheit herrschen,
So daß dieses Jahrhundert sie sehr zufriedenstellen wird.

Nostradamus über sich selbst und sein Lebenswerk. Bis zum heutigen Tag wird er angezweifelt, nur am Rande beachtet; er wird verfälscht, war verboten, wurde verleumdet. 1555 wurde das Werk erstmals veröffentlicht. 500 Jahre später sind wir im Jahr 2055. Dann wird es wohl gelungen sein, den Schlüssel der Verwürfelung der Verse zu finden. Für Nostradamus und sein Werk kommt nach 500 Jahren der Durchbruch, als Bestätigung: "Nostradamus, eine Zierde seiner Zeit!"

95

La loy Moricque on verra deffaillir,
Apres une autre beaucoup plus seductive:
Boristhennes premier viendra faillir,
Par dons & langue une plus attractive.

Man wird erleben, wie das Gesetz des Morus scheitert,
Wegen eines anderen, noch viel verführerischen.
Die am Dnjepr werden als erste scheitern,
Wegen Geschenken und viel attraktiver Versprechen.

Thomas Morus, englischer Kanzler, propagiert 1516 in seinem Buch *Utopia* erstmals kommunistische Ideen.

Zeile 1: Der Kommunismus scheitert.
Zeile 2: Man verschreibt sich dem Gegenteil, dem Kapitalismus.
Zeile 3: In Rußland scheitert der Kommunismus zuerst.
Zeile 4: Coca Cola und Werbung.

Als ich 1988 verschiedenen Verlagen mein erstes Buch, das Analysen von Seherschauungen beinhaltete, anbot, in dem ich u.a. niedergelegt hatte:

- Zusammenbruch der Sowjetunion Juni 1991
- Fall der Berliner Mauer, Wiedervereinigung Deutschlands
- Golfkrieg Nr. 1, Reduzierung der Bundeswehr
- Abzug der Russen und Amerikaner aus der Bundesrepublik

- Neue Steuern, Unruhen in Italien
- Balkankrieg, neuer Führer in Rußland
- Wirtschaftskrise
- Golfkrieg Nr. 2
- Dritter Weltkrieg

... da lachte man mich aus: "Völlig unmöglich!"

96

Chef de Fossan aura gorge coupee,
Par le ducteur du limier & levrier:
Le faict patré par ceux du mont Tarpee,
Saturne en Leo 13. de Fevrier.

Das Oberhaupt von Fossan wird die Kehle durchschnitten haben,
Durch den Führer von Spürhund und Windhund.
Die Tat bevatert durch die vom Tarpejischen Berg.
Saturn im Löwen am 13. Februar.

Die Verschleierung ***Fossan*** bezeichnet den Herzog von Berry: Der Canal du Berry = Kanal von Berry (Berry-Kanal) durchzieht die gleichnamige Grafschaft. ***Canal*** (lat.) = Fossa. Am 13. Februar 1820 wird dem Sohn des französischen Königs Karl X., dem Herzog von Berry, von einem fanatischen Republikaner ein tödlicher Messerstich versetzt. In den letzten beiden Worten Zeile 1 und 2 ist der Name des Attentäters angegeben: Pierre LOUVEL.

... coupee
... levrier

Nostradamus verwendet die Worte coupee und levrier mit Bedacht: das Attentat war ein Stich, kein Schnitt, und mit Windhunden hatte Louvel nichts zu tun.

Am 13. Februar stand Saturn keineswegs im Löwen. Nostradamus meint etwas ganz anderes, wieder einmal hat er einen großen Wegweiser in die falsche Richtung aufgestellt. Saturn steht hier nicht für den Planeten, sondern für Unglück. Also: Unglück im/durch Löwe = Leo. Veranlaßt wurde das Attentat durch Annibale de la Genga, der 1823 Papst wurde: Leo XII! Auf diesen Sachverhalt weist auch Zeile 3 hin: patré = bevatert, pater = Pater/Papst vom tarpejischen Felsen in Rom.

97

Nouvelle loy terre neuve occuper,
Vers la Syrie, Iudee & Palestine:
Le grand empire barbare corruer,
Avant que Phebés son siècle determinee.

Durch ein neues Gesetz wird ein neues Land besetzt,
In der Gegend von Syrien, Judäa und Palästina.
Das große barbarische Reich wird verderben,
Bevor Phebes ihr Jahrhundert vollendet.

Das barbarische Reich, das vergeht/fällt, ist das deutsche Dritte Reich. Anschließend, und durch Beschluß/Gesetz der Vereinten Nationen erhalten die Juden Palästina von den Arabern und besetzen es. 1950 wird der Staat Israel gegründet. Phebes ist die Mondgöttin. Rund 97 Jahre entsprechen 100 Mondjahren (das Mondjahr zu 354 Tagen). Man mag spekulieren: ist das ***barbarische*** Reich nicht Deutschland unter Hitlers Herrschaft, könnte vor 1997 noch ein anderes barbarisches Reich zusammenbrechen. Da Nostradamus königstreu ist, kann es sich dabei durchaus um eine Republik handeln. Vielleicht Italien? Es gibt darüber Berichte anderer Seher.

98

Deux royals freres si fort guerroyeront,
Qu'entre eux sera la guerre si mortelle:
Qu'un chacun places fortes occuperont,
De regne & vie sera leur grand querelle.

Zwei königliche Brüder bekämpfen sich derart heftig,
Daß zwischen ihnen ein mörderischer Krieg tobt.
So daß ein jeder die starken Plätze besetzt.
Um Herrschaft und Leben geht es in ihrem großen Streit.

Wieder die Hugenotten: Heinrich III. kämpft mit Heinrich von Navarra um die Herrschaft in Frankreich. Sie sind durch Heirat entfernt verwandt. Nach der Ermordung Heinrichs III. 1589 durch einen Mönch wird Heinrich von Navarra als Heinrich IV. französischer König. Auch er fällt durch Mörderhand 1610.

99

Aux champs herbeux d'Alein & du Varneigne,
Du mont Lebron proche de la Durance,
Camps de deux parts conflict sera si aigre,
Mesopotamie defaillira en la France.

Auf den grünen Fluren von Alein und Varneigne,
Am Berg Luberon nahe der Durance, wird
Der Kampf der beiden Konfliktparteien sehr bitter sein.
Mesopotamien wird an Frankreich scheitern.

Mesopotamien ist das Gebiet zwischen Euphrat und Tigris. Die islamische Invasion von dort scheitert in erbitterten Kämpfen in Südfrankreich.

100

Entre Gaulois le dernier honnoré,
D'homme ennemy sera victorieux:
Force & terroir en moment exploré
D'un coup de traict quand mourra l'envieux.

Der von Franzosen am wenigsten geehrte, wird
Über den feindlichen Mann siegreich sein.
Truppen und Gelände erkundet er im Nu.
Durch einen Fall von Verrat, als der Neidische stirbt.

Möglicherweise Marschall Pétain. Ein militärisches Genie, im Ersten Weltkrieg siegreich über die Truppen des deutschen Kaisers (der ***feindliche Mann***) und Volksheld Frankreichs, übernimmt er nach der Niederlage im Zweiten Weltkrieg die Regierung über Restfrankreich in Vichy und versucht aus der Lage das beste zu machen. Nach der Niederlage Deutschlands aber sieht alles anders aus: Pétain wird in einem politischen Prozeß als ***Verräter*** zum Tode verurteilt, später begnadigt und auf eine Insel im Atlantik deportiert, wo er bald als gebrochener Mann stirbt. An ihn hat Frankreich einen Fall von Verrat begangen. Neidisch hätte er sein können auf de Gaulle, der auf die britische Karte gesetzt hatte und nach dem Krieg plötzlich dank der Angloamerikaner ***Sieger*** war.

1

Cela du reste de sang non espandu,
Venise quiert secours estre donné,
Apres avoir bien long temps attendu,
Cité livree au premier cornet sonné.

Das Blut des Letzten wird nicht vergossen.
Venedig überlegt, ob es Hilfe schicken könne.
Nachdem man lange Zeit gewartet hat, wird
Die Stadt beim ersten Hörnerklang übergeben.

Die Eroberung Cyperns, das bis zum Jahre 1571 im Besitz Venedigs war, durch die Türken. Venedig jedoch sah sich zu diesem Zeitpunkt bereits militärisch nicht mehr in der Lage, diesen Vorposten zu halten. Die ***Stadt*** dürfte Famagusta, eine befestigte Hafenstadt im Osten der Insel sein, die als letztes Bollwerk fiel.

2

Par mort la France prendra voyage à faire,
Classe par mer, marcher monts Pyrenees,
Espaigne en trouble, marcher gent militaire:
Des plus grand Dames en France emmenees.

Wegen des Todesfalles macht sich Frankreich daran, einen Kriegszug zu unternehmen,
Per Flotte übers Meer, zu Fuß über die Pyrenäen.
In Spanien herrscht Verwirrung, das Militär marschiert.
Die vornehmsten Damen werden nach Frankreich gebracht.

Der Spanische Erbfolgekrieg 1701-1714. Der letzte spanische Habsburger, Karl II. stirbt. Als der Bourbone Philipp V., ein Enkel Ludwig XIV., den spanischen Thron besteigt, verbünden sich England, Niederlande und Österreich und stellen Philipp den österreichischen Habsburger Karl (später Karl VI.) entgegen. Philipp bleibt zwar König von Spanien, aber Neapel, Mailand und die südlichen Niederlande fallen an Österreich. England erhält Gibraltar und Neufundland. Zeile 4: Ludwig XII. und Ludwig XIV. heiraten spanische Prinzessinnen.

3

D'Arras & Bourges, de Brodes grans enseignes,
Un plus grand nombre de Gascons battre à pied,
Ceux long du Rosne saigneront les Espaignes:
Proche du mont où Sagonte s'assied.

Bei Arras und Bourges stehen große Feldzeichen der Schweizer,
Eine noch größere Anzahl von Gascognern kämpft zu Fuß.
Die entlang der Rhône lassen die Spanier bluten,
Nahe des Berges, wo Sagunt liegt.

Die Feldzeichen der Schweizer stehen bei Arras, ganz im Norden und in Mittelfrankreich. Den Gascognern sagt man nach, sie seien stolze, kühne Kämpfer. Sie sind ***zu Fuß***, es handelt sich also nicht um reguläres Militär, sondern um eine Art Miliz. Gleichzeitig ist eine Armee von der Rhône in Spanien bei Valencia, gut 300 km südlich Barcelona am Mittelmeer. Ein reichlich undurchschaubares Szenario. Möglicherweise bürgerkriegsartige Wirren.

4

L'impotent Prince faché, plaincts & querelles
De rapt & pillé, par coqz & par Libyques:
Grand est par terre par mer infinies voilles,
Seule Italie sera chassant Celtiques.

Der ohnmächtige Prinz ist erbost wegen der Klagen und dem Streit,
Wegen der Räubereien und der Plünderungen durch Franzosen und Libyer.
Der Große liegt am Boden, über das Meer kommen endlose Segel,
Nur Italien jagt die Kelten.

Wir kennen sie schon, die ***langhaarigen Kelten***, die faschistischen Franzosen, aus Vers III/83. Die französische Regierung ist ohnmächtig gegenüber dem arabischen Terror von außen und dem nationalen von innen. Die ***endlosen Segel*** könnten illegale Asylanten aus Algerien und Marokko sein. Sie heizen die Situation weiter an. Nur Italien handelt resolut.

5

Croix paix, soubs un accomply divin verbe,
L'Espaigne & Gaule seront unis ensemble:
Grand clade proche, & combat tresacerbe,
Cœur si hardy ne sera qui ne tremble.

Das Kreuz des Friedens unter einem erfüllten, göttlichen Wort.
Spanien und Frankreich werden vereint sein.
Das große Verderben ist nah und der Kampf sehr hart,
Kein Herz wird so kühn sein, daß es nicht zittert.

Fortsetzung von Vers IV/2. Der Spanische Erbfolgekrieg 1702-1714. In Spanien und Frankreich sind Bourbonen auf dem Thron. Papst Clemens XI. erläßt die Bulle *Unigenitus*, die den Frieden bewahren soll.

6

D'habits nouveaux apres fait la treuve,
Malice tramme & machination:
Premier mourra qui en fera la preuve,
Couleur Venise insidation.

In neuen Kleidern, nachdem man Waffenruhe beschlossen hat,
Bosheit, Verrat und Ränke.
Der Premier wird sterben, der beweist, daß
Die Farben Venedigs Verrat bedeuten.

Das Münchner Abkommen im September 1938. In schwierigsten Verhandlungen hat man den Frieden gerettet; zwischen England und Deutschland herrscht ***Waffenruhe***. Man zieht sich ***neue Kleider an***: Der britische Premier Chamberlain verkündet stolz: "Frieden für unsere Generation!" Der Führer sieht in dem Abkommen jedoch nur eine Möglichkeit, weiterzumachen, wie bisher. Der britische Premier ist vor den Drohungen Deutschlands zurückgewichen, hat an den gemeinsamen französisch-britischen Interessen Verrat begangen. Er stirbt und wird von Churchill abgelöst. Die Farben = Die Fahne Venedigs ist der Löwe von San Marco, bei Nostradamus das Schlüsselwort für England. England = Verrat.

7

Le mineur fils du grand & hay Prince,
Le lepre aura à vingt ans grand tache,
De dueil sa mere mourra bien triste & mince,
Et il mourra la où tombe chef lasche.

Der jüngere Sohn des großen und verhaßten Prinzen,
Wird von Lepra mit zwanzig Jahren schwergezeichnet sein.
Vor Gram wird seine Mutter sterben, sehr traurig und abgehärmt,
Und er wird dort sterben, wo der feige Führer fällt.

Zukünftiges Schicksal der Angehörigen eines (französischen?) Herrscherhauses. ***Lepra*** kann auch für eine andere, ähnliche Krankheit stehen.

8

La grand cité d'assaut prompt & repentin,
Surprins de nuict, garde interrompus:
Le excubies & veilles sainct Quintin,
Trucidez gardes & les pourtails rompus:

Die große Stadt wird sogleich und unvermutet angegriffen,
Des Nachts überrascht, wird die Wache überrumpelt.
Die Feldwachen und Posten von St. Quentin,
Abgeschlachtet die Wachen und die Tore aufgebrochen.

Die ***große Stadt*** ist wieder einmal Paris. Die Belagerung von St. Quentin durch die Spanier. Verteidiger ist Gaspard de Coligny. Nach seinem Übertritt zum Calvinismus steht er an der Spitze der Hugenotten. Er kämpft gegen die katholische Vormacht Spaniens und wird 1512 in der Bartholomäusnacht mit Tausenden anderen Hugenotten vom König feige ermordet.

9

Le chef du camp au milieu de la presse,
D'un coup de fleche sera blessé aux cuisses.
Lors que Geneve en larmes & detresse,
Sera trahie par Lozan & Souyesses.

Der Führer der Armee wird mitten im Druck
Von einem blitzartigen Schlag am Oberschenkel verletzt,
Daraufhin verfällt Genf in Tränen und Verzweiflung.
Sie wird verraten von Lausanne und den Schweizern.

Das Attentat auf den ***Führer*** am 20. Juli 1944. Hitler ist Führer der Armee; er entscheidet alles selbst von seinem Befehlsstand aus, der Wolfsschanze in Ostpreußen. Als die von Oberst von Stauffenberg deponierte Bombe explodiert, ist Hitler ***mitten im Druck*** der Detonation. Die Tischplatte aus massivem Holz rettet ihm das Leben, er ist jedoch am Oberschenkel und am Arm verletzt. ***Blitzartiger Schlag*** deutet auf Attentat hin, auch auf die Sprengung. Getötet werden allerdings nur feige Stauffenbergs Kameraden sowie der Stenograph Berger. Nostradamus verwendet ganz bewußt das Wort flêche: Wie die Bombe kommt ein Pfeil plötzlich, tödlich, unerwartet, aus dem Hinterhalt. Natürlich kennt Nostradamus den Namen des Attentäters und drückt das ebenfalls durch die Wahl des Wortes ***flêche*** aus. Flêche ist auch die Spitze eines ***Berges***: Stauffen-***Berg***. Ein coup de fleche = wörtlich Ein ***Schlag*** durch Berg (Spitze) = Ein (An)***schlag*** durch (Stauffen)***berg***. ***Genf*** steht für Friedensverhandlungen und Völkerfreundschaft. Diese Hoffnung ist mit dem mißlungenen Anschlag vereitelt: Tränen und Verzweiflung, der Krieg geht weiter und kostet noch hunderttausenden das Leben. In der letzten Zeile wird klar gesagt: Mit dem Dritten Reich hatten sich die Schweizer recht gut arrangiert. Es blieb ihnen wohl kaum eine andere Wahl ...

10

Le ieune Prince accusé faulsement,
Mettra en trouble le camp & en uerelles:
Meurtry le chef pour le soustenement,
Sceptre apaiser: puis guerir escroülles.

Der junge Prinz, falsch beschuldigt,
Wird das Lager in Verwirrung stürzen und in Streit.
Wegen der Unterstützung wird der Chef ermordet,
Das Szepter schlichtet (den Streit), dann heilt er Skrofulose.

Der König wird ermordet, so kommt der Prinz an die Macht. Er erhält das Szepter. ***Skrofulose*** ist das äußere Krankheitsbild der Tuberkulose. Seit dem Altertum ging man davon aus, daß Könige am Tag ihrer Krönung Wunderheilungen vollbringen könnten. Berichtet wird es z.B. von Kaiser Vespasian (69-79 n.Chr.), dem es, obgleich er eigentlich nicht wollte und es ihm unangenehm war, geschichtlich nachweisbar gelang. Krönung/Szepter/Salbung/Krankenheilung sind in Frankreich seit jeher untrennbar verbunden mit der Rechtmäßigkeit des Anspruchs des Königs auf die Herrschaft. Künftiges Geschehen.

11

Celuy qu'aura couvert de la grand cappe.
Sera induict à quelque cas patrer:
Les douze rouges viendront souiller la nappe
Soubs meurtre, meurtre se viendra perpetrer.

Jener, der bedeckt sein wird mit der großen Kappe,
Wird hinzugezogen, einige Fälle zu beurteilen.
Das Dutzend Rote wird das Tuch beschmutzen.
Mit Mord, das Morden wird weitergehen.

Variante 1: grand cappe = der große ***Capetinger***, Ludwig XVI., der im Januar 1793 guillotiniert wird, oder

Variante 2: grand cappe = ***Cappa magna***, die Kopfbedeckung des Papstes. Um ihn herum (künftiges) Blutvergießen.

Ich neige zur Variante 2, da die Person ***couvert*** = bedeckt ist mit der ***grand cappe***. Das Dutzend Rote sind rot gekleidete Kurienkardinäle.

12

Le camp plus grand de route mis en fuite,
Guaires plus outre ne sera pourchassé:
Ost recampé, & legion reduicte,
Puis hors de Gaules du tout sera chassé.

Das größte Heer wird auf dem Marsch in die Flucht geschlagen,
Es wird jedoch nicht weiter verfolgt.
Der Feind sammelt sich, die Truppe verringert,
Dann wird er völlig aus Frankreich verjagt.

Der Erste Weltkrieg. In der ersten Septemberwoche 1914 stellen die deutschen Verbände den Vormarsch an der Marne ein (*Das Wunder an der Marne* ist ein feststehender Begriff geworden). Zeile 4: Kriegsende, die Deutschen räumen nach dem Steckenbleiben der letzten Offensive Mitte Juli 1918 vor Amiens bis Anfang November Frankreich und gehen auf die Linie Antwerpen-Maas zurück.

13

De plus grand perte nouvelles raportees,
Le raport fait le camp s'etonnera:
Bandes unies encontres revoltees,
Double phalange, grand abandonnera.

Von allergrößten Verlusten wird die Nachricht überbracht,
Der Bericht läßt die Armee erschrecken.
Vereinte Banden haben sich gegen sie erhoben,
Zweifache Front, der Große muß aufgeben.

Der Zusammenbruch Rußlands im Ersten Weltkrieg. 1917 beginnt die russische Revolution; die verschiedensten roten Organisationen betreiben den Sturz des Zaren. Rußland hat nun zwei Fronten: eine außen, eine im Innern. Gleichzeitig bricht die Armee zusammen, die ungeheure Verluste hat hinnehmen müssen. Im März muß der Zar aufgeben und Rußland wird eine Republik unter Kerenski. Im November wird die Republik dann von den Bolschewiken liquidiert und durch eine rote Diktatur ersetzt. Der Zar und seine Familie werden ermordet.

14

La mort subite du premier personage
Aura changé & mis un autre au regne:
Tost, tard venu à si haut & bas aage,
Que terre & mer faudra que on le craigne.

Der plötzliche Tod der ranghöchsten Person
Wird den Wechsel bringen und einen anderen an die Macht.
Bald, spät gekommen nach so oben und noch ganz jung,
Daß man zu Land und Meer ihn fürchten muß.

Möglicherweise Anschlußvers an IV/10. Der plötzliche Tod sieht ganz nach einem Attentat aus. In Verbindung mit Vers IV/10 ist davon auszugehen, daß der Wechsel auch den von der Republik zur Monarchie mit sich bringt. Ist jemand derart jung, wie hier geschildert, muß er einen legitimen Anspruch auf die Krone haben. Bei dem Land handelt es sich höchstwahrscheinlich um Frankreich, und bei dem jungen König um einen Nachkommen aus einer alten Seitenlinie der Bourbonen. Liege ich mit meiner Einschätzung richtig, ist dieser Vers in Zusammenhang mit Vers X/72 zu sehen. Unmittelbar nach dem Dritten Weltkrieg wird Frankreich 1999 (wieder einmal) Monarchie. - Ob Sie es glauben oder nicht.

15

D'où pensera faire venir famine,
De là viendra le rassasiement:
L'œil de la mer par avare canine
Pour de l'un l'autre donra huyle, froment.

Von wo man glaubte, daß der Hunger käme,
Von dort wird die Sättigung kommen.
Auf Pump vom Meer durch geizigen Hund,
Für den einen wird der andere Öl, Getreide geben.

Das ***Meer***, das dürften wohl die USA sein. Der ***geizige Hund*** gibt wider Erwarten etwas zu essen auf Pump. Der Empfänger ist vielleicht Rußland, das von den USA nichts Gutes erwartete und überraschend Kredite und Getreide erhält. Geschehen ist das nach dem Zweiten Weltkrieg immer wieder. Die Verschuldung des ***auf Pump***-lebens hat die Sowjetunion letztlich ruiniert. Der geizige Hund ist der Kapitalist, der nur gegen Zinsen gibt.

Anmerkung: à l'œil heißt nicht ***im Auge***, sondern ***auf Pump***, nur scheint das niemand zu wissen.

16

La cité franche de liberté fait serve,
Des prosligez et resveurs fait Asyle:
Le Roy changé à eux non si proterve,
De cent seront devenus plus de mille.

Die freie Stadt wird der Freiheit hörig gemacht,
Den Verfolgten und Träumern gewährt sie Asyl.
Nach dem Wechsel des Königs springt man mit ihnen nicht mehr so mutwillig um,
Aus hundert werden mehr als tausend geworden sein.

Paris ist seit der Revolution 1789 (Wechsel des Königs gegen den Konvent) Sammelbecken von revolutionären Phantasten aus aller Herren Länder. Nach Paris gingen beispielsweise nach der Selbstauflösung der Parteien der Weimarer Republik 1933 Tausende deutsche Kommunisten und Sozialisten. Nach der Kriegserklärung Frankreichs an das Deutsche Reich wurden sie allerdings summarisch als *Deutsche* festgenommen und in Lager am Nordrand der Pyrenäen verschleppt, wo ein hoher Prozentsatz umkam.

17

Changer à Beaune, Nuy, Chalons & Dijon,
Le duc voulant amender la Barree
Marchant pres fleuve, poisson, bec de plongeon
Verra la queüe: porte sera serree.

Veränderungen in Beaume, Nay, Chalons und Dijon.
Der Herzog versucht, die *Barree* zu reformieren.
Marschiert beim Fluß, Der Fisch mit Schnabel des Komorans
Wird die Nachhut sehen. Das Tor wird verschlossen sein.

Eine Fülle von Anspielungen auf Namen von Personen. Dieser Vers wird wohl erst dechiffriert werden können, nachdem er sich erfüllt hat.

18

Des plus lettrez dessus les faicts celestes
Seront par Princes ignorans reprouvez:
Punis d'Edict, chassez, comme scelestes,
Et mis à mort là où seront trouvez.

Die gelehrtesten unter den Astronomen
Werden von unwissenden Fürsten verworfen.
Sie werden mit einem Verbot bestraft und gejagt wie Verbrecher,
Und zu Tode gebracht dort, wo man sie findet.

Musterbeispiel ist Galileo Galilei (1564-1642). Er legte die Grundlagen für die heutige Kinematik und untersuchte Fall- und Pendelgesetze. Mit seinem selbstgebauten Fernrohr betrieb er astronomische Forschungen und korrespondierte mit Kopernikus. Damit geriet er in Gegensatz zur gängigen Lehre. Die Professoren der Universität von Florenz taten fleißig mit und weigerten sich, durch das Fernrohr die Jupitermonde anzusehen, die Galilei entdeckt hatte: das könne man sich sparen, die gäbe es nicht, davon hätten sie noch nie gelesen, das wüßten sie auch so. Genau wie heutzutage; machen wir uns nichts vor! In zwei Inquisitionsprozessen mit der Folter bedroht, widerruft Galilei 1633 das heliozentrische Weltbild. Auf dem Sterbebett soll er seinen Peinigern ein Schnippchen geschlagen haben, indem er sagte: "Und sie bewegt sich doch!" (Die Erde)

19

Devant Roüan d'Insubres mis le siege,
Par terre & mer enfermez les passages:
D'Haynaut & Flandres, de Gand & ceux de Liege,
Par dons lenees raviront les rivages.

Um Rouen legen die Mailänder den Belagerungsring,
Die Zugänge über Land und Meer werden blockiert.
Die von Haynaut und Flandern, die von Gent und von Lüttich
Werden mit milden Gaben die Gestade entzücken.

Italienische Truppen besetzen Nordfrankreich. Die Front liegt bei Rouen. Belgier eilen zu Hilfe. Ich fürchte, die "entzückenden milden Gaben" sind Bomben. Künftiges Geschehen.

20

Paix, uberté long temps lieu loüera,
Part tout son regne desert la fleur de lys:
Corps morts d'eau, terre là lon apportera,
Sperants vain heur d'estre là ensevelis.

Ein reichlich langer Friede wird den Ort preisen,
In seinem ganzen Reich ist die Lilie verdorrt.
Tote Körper im Wasser, Erde wird man dorthin tragen,
Sie hoffen vergeblich auf die Stunde, dort begraben zu werden.

Der Wiener Kongreß beschert Frankreich 1815 eine Friedensperiode von fast zwei Generationen. Jedoch nicht unter den Bourbonen: die Lilie, ihr Zeichen, *ist verdorrt*. Die Linie der Herrscher endet mit Karl X. in der Revolution von 1830; Karl stirbt 1836 im Exil. Zeile 3: Mitten im Wasser, fern auf dem winzigen Eiland St. Helena, stirbt Napoleon I. in Longwood am 5. Mai 1821. Aus Frankreich hatte man dorthin französische Erde getragen. Aber lange warten seine Anhänger vergeblich auf die Stunde, daß er in heimatlicher Erde begraben werde. Napoleons Wunsch war es gewesen, am Ufer der Seine zu ruhen, aber die britische Regierung in *lon*(don) = *Lon*don verfügt, daß Napoleon auch als

Toter St. Helena nicht verlassen darf. Er wurde neben der Quelle von Torbett's Spring = *im Wasser* begraben. Erst 1825 wird Napoleons Leichnam nach Frankreich gebracht. Seit 1840 ruht er im Invalidendom.

21

Le changement sera fort difficile,
Cité, province au change gain fera:
Cœur haut, prudent mis, chassé luy habile,
Mer terre peuple son estat changera.

Der Wechsel wird sehr schwierig sein.
Die Stadt und die Provinz werden durch den Wechsel Gewinn haben.
Der Hochherzige, Kluge wird eingesetzt, nachdem er den Bequemen verjagt hat.
Meer Land und Volk wird seine Regierung verändern.

Siehe Verse IV/10 und IV/14. ***Die Stadt*** ist Paris. Wechsel von der Republik zurück zur Monarchie in Frankreich.

22

La grand copie qui sera dechassee,
Dans un moment fera besoing au Roy,
La foy promise de loing sera faussee,
Nud se verra en piteux desarroy.

Das große Heer, das heimgeschickt wird,
Wird der Herrscher kurz darauf doch wieder brauchen.
Die lang versprochene Treue wird gebrochen,
Nackt wird er sich sehen in erbärmlicher Unordnung.

Deutschland/Europa schickt die Schutztruppen der USA über den Atlantik zurück. "Der ewige Friede ist ausgebrochen." Kurz darauf werden sie jedoch wegen veränderter politischer Lage in Rußland wieder benötigt. Im Dritten Weltkrieg steht Europa buchstäblich zunächst im Hemd = ***nackt*** da. Zu entnehmen ist, daß die USA verständlicherweise wegen eigener Bedrohung nicht daran denken, zum Schutz Europas Atomwaffen einzusetzen, was ja Vergeltung nach sich ziehen würde. Und US-Truppen in Europa "wurden ja nicht mehr benötigt." Aus dessaroy = Unordnung/Verwirrung geht hervor, daß zu Kriegsbeginn alles, wirklich alles, zusammenbricht, da man meint, nie mehr vorsorgen zu müssen.

23

La legion dans la marine classe,
Calcine, Magnes soulphre, & poix bruslera:
Le long repos de l'assuree place,
Port Selyn, Hercle feu les consumera.

Die Division in der Meeresflotte (verladen),
Kalzium, Magnesium, Schwefel und Pech verbrennt.
Die lange Rast des sicheren Ortes
Port Selyn. Hercules wird sie mit Feuer vernichten.

Port Selyn = der *Mondhafen*, ist ein arabischer Hafen. Der Halbmond ist das Symbol des Islams. Ein *Herkules*, ein westlicher Führer, macht dem Spuk ein plötzliches Ende. Zeile 2 ist typisch für Nostradamus: Verbrennt die Flotte (Zeile 1) aktiv etwas mit Feuer, oder verbrennt das Feuer *sie*, die Division?

24

Ouy soubs terre saincte d'ame voix fainte,
Humaine flamme pour divine voir luire:
Fera des seuls de leur sang terre tainte,
Et les saincts temples pour les impurs destruire.

Man hört aus der Tiefe die leise Stimme des heiligen Geistes.
Menschliche Flamme sieht man leuchten statt göttliche.
Man läßt die Priester mit ihrem Blut die Erde tränken,
Und die heiligen Tempel werden für die Unreinen zerstört.

Während der französischen Revolution geht die Kirche *in den Untergrund*. Standbilder der *Göttin der Vernunft* werden angebetet. Priester werden ermordet, Kirchen als Steinbrüche verkauft.

25

Corps sublimes sans fin à l'œil visibles:
Obnubiler viendront par ces raisons:
Corps, front comprins, sens chef & invisibles.
Diminuant les sacrees oraisons.

Vergeistigte Leiber mit ewigem Leben werden dem Auge sichtbar.
Sie erscheinen umwölkt aus diesen Gründen.
Die Körper werden als Hülle begriffen, die Gefühle sind der Meister und unsichtbar.
Sie vermindern die heiligen Reden.

Nostradamus ringt um Worte, der Übersetzer auch. Aber es ist schon zu verstehen, was ausgedrückt werden soll: der irdische Körper ist nur der ablegbare Mantel des unsterblichen Kerns, der den eigentlichen Menschen ausmacht. Nachdem dies von den Kirchen begriffen und gelehrt wird, statt inhaltsloser Heiligenverehrung oder *Heiliger Krieg*, wird als Konsequenz (Zeile 4) nicht mehr so viel leeres Stroh gedroschen.

26

Lou grand eyssame se levera d'abelhos,
Que non sauran don te siegen venguddos:
Deuech l'ebousq, luo gach dessous las treilhos
Ciutard trahido per cinq lengos non nudos.

Der große Bienenschwarm wird sich recht hoch erheben,
Von dem man nicht weiß, woher er kommt.
Des Nachts Hinterhalt, die Wache unter dem Weinstock.
Die Stadt wird von fünf Zungen verraten, die nicht nackt sind.

Die Biene ist das Symbol Napoleons I. und hat die bourbonische Lilie abgelöst. Korsika war bei Napoleons Geburt gerade von Genua vom französischen König gekauft worden. *Die Stadt* = Paris fällt an Napoleon durch Verrat der fünf Mitglieder des Direktoriums am 9. November 1799. Napoleon ist gerade aus Ägypten geflohen, wo er seine Armee in Stich gelassen hatte. Nun tut er sich mit Roederer, Ducos, Talleyrand, seinen Brüdern Joseph und Lucien zusammen. Lucien ist gerade Vorsitzender des *Rates der Fünfhundert*. Napoleon setzt seine Soldaten ein und verjagt das Parlament, das nicht wachsam genug war.

27

Salon, Manfol, Tarascon de Sex, l'arc,
Où est debout encor la piramide:
Viendront livrer le Prince Dannemarc,
Rachat honny au temple d'Artemide.

Salon, Mausol, Tarascon, die Sex beim Bogen,
Wo noch die Pyramide steht.
Sie werden den Prinzen von Dänemark ausliefern.
Schändliches Lösegeld für den Artemistempel.

Die *Sex* ist das erste Wort einer Inschrift des Triumphbogens von St. Remy, dem Geburtsort von Nostradamus. Direkt daneben steht ein Mausoleum = Grab-*Pyramide*. Ein kleiner Scherz des Meisters für Insider. Nicht klar ist, ob man *den* Prinzen *als* Lösegeld ausliefert oder *dem* Prinzen Lösegeld ausliefert. Wegen des Kommas nach Zeile 3 ist wohl eher die erste Version wahrscheinlich. Aber sicher ist das gar nicht. Für den dänischen Prinzen wird eines Tages: "Komma oder kein Komma, das ist hier die Frage" ein entscheidender Satz sein.

28

Lors que Venus du Sol sera couvert,
Subs l'esplendeur sera forme occulte:
Mercure au feu, les aura descouvert,
Par bruit bellique sera mis à l'insulte.

Wenn die Venus von der Sonne bedeckt sein wird,
Unter dem Glanz wird die Form verborgen sein.
Merkur im Feuer. Es wird ihnen enthüllt,
Durch Kriegsgeschrei gerät er in Verhöhnung.

Ein Meteor, der durch das Licht der Sonne verborgen, erst entdeckt wird, wenn er an ihr vorbei ist und sich der Erde nähert. Es ist viel ***Licht*** und Feuer in den ersten drei Zeilen: die glänzende Venus, die Sonne, der Glanz, Feuer, Merkur. Offenbar kümmert sich die Welt nicht um den Meteor, da gerade mit wichtigerem, nämlich dem Dritten Weltkrieg beschäftigt (Zeile 4). Vergl. Vers V/65.

29

Le Sol caché eclipse par Mercure,
Ne sera mis que pour le ciel second:
De Vulcan Hermes sera faicte pasture,
Sol sera veu par, rutilant & blond.

Die Sonne verdeckt, wird durch Glanz verfinstert,
Sie wird am Himmel auf den zweiten Platz verwiesen.
Durch Vulkan wird Hermes Weideplätze machen,
Der Sonne gleichgestellt wird er gesehen, rötlich und gelb.

Fortsetzung von Vers IV/28. Astronomisch kann der Planet Merkur die Sonne nicht verfinstern. Was hier heller leuchtet als die Sonne ist der Großmeteor, der leuchtet wie ***Merkur***. Sein Strahlen läßt die Sonne verblassen. Die Sonne rangiert am Himmel nun auf dem zweiten Platz. Vulkan und Hermes stehen für glutofenartige Hitze (vergl. Verse I/84, II/70, III/34).

30

Plus onze fois Luna Sol de voudra,
Tous augmenté & baissez de degré:
Et si bas mis que peu or on coudra,
Qu'après faim, peste, descouvert le secret.

Mehr als elf mal wird der Mond die Sonne nicht annehmen,
Er wird ganz zunehmen und etwas abnehmen.
Und so niedrig stehen, daß man wenig Gold prägt.
So daß erst nach Hunger, Seuche das Geheimnis geklärt wird.

Wahrscheinlich Anschlußvers an IV/28 und IV/29. Man kann vor lauter Staub elf Monate lang kaum den Mond sehen. Er nimmt das Licht der Sonne nicht an. Andere Seher berichten von drei Tagen totaler Finsternis auf der ganzen Erde als Folge der kosmischen Katastrophe.

31

La lune au plain de nuict sur le haut mont,
Le nouveau spohe d'un seul cerveau l'a veu:
Par ses disciples estre immortel semond,
Yeux au midy, en feins, mains, corps au feu.

Der Vollmond steht des Nachts über dem hohen Berg,
Der neue Weise mit einzigartigem Verstand hat es gesehen.
Von seinen Schülern wird er für unsterblich und majestätisch gehalten,
Die Augen nach Süden, die Arme gekreuzt, den Körper im Feuer.

Ein Weiser oder ein Scharlatan, wer weiß?

32

Es lieux & temps chair au poisson donra lieu,
La loy commune sera faicte au contraire:
Vieux tindra fort puis osté du milieu,
Le Panta chiona philon mis fort arrière.

An diesem Ort und zu diesen Zeiten macht Fleisch dem Fisch Platz,
Das allgemeine Gesetz wird ins Gegenteil verdreht.
Der Alte hält sich tapfer, dann wird er aus der Mitte entfernt,
Das "Allen Freunden alles gemeinsam" kommt stark ins Hintertreffen.

Das "allen alles gleich und gemeinsam, Freundschaft!" hört sich sehr nach dem Schlachtruf des verblichenen Kommunismus an, dessen greise Führer im Winter jährlich tapfer die Paraden abnahmen, bis zuletzt.

33

Iupiter ioinct plus Venus qu'à la Lune,
Apparoissant de plenitude blanche:
Venus cachee sous la blancheur Neptune
De Mars frappee par la gravee branche.

Jupiter mehr der Venus als dem Mond verbunden,
Der im leuchtenden Weiß erstrahlt.
Venus verborgen, unter dem Mondschein Neptun,
Von Mars geschlagen mit schwerem Arm.

Die Entdeckung des Neptuns durch den englischen Astronomen Challis am 4. August 1846. Vorher ***gab*** es diesen Planeten noch nicht. Nostradamus nennt ihn bei seinem Namen! Und er nennt die Gestirnkonstellation des Tages der Entdeckung! Dieser Vers ist möglicherweise das Meisterstück des Sehers. Also: Der Abstand Jupiter-Venus astrologisch war etwa ein Fünftel dessen vom Jupiter-Mond, der in ***leuchtendem Weiß*** = als Vollmond am Himmel stand. Die Venus war ***verborgen***, unter dem Horizont. Der Neptun stand so dicht am Mond, daß er am 7. August von dessen Licht überstrahlt wurde. Mars stand in Opposition = ***geschlagen***, von Neptun, ein astrologisches Fachwort dafür. Wer je an Nostradamus Fähigkeiten zweifeln sollte, dies ist ein glasklarer rationaler Beweis für seine prophetischen Gaben, der sich nicht wegdiskutieren läßt.

34

Le grand mené captif d'estrange terre,
D'or enchaîné au Roy CHIREN offert:
Qui dans Ausone, Millan perdra la guerre,
Et tout son os mis à feu & à fer.

Der Große wird gefangen aus fremdem Land geführt,
Mit Gold gefesselt wird er dem König Heinrich vorgestellt.
Der in Ausonien und Mailand den Krieg verliert,
Und seine ganze Armee ins Feuer geworfen kommt unter das Schwert.

CHIREN kennen wir bereits. Es ist als Anagramm des französischen Königs HENRIC = Heinrich. Nostradamus widmet ihm viele Verse. Der Große Gegner Heinrichs ist aller Wahrscheinlichkeit nach ein Araber. Er gerät in Gefangenschaft. Seine Truppen in Mittelitalien und Mailand werden vernichtet.

35

Le feu estaint, les vierges trahiront
La plus grande part de la bande nouvelle:
Fouldre à fer, lance les seuls Roys garderont
Etrusque & Corse, de nuict gorge allumelle.

Das Feuer ist gelöscht, die Jungfrauen verraten
Den größten Teil der neuen Bande.
Mit Blitz aus Eisen, mit Lanzen bewachen die Priester den König,
Etruskern und Korsen wird des Nachts die Kehle verbrannt.

Ein Bild, wie aus einem ***Fantasy-Film***: Jungfrauen, Feuer, Verrat, Priester mit Lanzen bewachen einen König ... Die ***neue Bande*** dürfte so etwas wie eine Terrortruppe sein. ***König*** und ***Priester*** könnten die Führer dieser bewaffneten Sekte sein. Die letzte Zeile sieht danach aus, also ob chemische Waffen eingesetzt würden, um sie zu vertilgen.

36

Le ieux nouveaux an Gaule redressez,
Apres victoire de l'Insubre champaigne:
Monts d'Esperie, les grands liez, troussez,
De peur trembler la Romaigne & l'Espaigne.

Die Spiele werden von neuem in Frankreich begründet,
Nach dem Sieg im Italienfeldzug.
In den Bergen Spaniens werden die Großen gebunden und gefesselt,
Vor Furcht zittern die Romagna und Spanien.

Die olympischen Spiele der Neuzeit ab 1896 gehen auf die Initiative des französischen Sportsmannes Baron Pierre de Coubertin (1863-1937) zurück.

Am 24. Juni 1859 siegen die Franzosen und Piemontesen unter Kaiser Napoleon III. über die österreichische Armee unter Franz Joseph, Kaiser 1848-1916. Österreich verliert die Lombardei.

Zwei Jahre nach den ersten Spielen, die vor allem Völkerfreundschaft und Weltfrieden verfolgten, drängen die USA Spanien grundlos in einen Krieg, um sich Kuba, Puerto Rico und die Philippinen anzueignen. Wahrscheinlich wußten die Amerikaner nichts von den Ideen des Barons. Zehn Jahre später bricht in Barcelona ein anarchistischer Aufstand los (Zeile 4).

37

Gaulois par saults, monts viendra penetrer,
Occupera le grand lieu de l'Insubre,
Au plus profond son ost fera entrer,
Gennes, Monech pousseront classe rubre.

Die Franzosen werden in Sprüngen die Berge überqueren
Und die Hauptstadt der Lombardei besetzen.
Sehr tief in seinen Feind wird er eindringen.
Genua und Monaco wehren die Rote Flotte ab.

In Zeile 3 ist nicht eindeutig, ob *er* in *seinen* Feind tief eindringt, oder ob *sein* Feind *tief* eindringt. Typisch Nostradamus. Interessant ist die wiederauferstandene *Rote Flotte*, die im Ligurischen Meer (wohl von der VI. US-Flotte) geschlagen wird. Gehen die Franzosen über die Alpen und besetzen Mailand, dann ist dort offenbar der Feind (die Russen) zu finden. Dritter Weltkrieg.

38

Pendant que Duc, Roy, Royne occupera,
Chef Bizant du captif en Samothrace,
Avant l'aussault l'un l'autre mangera,
Rebours serré suyvra du sang la trace.

Während sich der Führer mit dem König und der Königin beschäftigt,
Wird der Chef von Istanbul in Samotrazien gefangen genommen.
Vor dem Angriff wird der eine den anderen zerfleischen,
Gegen harten Widerstand folgt er der Spur des Blutes.

Samothrake ist eine griechische Insel vor den Dardanellen. Der *Chef* von Istanbul ist der *Böse*, *König und Königin*, wahrscheinlich französisch, sind die *Guten*. Der *Führer* dürfte der Stellvertreter des Chefs sein und ist gerade an der Front beschäftigt. Da wird ihm im Rücken der Chef weggeschnappt. Kriegspech!

39

Les Rhodiens demanderont secours,
Par le neglet de ses hoyrs delaissee,
L'empire Arabe revalera son cours,
Par Hesperies la cause redressee.

Die Bewohner von Rhodos ersuchen um Hilfe,
Wegen der Nachlässigkeit ihrer Erben sind sie hilflos verlassen.
Das arabische Imperium enthüllt seine Absichten,
Durch die Westmächte wird der Fall bereinigt.

Europa ist der geistige Erbe Griechenlands. Bei dem arabischen Imperiums handelt es sich nicht um das alte Reich der Osmanen (nach dem ersten Sultan Osman 1258-1326), sondern um ein künftiges *Imperium*. Die Insel Rhodos ist noch griechisch. Das Imperium der Araber geht auf Expansionskurs und legt damit seine Absichten offen: Rhodos soll besetzt werden. Hesperiden sind Feen, die im äußersten Westen die goldenen Äpfel des Lebens hüten. Letztlich wird das Imperium in die Schranken gewiesen. Aus dem Gesamtzusammenhang kann gefolgert werden, daß die Türkei dem Imperium bereits zum Opfer gefallen ist.

40

Les forteresses des assiegez serrez,
Par poudre à feu profondez en abysme,
Les proditeurs seront tous vifs serrez,
Onc aus sacristes n'advint si piteux scisme.

Die Festungen, von Belagerern umschlossen, werden
Mit Pulver aus Feuer in den Abgrund gestürzt.
Die Verräter werden alle lebendig begraben,
Nie zuvor in den Kirchen begab sich eine solch beklagenswerte Spaltung.

Derart massive, umfassende Sprengungen ganzer *Festungen* in den *Abgrund* gab es im Mittelalter und der Renaissance nicht. Da brachte man schon einmal eine Mauer zum Einsturz, um in die Verteidigung eine Bresche zu schlagen. - Aber so etwas ...! Auch die Spaltung der Kirche läßt aufhorchen. Wahrscheinlich der Dritte Weltkrieg. Indikator dafür ist vor allem die Kirchenspaltung.

41

Gymnique sexe captive par hostage,
Viendra de nuict custodes decevoir,
Le chef du camp deçeu par son langage,
Lairra à la gente, ferra piteux à voir.

Gymnique sexe, wird als Geisel gefangen gehalten,
Des Nachts werden die Wächter hintergangen.
Der Chef des Lagers, betrogen durch seine Rede,
Liefert ihn den Leuten aus, was jämmerlich anzusehen sein wird.

Gymnique sexe ist eine Wortschöpfung von Nostradamus, an der man sich die Zähne ausbeißen kann. Am ehesten, meine ich, trägt folgende Assoziation (durch das ...*que* besteht eindeutig ein lateinischer Bezug): Gymnique sexe = gymnicus sexus (lat.) = wörtlich: von turnerischem Geschlecht = von sportlicher Art = ein Einzelkämpfer. Vielleicht so eine Art *Ninja-Kämpfer*, ein Assassine, mit allen Wassern gewaschen. Er führt die Wächter und den Lagerchef hinters Licht. Aber das bekommt ihm gar nicht. Entweder eine nicht unwichtige Einzelepisode, oder in größerem Bezug allegorisch gemeint. Künftiges Geschehen.

42

Geneve & Langres par ceux de Chatres & Dole.
Et par Grenoble captif au Montlimard,
Seysset, Lozanne, par fraudulente dole,
Les trahiront par or soixant marc.

Genf und Langres werden durch die von Chartres und Dôle
Und von Grenoble gefangen bei Montélimar.
Die Schweiz und Lausanne durch arglistigen Betrug
Werden sie verraten für Gold zu sechzig Mark.

Möglicherweise eine Szene aus dem Dritten Weltkrieg: Vorstoß der Russen durch die Burgundische Pforte. Man stößt breit beidseitig nach Süden entlang der Rhône vor auf Lyon. Die Spitzen des Feindes werden bekämpft, indem sie aus Westen und Osten in die Zange genommen werden und dann zwischen Lyon und dem Mittelmeer bei Montélimar eingeschlossen und vernichtet. Die Armee der Schweiz scheint sich herauszuhalten, wie im Ersten und Zweiten Weltkrieg auch. Aus Schweizer Sicht - besonders *nachher* - stets vernünftig.

Zeile 4: Eine *Mark* war früher ein Pfund Silber; hier handelt es sich also um Gold zu 60 Pfund. Der heutige Wert liegt bei rund einer halben Million DM, aber das läßt sich kaum vergleichen. Außerdem ist jedes Wort genau überlegt; die *Mark* deutet auf Deutsche als Mitverantwortliche und die Zahl 60 ebenso: die sechs (franz. six) wird von Nostradamus verwendet als (lat.) zi-vis = wenn/wie Du willst, hier zehnmal überhöht.

43

Seront ouys au ciel les armes battre:
Celuy an mesme les divins ennemis,
Voudront loix sainctes iniustement debattre,
Par foudre & guerre bien croyans à mort mis.

Man wird hören, wie am Himmel die Waffen kämpfen.
In diesem Jahr sind selbst die Götter Feinde.
Sie wollen die heiligen Gesetze zu Unrecht zerreden,
Durch Blitz und Krieg werden viele Gläubige in den Tod geschickt.

Möglicherweise in Zusammenhang mit Vers IV/42 zu sehen. Umsturz in Frankreich, Terror gegen die Kirche, Blitz = A-Bombe, Luftkämpfe am Himmel, Kriegsende durch kosmische Katastrophe (vergl. Verse IV/28, IV/29 und V/68).

44

Deux gros de Mende, & de Roudés & Milhau,
Cahours, Limoges, Castres malo sepmano
De nuech l'intrado, de Bourdeaux un cailhau,
Par Perigort au toc de la campano.

Zwei Mächtige, der von Mende und der von Rodez und Millau,
Bereiten Cahors, Limoges und Castres eine schlechte Woche.
Zu Beginn der Nacht bei Bordeaux eine Schlacht
Im Perigord werden die Glocken läuten.

Wenn die Glocken läuten, sind das Sturmglocken, oder aber, wie wohl hier, verkünden sie den Sieg der *Guten*. Falls die Schlacht wirklich wörtlich in der Abenddämmerung beginnt, handelt es sich wohl um regionale *Großkonflikte*. Künftiges Geschehen.

45

Par conflict Roy, regne abandonnera,
Le plus grand chef faillira au besoing,
Mors prosligez peu en rechapera,
Tous destrauchez, un en sera tesmoing.

Wegen der Unruhen wird der Herrscher das Amt niederlegen.
Der größte Chef scheitert an Mangel.
Tote überall, wenige entrinnen dem,
Alles zerstört, einer wird Zeuge.

Der größte (Partei)chef, das weist eindeutig auf die ehemalige Sowjetunion hin. Sie scheitert am *Mangel*, an ihren wirtschaftlichen Schwierigkeiten. Es folgen innere Unruhen. Hier wird der Rücktritt des sowjetischen Präsidenten Gorbatschow vorhergesagt. Als ich das in meinem ersten Buch (analytische Seherschauungen auch anderer Paragnostiker) 1988 geschrieben hatte, wurde ich belächelt. Der eine, der mit Restrußland übrig bleibt, ist vorläufig noch Jelzin. Aber das ist noch nicht das Ende dieses Kapitels!

46

**Bien defendu le faict par excellence,
Garde toy Tours de ta proche ruine,
Londes & Nantes par Reims fera deffense
Ne passe outre au temps de la bruine.**

Gut verteidigt wird die hervorragende Tat.
Nimm dich in acht, Tours, vor deinem nahen Untergang.
London und Nantes werden sich bei Reims verteidigen.
Das dauert nicht länger als bis zum Herbst.

Zu sehen im Zusammenhang mit Vers I/20: Dritter Weltkrieg. Dieser Krieg beginnt Anfang August und endet nach 58 Tagen im Oktober.

47

Le Noir farouche quand aura essayé
Sa main sanguine par feu, fer, arc tendus,
Trestout le peuple sera tant effrayé,
Voir les plus grans par col & pieds pendus.

Der wilde Schwarze, wenn er erprobt haben wird,
Seine blutige Hand durch Feuer, Eisen, gespannte Bögen,
Wird das ganze Volk sehr erschrocken sein,
Es sieht die Größten am Hals und an den Beinen aufgehängt.

Taucht in einem Nostradamus-Vers das Wort *Noir* auf, ist zu prüfen, ob es sich um das Anagramm für *Roi* = König handelt. Wir werden fündig: Karl IX. (1560-1574). Geschildert wird die Bartholomäusnacht am 24. August 1572. Der König soll, als er Hugenotten in einem Boot auf der Seine flüchten sah, mit königlicher Hand auf sie geschossen haben (Zeile 2). Admiral Colignys Leiche wird mit dem Kopf nach unten an den Galgen von Montfaucon gehängt (Zeile 4). Das Morden pflanzt sich wellenartig in die Provinz fort. Allein in Lyon wurden 800 Menschen abgeschlachtet (Zeile 3).

48

Planure Ansonne fertile, spacieuse,
Porduira taons si tant de sauterelles,
Clarté solaire deviendra nubileuse,
Ronger le tout, grand peste venir d'elles.

Die Ebene Italiens, fruchtbar und weitläufig,
Wird Stechbremsen so viel wie Heuschrecken hervorbringen,
Daß der Sonnenschein verdunkelt wird.
Sie nagen alles ab, die große Seuche kommt von ihnen.

Die *Ebene Italiens* ist die Po-Ebene im Norden. Bei den *Stechbremsen* wie *Heuschrecken* spielt Nostradamus auf eines der Bilder der Apokalypse an (vergl. Offenbarung 9, Vers 3 ff.). Es dürfte sich um das Bild von Kampfhubschraubern handeln: Oben rasseln die Flügel, die Kanzel sind die Augen, unten sperrig die *Beine*. Aber eine *Heuschrecke* sticht nicht. Deshalb wird, um Bordraketen und Maschinenwaffen hinzuzufügen, zu dem Bild der Heuschrecke die Stechbremse hinzugefügt. Sie vernichten alles, sagt der Seher. Es folgt die *Seuche*, radioaktiver Fallout. Eine Szene des Dritten Weltkriegs.

49

Devant le peuple sang sera respandu,
Que du haut ciel ne viendra esloigner,
Mais d'un long temps ne sera entendu,
L'esprit d'un seul le viendra tesmoigner.

Vor dem Volk wird das Blut vergossen,
Daß *vom Hohen*, der Himmel sich nicht entfernt.
Aber eine lange Zeit wird er nicht verstanden werden,
Der Geist eines Priesters wird es bezeugen.

Die Hinrichtung Ludwigs XVI. am 21. Januar 1793 (vergl. Vers I/82). In seinem Tagebuch schreibt der Scharfrichter Sanson: "Vom Priester unterstützt, stieg der König langsam die Stufen zum Schafott hinauf ... der sagte: ... Sohn des heiligen Ludwig, steig auf zum Himmel." Zeile 2! in Verbindung mit Zeile 4. Es ist geradezu unglaublich. Nostradamus gibt praktisch wörtlich den Satz des Priesters wieder. "Der Himmel entferne sich nicht" = er nähert sich dem *Hohen*, weil der zu ihm aufsteigt. Bezeugt durch den Priester, diese Zeile. Zeile 3: Ganz in der Tat wird er (dieser Vers) "eine lange Zeit nicht verstanden werden." Nämlich von 1555 bis 1995, 440 Jahre lang. Bis zu dem Tag, an dem ich ihn geknackt habe. Er galt bisher als nicht zu lösen.

50

Libra verra regner les Hesperies,
De ciel & terre tenir la Monarchie,
D'Asie forces nul ne verra peries,
Que sept ne tiennent par rang la hierarchie.

Die Waage wird die Westmächte beherrschen,
Am Himmel und auf der Erde halten sie die Herrschaft.
Die Armeen Asiens werden nicht untergehen,
Als daß nicht sieben nacheinander an der Macht waren.

Zu sehen im Zusammenhang mit Vers IV/45. Die Waage = kaufmännisches Gewinnstreben - erfolgreich vor allem in den USA. Sie sind nach 1945 die ***Nummer Eins***. - Dicht gefolgt vom Gegenspieler Sowjetunion, die auf ihre Armeen setzt. Sie, die Sowjetunion, soll nicht untergehen, bevor nicht sieben an der Macht waren. Richtig, sie ***geht unter*** nach sieben Machthabern: Lenin, Stalin, Chruschtschow, Breschnew, Andropow, Tschernenkow, Gorbatschow. Die Reihe war abgeschlossen.

51

Un Duc cupide son ennemy ensuyvre,
Dans entrera empeschant la phalange,
Hastez à pied si pres viendront poursuyvre,
Que la iournee conflite pres de Gange.

Ein Führer ist begierig, seinen Feind zu verfolgen.
Er kommt hinein, hält die Schlachtordnung auf.
Sie eilen zu Fuß und kommen so nah den Verfolgten,
Daß der Kampftag beim Ganges sein wird.

Centurio meint, es handele sich um Chinesen, die zu Fuß durch Tibet an den Ganges vorstoßen. Allgeier ist der Auffassung, der Ort Ganges bei Montpellier sei gemeint. Ich folge der Auslegung des Kenners Allgeier. Nostradamus ist Frankreich-zentriert und hat mit ***Ganges*** wieder mal einen unübersehbaren falschen Wegweiser für Laien aufgestellt. Künftiges Geschehen, möglicherweise Bandenkriege in Südfrankreich.

52

En cité obsesse aux murs hommes & femmes,
Ennemis hors le chef prest à soy rendre:
Vent sera fort encontre les gensdarmes,
Chassez seront par chaux, poussière, & cendre.

In der belagerten Stadt sind Männer und Frauen auf den Mauern,
Den Feinden draußen ist der Führer bereit, sich zu ergeben.
Ein starker Wind weht gegen die Bewaffneten,
Sie werden vertrieben durch Kalk, Staub und Asche.

Frauen auf den Mauern, um sich zu verteidigen, deutet darauf hin, daß es um "Alles oder Nichts" geht. Zur Kapitulation kommt es wohl nicht, der Führer der Belagerten ist nur bereit dazu. Die Angreifer werden vertrieben durch Kalk, Staub und Asche. Nun wird durch derlei Waffeneinsatz sich kein Angreifer schrecken lassen. Verdächtig ist der ***Kalk***. Er ist weiß. Weiß ist radioaktiver Niederschlag, und nun wird es klar, weshalb die Angreifer fliehen, als es "Staub und (radioaktive) Asche" regnet. Die ***Stadt*** steht sinnbildlich für Frankreich, das ***belagert*** wird. Vermutlich gehört dieser Vers zum Zyklus des Dritten Weltkriegs. Frankreich setzt, als es um Sein oder Nichtsein geht, seine Force de Frappe ein. Nun wird auch der ***starke Wind*** klar. Es ist die tödliche Detonationswelle.

53

Les fugitifs & bannis revoquez,
Peres & fils grand garnissant les hauts puits,
Le cruel pere & les siens suffoquez,
Son fils plus pire submergé dans le puits.

Die Geflohenen und Verbannten werden zurückgerufen.
Die Väter und großen Söhne bessern die tiefen Brunnen aus.
Der grausame Vater und die Seinen ersticken,
Sein schlimmster Sohn wird im Brunnen versenkt.

In Zeile 1 und 2 könnte man das Volk Israel sehen, das, nachdem aus Deutschland verbannt und geflohen, nach Palästina zurückkehrt. Die Wichtigkeit der Brunnen ist dafür ein weiteres Indiz. Falls diese Deutung richtig sein sollte, dann geht die ganze Geschichte auf lange Sicht schlecht aus für die Israelis. Die ***großen*** Söhne, das bedeutet, es handelt sich um die zweite Generation, wenn die Söhne der Eingewanderten ***groß*** geworden sind.

54

Du nom qui oncques ne fut au Roy Gaulois,
Iamais ne fut un foudre si craintif,
Tremblant l'Italie, l'Espaigne & les Anglois,
De femme estrangers grandement attentif.

Eines Namens, den vorher noch nie ein französischer König getragen hat,
Nie zuvor gab es einen so gefürchteten Kriegshelden,
Es zittern Italien, Spanien und die Engländer,
Nach der ausländischen Prinzessin ist er sehr begierig.

In Zeile 2 wird ***foudre*** gemeinhin mit ***Blitz*** übersetzt, was sie völlig sinnlos macht. ***Foudre*** bedeutet auch: Kriegsheld (französisch müßte man schon beherrschen!). Es geht um Napoleon Buonaparte, der von der Abstammung her ja eigentlich Genuese ist. Und dann dieser Name! Man sieht förmlich, wie es Nostradamus schüttelt. Die Prinzessin, das ist Marie Louise von Österreich (Tochter Franz II.), die Napoleon nach der Scheidung von Josephine heiratet (März 1810). Marie Louise ist erst 19, und Napoleon wirklich begierig: Er fährt ihr bis Compiègne entgegen und geht mit ihr ins Bett. Ich denke, gerade ***das*** meint Nostradamus.

55

Quand la corneille sur tout de brique ioincte,
Durant sept heures ne fera que crier:
Mort presagee de sang statue taincte,
Tyran meurtry, aux Dieux peuple prier.

Wenn die Krähe sich zu dem Backsteindach gesellt hat,
Wird sie sieben Stunden lang nichts als schreien.
Der Tod wird vorhergesagt, mit Blut wird die Statue gefärbt.
Der Tyrann wird getötet, zu Gott betet das Volk.

Der *Tyrann* ist Robespierre, der am 10. Thermidor des Jahres II (1794) hingerichtet wird. Damit ist die französische Revolution ausgebrannt, das Volk darf wieder zu Gott beten. Kurz vor sieben Uhr morgens (sieben Stunden schreit die Krähe) fällt Robespierres Kopf. Jetzt eine der entschlüsselten Nostradamus-Raffinessen! Das Wort Dach = toit ist *falsch* geschrieben, nämlich *tout*. Jetzt heißt es aufpassen bei Nostradamus, da ist etwas versteckt: Sur tout = besonders, = besonders ***de brique***, in/beim ***Backstein***. Ist das erkannt, ist dieser Vers geknackt, muß er den Kern preisgeben.
1. Ein Dach ist ja nicht mit Back- oder Pflastersteinen gedeckt, sondern mit Ziegeln (franz.) = tuiles. Nostradamus nennt das Pariser Schloß der Könige die *Tuilerien*. Mit dem Bau wurde von Katharina von Medici 1564 begonnen. Der Name rührt von den Dachziegelfabriken, den Tuilerien, her, die dort vorher gestanden hatten.
2. Der Todesvogel, die Krähe, gesellt sich zu dem Back*stein* Robes*Pierre* = Stein.
3. Surtout als Substantiv ist ein Gepäck/Schinderkarren. Also ein Schinderkarren von/für Back-*Stein* Robes-*Pierre* = Stein.

Im Morgengrauen wird er auf einem solchen Karren zum Place de la Revolution gebracht. Die wartende Menge wogt bereits vor den Tuilerien.

56

Apres victoire de rabieuse langue,
L'esprit tremté en tranquil & repos,
Victeur sanguin par conflict faict harangue,
Roustir la langue & la chair & les os.

Nach dem Sieg der rabiaten Sprache
Wird der Geist erschüttert in seinem Frieden und seiner Ruhe.
Der Sieger, voll Blut durch den Kampf, hält feierliche Reden.
Er wird sich die Zunge rösten und das Fleisch und die Knochen.

Die Zeit nach 1945. Nach dem Sieg über Deutschland meint die Welt (wie sie es immer ***meint***), jetzt wäre es dauerhaft friedlich und man könne in Frieden die Hände auf dem Bauch falten. Doch das wäre das Ende jeglicher Geschichte. Natürlich geht es weiter. Und es geht weiter, wie schon immer: Rußland und die USA halten feierliche Reden, zeigen auf das zerschlagene Deutschland, dann aufeinander und machen munter weiter: Koreakrieg, Ungarnaufstand, Vietnam, Besetzung der Tschechoslowakei, Golfkrieg, Afghanistan und so weiter und so weiter. Zur Zeit brodelt es als Vorspiel zum Dritten Weltkrieg wieder einmal auf dem Balkan. Doch die Sache geht nicht gut aus: Zeile 4 ist da ganz eindeutig.

57

Ignare enuie au grand Roy supportee,
Tiendra propos deffendre les espripts:
Sa femme non femme par un autre tentée,
Plus double deux ne fort ne criz.

Eine geheime Sorge wird dem großen König zugetragen.
Er erwägt, die Schriften zu verbieten.
Seine Frau Nichtfrau wird von einem anderen unterstützt,
Keine doppelte Zwei mehr, nicht laut, kein Geschrei.

Der Tod Heinrichs II. am 10. Juli 1559 (vergl. Vers I/35). Die Königin, Katharina von Medici und seine ***Nichtfrau*** = seine Mätresse Diana de Poitiers, wissen von Vers I/35. Sie warnen den König (Zeile 1). Am besten wäre es, man würde das Werk von Nostradamus ganz einfach verbieten. Diana wird unterstützt durch den Astrologen Gaurico. Doch auch zu zweit (Zeile 4) treten sie nicht energisch genug auf, um sich durchzusetzen. Der König schlägt die Warnungen in den Wind. In Zeile 4 hat Nostradamus ganz klar niedergelegt, wer gewarnt wird: Heinrich II. = der ***Doppelte***, die ***II.***

58

Soleil ardent dans le gosier coller,
De sang humain arrouser terre Etrusque:
Chef seille d'eaue, mener son fils filer,
Captive dame conduicte en terre Turque.

Brennende Sonne verklebt den Schlund.
Mit menschlichem Blut wird die etruskische Erde benetzt.
Der Chef des Zubers treibt seinen Sohn an, die Verfolgung aufzunehmen.
Die gefangene Dame wird auf türkisches Gebiet gebracht.

Zeile 3 ist äußerst schwierig. Wäre im Text hinter dem ***Zuber*** kein Komma, könnte man meinen, vielleicht läßt der Chef seinen Sohn Wassereimer tragen. Aber nein. ***Zuber*** ist das Schlüsselwort für den Chef. Bei den Janitscharen (türkische Infanterie, eine Elitetruppe 1329-1826) war der höchste Dienstgrad der des ***Herr des Suppenkessels***, entsprechend einem westlichen Mundschenk. Im alten Deutschen Reich war ja auch ***Mundschenk*** der Titel eine besonders hochgestellten Hofbeamtens. Dieser Posten war erblich dem König von Böhmen anvertraut. Kurz, wir identifizieren den ***Chef des Zubers*** als den Marschall, den militärischen Führer der islamischen Armee in Italien. Und die Armee nimmt eine ***Dame*** gefangen. In Vers IV/54 ist die Prinzessin von Österreich, Marie Louise, eine solche ***Dame***.

59

Deux assiegez en ardente ferveur,
De soif estaincts pour deux plaines tasses,
Le fort limé, & un vieillard resveur,
Aux Genevois de Nira monstra trasse.

Zwei Belagerte in glühender Inbrunst,
Der Durst gelöscht mit zwei vollen Schalen,
Der glatte Starke und ein versponnener Alter,
Zu den Genfern wird *Nira* die Spur gewiesen.

Nira könnte das Anagramm für *Iran* sein: Vorstoß des Arabischen Imperiums auf den Kern Mitteleuropas. Wenn die glühende Inbrunst, nämlich erfolgreich zu kämpfen, von den Belagerten = Mitteleuropa mit ***zwei vollen Schalen*** gelöscht wird, dann steht dies Bild für zwei entscheidende Siege des Westens. Ferne Zukunft. Möglicherweise Anschlußvers an IV/58.

60

Les sept enfans en hostage laissez,
Le tiers viendra son enfant trucider,
Deux par son fils seront d'estoc percez,
Gennes, Florence los viendra enconder.

Die Sieben nehmen Kinder als Geiseln,
Der Dritte wird sein Kind töten.
Zwei werden von seinem Sohn mit dem Degen erstochen.
Genua, Florenz gehen gegen sie an.

Zeile 1 wird im allgemeinen falsch übersetzt mit "Die sieben Kinder..." Aber aus mehreren andern Versen kennen wir bereits die Untaten der Sieben (vergl. Vers II/18), und in Zeile 2 wird ja die Tat des Dritten der Sieben geschildert. Beschrieben wird keine Kindesentführung. Die ***Kinder*** dürften für kleine, abhängige Länder stehen, die besetzt werden.

61

Le vieux mocqué & privé de sa place,
Par l'estranger qui le subornera,
Mains de son fils mangees devant sa face,
Le frere à Chartres, Orl. Roüan trahira.

Der Alte wird verlacht und seines Amtes enthoben,
Durch den Fremden, der ihn verführt.
Die Hände seines Sohnes werden vor seinen Augen verspeist.
Den Bruder wird er in Chartres, Orleans, Rouen verraten.

Wieder Marschall Pétain, in und nach dem Ersten Weltkrieg französischer Nationalheld. Er arbeitet notgedrungen als Präsident des unbesetzten Teils Frankreichs mit dem Fremden = Hitler zusammen. Die ***Söhne Frankreichs*** = die französischen Soldaten, haben keine Hände mehr = sind machtlos. Nach dem Krieg wird dieser integere, aber blauäugige Nichtpolitiker zum ***Verräter*** gestempelt und zum Tode verurteilt. Als die Alliierten Mitte August 1944 vor Chartres und Orleans stehen, geht Pétain nach Sigmaringen ins Exil.

62

Un coronel machine ambition,
Sa saisira de la plus grande armee,
Contre son Prince fainte invention,
Et descouvert sera soubs sa ramee.

Ein Königlicher, angestiftet von Ehrgeiz
Bemächtigt sich des größten Heeres.
Gegen seinen Fürsten heuchelt er Geschäftigkeit,
Und entdeckt wird er unter seinen Zweigen.

Heinrich II. kommt am 10. Juli 1553 bei einem höchst banalen Turnierunfall ums Leben (vergl. Vers I/35). Sein ältester Sohn besteigt als Franz II., er ist erst 15, den Thron. Die Sippe der Guisen übernimmt jedoch brutal die Macht und drängt die Mutter des Königs, Katharina von Medici, beiseite. Der ***Königliche, Ehrgeizige*** ist Antoine de Bourbon, vor dem die Guisen sich mit Recht fürchten. An der Spitze seiner Gascogner und als Erster Prinz von Geblüt könnte er Regentschaft und Thron fordern. Darüber hinaus ist der junge König schwerkrank. Er stirbt im Jahr darauf (1560). Die Hugenotten stellen sich also hinter Antoine, ebenso einige katholische Fürsten. Ehrgeiz hat Antoine zwar angestiftet, er verläßt ihn aber bald. Er unterwirft sich den Guisen, heuchelt Geschäftigkeit und wird zum Dank Generalleutnant. Zeile 4: Der Stammbaum der Valois kränkelt: Unter den *Zweigen* wird Antoine de Bourbon als Kandidat für den Thron entdeckt.

63

L'armée Celtique contre les montaignars,
Qui seront sceuz & prins à la pipee:
Payans fresz poulseront tost faugnars,
Precipitez tous au fils de l'espee.

Die französische Armee gegen die Montagnards,
Diese werden entdeckt und geleimt.
Die Bauern werden in die Sümpfe gestoßen,
Sie stürzen alle in die Schneide des Degens.

Die *Montagnards*, das sind während der Französischen Revolution die königstreuen Gegner der Jakobiner. Diese Partei stützt sich auf die Landbevölkerung, die ebenfalls konservativ dem angestammten Herrscherhaus die Treue hält und 1793 gegen den roten Terror zu den Waffen greift. Die Armee wird nun eingesetzt und schlägt die Erhebung blutig nieder. Der letzte Widerstand bricht 1795 in der Vendée, einem feuchten Küstengebiet südlich der Bretagne, zusammen.

64

Le defaillant en habit de bourgeois,
Viendra le Roy tenter de son offence:
Quinze soldats la pluspart Ustageois,
Vie derniere & chef de sa chevance.

Der Gescheiterte im Gewand des Bürgers
Wird den König mit seiner Beleidigung provozieren.
Fünfzehn Soldaten, die Mehrzahl Söldner,
Am Lebensabend und Chef seiner *Ziegerei*.

Louis-Philippe, der ***Bürgerkönig*** (Zeile 1) scheitert trotz liberaler Form der Regierung 1848. In Frankreich herrscht wieder einmal Revolution. Seine ***Sünde*** besteht nach Auffassung von Nostradamus darin, daß er das Gottesgnadentum seines Vorgängers (Karl X.) verraten hat. 1789 hatte er sich der Revolution angeschlossen und damit den König verraten. In Frankreich will nach den napoleonischen Kriegen niemand mehr Soldat sein. Louis-Philippe bildet deshalb 1831 die Fremdenlegion. Was es mit den ***fünfzehn*** auf sich hat, ist mir nicht klar. Vielleicht gab es fünfzehn Garnisonen. Nach seinem Sturz lebt Louis-Philippe nur noch zwei Jahre im englischen Exil als Duc de Neuilly. Neuilly ist ein westlicher Vorort von Paris, gerade außerhalb der Mauern, wo man seinerzeit Schafe und Ziegen grasen ließ (Zeile 4).

65

Au deserteur de la grand'forteresse,
Apres qu'aura son lieu habandonné,
Son adversaire fera si grand proüesse,
L'Empereur tost mort sera condamné.

Zum Deserteur der großen Festung (wird er),
Nachdem er seinen Platz aufgegeben hat.
Sein Gegner macht so große Beute,
Der Kaiser ist bald zum Tod verdammt.

Deutsch-französischer Krieg 1870/71 (vergl. Vers II/25). Der ***Deserteur*** ist Marschall Bazaine (1811-1881), der am 18. August mit der Rheinarmee in der Festung Metz eingeschlossen wird und am 27. Oktober kapitulieren muß. Deutschland erhält die geraubten Gebiete Elsaß-Lothringen zurück = ***große Beute*** (Zeile 3). Kaiser Napoleon III. geht bei Sedan in Gefangenschaft und anschließend ins englische Exil, wo er ***bald***, nämlich schon 1873 stirbt.

66

Sous couleur fainte de sept testes rasees,
Seront semez divers explorateurs,
Puits & fontains de poisons arrousees,
Au fort de Gennes humains devorateurs.

Unter geheuchelter Farbe von sieben geschorenen Köpfen
Werden unterschiedliche Kundschafter gestreut.
Brunnen und Springbrunnen werden mit Gift benetzt.
In der Festung von Genua wird Menschenfleisch verschlungen.

In Zeile 1 ist unklar, ob sich jemand unter die falsche Farbe der Sieben mischt, oder ob jemand falsch unter der Farbe der *Sieben* auftritt. Die *geschorenen Köpfe* sind auf jeden Fall Militärs. Das mit dem Gift ist wohl nicht wörtlich zu nehmen. Aus Zeile 1 ist zu entnehmen, daß hier falsch gespielt wird. Es sind *Brunnenvergifter* im übertragenen Sinne tätig. Künftiges Geschehen. Wohl erst zu dechiffrieren, nachdem es geschehen ist (vergl. Vers II/18).

67

Lors que Saturne & Mars exgaux combust,
L'air fort seiché longue trajection,
Par feux secrets d'ardeur grand lieu adust,
Peu pluye, vent chault, guerres, incursions.

Wenn Saturn und Mars gemeinsam verbrennen,
Die Luft stark trocken; lange Bahn
Durch geheime Feuer, vor Hitze wird ein großer Ort verbrannt,
Wenig Regen, heißer Wind, Kriege, Einfälle.

Das erste ist das richtig einzuführende Semikolon in Zeile 2. (Wieso, frage ich mich, ist das vor mir noch *nie* jemanden aufgefallen? Nostradamus schreibt, wie damals üblich, fast ohne Interpunktion. Lesen Sie einmal spaßeshalber seine Prosa-Prophezeiungen: da geht es freiweg über ganze Seiten.) Also: lange Bahn durch geheime Feuer, heißer Wind, ein großer Ort verbrannt = Atomrakete, Detonation und Hitzewelle: *großer Ort* = ex und hop. Das Datum ist in Zeile 1 angegeben. Saturn und Mars in Konjunktion hinter der Sonne. Das nächste Mal passiert das Anfang April 1998. Aber zum Trost: so eine Konstellation gibt es fast in jedem Jahrzehnt, sie ist nicht selten. Jedoch sollte man 1998 im Auge behalten (vergl. Vers X/12). Dem Vers ist zu entnehmen, wo die Bombe eingesetzt wird: Zeile 4: *Wenig Regen* deutet auf trockenes Wüstenklima, auf den Nahen Osten hin: ein zweiter Golfkrieg. Wer die Bombe einsetzt, sagt Nostradamus auch, nur droht es durch die Übersetzung verloren zu gehen. Zeile 2: "Die Luft stark trocken lange Bahn" ist ein Fremdkörper, völlig unzusammenhängend und heißt im Original: Le = die *Air fort seiche* (phonetisch wird das *t* verschluckt), also Air for(t) se... = die (US) *Air-force* durch *lange Bahn* (Rakete): *geheime Feuer* = A-Bombe! Man muß nur den großen Meister kennen und achtgeben.

Noch einmal; Es ist gar kein Zweifel möglich: *Heißer* Wind = *Hitze*welle der Bombe und heißer *Wind* = *Druck*welle der Bombe. Sogar die Reihenfolge der Phänomene ist richtig.

68

En lieu bien proche non esloigné de Venus.
Les deux plus grands de l'Asie & d'Affrique
Du Ryn & Hister qu'on dira sont venus,
Cris, pleurs à Malte & costé Ligustique.

An einem nahen Ort nicht weit entfernt von Venus
Die beiden Größten von Asien und Afrika,
Von Rhein und Donau, wie man sagt, sind sie gekommen.
Schreie und Tränen in Malta und an der ligurischen Küste.

Nicht klar ist, welcher Ort mit *Venus* bezeichnet wird. Vielleicht findet das Treffen auf einer griechischen Insel statt: berühmt ist die Venus von Milo. Die beiden, die sich treffen, sind einwandfrei Deutsche mit dem Ehrentitel *Asiaticus* und *Africanus*, keine Araber oder Neger. Derlei Zusätze wurden im alten Rom siegreichen Heerführern verliehen. Napoleon I. zeichnete erfolgreichen Generäle genauso aus.

69

La cité grande les exilez tiendront,
Les citadins morts, meurtris & chassez,
Ceux d'Aquilee à Parme promettront,
Monstrer l'entree par les lieux non trassez.

Die große Stadt werden die Vertriebenen besetzen.
Die Bürger tot, ermordet und vertrieben.
Die aus Aquileia versprechen Parma
Den Eingang zu zeigen zu Stellen, die nicht gebahnt sind.

Bei der *großen Stadt* handelt es sich mit Sicherheit nicht um Paris, sondern möglicherweise um Marseille. Es gibt Anklänge an Vers I/72. Künftiges Geschehen. Aquileia und Parma liegen in Norditalien, das wieder einmal Stätte von Unruhen ist.

70

Bien contigue des grands monts Pyrenees,
Un contre l'Aigle grand copie addresser,
Ouverte veines, forces exterminees,
Que iusqu'à Pau le chef viendra chasser.

Gleich angrenzend an die großen Berge der Pyrenäen
Stellt einer gegen den Adler ein großes Heer auf.
Die Adern sind offen, die Truppen ausgelöscht,
So daß der Führer sie jagen wird bis nach Pau.

Wellington hat in Portugal eine Armee aufgestellt und zieht mit ihr nach Spanien. Zur gleichen Zeit verliert Napoleon, der ***Adler***, sein Reich in der Völkerschlacht bei Leipzig am 16./17. Oktober 1813. Wellington überquert die Pyrenäen und nimmt Ostern 1814 Toulouse. Pau liegt westlich von Toulouse.

71

En lieu d'espouse les filles trucidees,
Meutre à grand faute ne sera superstile,
Dedans le puits vestules inondees,
L'espouse estainte pur hauste d'Aconile.

An Stelle der Frau werden die Töchter ermordet,
Der Mord aus Versehen wird niemand überleben.
In den Brunnen werden die Mädchen ertränkt,
Die Ehefrau stirbt, weil sie Eisenhut getrunken hat.

Eisenhut (Akonitum) enthält das hochgiftige Alkaloid Akonitin. In ganz geringen Dosen ist es Medizin, ansonsten tödlich wirkend. Dieser ganze Vers 1 ist allegorisch aufzufassen. Die ***Frau*** dürfte eine Republik sein, ihre ***Töchter*** sind Tochterrepubliken, später gegründet und in gewisser Weise abhängig. Der Schlüssel ist das ***falsch*** geschriebene Wort Aconi***le*** statt Aconi***tum***. Vielleicht die französische Republik, die an der ***Überdosis*** Freiheit/den Exzessen zu Grunde gegangen ist, wie später viele andere.

72

Les Artomiques par Agen & l'Estore,
A saint Felix feront leur parlement:
Ceux de Basas viendront à la mal'heure,
Saisir Condon & Marsan promptement.

Die ***Artom***-iker von Agen und Lectoure
Führen in St. Felix ihre Beratungen.
Die von Basas kommen zur Unzeit,
Um sogleich Condon und Marsan zu nehmen.

Die genannten Orte liegen sämtlich in Südwestfrankreich an der Garonne. Das Kunstwort ***A(r)tomiker*** klingt verdächtig nach ***Atom***-iker, nach Atomwissenschaftlern oder jemanden, der Zugang zu Atomwaffen hat. Die NATO hat in Frankreich den Namen OTAN. Auch das kann vielleicht damit gemeint sein: Eine Besprechung von ARTOM = OTAN-Vertretern.

73

Le nepveu grand par force prouvera,
Le pache fait du cœur pusillanime,
Farrare & Ast le Duc esprouvera,
Par lors qu'au soir sera le pantomine.

Dem großen Neffen wird Gewalt gezeigt,
Den Frieden schließt er nur kleinmütig.
Ferrara und Asti erproben den Fürsten,
Wenn am Abend die Pantomime sein wird.

Der ***große Neffe*** ist Kaiser Napoleon III. (1808-1873). Auf ihn wird (Zeile 4) ein - mißglücktes - Attentat während einer Theateraufführung verübt. Ferrara und Asti stehen für Italien. Nach den Einigungskriegen erprobt man 1861 mit dem Fürsten Victor Emanuel die Monarchie.

Zeile 2: Napoleon III. fing fortlaufend Kriege an:

1851 Staatsstreich in Frankreich,
1854-56 Krieg gegen Rußland,
1859 Krieg gegen Österreich,
1860 Krieg gegen Italien,
1863 Krieg in Mexiko (!),
1870 erklärt er endlich auch Preußen den Krieg und ist ***beleidigt***, als Frankreich ihn verliert. Ohne die Niederlage von 1870 hätte er wohl auch noch England den Krieg erklärt. Sonst hatte er schon alle Länder in seiner Sammlung.

74

Du lac Leman & ceux de Brannonices,
Tous assemblez contre ceux d'Aquitaine,
Germains beaucoup, encore plus Souisses,
Seront des faicts avec ceux d'Humaine.

Vom Genfer See und die von Mâcon,
Alle versammelt gegen die von Aquitanien.
Viele Deutsche, noch mehr Schweizer.
Es gibt Umtriebe mit ihnen durch die ***Humaine***.

Der ***Feind*** sitzt in Aquitanien, südlich der Garonne. Gegen sie macht halb Mitteleuropa Front. Das letzte Wort in Zeile 4 bleibt rätselhaft. ***Humaine*** = Humanisten/Friedensapostel und Weltverbesserer? Möglicherweise die aus Maine ...

75

Prest à combattre fera defection,
Chef adversaire obtiendra la victoire:
L'arriere garde fera defension,
Les defaillans mort au blanc territoire.

Fertig zur Schlacht verläßt ihn der Mut,
Der gegnerische Feldherr erringt den Sieg.
Die Nachhut übernimmt die Verteidigung.
Die Geschwächten sterben auf weißem Gebiet.

Napoleon I. hat Moskau besetzt (15. September 1817), aber das war ein Vorstoß ins Leere. Cronin schreibt: "Napoleon begriff nicht recht, was vorging. Er war niedergeschlagen und sprach manchmal stundenlang kein Wort." Man überlegt, ob man nach St. Petersburg vorstoßen soll oder nach Süden, nach Kiew. Schließlich wird der Rückzug befohlen: Zeile 3 und 4: General Kutusow, der abwarten konnte, hat mit Beharrlichkeit den Sieg errungen. Der Winter erledigt den Rest.

76

Les Nictobriges par ceux de Perigort
Seront vexex, tenant iusques au Rosne,
L'associé de Gascons & Begorne,
Trahir le temple, le prestre estant au prosne.

Die von Agen werden durch die von Perigord
Gequält und halten gerade mal an der Rhône.
Der Verbündete aus der Gascogne und Bigorre
Verrät die Kirche, der Priester hält gerade eine Predigt.

Die Front verschiebt sich einmal quer durch ganz Südfrankreich bis zur Rhône hin. Die Kämpfe haben bürgerkriegsartige Züge und antiklerikale Momente. Derlei Verse gibt es eine Reihe. Zukunft, aber wann?

77

SELIN Monarque l'Italie pacifique,
Regnes unis, Roy Chrestien du monde,
Mourant voudra coucher en terre blesique,
Apres pyrates avoir chassé de l'onde.

Selin, der Monarch, befriedet Italien,
Er vereint die Staaten, wird christlicher Weltherrscher.
Als er stirbt, will er in der Erde von Blois ruhen,
Nachdem er die Piraten vom Meer gejagt hat.

Selin ist so etwas wie ein Ehrentitel, den Nostradamus diesem Herrscher gegeben hat. Enthalten ist zweierlei: Einmal mit Selene, der Mondgöttin, ein Bezug auf das Symbol des Islams, den Halbmond. Er ist der Bezwinger des Islamischen Imperiums. Zum anderen, rückwärts gelesen, als Anagramm ist er ein miles (lat.) = Soldat, also Feldherr und erringt seine Erfolge auf den Schlachtfeldern des Vierten (!) Weltkrieges. Blois, eine Stadt in Mittelfrankreich, zeichnet sich nicht nur mit einem Schloß aus der Zeit Franz I. (1494-1547) aus, es ist vor allem eine der berühmten Königsstädte Frankreichs.

78

La grand'armee de la pugne civile,
Pour de nuict parme à l'estrange trouvee,
Septante neuf meurtris dedans la ville,
Les estrangers passez tout à lespee.

Die große Armee des Bürgerkriegs
Findet des Nachts Parma in Feindesland.
In der Stadt neunundsiebzig ermordet,
Die Ausländer springen alle über die Klinge.

Bürgerkrieg in Italien. Möglicherweise sehr nahe Zukunft. Bei den Ausländern handelt es sich in diesem Fall um russische Truppen des Dritten Weltkriegs, in den dieser Bürgerkrieg übergeht.

79

Ang Royal fuis, Monhurt, Mas, Eguillon,
Remplis seront Bourdelois les Landes,
Navarre, Bygorre poinctes & eguillons,
Profonds de faims, vorer de Liege glandes.

Ang Royal, flieh, Monhurt, Maas, Aiguillon.
Die Landes werden voll sein mit denen aus Bordeaux.
Navarra, Bigorre, Anschläge und Fallen.
Heruntergekommen vor Hunger verschlingen sie Eicheln.

Bei dem ersten Wort fehlt der erste (und der letzte) Buchstabe. Vollständig muß das Wort heißen *Sang* = Blut. Ergänzen wir den letzten Buchstaben, erhalten wir *ange* = Engel. Also haben wir es mit *königlichem Blut*, mit *engelischem Blut* zu tun, mit einem göttlichen König. Wahrscheinlich zu sehen mit Vers IV/77. Es handelt sich um Selim/Henric, der gewarnt wird.

80

Pres du grand fleuve, grand fosse, terre eges
En quinze pars sera l'eau divisee:
La cité prinse, feu, sang, cris conflict mettre,
Et la plus part concerne au collisee.

Beim großen Fluß tiefer Graben, Erde als Schutzschild,
Am *15 pars* durch Wasser abgeschnitten.
Die Stadt genommen, Feuer, Blut, Schreie, Kriegshandlungen,
Und den größeren Teil betrifft der Zusammenstoß.

Zeile 1: Die verbunkerte Maginotlinie, Frankreichs *Schild*, vom Rhein nach Belgien. *eges* = (lat.) aegis, der Sturmschild Jupiters, ein Panzer aus Leder, der Brust und Schultern bedeckt. Ein Geschenk Minervas.

Zeile 2: Am 15. (Juni 1940) besetzen deutsche Soldaten *Pars* = Paris. Von dem Bundesgenossen England ist Frankreich nun durch den Ärmelkanal abgeschnitten.

Zeile 3: *Die Stadt* ist, wie bei Nostradamus üblich, Paris.

Zeile 4: Der kleinere Teil Frankreichs bleibt weitgehend selbständig unter Marschall Pétain, der in Vichy regiert.

81

Pont on fera promptement de nacelles,
Passer l'armee du grand Prince Belgique:
Dans profondrez, & non loing de Brucelles,
Outre passez, detranchez sept à picque.

Eine Brücke wird sogleich aus Nachen gefertigt,
Um an der Armee des großen belgischen Prinzen vorbeizustoßen.
Tief stoßen sie vor, und nicht weit von Brüssel
Übergesetzt, werden die Sieben mit der Hellebarde zerhackt.

Da sind sie wieder, die ***Sieben*** von Vers II/18. Es gibt bei der Übersetzung zwei Möglichkeiten. Einmal die oben gewählte. Im anderen Fall setzt die ***belgische*** Armee über den Fluß (Zeile 4) und geht dann unter: es hacken in dem Fall die Sieben. Nostradamus dürfte diese Angelegenheit vorsätzlich so formuliert haben. Der Fluß ist wohl die Maas. Da die ***Sieben*** gleichzeitig in Südeuropa angreifen, handelt es sich möglicherweise um eine Szene aus dem Dritten Weltkrieg. Es geht gleich weiter mit Vers 82:

82

Amas s'approche venant d'Esclavonie,
L'Olestant vieux cité ruynera:
Fort desolee verra sa Romanie,
Puis la grand'flamme estaindre ne sçaura.

Die Masse nähert sich, sie kommt aus Slawenland.
Der Wächter der Bedrückten wird die alte Stadt zerstören.
Sehr verzweifelt wird er sein Romanien sehen,
Dann weiß er nicht mehr die Große Flamme zu löschen.

Zeile 1: Angriff mit Massenheeren aus Rußland.

Zeile 2: Olestant ist ein zusammengesetztes Wort (lat.) One-(rus) = bedrückend. (O und L tauschen sprachlich häufig durch Lautverschiebung. ***Rus*** gibt darüber hinaus Hinweis auf einen ***russischen Führer.***) Stant = (lat.) Stator, Jupiter, der Flucht***hemmer*** (durch ***Jupiter*** erfahren wir, daß es sich um eine mächtige Persönlichkeit handelt). Die alte Stadt ist Rom. ***Wächter der Bedrückten*** ist eine sehr treffende Bezeichnung für diesen neokommunistischen Machthaber. Fortsetzung in Vers 83.

Zeile 3: ***Romanien*** ist Moskau, das ja häufig als ***drittes Rom*** bezeichnet wird. Die ganze Angelegenheit geht übel aus.

Zeile 4: Ein russischer Führer zettelt unbedacht den Dritten Weltkrieg an.

Vergl. Verse III/1, V/68, V/94, V/100, VIII/34.

83

Combat nocturne le vaillant capitaine,
Vaincu fuyra peu de gens prosligé:
Son peuple esmeu, sedition non vaine,
Son propre fils le tiendra assiegé.

In nächtlicher Schlacht der tapfere Kapitän
Besiegt, flieht er, von wenigen verfolgt.
Seine Leute werden vertrieben, der Aufstand war nicht vergeblich,
Sein eigener Sohn hält ihn belagert.

Die ***nächtliche Schlacht*** ist eine Anspielung auf die aus anderen Seherschauungen bekannte ***Dreitägige Finsternis***, eine Naturkatastrophe, die den Dritten Weltkrieg im Oktober beendet. Siehe dazu in der Übersicht: Der Großmeteor. In Rußland kommt es zum Umsturz, das Volk, die ***Söhne Rußlands***, beseitigen das Regime.

84

Un grand d'Auxerre mourra bien miserable,
Chassé de ceux qui sous luy ont esté:
Serré de chaines, apres d'un rude cable,
En l'an que Mars, Venus & Sol mis en esté.

Ein großer von Auxerre wird recht elend sterben,
Verjagt von denen, die unter ihm gewesen waren.
Gefesselt mit Ketten, dann mit einem groben Strick,
Im Jahr, wenn Mars, Venus und die Sonne im Sommer stehen.

Zeile 4 könnte auf ein Treffen der drei Himmelskörper im Zeichen Löwe hindeuten (August). Eine solche Konstellation hilft als Datierung im vorhinein allerdings kaum weiter, da sie recht häufig ist.

85

La charbon blanc du noir sera chaffé,
Prisonnier faict mené au tombereau:
More Chameau sus pieds entrelassez,
Lors le puisné sillera l'aubereau.

Die weiße Kohle wird von der schwarzen vertrieben.
Gefangen gesetzt wird er auf dem Kippkarren transportiert.
Das Gesetz fesselt ***Chameau*** die Beine,
Dann wird der Nächstgeborene im Chorhemd folgen.

Ein Vers, der in Zusammenhang mit Vers V/68 zu analysieren ist: Möglicherweise Dritter Weltkrieg, doch das Chameau = Kamel paßt nicht recht. Vielleicht ferne Zukunft, aber gar nicht so sicher.

Weiß ist die Farbe der ***Bourbonen***, was auch ganz entfernt in ***charbon*** anklingt. Dieser wird durch einen noir = roi, König, ersetzt. Der erste landet auf dem ***Schinderkarren***, kurz: wird abserviert. Gefesselte Beine bedeuten Handlungsunfähigkeit für das Chameau = Kamel. In Zeile 4 dürfte eine Krönung beschrieben sein. Chameau steht entweder für Araber oder ist ein Anagramm. Trotz vielen Wendens der Buchstaben ist mir die Lösung nicht gelungen: Es gibt 5.040 verschiedene Varianten und muß nicht unbedingt die richtige Spur sein.

86

L'an que Saturne en eau sera conioinct,
Avecques Sol, le Roy fort et puissant,
A Reims & Aix sera receu & oingt,
Apres conquestes meurtrira innocens.

Im Jahr, in dem Saturn in Konjunktion in einem Wasserzeichen steht
Mit der Sonne, wird der starke und mächtige König
In Reims und Aix empfangen und gesalbt.
Nach Eroberungen werden Unschuldige ermordet.

Der *König* könnte der Herrscher *Henric* sein, dem Nostradamus viele Verse widmet. Zeile 1 als Deutung hilft wenig weiter. Saturn soll in einem Wasserzeichen stehen, also Krebs, Skorpion, Fische. Saturn braucht für einen Umlauf 29,46 Erdenjahre, die Sonne gesellt sich stets dazu. Also alle zehn Jahre haben wir eine solche Stellung der Gestirne. Abwarten.

87

Un fils du Roy tant de langues apprins,
A son aisnè au regne different:
Son pere beau au plus beau fils comprins,
Fera perir principal adherant.

Ein Sohn des Königs beherrscht sehr viele Sprachen,
Vom älteren Sohn unterscheidet er sich als König.
Sein Schwiegervater versteht sich mit dem Schwiegersohn,
Er läßt den ersten Erben untergehen.

Das Rad der Geschichte wiederholt sich. Der Vers schildert Begebenheiten, wie zur Zeit der römischen Cäsaren. (Livia hat die gesamte Sippe ihres Mannes Augustus ausgemordet, nur um ihrem Sohn Tiberius die Folge in der Imperatur zu sichern.) Hier hilft ein Schwiegervater ein bißchen nach. Künftiges Geschehen: Der ältere Sohn wird beiseite geräumt.

88

Le grand Antoine du nom de faict sordide,
De Phthyriaise à son dernier rongé:
Un qui de plomb voudra estre cupide,
Passant le port d'esleu sera plongé.

Der Antoine, groß vom Namen her, von den Taten her schmutzig,
Wird am Ende von Läusen zerfressen.
Einer, der auf Blei so versessen ist,
Wird beim Passieren des Hafens von den Wählern ersäuft.

Das schlimme Ende zweier Mächtiger. Der erste scheint mit Vornamen Antonius zu heißen und einen *großen*, alten Namen zu haben. Sein Ende könnte dem Herodes des Großen gleichen: der wurde auf dem Höhepunkt seiner Macht innerhalb weniger Tage bei lebendigem Leibe von Würmern zerfressen, wird berichtet.

Der Zweite scheint, auf *Blei versessen*, ein kriegerisches Naturell zu haben. Seine Wähler servieren ihn ab, als er einen militärischen Vorstoß vorantreibt. Das Ersäufen ist wohl sinnbildlich zu verstehen.

89

Trente de Londres secret coniureront,
Contre leur roy, sur le pont l'enterprinse:
Luy, fatalites la mort desgousteront,
Un Roy esleu blonde, natif de Frize.

Dreißig von London verschwören sich insgeheim
Gegen ihren König; bei der Brücke das Unterfangen.
Ihn lassen sie Schicksalsschläge, den Tod kosten.
Ein blonder König wird gewählt, geboren in Friesland.

Zeile 1 wörtlich: Dreißig von London ein *Geheimnis* ... In dieser Zeile, Nostradamus weist darauf hin, hat er ein Geheimnis eingebaut (dreißig Verschwörer hat es nie gegeben!). Es geht um den englischen König Jakob II. (1633-1701). Sein Problem liegt wirklich *bei der Brücke*, (franz.) Sur le pont = bei dem Pont(ifex) maximus, dem Papst nämlich. Als er dreißig Jahre (siehe Zeile 1) vor seinem Tod zum Katholizismus konvertiert und eifrig beginnt, in England für den Papst zu werben, wird er vom Parlament abgesetzt. Dreißig Jahre vor seinem Tod (Zeile 3) wendet sich mit diesem Schicksalsschlag sein Leben. Ihm folgt aus den Niederlanden, *Friesland*, der blonde Wilhelm von Oranien auf den Thron. Dieser Vers zeigt exemplarisch, wie überaus schwierig es ist, im vorab die Verse zu deuten.

90

Les deux copies aux murs ne pourront ioindre
Dans cest instant trembler Milan, Ticin:
Faim, soif, doutance si fort les viendra poindre
Chair, pain, ne vivres n'auront un seul boucin.

Die beiden Heere können sich nicht an den Mauern treffen.
Zu diesem Zeitpunkt zittern Mailand und Tessin.
Hunger, Durst, Verzweiflung werden sie sehr stark bedrücken,
Fleisch, Brot, keine Lebensmittel werden sie haben, kein einziges Bröckchen.

Zwei feindliche Armeen werden ***an den Mauern*** = Grenzen gehindert, eine Zangenbewegung zu vollenden. Die eine Armee dürfte durch die Burgundische Pforte vorstoßen die Rhône abwärts, die andere kommt wohl aus dem Balkan in Richtung norditalienische Tiefebene. Aber die Umfassung wird nicht zur Ausführung kommen. Sehr wahrscheinlich die Russen im Dritten Weltkrieg. In den Städten bricht die Wasserversorgung zusammen: "Durst!" und Lebensmittel gibt es nicht mehr (vergl. Vers II/18).

91

Au Duc Gaulois contrainct battre au duelle,
La nef Melle Monech n'apporchera,
Tort accusé, prison perpétuelle,
Son fils regner avant mort taschera.

Den französischen Führer fordert er zum Zweikampf heraus,
Das Schiff *Melle* wird Monaco nicht erreichen.
Zu Unrecht beschuldigt Gefängnis lebenslang.
Sein Sohn trachtet, vor dem Tod an die Macht zu gelangen.

Der Schlüssel dieses Verses ist ***Melle***. Sie dürfen mir glauben, daß ich alle Kniffe versucht habe, diese Nuß zu knacken. Le *mel* (lat.) ist der Honig. Aber da klebt man auf der falschen Fährte, leider. ***La nef*** ist auch das Kirchen***schiff***. Melle bezieht sich möglicherweise auf den Namen eines Papstes, dem es nicht mehr gelingt, bis nach Monaco zu kommen. Ist dem so, ist dieser Papst Clemens XV. (Clemens/Mollis = mild). Clemens XIV., der bisher letzte dieses Namens, regierte bis 1774.

92

Teste trenchee du vaillant capitaine,
Sera gettee devant son adversaire:
Son corps pendu de la classe à l'antenne,
Confus fuira par rames à vent contraire.

Der abgehackte Kopf des kühnen Kapitäns
Wird vor die Füße seines Gegners geworfen.
Sein Körper aufgehängt an der Rah der Flotte,
Verwirrt flieht man durch Ruder gegen den Wind.

Den *Kapitän* kennen wir schon aus Vers IV/83. Da war er geflohen. Dies ist nun sein Ende.

93

Un serpent veu proche du lict Royal,
Sera par dame nuict chien n'abayeront:
Lors naistre en France un Prince tant Royal,
Du ciel venu tous les Princes verront.

Eine Schlange wird beim königlichen Bett gesehen,
Von einer Dame, nachts. Die Hunde haben nicht gebellt.
Dann wird in Frankreich ein sehr königlicher Prinz geboren,
Als "vom Himmel gekommen" sehen alle die Prinzen an.

Der Herzog von Berry ist ermordet worden (13. Februar 1820). Damit droht dessen Vater, Charles X., das Erlöschen der Linie: Gefahr = Schlange beim königlichen Bett. Doch unbemerkt = "die Hunde haben nicht gebellt", ist die Schwiegertochter des Königs im zweiten Monat schwanger. Geboren wird der Herzog von Chambord, bejubelt als Dieudonné, ein Gottesgeschenk, vom Himmel gekommen, siehe Zeile 4.

94

Deux grands freres seront chassez d'Espaigne,
L'aisné vaincu sous les monts Pyrenees:
Rougir mer, Rosne, sang Leman d'Alemaigne
Nabon, Blyterre, d'Agath, contaminees.

Zwei große Brüder werden aus Spanien vertrieben,
Der ältere besiegt am Fuß der Pyrenäen.
Das Meer und die Rhône werden rot sein vom Blut der Schweizer und der Deutschen.
Narbonne, Béziers, von Agde verseucht.

Feindlicher Vorstoß über Spanien und die Pyrenäen hinweg in Richtung französische Alpen. Die *großen Brüder* Spaniens sind Alliierte, dabei offenbar Deutschland. Die Küste des Mittelmeers wird durch chemische oder radioaktive Kampfmittel in Mitleidenschaft gezogen.

95

Le regne à deux laissé bien peu tiendront,
Trois ans sept mois passez feront la guerre
Les deux vestales contre rebelleront,
Victor puisnay en Armenique terre.

Die Herrschaft wird Zweien anvertraut, die sich nur kurz halten können.
Drei Jahre sieben Monate verstreichen, und sie führen Krieg.
Die beiden Vestalinnen erheben sich gegen sie.
Der Sieger ist dann auf armenischen Boden geboren.

Vestalinnen sind Priesterinnen der Vesta, der Göttin des heimischen Herdfeuers. Möglicherweise mischt Nostradamus das Wort *vassal* = Vasall hinein. Das würde bedeuten, daß sich in beiden Ländern die *Heimat* unter Stellvertretern erhebt, während die Front in ferneren Gegenden liegt.

Zeile 2 läßt sich auch so verstehen: Drei Jahre sieben Monate verstreichen, *während* sie Krieg führen. Dieser Text schillert wieder. Wir wissen nicht einmal, ob die Zwei gemeinsam oder gegeneinander kämpfen.

Zeile 4: in anderen Ausgaben steht statt Armenique: Armonica, das Anagramm von Romanica, römisch. Das scheint auch wahrscheinlicher.

96

La sœur aisnee de l'Isle Britannique
Quinze ans devant le frere aura naissance:
Par son promis moyennent verrifique,
Succedera au regne de balance.

Die ältere Schwester der britischen Insel,
Mit 15 Jahren, vor ihrem Bruder wird sie geboren.
Durch ihr Versprechen, den wahren Glauben zu vertreten,
Erfolgreich auf dem Thron durch den Ausgleich.

Es handelt sich um die Königin Mary, Schwester Jakobs III. (1688-1766). Sie ist 26 Jahre älter als ihr Bruder und ist 1662 geboren. Alle Interpreten gingen davon aus: hier hat sich Nostradamus einmal geirrt! Aber da kennen sie den alten Meister nicht. Mit 15 Jahren heiratet sie 1677 Wilhelm III. von Oranien und das ist entscheidend für ihr Schicksal.

Zeile 3 und 4: Für England ist wichtig, daß die Königin anglikanisch ist. Mary muß schwören, dem Katholizismus in England keinen Vorschub zu leisten. Sie konvertiert. Zum Ausgleich geht ihr Bruder nach Italien und schließt sich eng an den Papst an. Doch seine Versuche, so auf den Thron zu gelangen, scheitern 1708 und 1715.

97

L'an que Mercure, Mars, Venus retrograde,
Du grand Monarque la ligne ne faillit:
Esleu du peuple l'usitant pres de Gagdole,
Qu'en paix & regne viendra fort enviellir.

Im Jahr, in dem Merkur, Mars, Venus rückläufig sind,
Wird das Geschlecht des großen Monarchen nicht untergehen.
Vom Volk der Lusitanier bei Gagdole gewählt,
So daß er in Frieden und Herrschaft sehr alt werden wird.

Hier wird berichtet, daß ein Mitglied des künftigen französischen Herrscherhauses zum König Portugals gekürt wird. Merkur, Venus und Mars sind gemeinsam so häufig rückläufig, daß es nicht möglich ist, dieses Ereignis im vorab sicher zu datieren. Auffallend ist, daß Mars vor Venus genannt ist, *eingerahmt* und nicht frei an letzter Stelle. Vielleicht ein Hinweis darauf, daß Mars/der Krieg auf längere Zeit gebunden ist und weithin Frieden auch außerhalb Portugals herrscht.

98

**Les Albanois passeront dedans Rome,
Moyennant Langres de miples affublez,
Marquis & Duc ne pardonnes à l'homme,
Feu, sang, morbilles point d'eau, faillir les blés.**

Die von Alba werden nach Rom eindringen,
Über Langres her, sie täuschen Hilfe vor.
Baron und Herzog verschonen die Menschen nicht.
Feuer, Blut, Krankheiten, kein Wasser, Mangel an Getreide.

Die *Sacco di Roma*, die Plünderung Roms, am 6. Mai 1527 durch die Truppen des Herzogs von Alba (1507-1582). Möglicherweise aber auch die *Weißen* (lat.) albus gegen die *Roten* in einem künftigen Konflikt.

99

**L'aisné vaillant de la fille du Roy,
Repoussera si profond les Celtiques,
Qu'il mettra foudres, combien en tel arroy
Peu et loing, puis profond ès Hespèriques.**

Der älteste tapfere Sohn der Königstochter
Wird die Kelten sehr weit zurückwerfen.
Er benutzt dazu Blitze, sehr viel in derartiger Menge,
Kurze und weite, letztendlich von den Hesperiden her.

Die *Kelten* kennen wir bereits aus anderen Versen. Es sind radikale Nationalfranzosen aus dem Südwesten Frankreichs. Sie werden offensichtlich auch mit Ferngeschossen,

Blitzen aus Amerika bekämpft. Die *Hesperiden* sind sagenhafte Gärten jenseits des Atlantiks, wo im Paradies goldene Äpfel wachsen.

100

De feu céleste au Royal edifice,
Quand la lumière de Mars defaillira,
Sept mois grand guerre, mort gent de malfice,
Rouan, Evreux au Roy ne faillira.

Himmlisches Feuer fällt auf das königliche Gebäude,
Wenn das Licht des Mars erlischt.
Siebenter Monat großer Krieg, Tod dem elenden Volk,
Rouen, Evreux lassen den König nicht in Stich.

Die Vernichtung von Paris gegen Kriegsende des Dritten Weltkrieges (vermutlich Anfang Oktober 1998). Mars = Kriegsgott *erlischt*. Begonnen hat der Krieg Ende Juli, im siebten Monat (Zeile 3). Häufig wird diese Nostradamus-Falle übersehen und übersetzt, der Krieg dauere sieben Monate lang. Aber das steht da gar nicht. Das *elende Volk* sind die Angreifer und die Aufständischen im eigenen Land.

1

Avant venuë de ruine Celtique,
Dedans le temple deux parlementeront,
Poignard cœur, d'un monté au coursier, & picque,
Sans faire bruit le grand enterreont.

Bevor der Untergang Frankreichs kommt,
Verhandeln zwei in der Kirche.
Den Dolch ins Herz einem auf dem Schlachtroß sitzend und Hellebarde.
Ohne groß Aufhebens zu machen, graben sie den Großen ein.

War die französische Revolution der Untergang Frankreichs für Nostradamus? Ich meine, nein. Also ein künftiges Geschehen. Vorher scheint es in der römischen Kurie zu einer Spaltung zu kommen, wobei die Streitigkeit rasch mit hinterlistiger Gewalt unauffällig erledigt wird. Dabei muß nicht wörtlich Blut fließen.

2

Sept coniurez au banquet feront luire,
Contre les trois le fer hors de nauire:
L'un les deux classes au grand fera conduire,
Quand par le mail. Dernier au front luy tire.

Sieben Verschwörer beim Bankett lassen blitzen
Gegen die drei das Eisen außerhalb des Schiffes.
Der eine läßt die beiden Flotten zum Großen bringen
Zu seinem Schaden. Den letzten schießt man ins Gesicht.

Das *Schiff* dürfte wieder einmal für die römische Kurie stehen. Zeile 2: Drei scheinen *Abweichler* zu sein, außerhalb des festgelegten Dogmas. Das bekommt ihnen nicht. Daraufhin endet die Spaltung offiziell (vergl. Vers V/1), aber offenbar nur oberflächlich; Eine Menge geht auf *Tauchstation* (Zeile 4). Mit den letzten Worten ist womöglich ein Attentat auf den Papst angedeutet. Nach diesem Vorfall ändert sich etwas grundsätzlich, denn in irgendeiner Beziehung ist er *der letzte*.

3

Le successeur de la Duché viendra
Beaucoup plus outre que la mer de Toscane:
Gauloise branche la Florence tiendra,
Dans son giron d'accord nautique Rane.

Der Nachfolger im Herzogtum wird von
Viel weiter kommen als vom toskanischen Meer.
Der französische Ast wird Florenz halten.
In seinem Schoß hat der Frosch ein Schiffsabkommen.

Viktor Emanuel II. (1820-1878), wird 1861 erster König Italiens. Vorher war er König von Sardinien (1849-1861). Zeile 3: Das ***Herzogtum*** ist Florenz, Italiens erste Hauptstadt ab 1865, da Rom damals noch zum päpstlichen Territorium gehörte. Erst 1870 wird Rom die Hauptstadt Italiens. Der französische ***Ast*** ist Napoleon III., Neffe des Kaisers Napoleon I. Er schlägt gemeinsam mit den Piemontesen am 24. Juni 1859 die Österreicher bei Solferino. Ein ***Frosch*** ist Wasserkönig nur im Tümpel. Italiens ***Tümpel*** ist die warme, fast umschlossene Adria. Dort schlägt der österreichische Admiral Tegetthoff 1866 bei der dalmatinischen Insel Lissa die italienische Flotte, die kaum dem ***Schoß*** des neuen Reichs entsprungen war. Italien muß mit Österreich als Folge ein Flottenabkommen schließen.

4

Le gros mastin de cité dechassé,
Sera fasché de l'estrange alliance,
Apres aux champs avoir le cerf chassé,
Le loup & l'ours se donront defiance.

Der fette Hund wird aus der Stadt gejagt.
Er ist erbost über den fremden Pakt,
Nachdem sie den Hirsch im Feld gejagt haben,
Mißtrauen sich Bär und Wolf.

Dieser Vers ist einfach. Der fette Hund ist die englische ***Bulldogge*** Churchill. Er kommt erst 1940 zum Zug. Erbost ist er über den deutsch-russischen Pakt, durch den England politisch ausmanövriert wurde. Der Hirsch ist bei Nostradamus stets Polen, der Bär Rußland, der Wolf Deutschland (wenn es ***böse*** ist). Hitler und Stalin teilen sich Polen. Das ist der Kriegsgrund für England, das Polen Garantien gegeben hat. Der Krieg wird aber nur Deutschland erklärt; Stalin ist der ***gute Onkel Joe***, der vorher schon das hilflose Finnland überfallen hatte. Nach dem Krieg dürfen die Russen den Teil Polens auch behalten, den sie geraubt hatten. ***Böse*** sind nur die Deutschen. Das verstehe, wer mag.

5

Sous ombre faincte d'oster de servitude,
Peuple & cité l'usurpera luy mesme:
Pire fera par fraux de ieune pute,
Livré au champ lisant le faux proësme.

Unter dem Deckmantel, die Knechtschaft aufzuheben,
Wird er selbst über Volk und Stadt sich aufschwingen.
Schlimmeres geschieht durch Betrug der jungen Dirne.
Die ins Feld geschickten lesen die erlogene Rührgeschichte.

Zeile 3: Bücher und Presse sind die Dirne, dienstbar durch Tendenzgeschichten. Musterbeispiel und erster Fall ist die erlogene Rührgeschichte der Amerikanerin Harriet Beecher-Stowe ***Onkel Toms Hütte*** (1852), in der sie mit erfundenen Greuelgeschichten zum Krieg gegen die Südstaaten hetzte. Während es in diesem Krieg einzig und allein um die Vorherrschaft der Finanzmagnaten des Nordens ging, hing man sich ein frommes Mäntelchen um, man müsse den Süden aus der Knechtschaft ***befreien*** (Zeile 1). In den USA ist diese Methode seitdem bewährtes Mittel, das Volk nach Belieben gegen andere Völker aufzuhetzen: ***Befreiung*** durch Zerbombung. ***Er*** ist der amerikanische Präsident Abraham Lincoln.

6

Au Roy l'augur sur le chef la main mettre,
Viendra prier pour la paix Italique:
A la main gauche viendra changer le sceptre,
De Roy viendra Empereur pacifique.

Dem König wird der Prophet auf das Haupt die Hand legen,
Er wird beten für den italienischen Frieden.
In die linke Hand wechselt er das Szepter.
Aus dem König wird ein Friedenskaiser.

Zeile 1: Salbung des Königs von Frankreich durch den Papst. Muß für den inneritalienischen Frieden gebetet werden, gibt es dafür auch wohl eine Ursache. Gefolgert wird: Bürgerkrieg zu diesem Zeitpunkt. Ergebnis: die rechte Hand muß frei werden, um das Schwert zu führen. Nach vollbrachter Tat in Italien erfolgt die Kaiserkrönung. Wieder ein Vers über ***Henric***, den Friedenskaiser Europas. Wahrscheinlich nähere Zukunft.

7

Du Triumvir seront trouvez les os,
Cherchant profond thresor ænigmatique,
Ceux d'alentour ne seront en repos,
Ce concaver marbre et plomb metallique.

Von der ***Dreimännerherrschaft*** werden die Knochen gefunden,
Während man in der Tiefe den rätselhaften Schatz sucht.
Die aus der Umgebung kommen nicht zur Ruhe.
Dieser Sarg ist aus Marmor und metallischem Blei.

Das erste *Triumvirat* bildeten 60 n.Chr. Cäsar, Pompejus und Crassus. In der Neuzeit besteht das erste Triumvirat 1799 aus den drei Konsuln Napoleon, Talleyrand und Fouché. Zeile 4 ist möglicherweise eine Anspielung auf die prächtige Grabstätte Napoleons im Invalidendom. Aber wahrscheinlich handelt es sich um ein künftiges Ereignis.

8

Sera laissé feu vif, mort chaché,
Dedans les globes horribles espouvantable,
De nuict à classe cité en poudre lasché,
La cité à feu, l'ennemy favorable.

Das Feuer bleibt lebendig, schleichender Tod,
In den Kugeln schreckliches Grauen.
Des Nachts von (Kriegs)schiffen aus die Stadt zu Staub gemacht.
Die Stadt im Feuer, dem Feinde günstig.

Die atomare Zerstörung von Paris. ***Die Stadt*** ist bei Nostradamus stets die französische Hauptstadt. In Zeile 1 beschreibt er die radioaktive Strahlung als Feuer, das lebendig/aktiv bleibt; die Folge ist schleichender Tod der Bewohner, die in den Vorstädten zunächst überlebt hatten. Zeile 2 beschreibt die Atombombe, die aus zwei Halbkugeln besteht. Zur Explosion müssen die beiden Teile mit Sprengstoff zusammengeschossen werden. Der Angriff, der nachts wahrscheinlich von Unterseebooten aus erfolgt, zerstört das Zentrum der Stadt, so daß nur radioaktiver Staub übrig bleibt. Der Rest steht in Flammen. Eine Szene aus dem III. Weltkrieg. (Vergl. Verse II/81, III/84, VI/43)

9

Iusques au fond la grand arq demoluë,
Par chef captif l'amy anticipé:
Naistra de dame front, face cheveluë,
Lors par astuce Duc à mort attrappé.

Bis auf den Grund ist der große Bogen zerstört.
Von dem Chef gefangen, ist der Freund voreingenommen.
Geboren von der Prinzessin mit Haaren in der Stirn und im Gesicht.
Dann wird durch List der Führer vom Tod überrascht.

Der *Chef* und der *Führer* sind zwei verschiedene Personen. Der Chef hat zur Mutter eine Prinzessin mit origineller, langhaariger Frisur. Zeile 1: Der Papst hat von seinem heidnischen Vorgänger den Titel *Pontifex maximus* = der größte Brückenbauer (nämlich zwischen Erde und Himmel) übernommen. Die Kurie in Rom scheitert also gründlich. Künftiges Geschehen, das sich zur Gänze erst nach Eintreffen präziser zuordnen läßt.

10

Un chef Celtique dans le conflict blessé,
Aupres de cave voyant siens mort abattre:
De sang & playes & d'ennemis pressé,
Et secourus par incogneus de quatre.

Ein französischer Chef wird im Streit verletzt,
Bei dem Theater sieht er die Seinen den Tod abwehren.
Durch Blut und Wunden und die Feinde bedrängt,
Und zu Hilfe durch vier Unbekannte.

Möglicherweise wird hier Orsinis Attentat auf Kaiser Napoleon III. geschildert (14. Januar 1858). Vor der Opera (cavea = Theater) wird er durch eine Bombe verletzt. Graf Orsini ist ein politischer Gegner Napoleons III., liegt *im Streit* (Zeile 1) mit ihm.

11

Mer par solaires seure ne passera,
Ceux de Venus tiendront toute l'Affrique:
Leur regne plus Aturne n'occupera,
Et changera la part Asiatique.

Das Meer überquert er wegen der Sonnenschwestern nicht,
Die der Venus beherrschen ganz Afrika.
Ihre Regierung wird *Aturne* nicht besitzen,
Und verändern wird sich der asiatische Teil.

Das Schlüsselwort, sogleich erkennbar, da eine Wortschöpfung Nostradamus, ist *Aturne*. Die *Urne*, "das Feuer vom Himmel, das Paris zum Staub" macht, kennen wir bereits aus Vers II/81. Es ist eine Atombombe (*Uran*). Hier wird es noch deutlicher gesagt: At(om)-*Urne*. Die der *Venus* haben also keine A-Bomben, beherrschen aber ganz Afrika. Es handelt sich um Araber, die diese Technologie nicht beherrschen. Zeile 1 beinhaltet eine Nostradamusfalle, die der Meister häufig anwendet und bisher nicht nur flüchtige Leser, sondern auch sämtliche Experten genarrt hat. Die Aussage ist nicht, wie man mein, daß *er* das Meer nicht überquert, sondern er wählt statt des Seewegs den Landmarsch oder aber der Grund der Meerüberquerung ist nicht die *Sonnenschwester*, sondern ein ganz anderer. Die *Sonnenschwester* ist der Mond, auf französisch *la lune*, die Mond, also weiblich. Er steht für den Islam. Da hier im Plural gebraucht, sind die *Sonnenschwestern* offenbar mehrere *Monde* = arabische Staaten. Zeile 2: *Venus* ist einmal die Göttin Venus, dann der Planet, heißt aber auch, kleingeschrieben (venus) = gekommen. Vielleicht sind (Eindringlinge) *gekommen*, beherrschen ganz Afrika (Zeile

2). Mit ***Venus*** und (*S*)***aturn*** hat Nostradamus jedenfalls nur Hinweisschilder für Inkompetente errichtet.

12

Auprès du lac Leman sera conduite,
Par grace estrange cité voulant trahir:
Avant son meurtre à Ausbourg la grand suitte,
Et ceux du Rhin la viendront invahir.

Zum Genfer See wird er geführt,
Zum sonderbaren Dank wollen sie die Stadt verraten.
Vor seinem Tod nach Augsburg großes Gefolge,
Und die vom Rhein werden dort einfallen.

Dieser Vers wird verständlich nur im Zusammenhang mit Vers III/53. Das ***große Gefolge*** ist eine russische Armeefront. Eine weitere Front steht am Rhein, um ***dort*** einzufallen (vergl. Verse VI/40 und V/94). Eindeutig ein Vers zum Dritten Weltkrieg.

13

Par grand fureur le Roy Romain Belgique
Vexer voudra par phalange barbare:
Fureur grinssant chassera gent Lybique
Depuis Pannons iusques Hercules la hare.

In großer Wut will der belgische König von Rom
Mit Streitkräften die Barbaren heimsuchen.
Vor Wut schäumend jagt er das libysche Volk
Von Österreich bis Gibraltar die Sichel.

Schon Napoleon I. hatte seinem kleinen Sohn den Titel ***König von Rom*** verliehen. Wir haben es also mit einem europäischen Kaiser belgischer Abstammung zu tun.

Die ***Libyer***, also Araber, sind (wieder einmal, wie so oft in ihrer Geschichte) bis nach Österreich vorgedrungen. Im 8. Jahrhundert standen Vorhuten aus Frankreich kommend bereits östlich des Rheins im Schwarzwald. Nichts Neues also. ***Herkules*** = Säulen des Herkules = Gibraltar. Ferne Zukunft. Zeile 4: Sichel = Halbmond = Araber.

14

Saturne & Mars en Leo Espaigne captifve,
Par chef Lybique au conflict attrapé,
Proche de Malthe, Heredde prinse vive,
Et Romain sceptre sera par Coq frappé.

Wenn Saturn und Mars im Löwen stehen und Spanien besetzt ist,
Wird er durch den Chef Libyens in den Streit hineingezogen.
In der Nähe von Malta wird ***Heredde*** lebendig ergriffen,
Und das römische Szepter wird durch den Hahn geschlagen.

Zeile 1: Regelmäßig alle 30 Jahre, also wenig Anhalt dort zur Zeitbestimmung im vornhinein. Zeile 2: Araber und Spanien in den Haaren. Zeile 3: Ein Staatsmann aus Israel, Heredde (***Herodes***) wird abgefangen. Zeile 4: Frankreich, der ***Hahn***, klopft (wieder einmal) Italien auf die Finger.

15

En navigant captif prins grand Pontife,
Grand aprets faillir les clercs tumultuez:
Second esleu absent son bien debife,
Son favory bastard à mort tué.

Während einer Reise wird der große Papst gefangen genommen,
Nach dem Scheitern des Großen revoltieren die Geistlichen.
Der nächste wird in Abwesenheit gewählt, sein Wert ist niedrig,
Sein begünstigter Bastard zu Tode gequält.

Querelen - aber was für welche! - in der Kurie. Jederzeit möglich.

16

A son hault pris plus la lerme sabee,
D'humaine chair par mort en cendre mettre,
A l'Isle Pharos par Croisars perturbee,
Alors qu'à Rhodes paroistra dur espectre.

Auf dem Höchstpreis ist die sabäische Träne nicht mehr,
Das Fleisch von Menschen im Sterben zu Asche gemacht.
Auf der Insel Pharos durch Kreuzer Panik,
Dann, wenn in Rhodos erscheint ***dur espectre***.

Zeile 4: ***Dur espectre*** heißt hartes Gespenst. ***Harte*** Gespenster gibt es nun einmal nicht, und Nostradamus hat hier etwas anderes hineingeschlüsselt: Dur es = ***hartes S***, ein doppeltes *S* also. Ergebnis: Dur SS = D'URSS = aus der Sowjetunion (franz.: URSS, auf deutsch: UdSSR). Von dort erscheinen also die Kreuzer im Mittelmeer.

Zeile 1: ***Tränen von Saba*** sind Erdöltropfen, die die Erde im Altertum in Arabien ausschwitzte. Die Aussage ist also: der Ölpreis ist auf niedrigerem Stand gegenüber dem vorhergehenden Vers. Zeile 2 läßt auf den Einsatz von A-Waffen schließen. Die kleine

Insel Pharos vor Alexandria steht für Ägypten. Und was die UdSSR betrifft, lesen Sie mal Vers VI/74!

17

De nuict passant le Roy pres d'une Andronne,
Celuy de Cypres & principal guette:
Le Roy failly, la main fut long du Rosne,
Les coniurez l'iront à mort metttre.

Des Nachts zieht der König an einem Engpaß vorbei,
Dieser wird von Zyprioten und dem Führer bewacht.
Der König scheitert, der Kampf wird sein entlang der Rhône.
Die Verschwörer wollen ihn zu Tode bringen.

Das Scheitern eines künftigen Feldzugs im Nahen Osten. Der Rückschlag wirft zurück bis nach Frankreich.

18

De dueil mourra l'infelix prosligé,
Celebrera son vitrix l'hecatome:
Pristine loy, franc edict redigé.
Le mur & Prince au septiesme iour tombe.

Im Zweikampf stirbt der vom Unglück verfolgte,
Sein Sieger feiert die Bluttat.
Nach altem Gesetz wird ein freier Erlaß herausgegeben.
Mauer und Prinz fallen am siebten Tag.

Im Zweikampf stirbt Heinrich II. (vergl. Vers I/35). Als ***Siegerin*** feiert seine Witwe, Katharina von Medici, die Bartholomäusnacht am 24. August 1572. Rund 25.000 ***Feinde*** wurden in ganz Frankreich abgeschlachtet. Das Morden dauerte Tage. Den Hugenotten wird das Rückgrat gebrochen, ihr Führer Coligny ermordet. 1598 wird durch Heinrich IV. mit dem Edikt von Nantes die freie Religionsausübung wieder gestattet. In Zeile 4 schließt sich der Kreis: Heinrich II. stirbt tagelang unter grauenhaften Qualen (siehe Zeile 1).

19

Le grand Royal d'or, d'airain augmenté,
Rompu la pache, par ieune ouverte guerre:
Peuple affligé par un chef lamenté,
De sang barbare sera couverte terre.

Der große ***Royal d'or*** wird mit Erz gestreckt,
Der Friede wird gebrochen, durch den Jungen der Krieg begonnen.
Das Volk ist bekümmert wegen eines jammernden Chefs,
Mit barbarischem Blut ist die Erde bedeckt.

Louis d'or, Napolon d'or waren Goldstücke der Herrscher. Es kommt eines Tages ein ***Royal d'or*** = ein ***Königsgulden*** in Umlauf. Beschrieben wird Geldwertverfall, Indikator für Ebbe in der Staatskasse. Der ***Böse*** ist wohl der junge Mann; in Frankreich wird nur gejammert. ***Barbarisches Blut*** weist darauf hin, daß es einmal wieder gegen die ***Ungläubigen*** geht. Alles schon gehabt. Ferne Zukunft.

20

Delà les Alpes grande armee passera,
Un peu devant naistre monstre vapin:
Prodigieux et subit tournera
Le grand Tosquan à son lieu plus propin.

Über die Alpen zieht eine große Armee.
Ein wenig zuvor wird das Dampfungetüm geboren.
Wunderbar schnellt dreht es sich.
Der große Toskaner wendet sich mehr seiner Heimat zu.

Napoleon I. zieht 1796 mit 40.000 Soldaten und schwerer Artillerie über die Alpen. Eine militärische Meisterleistung. 1799 kehrt Ferdinand III., Großherzog der Toskana, nach Wien zurück. Sein Fürstentum gibt er auf (Zeile 1 und 4). 1776, einige Jahre zuvor, schließt James Watt im wesentlichen die Entwicklung der Dampfmaschine ab und baut in den folgenden 25 Jahren ungefähr 500 Dampfungetüme mit zuckenden Kolbenstangen und wirbelnden Rädern. Damals ein Wunder (Zeile 2 und 3). 1867 fahren Dampflokomotiven über die Alpen.

21

Par le trespas du Monarque Latin,
Ceux qu'il aura par regne secourus:
Le feu luyra divisé le butin,
La mort publique aux hardis incourus.

Durch das Hinscheiden des latinischen Monarchen.
Jene, durch die er während seiner Herrschaft Sicherheit hatte.
Das Feuer leuchtet, die Beute wird geteilt.
Der öffentliche Tod denen, die tapfer sich auflehnen.

Offenbar künftiges Geschehen, das sich noch nicht deuten läßt.

22

Avant qu'a Rome grand aye rendu l'ame,
Effrayeur grande à l'armee estrangere:
Par esquadrons l'embusche pres de Parme,
Puis les deux rouges ensemble feront chere.

Bevor in Rom der Große seine Seele zurückgibt,
Großer Schrecken in der fremden Armee.
Durch Reiterscharen der Hinterhalt bei Parma,
Dann lassen die zwei Roten es sich gemeinsam gutgehen.

Möglicherweise hat Nostradamus durch Zeilenversatz die Lösung verborgen. Korrekte Folge: 3, 4, 1, 2, also: Panzergefecht in Norditalien, siegreich für den fremden Roten, der mit dem roten Revolutionär Italiens feiert. Die ***Roten*** kommen der italienischen Revolution ***zu Hilfe***. Takt 2: Bevor der Papst (später) stirbt, wendet sich das Blatt zu Ungunsten der italienischen Roten und ihren ausländischen ***Freunden***. Gehört womöglich zum Dritten Weltkrieg. Das Leben des Papstes scheint von den ***Roten*** bedroht zu sein, sonst wäre nicht besonders erwähnt, daß er erst nach dem Krieg stirbt. Vergl. Vers V/100: der Papst flieht bei Kriegsausbruch.

23

Les deux contens seront unis ensemble,
Quant la plupart à mars seront conionct:
Le grand d'Affrique en effrayeur & tremble,
Duumvirat par la classe desioinct.

Die beiden Zufriedenen sind miteinander verbündet,
Wenn die Mehrzahl mit Mars verbunden sind.
Der Große von Afrika in Schrecken und zittert,
Das Zweierbündnis wird durch die Flotte gesprengt.

Zeile 1 und 4 gehören zusammen. Zwei Staaten, wahrscheinlich durch ein Meer getrennt, halten eine friedliche Allianz. Mars ist der römische Kriegsgott: Sonst scheint es zu diesem Zeitpunkt (wie ja meist) unruhig zu sein. Möglicherweise haben wir aber auch gleichzeitig ein Treffen mehrerer Planeten am Sternenhimmel. Ferne Zukunft: In Afrika herrscht ein Großer.

24

Le regne & loy sous Venus eslevé,
Saturne aura sus Iupiter empire:
La loy & regne par le Soleil levé,
Par Saturnins enduera le pire.

Reich und Recht gedeihen unter Venus,
Saturn hat über Jupiter Herrschaft.
Gesetz und Herrschaft werden durch die Sonne aufgehoben.
Durch die Saturnier wird er das Schlimmste erleiden.

Mir sind Versuche bekannt, den Symbolen der Planeten Staaten zuzuordnen, um diesen Vers zu entschlüsseln. Um zu einem logisch-befriedigenden Ergebnis zu kommen, muß dazu jedoch der Vers bewußt falsch übersetzt werden. Das vermeiden wir lieber und lassen das Rätsel einstweilen ruhen.

25

Le Prince Arabe Mars, Sol, Venus, Lyon,
Regne d'Eglise par mer succombera:
Devers la Perse bien pres d'un million,
Bisance, Egypte, vers. sepr. inuadera.

Der arabische Prinz Mars, Sonne, Venus im Löwen,
Das Reich der Kirche wird zur See unterliegen,
Bei Persien gut fast eine Million,
Byzanz, Ägypten, List, Trennung, wird überschwemmt.

Zeile 4, die zwei lateinische Abkürzungen enthält, freier übersetzt: Die Türkei und Ägypten, durch List getrennt, werden überrannt. Eine ***Überschwemmung*** ist bei Nostradamus häufig eine Revolution. Eine fundamentalistische Revolution in der Türkei und in Ägypten ist durchaus im Rahmen des Denkbaren. Zeile 1: Die Sonne befindet sich jedes Jahr vom 24. Juli bis zum 23. August im Tierkreiszeichen Löwe. Mars und Venus gesellen sich gelegentlich hinzu, das nächste Mal am 21. August 1998. Dieses Jahr sollte man sich ohnehin merken (vergl. Vers X/72). Ich meine jedoch, daß sich dieser Vers auf künftigere Ereignisse bezieht.

26

La gent esclave par un heur martial,
Viendra en haut degré tant eslevee:
Changeront Prince, naistra un Provincial,
Passer la mer copie aux monts levee.

Das slawische Volk wird in kriegerischer Stunde
Auf einem hohen Grad sehr hoch emporgehoben.
Sie wechseln den Prinzen, geboren wird ein Provinzieller,
Das Heer überquert das Meer, wird über Berge gehoben.

Varianten:

1: Das könnte Rußland im Ersten Weltkrieg sein (Wechsel in der Führung), wenn es militärisch kein Desaster erlebt hätte.

2: Das könnte Rußland im Zweiten Weltkrieg sein, wenn die Führung gewechselt hätte und die Russen das Meer überquert hätten.

Beide Deutungen wurden mit Gewalt schon über diese Zeilen gezwungen. Nein, es ist der

3: Dritte Weltkrieg. Erst Wechsel in der Führung und dann ... (aber es geht gar nicht gut aus: vergl. Verse V/68 und VIII/34).

27

Par feu & armes non loing de la marnegro,
Viendra de Perse occuper Trebisonde:
Trembler Phato, Methelin, Sol alegro,
De sang Arabe d'Adie couvert onde.

Mit Feuer und Waffen nicht weit vom Schwarzen Meer
Werden die Perser Trapezunt besetzen.
Es zittern Pharos, Mytilene, schnelle Sonne.
Vom arabischen Blut sind die Wellen der Adria bedeckt.

Möglicherweise Fortsetzung von Vers V/25. Perser stoßen vom Schwarzen Meer her auf Ägypten, die Türkei und auf Griechenland vor. Auf dem Balkan müssen sie hohe Verluste hinnehmen: Blut fließt in die Adria. Zeile 3: ***schnelle Sonne*** = blitzartige Sonne, das sieht mir wieder verdächtig nach A-Sprengkörpern aus.

28

Le bras pendant à la iambe liee,
Visage pasle, au sein poignard caché:
Trois qui seront iurez de la meslee,
Au grand de Gennes sera le fer lasché.

Der Arm hängt, am Bein gebunden,
Gesicht bleich, am Busen ein Dolch verborgen.
Drei, die sich im Getümmel verschwören,
Gegen den Großen von Genua wird das Eisen gezückt.

Zeile 1 gibt womöglich die Folgen eines Attentats wieder: Das Opfer hat den Arm in einer Schlinge hängen und ist am Bein verbunden. Aber so sicher ist das gar nicht. Wahrscheinlich sind *Drei* drei Staaten, die gegen Italien losschlagen. Hängender Arm, das Bein *gebunden* = gefesselt, kann die Situation Italiens sein. Zeitlich nicht einzuordnen.

29

La liberté ne sera recouvree,
L'occupera noir, fier, vilain, inique,
Quand la matière du pont sera ouvree,
D'Hister, Venise faschee la republique.

Die Freiheit wird nicht wiedererlangt,
Der Schwarze hat sie inne, der Stolze, Nichtadelige, Missetäter,
Wenn die Sache der Brücke geöffnet wird
Von Hitler. Italien verärgert die Republik.

Noch ein *Hister* = Hitler-Vers. *Ister* ist der lateinische Name der Donau und steht für den Österreicher. Hi(tl)er und (I)ster ergeben *Hister*, seinen Decknamen. Der *Schwarze* ist Mussolini. Seine Partei war die der *Schwarzhemden*. Hitler äffte ihn in Deutschland mit braunen Hemden nach. Die *Brücke* wird 1936 zwischen den beiden mit dem *Achsenpakt* geöffnet. *Venedig*, einstmals mächtigste Macht in Italien, steht für das ganze Land. Als die französische Armee Anfang 1940 nach drei Wochen Krieg zusammenbricht, tritt rasch auch noch Italien in den Krieg ein (10. Juni), um sich an den Sieger anzuhängen (Zeile 4). Es wird jedoch peinlichst zurückgeworfen.

30

Tour à l'entour de la grand cité,
Seront soldats logez par champs & ville:
Donner l'assaut Paris, Rome incité,
Sur le pont sera faicte grand pille.

Ganz um die große Stadt herum
Lagern Soldaten auf Fluren und in Ortschaften.
Paris wird überfallen, Rom ist aufgehetzt.
Gegen den Pontifex wird große Plünderung veranstaltet.

Die *große Stadt* ist nicht Paris, sondern Rom. Nostradamus nennt Paris stets einfach *la cité* = die Stadt. Zeile 4: *Pont* ist der Vatikan, herrührend vom *Pont*ifex maximus, dem Papst. Also wird nicht die Brücke, sondern der Vatikan geplündert. Man möchte hier an den *Sacco di Roma* denken, die Plünderung Roms vom 6. Mai 1527 bis 17. Februar 1528. Aber die ging von Spanien aus, nicht von Frankreich. Künftiges Geschehen.

31

Par terre Attique chef de la sapience,
Qui de present est la rose du monde:
Pont ruiné, & sa grand'preeminence
Sera subdite & naufrage des ondes.

Aus Griechenland stammt der Chef der Weisheit,
Der gegenwärtig die Rose der Welt ist.
Nachdem der Hafen zerstört und seine große Überlegenheit (dahin),
Wird er unterworfen und zum Schiffbruch der Wellen.

Mit etwas Biegen und Fälschen wird dieser Vers stets für ***Roosevelt*** (Zeile 2) passend gemacht. Der ***Hafen*** wäre auch zu schön = ***Pearl Harbour***. Aber so geht es nicht. Roosevelt stammt leider nicht aus Griechenland. Und trotz (erfolgreicher) Nachkriegspropaganda der siegreichen USA war er keineswegs ***Chef der Weisheit***, sondern spätere, objektivere Geschichtsschreibung wird ihn dereinst als Kriegshetzer und Büttel der Rüstungsmonopole decouvrieren. Und verloren (Zeile 4) hat er den Krieg auch nicht. Das ist diesmal richtig in den Geschichtsbüchern vermerkt. Künftiges Geschehen.

32

Où tout bon est, tout bien Soleil & Lune,
Est abondant, sa ruine s'approche:
Du ciel s'advance vaner ta fortune,
En mesme estat que la septiesme roche.

Wenn alles gut ist, alles wohlauf unter Sonne und Mond,
Und Überfluß herrscht, nähert sich der Untergang.
Vom Himmel nähert er sich, deinen Reichtum zu zerstören,
Auf gleiche Weise wie der siebente Felsen.

Vergleiche in der Inhaltsübersicht: der ***Großmeteor***. Eine nicht vorhergesehene, weltweite Naturkatastrophe kosmischen Ausmaßes. Sie beendet den Dritten Weltkrieg. Zeile 4: In der Apokalypse ertönen zum Untergang nacheinander sieben Posaunen. Hier ist die Ursache der vom Himmel stürzende ***Felsen***.

33

Des principaux de cité rebellee,
Qui tiendront fort pour liberté r'avoir:
Detrancher masles, infelice meslee,
Cris, hurlemens à Nantes piteux voir.

Die Oberen der Stadt unternehmen einen Aufstand,
Sie unternehmen alles, die Freiheit wiederzuerlangen.
Männer zerteilt, unglückseliger Durcheinander,
Die Schreie, das Geheul in Nantes ist schmerzlich zu sehen.

Der Aufstand von Nantes Herbst 1793 gegen den Konvent in Paris. Mehr als einhundert Bewohner wurden mit der Guillotine ***zerteilt***.

34

Du plus profond de l'Occident Anglois,
Où est le chef de l'Isle Britannique:
Entrera classe dans Gyronde par Blois,
Par vin et sel, feux cachez aux barriques.

Vom äußersten Westen Englands,
Wo sich der Führer der britischen Insel befindet,
Stößt eine Flotte in die Gironde vor (und) bei Blois,
Wegen Wein und Salz, das Feuer versteckt in den Stückfässern.

Die Gironde ist die breite schiffbare Mündung der Garonne bei Bordeaux. Dagegen liegt Blois in Mittelfrankreich: kein eigentliches Flottenziel. Offiziell eine Handelsflotte (*Wein und Salz*), hat man Feuer geladen. Überfallartiger Krieg Englands mit Frankreich. Beschossen mit dem *Feuer* wird auch das Departement Loire. Künftiges Geschehen.

35

Par cité franche de la grand mer Seline,
Qui porte encores à l'estomach la pierre,
Angloisse classe viendra sous la bruine
Un rameau prendre, du grand ouverte guerre.

Über die freie Stadt des großen islamischen Meeres,
Die noch im Magen den Stein trägt,
Kommt die englische Flotte unter dem Nebel.
Sie hat Kurs eingeschlagen auf die große Eröffnung des Krieges.

Zeile 4 schillert wieder einmal. ***Rame*** ist das (Steuer)ruder und steht für Kurs, ***Rame au*** ist (u.a.) ein (Friedens)zweig. Die englische Flotte kommt also entweder, um einen Konflikt zu dämpfen, oder aber, um kräftig aufzutun. Wir wissen es (noch) nicht. Das große Islamische Meer ist mit Sicherheit der Persische Golf. Als ***freie Stadt*** kann ich mir heute nur Kuwait-City vorstellen. Der Stein ***im Magen*** = im Mittelpunkt weist dagegen auf Mekka hin mit dem heiligen Stein des Islam. Möglicherweise eine der Krisen, die zum nächsten Krieg führt.

36

De sœur le frere par simulate faintise
Viendra mesler roseee en myneral:
Sur la placente donne à vieille tardive,
Meurt, le goustant sera simple & rural.

Der Bruder der Schwester, gleiche Heuchler,
Mischt das Gift als Mineral.
Über den Kuchen, den man der alten Bummlerin gibt,
Mord. Die Kostende ist einfach und ländlich.

Keine Familienburleske mit tödlichem Ausgang, sondern Staatenschicksale. Zwei Geschwisterstaaten machen sich übereinander her. Der eine ist ein wenig tölpelhaft und immer zu spät dran. Preußen (Friedrich der Große) versus Österreich (Maria Theresia) vielleicht. ***Rosee*** ist korrekt mit Gift übersetzt, es wurde aus der ***Lorbeerrose*** gewonnen und ist ein grünliches scharfes Öl, das auch medizinisch angewandt wird.

37

Trois cens seront d'un vouloir & accord,
Que pour venir au bout de leur attainte.
Vingt mois apres tous & records,
Leur Roy trahy simulant haine fainte.

Dreihundert sind eines Willens und sich einig,
Man müsse zum Ziel ihres Vorhabens gelangen.
Zwanzig Monate darauf alle dabei und beherzigen es.
Ihr König ist verraten, indem sie Haß heucheln.

Eine künftige Verschwörung.

38

Ce grand Monarque qu'au mort succedera,
Donnera vie illicite & lubrique,
Par nonchalance à tous concedera,
Qu'à la parfin faudra la loy Salique.

Dieser große Monarch, der auf den Tod folgt,
Wird ein rechtswidriges Leben führen und ein schlüpfriges.
Wegen Nachlässigkeit wird er allen nachgeben,
So daß am Ende man das Salische Gesetz brauchen würde.

Ludwig XV., Urenkel Ludwigs XIV., kommt im Alter von fünf Jahren 1715 auf den französischen Thron. Vater und Großvater sind fast zeitgleich von einer Pockenepidemie dahingerafft worden. Unter ihm wird das französische Königtum untergraben (Mätressenwirtschaft: Pompadour/Dubarry, Verschwendung der Finanzen, außenpolitische Mißerfolge). Die Quittung erhält sein Enkel Ludwig XVI., der auf das Schafott muß. Dessen Sohn verschwindet unter mysteriösen Umständen. Die Folge ist, daß dann kein männlicher Nachkomme mehr da ist, so daß das Salische Gesetz (Lex Salia), das regelt, daß Frauen nicht regieren dürfen, Anwendung findet. Es wird gemunkelt, Ludwig XVII. sei aus der Gefangenschaft der Revolutionäre befreit worden und habe inkognito als *Graf Naumdorf* in Deutschland gelebt. Seine Nachkommen seien nach Kanada ausgewandert. Diese Geschichte ist nicht ganz unglaubhaft.

39

Du vray rameau de fleur de lys yssu
Mis & logé heritier d'Hetrurie:
Son sang antique de longue main tissu,
Fera Florence florir en l'armoirie.

Dem wahren Zweig der Lilie entsprungen,
Gesetzt und einquartiert als Erbe der Etrurier.
Sein altes Blut, von langer Hand gewirkt,
Läßt er im Wappen von Florenz blühen.

Victor Emanuel II. (1820-1878) wird 1861 erster König Italiens. Er ist bourbonischer Abstammung. Italiens Hauptstadt ist zunächst Florenz, erst ab 1870 Rom. Etrurien ist das alte Kernstück Italiens, die heutige Toskana.

40

Le sang Royal sera si tres meslé,
Contraints seront Gaulois de l'Hesperie:
On attendra que terme soit coulé,
Et que memoire de la voix soit perie.

Das königliche Blut wird sehr stark vermischt sein.
Zum Gegner geraten den Franzosen die Westmächte.
Man wartet, bis die Frist abgelaufen ist,
Und bis die Erinnerung an die Stimme verklungen ist.

Das Nachkriegsfrankreich. De Gaulle präsidierte zwar ***königlich***, aber ***blaues Blut*** hatte er keines. Die USA und Frankreich gehen auf Distanz; Frankreich tritt aus dem militärischen Teil der NATO aus. Zeile 4: Im Ersten und Zweiten Weltkrieg wäre Frankreich an Deutschland ohne die Hilfe der USA gescheitert; aber das wird verdrängt.

41

Nay sous les ombres & iournee nocturne,
Sera en regne & bonté souveraine:
Fera renaistre son sang de l'antique urne,
Renouvellant siecle d'or pour l'airain.

Geboren unter den Schatten und nächtlichem Tag
Gelangt er zur Herrschaft und großherziger Güte.
Er läßt sein Blut aus altem Grab wieder auferstehen,
Und ersetzt das Jahrhundert durch ein goldenes statt des ehernen.

Unbedingt vergleichen: Verse X/72 und X/74! Jubel für Henric. Seine Herrschaft wird ***geboren*** aus der Kombination Ende Dritter Weltkrieg und den sogenannten ***drei finsteren Tagen***, hervorgerufen durch den Großmeteor (vergl. in der Übersicht). Zeile 2: Er stammt möglicherweise direkt von Ludwig XVII. ab (vergl. Vers X/38).

Zeile 3: Unser Jahrhundert, geprägt durch entsetzliche weltweite Kriege, war ein ***ehernes***. Es endet in wenigen Jahren. Es wird durch ein friedliches ersetzt.

42

Mars eslevé en son plus haut befroy,
Fera retraite les Allobrox de France:
La gent Lombarde fera si grand effroy,
A ceux de l'Aigle comprins sous la Balance.

Der Krieg hat seinen Höhepunkt erreicht,
Er bringt die Rückkehr der Savoyarden nach Frankreich.
Das Volk der Lombardei wird einen sehr großen Schrecken versetzen,
Denen vom Adler auch unter dem Doppelbalken.

Zeile 1: Die Schlacht von Solferino am 24. Juni 1859 ist der Höhepunkt des italienischen Einigungskrieges. Franzosen und Piemontesen schlagen die Österreicher. Als Folge wird im Vertrag von Turin festgelegt: Savoyen und Nizza fallen an Frankreich (Zeile 2), die Lombardei und Mailand kommen von Österreich an Italien (Zeile 3). Zeile 4: Verschlüsselter Doppelsinn: Einmal wird dem Adler/***Doppel***adler von Österreich mit dem verlorenen Krieg ein Schrecken versetzt. Zum anderen steht der ***Doppelbalken*** als Symbol für einen verlorenen Krieg. Der Doppelbalken, wie bei einer Waage (***Balance***) ist der Doppelgalgen, unter dem 321 v.Chr. die siegreichen Samniten unter Gavius Pontius nach der Schlacht am Paß von Caudium das geschlagene römische Heer demütigten.

43

La grand ruine des secrez ne s'esloigne,
Provençe, Naples, Sicille, Seez & Ponce,
En Germanie, au Rhin & la Cologne,
Vexez à mort par tous ceux de Magonce.

Der große Untergang der Geweihten ist nicht mehr fern,
Provençe, Neapel, Sizilien, Seez und Ponza.
In Deutschland am Rhein und zu Köln,
Zu Tode gequält von denen aus Magog.

Zeile 1 beschreibt die Christenverfolgung in der roten Revolution der Mittelmeerstaaten (siehe Zeile 2). Russische Truppen stehen mitten in Deutschland. ***Magog*** ist ein biblischer Begriff des Unheils aus Rußland. Dieser Vers wird verständlich in Kombination mit Vers VI/40 - Magog als Brücke - und dann mit dem Stichwort *Köln* weiter zu Vers V/94. Der Dritte Weltkrieg. Nächste (!) Zukunft.

44

Par mer le rouge sera prins de pyrates,
La paix sera par son moyen troublee:
L'ire & l'avare commettra par sainct acte,
Au grand Pontife sera l'armee doublee.

Auf dem Meer wird der Rote von Piraten entführt,
Der Friede gerät durch diese Tat in Gefahr.
Haß und Geiz ergeben sich aus geheuchelter Tat,
Dem großen Papst wird die Armee verdoppelt.

Der *Rote* dürfte diesmal ein Kardinal sein, dessen äußeres Kennzeichen das Scharlachrot ist. Da der Papst keine Armee hat, verdoppelt wohl der weltliche Führer seine Anstrengungen, die Täter zu belangen.

45

Le grand Empire sera tost desolé,
Et translaté pres d'arduenne silue,
Les deux bastards par l'aisné decollé,
Et regnera Aenobarb nez de milve.

Das große Kaiserreich wird bald in größter Not sein
Und verlegt in die Nähe des Ardenner Waldes,
Die beiden Bastarde werden durch den Älteren enthauptet,
Und regieren wird der Eisenbart mit der Adlernase.

Regierungssitz ist demnach zu jener Zeit Aachen. Die Frage ist, ob man den Sitz der Regierung näher an den Feind/die Gefahr verlegt hat, oder ob man ausgewichen ist. Auf alle Fälle haben wir es zu diesem Zeitpunkt mit dem Imperium von Europa zu tun. Zeile 3: damit dürften Randstaaten gemeint sein, denen eine Lektion erteilt wird. Zeile 4: Ich nehme an, daß man dem *Eisenbart* eines schönen Tages diesen Vers präsentieren wird.

46

Par chapeaux rouges querelles & nouveaux scismes,
Quand on aura esleu le Sabinois:
On produira contre luy grands sophismes,
Et sera Rome lesee par Albanois.

Wegen der roten Mützen kommt es zu Streitigkeiten und neuen Spaltungen,
Wenn man den Sabiner gewählt haben wird.
Man wird große Spitzfindigkeiten gegen ihn verfassen,
Und Rom wird von den Weißen verletzt werden.

Zeile 4: Die *Albanois* sind wohl kaum die Albaner. Ich meine, es handelt sich um die *Alba tunica*, das weiße Chorhemd der Priester. Die *roten Mützen* sind die Kardinäle. Möglicherweise sind die mit dem Papst und dem *Fußvolk* der Priester uneins: *neue Spaltungen* in der Kurie unter einem italienischen Papst, der Sabiner ist.

47

Le grand Arabe marchera bien avant
Trahy sera par les Bisantinois:
L'antique Rodes luy viendra au devant,
Et plus grand mal par austre Pannonois.

Der große Araber wird weit vorausmarschieren,
Verraten wird er durch die Türken.
Das antike Rhodos wird sich ihm widersetzen,
Und noch größeres Unheil von anderen Balkanländern.

Der Vorstoß des Islam scheitert in Südosteuropa. Ferne Zukunft. Vers V/48 ist möglicherweise ein Anschlußvers. Das Bindeglied ist der Balkan. An Afrika dürfen wir dabei keinen Anstoß nehmen. Zu diesem Zeitpunkt ist die gesamte Südküste des Mittelmeers mit Sicherheit fest in der Hand des Islams/der Araber.

48

Apres la grande affliction du sceptre,
Deux ennemis par eux seront defaicts:
Classe d'Affrique aux Pannons viendra naistre
Par mer & terre feront horribles faicts.

Nach der großen Bedrängnis des Szepters
Werden zwei Feinde durch sie vernichtet.
Eine Flotte aus Afrika wird bei dem Balkan auftauchen,
Zu Wasser und zu Land begehen sie schreckliche Taten.

Der Vers beginnt mit Zeile 3, dann folgen 4, 1 und 2. Europa in Bedrängnis durch den Vorstoß von Kräften aus Nordafrika. Diesem Abschnitt der Geschichte hat Nostradamus mehrere Verse gewidmet (vergl. Verse II/30, III/60, V/25, V/27 u.a.).

49

Nul de l'Espaigne, mais de l'antique France
Ne sera esleu pour le tremblant nacelle,
A l'ennemy sera faicte fiance,
Qui dans son regne sera peste cruelle.

Nicht aus Spanien, sondern aus dem alten Frankreich
Wird er gewählt für das schwankende Schifflein.
Mit dem Feind wird ein Bund geschlossen,
Der während seiner Regierung die grausame Pest sein wird.

Das *Schiff* ist häufig das Papsttum, wie hier. Diesmal vergleicht es Nostradamus mit einer Nußschale im Sturm. Der *Feind* dürften innerkirchliche Gegner sein, mit denen man sich oberflächlich einigt. Aber die Sache geht auf lange Sicht nicht gut. Möglicherweise Anschlußvers von Vers V/46. Ein gebürtiger Franzose, der dann in den Sabinerbergen, unweit von Rom lebt, wird Papst.

50

L'an que les frères du lys seron en aage,
L'un d'eux tiendra la grande Romanie:
Trembler les monts, ouvert Latin passage,
Pache marcher contre fort d'Armenie.

In dem Jahr, in dem die Lilienbrüder volljährig werden,
Wird der eine von ihnen das große Rom in Besitz haben.
Die Berge zittern, der Zugang nach Italien ist offen.
Der Friede marschiert gegen die Macht Armeniens.

Die Lilie ist das Wappen der französischen Könige, der Bourbonen. Von zwei Brüdern herrscht der eine über Frankreich, der andere ist Regent Italiens. Zeile 4: Armenien ist ein südlicher Teil des russischen Gebiets und dürfte für das ganze Land stehen. Es mag auch heißen: der Friede marschiert stark gegen Armenien. Aber klarer wird diese Zeile damit leider auch nicht, es sei denn, man geht einen Schritt weiter zu Latein und wählt das nächste, passende Wort ***Pacifer*** = Friedensstifter, statt das kurze pax/Pacem. Dann stiftet jemand dort mit Gewalt Frieden, indem er einmarschiert.

51

La gent de Dace, d'Angleterre & Polonne,
Et de Boësme feront nouvelle ligue:
Pour passer outre d'Hercules la colonne,
Barcins, Tyrrens dresser cruelle brigue.

Die Völker aus Rumänien, England und Polen
Und die Böhmen bilden eine neue Allianz.
Sie wollen über die Säulen des Herkules hinaus vorstoßen.
Spanien und Italien schmieden grausame Ränke.

Vor dem Zweiten Weltkrieg wird Deutschland auf Betreiben Englands eingekreist. England, Rumänien, Polen und die Tschechoslowakei bilden eine neue Entente, die neben der Einschnürung Deutschlands den Zweck hatte, Englands Machtposition im Mittelmeer auszubauen. Die ***Säulen des Herkules*** ist die Südspitze Spaniens, Gibraltar, das England 1704 den Spaniern ***auf ewig*** abgenommen und zur Festung ausgebaut hatte, um den Zugang des Mittelmeers zu beherrschen. Zeile 4: Währenddessen schlachten die Spanier sich im Bürgerkrieg (1936-1939) gegenseitig ab und in Italien feiert Mussolini Triumphe. 1935/36 annektiert er Äthiopien (Zeile 3).

52

Un Roy fera qui donra l'opposite,
Les exilez eslevez sur le regne:
De sang nager la gent caste hyppolite,
Et florira long temps sous telle enseigne.

Ein König wird sein, der die Gegenseite stützt.
Die Verbannten werden zur Herrschaft erhoben.
Im Blut schwimmt das Volk, keusch wie Hippolyte,
Und blühen wird es lange Zeit unter diesem Zeichen.

Zeile 1: Die Bolschewisten als Minderheit unter Lenin in der russischen Republik unter Kerenski im November 1917. Sie haben jedoch erfolgreich die Mär verbreitet, sie hätten den *bösen* Zaren vertrieben. In Wahrheit haben sie die junge Demokratie beseitigt und dann den bereits abgedankten Zaren einschließlich Frau und Kindern ermordet. Zeile 2: Sie reißen die Macht an sich. Zeile 3: die rund 27 Millionen von den Kommunisten ermordeten Russen. Hippolyte ist der Sohn des Theseus. Er wies keusch seine Stiefmutter Phädra ab, die ihn daraufhin umbrachte. Zeile 4: Hammer und Sichel wehten 73 Jahre; vergl. Vers VI/74, dort wird die Zahl genannt.

53

La loy du Sol & Venus contendus
Appropriant l'esprit de prophetie,
Ne l'un ne l'autre ne seront entendus,
Par Sol tiendra la loy du grand Messie.

Das Gesetz der Sonne und das der Venus sind sich einig,
Sich den Geist der Prophetie zu eigen zu machen.
Weder die eine noch die andere werden verstanden,
Denn die Sonne hält fest am Gesetz des großen Messias.

Wenn das Gesetz der Sonne das Christentum ist, steht die Venus für den Islam. Nostradamus plädiert für gegenseitige Toleranz, man solle auch so handeln, wie die Religionsstifter Christus und Mohammed gelehrt haben. Statt dessen sind die Prophezeiungen zu seinem Bedauern voll von Gegnerschaft und Blutvergießen.

54

Du pont Euxime, & la grand'Tartarie,
Un Roy sera qui viendra voir la Gaule,
Transpercera Alane & l'Armenie,
Et dans Bisance lairra sanglante Gaule.

Vom Schwarzen Meer und der großen Tatarei
Wird ein König sein, der Frankreich sehen möchte.
Durchstoßen wird er Rußland und Armenien,
Und in Byzanz wird er seine blutige Peitsche lassen.

Ein ganz ähnlicher Vers wie II/29. Möglicherweise zwei ähnliche Großangriffe aus dem Osten in völlig unterschiedlichen Epochen. Dieser *König* durchstößt den Süden Rußlands, kommt etwa aus dem Gebiet des nördlichen Iran. Wie in Vers II/29 lautet das letzte Wort *Gaule*, Peitsche, groß geschrieben wie in Zeile 2. Gaule/Gallien = Frankreich.

55

De la Felice Arabie contrade,
Naistra puissant de loy Mahométique,
Vexer l'Espaigne, conquester la Grenade,
Et plus par mer à la gent Lygustique.

In dem vereinigten Felix Arabia
Ist der Mächtige des islamischen Gesetzes geboren.
Er quält Spanien, will Granada erobern.
Außerdem vom Meer das genuesische Volk.

Arabia felix ist der heutige Jemen. Ein Araber wird treibende Kraft, das Islamische Imperium auszuweiten. Betroffen scheint die gesamte westliche Küste des Mittelmeers.

56

Par le trespas du tref vieillard Pontife
Sera esleu Romain de bon aage,
Qui sera dict que le siege debiffe,
Et long tiendra & de picquant ouvrage.

Nach dem Tode des sehr alten Papstes
Wird ein Römer von tüchtigem Alter gewählt,
Von dem man sagt, er habe dem Stuhl geschadet.
Und lang wird er durchhalten und mit durchschlagendem Erfolg.

Papst Pius XI. stirbt 82jährig 1939. Sein Nachfolger, Papst Pius XII., regiert bis 1958. Nach dem Krieg wird Pius XI. von den Siegern tatsächlich vorgeworfen, er habe sich mit der italienischen Regierung und den Deutschen nicht angelegt.

57

Istra du mont Gaulsier & Aventin,
Qui par le trou advertira l'armee,
Entre deux rocs sera prins le butin,
De SEXT. mansol faillir la renommee.

Er wird vom Mont Gaulsier und Aventin hervorgehen,
Der durch das Loch die Armee benachrichtigt.
Zwischen zwei Felsen wird die Beute ergriffen.
Von SEXT. mansol verblaßt der Ruf.

Mit diesem Vers übertrifft sich Nostradamus selbst. Es sind schwerste Siegel anbracht. Es sei ein Versuch gewagt, der jedoch nicht stimmig sein mag: zu dunkel ist wohl das Bild. Ich folge dem Gedankengang von Centurio:

Montgaulsier = Montgolfière = Ballon der Brüder Montgolfièr, erstmals 1783
Aventin = à vent = mit dem Wind
le trou = das Loch = die Öffnung unten im Ballon
zwei Felsen = zweimal Petrus (der ***Fels***) = zwei Päpste
SEXT. = (lat.) sextus = der VI. (Papst)
mansol = man sol(us) = Mann Solus = Priester im Zölibat

Der gesamte Vers frei neu übertragen also:

Einer geht aus mit der Montgolfière und dem Wind,
Mit dem (Feuer)loch benachrichtigt er die Armee.
Zwischen zwei Päpsten wird die Beute ergriffen,
Von Papst Pius VI. verblaßt der Ruf (des Papsttums).

1794 wurde die Montgolfière erstmals zu Beobachtungszwecken gegen die Österreicher in der Schlacht von Fleurus eingesetzt. (Zeile 1 und 2) Zwischen Pius VI. (1775-1799) und Pius VII. (1800-1823) nahm sich Napoleon I. im Frieden von Tolentino als Kriegsbeute einen Teil des Kirchenstaates. Unter Pius VI. sank das Ansehen des Papsttums.

58

De l'aqueduct d'Uticense, Gardoing,
Par la forest & mont inaccessible,
Emmy du pont sera transché au poing,
Le chef nemans qui tant sera terrible.

Vom Aquädukt von Uzu beim (Fluß) Garel,
Durch unzugänglichen Forst und Berg.
Der Feind bei der Brücke wird mit der Faust zermalmt,
Der Chef von Nîmes, der dann schrecklich sein wird.

Zeile 3 kann auch so verstanden werden: der Feind ***der*** Brücke Pont = ***Pont***ifex (maximus) = Papst, also ***der Feind des Papstes*** ... Und ***nemans*** mag Lac ***lemans*** bedeuten, der See von Genf = Genfer See. Dann wäre der ***Chef*** in Zeile 4 ein Schweizer. Dieser Vers ist im vorab nicht zu lösen. Noch eine weitere mögliche Variante von Zeile 4:

Von der Brücke (aus) wird der Feind mit der Faust zermalmt. 1627 soll Herzog Rohan auf dem Aquädukt von Nîmes Artillerie aufgestellt haben, als er die Stadt belagerte.

59

Au chef Anglois à Nymes trop freiour,
Devers l'Espaigne au secours Aenobarbe
Plusieurs mourront par Mars ouvert ce iour,
Quant en Artois faillir estoille en barbe.

Für den englischen Führer in Nîmes wird zu lange abgewartet,
Daß Spanien dem Eisenbart zu Hilfe kommt.
Mehrere sterben, denn Mars eröffnet diesen Tag,
Wenn im Artois der Bartstern scheitert.

Der ***Bartstern*** könnte natürlich ein ***Haarstern***, ein Komet sein, aber wie soll ein Komet ***scheitern***? Eher ist daran zu denken, daß eine ***kometenhafte*** Karriere ihr plötzliches Ende findet. Den ***Eisenbart*** kennen wir bereits aus Vers V/45. Er scheint Kaiser von Europa zu sein. Zeile 3: Mars steht für Krieg. Der Krieg beginnt also; spanische Unterstützung kommt jedoch zu spät. Mit ***Artois*** haben wir die Verbindung mit England, es ist die Landschaft östlich von Calais.

60

Par teste rase viendra bien mal eslire,
Plus que sa charge ne porte passera:
Si grand fureur & rage fera dire,
Qu'à feu & sang tout sexe trenchera.

Vom geschorenen Kopf wird eine schlechte Wahl getroffen,
Vor allem, weil sein Angriff nicht die Pforte bezwingt.
Sehr große Wut und Zorn wir er verursachen,
Weil er im Feuer und Blut jedes Geschlecht zerteilt.

Mit Napoleon I. (Zeile 1) endet die Zeit der Perücken. Napoleons ***Markenzeichen*** ist der militärisch kurze Haarschnitt. Er hat ihn in Europa zur ***Militärmode*** gemacht. Am Widerstand der ***Hohen Pforte*** (bis 1924 Residenz des Sultans von Konstantinopel/die türkische Regierung) scheitert das Ägypten-Abenteuer Napoleons. Napoleon übergibt die Reste seiner dem Untergang geweihten Armee an General Kléber und flieht vor den Türken. Zeile 3: Letztlich ist Napoleon an seiner Ungeduld, seinem Ehrgeiz und seiner Ruhmsucht gescheitert. Auf sein Konto dürften mehrere Millionen Tote gehen.

61

**L'enfant du grand n'estant à sa naissance,
Subiuguera les hauts monts Apennis:
Fera trembler tous ceux de la balance,
Et des monts feux iusques à Mont-Senis.**

Das Kind, von Größe nicht bei seiner Geburt,
Wird die hohen Berge des Apennin unterwerfen.
Zittern läßt er alle die von der Waage,
Und von den Bergen Feuer bis zum Mont-Cenis.

Noch ein Napoleon-Vers. Zeile 1: Napoleons Herkunft aus dem Kleinadel der Peripherie Frankreichs. Zeile 2: der Italienfeldzug 1796: die ***Waage*** ist das Sternzeichen Italiens. Zeile 4: Im Herbst 1798 schlägt Napoleons General Massena die Schweizer an den Bergen des Mont Cenis.

62

**Sur les rochers sang on verra pleuvoir,
Sol Orient, Saturne Occidental:
Pres d'Orgon guerre, à Rome grand mal voir,
Nefs parfondrees, & prins le Tridental.**

Auf die Felsen wird man Blut regnen sehen.
Die Sonne im Osten, Saturn im Westen.
Bei der Schweiz Krieg, in Rom wird großes Unheil gesehen.
Schiffe zerschmolzen und der Tridentale gefangen.

Zeile 1: Mit *Felsen* könnte der Papst gemeint sein, Nachfolger von Petrus, dem *Felsen*. Für diese Annahme spricht auch Zeile 3. Die Sonne und der Saturn stehen in Opposition in Widder und Waage. Das geschieht alle dreißig Jahre, das nächste Mal im Frühjahr 2013. Zeile 2 läßt sich jedoch auch so verstehen: *Glück* im Osten, *Unheil* im Westen, die Gestirne als Symbole gesehen. Diese Deutung ist wohl treffender. *Schiffe zerschmolzen* ist ein klares Indiz für den Einsatz von Atomwaffen. Der *Tridentale* sind die USA mit ihren Trident-Atomraketen. Vor allem sind diese eingebaut in die strategische U-Bootflotte. Dritter Weltkrieg. (vergl. Vers II/59)

63

**De vaine emprinse l'honneur indue plaincte,
Galliots errants par latins, froid, faim, vagues
Non loing du Tymbre de sang la terre taincte,
Et sur humains seront diverses plagues.**

Das vergebliche Unternehmen wird als der Ehre abträglich beklagt.
Boote irren durch Latium, Kälte, Hunger , Wogen.
Nicht weit vom Tiber wird die Erde mit Blut getränkt
Und über die Menschen kommen mehrere Plagen.

Der alliierte Brückenkopf Ende Januar 1944 bei Nettuno, dem wegen der erbitterten Gegenwehr der Deutschen ein Erfolg versagt blieb. Das ganze Unternehmen war strategisch sinnlos und wurde nur *aus Prinzip* durchgeführt.

64

Les assemblez par repos du grand nombre,
Par terre & mer conseil contre mandé:
Pres de l'Autonne Gennes, Nice de l'ombre
Par champs & villes le chef contrebandé.

Die Versammelten zur Beruhigung der großen Anzahl
Geben als Konzil über Land und Meer Gegenbefehl,
Gegen Herbst Genf, Nizza, im Dunkel
Über Fluren und Städte der Chef heimlich.

Contrebande ist eigentlich Schmuggel- und Schleichhandel. Der Chef (der Papst) schleicht wie ein Schmuggler im Dunkel auf Saumpfaden. Die *Versammelten* sind die Kardinäle, die *große Anzahl* die gläubigen Katholiken. Möglich, daß die Kurie nicht mehr vor und zurück weiß und sich gegen den Papst auflehnt, der fliehen muß. Dieser Vers könnte sich in allernächster Zukunft bewahrheiten. Es liegen Seherschauungen auch von anderer Seite vor, daß der Papst wegen der Kirchenspaltung vor dem Dritten Weltkrieg aus Rom fliehen muß *über das Wasser* - in Nizza geht er an Land - und dann beim Gerichtshof (Genf) klagt. Dann wären Zeile 3 und 4 frei so zu übersetzen:
Im Herbst, nach Genf über Nizza bei Nacht und Nebel
Über Wiesen und Orte schleicht der Papst auf Schmugglerpfaden.

Wahrscheinlich hat Nostradamus mit Herbst jedoch eine falsche Spur gelegt und mit dem Dunkel im Herbst ist nicht die Flucht zu dieser Jahreszeit gemeint, sondern die Dreitägige Finsternis im Oktober, die wir bereits kennen. Die Flucht des Papstes dürfte eher im späten Frühjahr stattfinden oder im Frühsommer, kurz vor Ausbruch des Dritten Weltkrieges.

Wir werden sehen (vergl. Verse II/41 und V/100).

65

Subit venu l'effrayeur sera grande,
Des principaux de l'affaire cachez:
Et dame embraise plus ne sera en veue
Ce peu à peu seront grands fachez.

Überraschend aufgetaucht, wird der ***Erschreckende*** groß sein,
Die Verantwortlichen verniedlichen dies Ereignis.
Und die geschmorte Dame wird nicht mehr im Blickfeld sein,
Durch dies sind die Großen nach und nach bestürzt.

Nur zu verstehen in Zusammenhang mit Vers X/72; Fortsetzung von Vers V/65. Für die Astronomen völlig überraschend taucht aus dem Tageshimmel ein Großmeteor auf (vergl. Vers II/41, die Klammer zwischen den Versen V/64 und V/65). Der Großmeteor wird auch in Vers X/72 ***Grand ... effrayeur*** (Zeile 1) genannt. Doch man nimmt die Sache nicht ernst, macht sie ***verächtlich*** (Verse III/34 und IV/29). Zeile 3 ist dazwischengeschoben. Frankreich = die Dame, vorher wegen der Pariser Unruhen ***geschmort*** im Blickfeld, wird aus den Schlagzeilen verdrängt durch Zeile 4: Nun beginnt man sich doch Sorgen zu machen, was dieser Großmeteor bewirken könnte!

66

Sous les antiques edifices vestaux,
Non esloignez d'aque duct ruine:
De Sol et Lune sont les luisans metaux,
Ardante lampe Traian dor butine.

Unter den antiken Bauwerken der Vestalinnen,
Nicht weit von der Ruine des Aquädukts.
Von Sonne und Mond sind die leuchtenden Metalle,
Mit brennender Lampe macht Trojan Beute an Gold.

Sonne steht für Gold, der Mond für Silber. Der ganze Vers ist allegorisch aufzufassen. Die französische Monarchie hat der Sage nach (Zeile 4) ***Trojanisches*** Blut. Der Vers bezieht sich auf die goldene Zukunft der französischen Monarchie (vergl. Vers V/74).

67

Quand chef Perouse n'ofera sa tunique
Sens au couvert tout nuds expolier,
Seront prins sept faict Aristocratique,
Le pere & fils morts par poincte au colier.

Wenn der Chef von Perugia seine Tunika nicht wagt,
Fühlt er sich aufgedeckt völlig nackt und preisgegeben.
Es werden Sieben zu Königlichen gemachte weggenommen.
Der Vater und der Sohn sterben durch Schärfe am Halsband.

Zeile 3: Die *Sieben* sind die sieben Kinder Heinrichs II. *Weggenommen* werden diese Adeligen durch frühen Tod: das Haus Valois stirbt damit aus. Der *Chef von Perugia* ist Papst Sixtus V. Er fährt nicht völlig im spanischen Fahrwasser, gibt seine Tunika nicht preis. Zeile 4: Heinrich II. und sein Sohn Heinrich III. sterben durch Gewalteinwirkung. Der eine 1559 im Turnier (vergl. Vers I/35), der andere, sein dritter Sohn, durch Mörderhand eines Mönchs 1589. Damit beginnt mit Heinrich IV. die Reihe der Bourbonen.

68

Dans le Danube & du Rin viendra boire
Le grand Chameau, ne s'en repentira:
Trembler du Rofne, & plus fort ceux de Loire
Et pres des Alpes Coq le ruinera.

Um an der Donau und am Rhein zu trinken, kommt
Das große Kamel und wird es nicht bereuen.
Es zittern die Leute an der Rhône und noch mehr die an der Loire,
Und nahe den Alpen wird der Hahn ihn vernichten.

Das *große Kamel* müßte eigentlich für einen arabischen Staat/Vorstoß stehen. Der Weg führt über den Balkan, Österreich, Rhein bis hinein nach Nordfrankreich an die Loire sowie durch die Burgundische Pforte die Rhône abwärts. Der *Hahn* = Frankreich vernichtet den Feind nahe der Alpen. Gehört wahrscheinlich zum Vierten Weltkrieg (vergl. Verse V/54, V/73).

69

Plus ne sera le grand en faux sommeil,
L'inquiétude viendra prendre repos:
Dresser phalange d'or, azur & vermeil,
Subiuguer Affrique, la ronger iusques os.

Nicht länger wird der Große sich in falschem Schlaf wiegen,
Die Ungewißheit wird ihm die Ruhe nehmen.
Aufstellen wird er Armeen in Gold, Blau und Scharlach,
Unterwerfen wird er Afrika, es zerschmettern bis ins Gebein.

Jemand wird endlich wach und unterwirft Afrika, oder jemand in Afrika wird endlich wach, da ist es schon zu spät. Da in Zeile 1 ein *Großer* genannt wird, werden wohl von ihm die drei Elitetruppen aufgestellt, die in Afrika eingreifen. Ferne Zukunft.

70

Des regions subiectes à la Balance
Feront troubler les monts par grande guerre,
Captifs tout sexe deu & tout Bisance,
Qu'on criera à l'aube terre à terre.

Die der Waage zugeordneten Gebiete,
Werden die Berge beunruhigen durch großen Krieg.
Gefangen beiderlei Geschlecht allesamt und ganz Byzanz,
So daß man bei Tagesanbruch von Land zu Land schreit.

Der *Waage* zugeordnet wird astrologisch Italien. Von dort aus stößt der Angreifer vor auf die Alpen. Dardanellen und Bosporus scheiden Europa von Asien. Schreit man *von Land zu Land* = von Kontinent zu Kontinent, kommt der Angreifer aus Kleinasien. Byzanz, die Türkei, ist bereits unterworfen. Möglicherweise Anschlußvers an V/68.

71

Par la fureur d'un qui attendra l'eau,
Par la grand rage tout l'exercise esmeu:
Chargé de nobles à dix-sept barreaux,
Au long du Rosne tard messager venu.

Durch den Zorn des einen, der sein Augenmerk auf das Wasser richtet,
Durch die große Wut gerät das ganze Heer in Aufregung.
Beladen mit Edelleuten auf siebzehn Schiffen
Die Rhône entlang. Der Bote ist spät gekommen.

Zeile 1: Eine Seemacht wird in ihren Interessen verletzt.

Zeile 2: Ergebnis: Mobilmachung.

Zeile 3: Entweder eine Entführung der *Oberschicht* oder eine Flotte, die von *Edelleuten* befehligt wird. Ich meine, eher letzteres, denn auf einem Schiff ließen sich ja allein mehrere hundert Geiseln mitführen.

Zeile 4: Wohl nicht der Bote, sondern die Botschaft ist spät eingetroffen. Das Heer zieht entlang der Rhône. Künftiges Geschehen.

72

Pour le plaisir d'edict voluptueux
On mestera la poison dans la foy:
Venus sera en cours si vertueux,
Qu'obfusquera du Soleil tout à loy.

Wegen des Vergnügens im wollüstigen Edikt
Schüttet man Gift in den Glauben.
Venus wird auf so tugendhafter Bahn sein,
Daß sie das ganze Gesetz der Sonne verdunkelt.

Bei dem *Edikt* handelt es sich um das berühmte Edikt von Nantes vom 13. April 1598 durch Heinrich IV., das in Frankreich wieder freie Religionsausübung gewährleistete. Die protestantischen Priester durften verheiratet sein: "Gift für den wahren Glauben", meint Nostradamus. Venus steht für den Islam, der mit dem Osmanischen Reich sich zu diesem Zeitpunkt schnell ausbreitete zum Nachteil des Christentums (Sonne).

73

Persecutee sera de Dieu l'Eglise,
Et les saints Temples seront expoliez,
L'enfant, la mere mettra nud en chemise,
Seront Arabes aux Polons ralliez.

Verfolgt von Gott wird die Kirche sein
Und die heiligen Gotteshäuser werden geplündert.
Das Kind wird die Mutter nackt im Hemd aussetzen.
Die Araber werden mit den Polen verbündet sein.

Das ist eine merkwürdige Konstellation: Die Araber als *Kirchenplünderer* mag noch angehen. Aber gemeinsam mit den katholisch-frommen Polen in Allianz? Dieser Vers könnte Indikator dafür sein, daß die Polen nicht freiwillig mittun. Möglicherweise ist Polen von den Russen (?) besetzt, die mit den Arabern gemeinsame Sache machen. Sollte diese Vermutung richtig sein, sieht es für Westeuropa schlecht aus zu jenem Zeitpunkt. Gehört möglicherweise zu Vers V/68.

74

De sang Troyen naistra cœur Germanique
Qui deviendra en si haute puissance:
Hors chassera gent estrange Arabique,
Tournant l'Eglise en pristine preeminence.

Aus trojanischem Blut, geboren mit einem deutschen Herzen
Der, welcher zu so hoher Macht gelangen wird.
Er wird das fremde arabische Volk verjagen und
Der Kirche ihre frühere Dominanz wiedergeben.

Aus ***trojanischem Blut*** stammen der Sage nach die Bourbonen. Hier wird ein französischer Herrscher angekündigt mit deutscher Tüchtigkeit, Fähigkeit und Tapferkeit. Bei dem ***fremden Volk*** handelt es sich offenbar nicht um Feinde oder eine Armee, sondern eben um fremdes Volk. Möglicherweise werden die Millionen Marokkaner, die seit 1945 nach Frankreich zugewandert sind, wieder in ihre Heimat zurückkehren müssen. Bereits heute fühlt sich die Mehrzahl der Franzosen in ihrer Rolle als unfreiwillige Gastgeber überfordert. Zeile 4: auch die Kirche wird reformiert. Möglicherweise nahe Zukunft (vergl. Vers X/72).

75

**Montera haut sur le bien plus à dextre,
Demourra assis sur la pierre quarree,
Vers le Midy posé à la fenestre,
Baston tortu en main, bouche ferree.**

Hoch steigt er auf den Besitz mehr zur Rechten,
Er wird dort sitzen bleiben auf dem Quaderstein,
Gegen den Süden gerichtet am Fenster,
Den Hirtenstab in der Hand, den Mund geschlossen.

Papst Gregor XIII. (1582-1585) erweitert den Machtbereich der Kurie. Da er nach Süden blickt, liegt rechts Frankreich: Für die Kirche ist die Ermordung der Hugenotten in der Bartholomäusnacht (24. August 1582) ein voller Erfolg. Durch den Seesieg bei Lepanto über die Türken 1571 hat der Papst den Stab fest in der Hand. Als ehemaliger Jurist war Gregor kein Freund langer Reden.

76

**En lieu libere tendra son pavillon,
En ne voudra en citez prendre place:
Aix, Carpen, l'Isle Volce, Mont Cavaillon,
Par tous ses lieux abolira sa trasse.**

Auf freiem Platz wird er sein Zelt aufschlagen,
Denn er will sich nicht in Städten niederlassen.
Aix, Carpentras, die Insel Volce, Mont Cavaillon,
In allen diesen Orten wird man seine Spuren löschen.

Papst Sixtus V. (1585-1590) war ein kriegerischer Papst. Am liebsten war er im Feld. Die in Zeile 3 genannten Orte waren päpstlicher Besitz. Als Sixtus stirbt, herrscht im Volk keinerlei Trauer. Man stürzt die Bildsäulen um, die sich der Papst zu Lebzeiten errichtet hatte.

77

Tous les degrez d'honneur Ecclesiastique
Seront changez en dial quirinal:
En Martial quirinal flaminique,
Puis un Roy de France le rendre vulcanal.

Sämtliche Grade kirchlicher Ehren
Werden dem göttlichen Quiriten übertragen.
Auf den flämischen Mars-Quirinal.
Dann wird ein König von Frankreich ihn vulkanisch machen.

Papst Clemens VIII. (1592-1605) bildet die Liga gegen Heinrich IV. Er ist wie sein Vorgänger, ein kriegerischer Papst: ***Mars-Quirinal***. Der französische König tritt zum katholischen Glauben über, wertet damit den Papst auf und ersucht ihn um Verzeihung ("Paris ist eine Messe wert!"). Dadurch wird er ***vulkanisch*** = fest und stabil auf dem Thron.

78

Les deux unis ne tiendront longuement,
Et dans treize ans au Barbare Satrappe,
Aux deux costez feront tel perdement,
Qu'un benira le Barque & sa cappe.

Die beiden Vereinten werden nicht lange zusammenhalten,
Und nach dreizehn Jahren gegen den barbarischen Statthalter.
Auf beiden Seiten werden sie solche Verluste haben,
Daß einer die Barke segnen wird und ihre Kappe.

Unter Papst Paul V. (1605-1621) zerbricht die Eintracht zwischen Frankreich und dem Papst in Folge der venezianischen Irrungen: der Papst vermag nicht seine Jurisdiktion gegenüber dem Dogen von Venedig, dem ***barbarischen Statthalter***, durchzusetzen. Frankreich stellt sich auf die Seite Venedigs. Wer das *Schiff* = die Kirche und die ***Kappe*** = Tiara, Papstkrone *segnen wird*, konnte ich nicht aufklären.

79

Par secree pompe viendra baisser les aisles,
Par la venuë du grand legislateur:
Humble haussera, vexera les rebelles,
Naistra sur terre aucun æmulateur.

Vor dem heiligen Pomp wird man die Flügel senken,
Weil der große Gesetzgeber erscheint.
Er wird das Niedere erheben und die Rebellen quälen,
Auf Erden wird kein gleicher geboren.

Urban VIII. (1613-1644) ist der große und letzte Papst der Gegenreformation. Während des Dreißigjährigen Krieges ist er bestrebt, die Protestanten niederzuwerfen. Leopold von Ranke: "Ich wüßte keinen Papst, der ... (Glanz der Person und Selbstwertgefühl) ... in diesem Grade gehabt hätte."

80

Logmion grande Bisance approchera,
Chassee sera la Barbarique Ligue:
Des deux loix l'une l'estinique lachera,
Barbare & franche en perpetuelle brigue.

Der Ogmion wird sich dem großen Byzanz nähern,
Verjagt wird die barbarische Liga.
Von den zwei Gesetzen wird er das eine erloschene fahren lassen.
Barbaren und Freie in ständigem Hader.

Ogmion ist eine mythische Sagengestalt der Kelten, vergleichbar mit dem Herkules der Griechen. Er drängt den Einfluß des Islam zurück. Irgendein Gesetz ist offenbar zwar noch im Gesetzbuch niedergeschrieben, findet aber seit langem keine Anwendung mehr. Es wird aufgehoben, da überholt. Es handelt sich möglicherweise um irgendein Verbot der Religionsausübung, das nun hinfällig geworden ist. Sieger und Besiegte scheinen einen Kleinkrieg zu führen, vergleichbar mit der gegenwärtigen Situation in Israel.

81

L'oiseau Royal sur la cité solaire,
Sept mois devant fera nocturne augure:
Mur d'Orient cherra tonnerre, esclaire,
Sept iours aux portes les ennemis à l'heure.

Der königliche Vogel über der Sonnenstadt,
Sieben Monate vorher gibt es ein nächtliches Vorzeichen.
Die Mauer des Ostens zerbricht unter Donner und Blitz,
Sieben Tage an den Toren pünktlich die Feinde.

Es gibt Versuche, diesen Vers auf den deutsch-französischen Krieg 1870/71 hinzubiegen. Der ***königliche Vogel*** sei der preußische Adler, die Mauer des Ostens die Festung

Metz. Aber die *sieben Monate* sind nirgends unterzubringen, das nächtliche Vorzeichen nicht, und auch nicht der Feind innerhalb einer Woche vor Paris. Es kann letztlich auch kaum davon ausgegangen werden, daß Nostradamus den *bösen* preußischen Adler ausgerechnet den *königlichen Vogel* nennt. Nein, hier wird Künftiges geschildert. Ich sehe einen Zusammenhang mit Vers II/15: *nächtliches Vorzeichen* könnte der harmlose Komet im Frühjahr 1997 sein, - und sieben Monate später beginnt die ganze Sache interessant zu werden. Der *königliche Vogel* ist der spätere Herrscher, der gegen Jahresende 1997 sich erstmals in Frankreich aufhält. Er ist noch nicht *in* der Stadt, sondern abwartend kreist er noch um sie. Dann (1998) brechen im Osten die Dämme, Deutschland wird in einer Woche überrannt. Vergl. die einschlägigen Verse Dritter Weltkrieg und Vers X/72.

82

Au conclud pache hors de la forteresse,
Ne sortira celuy en desespoir mis:
Quant ceux d'Arbois, de Langres, contre Bresse
Auront mont Dolle, bouscade d'ennemis.

Zum Friedensvertrag außerhalb der Festung
Wird jener nicht hinausgehen, der in Verzweiflung gestürzt wurde.
Dann stehen die von Arbois, von Langres gegen Bresse.
Sie werden von Dole die Berge haben. Hinterhalt den Feinden.

Ein Vers, der exemplarisch aufzeigt, wie korrekt, aber doppelbödig der Meister arbeitet. Liest man flüchtig Zeile 1 und 2, meint man, der Kern der Aussage bestünde darin, daß jener die Festung nicht verläßt. Aber gesagt wird, daß *jener* die Festung nicht verläßt, um einen *Friedensvertrag* abzuschließen. Also: Der französische Staatsmann und Sozialist Gambetta flieht im Ballon nach dem Zusammenbruch der französischen Armee bei Sedan (am 2. September 1870 kapituliert Kaiser Napoleon III.) sehr wohl aus dem zur Festung erklärten und belagerten Paris. Aber eben nicht *zum Friedensvertrag*, sondern um ganz Frankreich zum irregulären Volkskrieg aufzuhetzen. In seiner Verzweiflung (Zeile 2) - Frankreichs reguläre Armee existiert ja nicht mehr - greift Gambetta zu kriegsverbrecherischen Methoden: Die deutschen Soldaten werden von Freischützen = *Franctireurs* heimtückisch aus dem Hinterhalt ermordet (Zeile 4). Merke: einen verlorenen Krieg sinnlos unter entsetzlichen Opfern bis zur totalen Niederlage zu verlängern ist in Frankreich *heroisch*. Unternimmt dergleichen eine deutsche Regierung, ist es ein Verbrechen.

Reste der Armee stehen gegen Ende des Feldzuges im Winter 1870/71 bei Dôle in der Nähe der Schweizer Grenze. Sie wechseln auf neutrales Gebiet und "werden von Dôle (aus) die (Schweizer) Berge haben." - Hinterher ist alles klar.

83

Ceux qui auront entreprins subvertir,
Nom pareil regne, puissant et invincible:
Feront par fraude, nuicts trois advertir,
Quant le plus grand à table lira Bible.

Die, die es unternehmen, um zu stürzen,
Gleicher Name wie Herrscher, mächtig und unbezwingbar,
Gehen mit Betrug vor. Nachts wird *Drei* gewarnt,
Wenn der Allergrößte am Tisch die Bibel liest.

Eine Kette von Substantiven mit verwirrenden Bezügen. ***Mächtig und unbezwingbar*** ist offenbar der Herrscher. Genau diese Vokabeln benutzt Nostradamus als Anrede an den (künftigen) Monarchen, dem er sein ganzes Werk weiht. Er ist der ***allergrößte***, ***allerchristlichste*** (Standardattribut der französischen Könige) Herrscher ***Heinrich***, ***Henric***. Symbol dafür ist die "Bibel, die er am Tisch liest" (nicht wörtlich zu verstehen). Aus seiner Familie (***gleicher Name***) wird ein Umsturzversuch unternommen. Doch die Verschwörung scheitert, wird verraten von *Drei*. *Drei* kann selbst wieder ein Schlüsselwort für den Aufdecker des Komplotts sein Er ist der dritte Sohn, der dritte Mann im Staat, ist als Anagramm (*A*)***risto*** = trois ein Aristokrat. Aber am wahrscheinlichsten ist das Nostradamus-Standardanagramm für derlei Fälle und so einfach, daß es immer wieder auch von Experten übersehen wird. Die korrekte Übersetzung, und da bin ich mir recht sicher, lautet: "... Nachts wird der trois = roi (***König***) gewarnt. Und daß es um ***diesen König*** geht, ***das***, vor allem ***das*** ist hier dem Meister wichtig.

84

Naistra du gouphre & cité immesuree,
Nay de parents obscurs et tenebreux:
Qui la puissance du grand Roy reveree,
Voudra destruire par Roüan & Evreux.

Geboren in den Abgründen und einer Riesenstadt,
Abstammend von dunklen und zwielichtigen Eltern.
Er will die Macht des großen verehrten Königs
Zerstören durch Rouen und Evreux.

Dies könnte ein Anschlußvers an V/83 sein. Zu denken gibt Zeile 2 Vers V/83: "Nom pareil regne". Beziehen sich diese Worte auf die Verbindung Verschwörer/König (Name gleich wie Herrscher), ist ein Zusammenhang zwischen den Versen V/83 und 84 auszuschließen, denn dieser kommt ja aus ganz obskuren Verhältnissen. Bezieht sich jedoch

Name gleich wie Machtbereich auf das Land (Heinrichland = Frankreich), dann liegt eine Verbindung nahe.

85

Par les Sueves & lieux circonvoisins,
Seront en guerre pour cause des nuees:
Gamp marins locustes & confins,
Du Leman fautes seront bien desnuees.

Die Deutschen und umliegende Gebiete
Führen Krieg wegen Nichtigkeiten.
Marinelager Heuschrecken und Artverwandte.
Die Fehler von Genf werden völlig offenbar.

Das letzte Wort Zeile 2 ist nicht ***Wolken***, wie gelegentlich behauptet wird. Da wird phantasiert: Wolke = Dunst = Niederschlag = Asche = radioaktive Asche = Atombombe! Assoziationen ja, aber keine Phantastereien, wenn ganz klar (allerdings lat.) nubes, franz.: nuee, deutsch: Wetterwolke, auch: ***Nichtigkeit*** heißt. Man muß nur wissen, daß das Werk nur so wimmelt von französisiertem Originallatein. Mit ***nuee*** schlägt Nostradamus darüber hinaus eine zweite Brücke: ***Nuee*** ist auch ein Schwarm (von Vögeln, Bienen, usw.). Und ***hier*** finden wir den Bezug zu Zeile 3. Es ist auch ein ***Krieg der Heuschrekken***, der Hubschrauberflotten. Eine Heuschrecke sticht ja nicht, deshalb erweitert Nostradamus auf (stechende) artverwandte Insekten. Also Heuschrecken = Hubschrauber, die stechen = schießen. Aus ***Marinelager*** ist zu schließen, daß die Kampfhandlungen sich am Wasser abspielen. Statt ***Camp*** schreibt Nostradamus ***falsch***: ***Gamp***. ***Gamba*** (lat.) ist die Fessel oder das Bein. Entweder man ***liegt fest*** oder der Schauplatz ist Italien, der ***Stiefel***. Zeile 4: Friedensverhandlungen in Genf sind gescheitert. Der Krieg bricht los. Ferne Zukunft, eine Art Golfkrieg II.

86

Pat les deux testes, & trois bras separés,
La cité grande par eaux sera vexee:
Des grands d'entr'eux par exil esgarés,
Par teste Perse Bisance fort pressee.

Pat die beiden Köpfe und ***trois*** getrennte Arme
Wird die große Stadt von Wassern gequält.
Die Großen unter ihnen irren im Exil,
Durch den Kopf von Persien wird Byzanz sehr gedrückt.

Korrekt müßte das erste Wort statt *Pat* Par lauten (durch). *Pat*. kann als Abkürzung stehen für: pat ere = bloßstellen, pat er = Vater/Priester, pat ibulum = Galgen, pat rator = Vollstrecker, pat ria = Vaterland, pat rizier = Adel, pat ron = Anwalt, nur um die wahrscheinlichsten Möglichkeiten zu nennen. Die *beiden Köpfe* sind also Patrizier, Priester, kommen an den Galgen? Wer weiß ... *Trois* hat getrennte Arme. Es sind *nicht* drei getrennte Arme, sondern die Arme des *trois* = roi = Königs sind getrennt. Er ist unfähig, zuzupacken mit beiden Händen. Die *große Stadt* dürfte Rom sein (Paris ist stets ohne *groß* la cité = *die* Stadt). Und sie wird natürlich nicht vom Wasser = Regen oder Fluten gequält, sondern durch *Überschwemmung* eines Aufruhrs. Nostradamus nennt Revolutionen, die das Alte fortschwemmen, stets so. Es gibt selbsternannte *Experten*, die hier von *Naturkatastrophen* phantasieren. Und in Zeile 1 von zwei Ministerpräsidenten und drei Ministern! Alles Unsinn. Es geht *rund* in Rom und der König kann nicht helfen. Zeile 4: Persien hält die Türkei besetzt. Ferne Zukunft.

87

L'an que Saturne hors de servage,
Au francs terroir sera d'eau inondé:
De sang Troyes sera son mariage,
Et sera seur d'Espaignols circondé.

In dem Jahr, in dem Saturn jenseits der Knechtschaft ist,
Wird das französische Gebiet von Wasser überschwemmt.
Mit trojanischem Blut wird seine Heirat sein,
Und die Schwester wird von den Spaniern verraten.

In Zeile 2 haben wir die mittlerweile sattsam bekannte *Überschwemmung*. Aber wieder einmal treffen sich Atlantik und Mittelmeer nicht auf den Bergen des Massif Central, sondern es ist eine Revolution. In Frankreich nun wirklich nichts neues; die Franzosen hatten ja schon längere Zeit keine mehr. *Trojanisches* Blut fließt angeblich in den Adern der Bourbonen. Es mag sich aber auch um griechisches Blut auf spanischem Thron handeln. Diese Spur wird weiter unten weiter verfolgt. Der Planet Saturn, astrologisch streng, hemmend, ist *zu Hause* im Steinbock (nüchtern, karg). Fremd, dienend ist er im *Widder*, der unbedacht, explosiv und stürmend ist (dort *zu Hause* ist der feurige, aktive Mars). Saturn befindet sich bei seinem fast dreißig Jahre dauernden Umlauf jeweils gut zweieinhalb Jahre *dienend* im Widder. Er ist dort durch entgegengesetzte Prinzipien gefesselt und *dient* - astrologisch gesehen. Das meint Nostradamus mit Zeile 1. Am 8. April 1996 tritt Saturn in den Widder, verläßt ihn wieder am 17. Juni 1998. Damit endet seine *Knechtschaft*. In einem solchen Jahr (oder in diesem!) herrscht in Frankreich Revolution. Der spanische König (*seine* in Zeile 3) hat eine griechische Prinzessin geheiratet (ist gegeben!). Diese *Schwester* (Sophie von *Griechenland*) der Spanier wird von ihrem Volk *verraten*, das heißt, das Volk wendet sich gegen die Regierung. Zugleich herrscht in

Frankreich Revolution. 1998 könnte ein *interessantes* Jahr werden (vergl. Verse IX/78, X/72, X/74).

88

Sur le sablon par un hideux deluge,
Des autres mers trouvé monstre marin:
Proche du lieu sera faict un refuge,
Tenant Savonne esclave de Turin.

Auf dem Sand durch eine schreckliche Flut
Wird ein Meeresungeheuer aus fremden Meeren gefunden.
In der Nähe dieser Stelle ist ein Zufluchtsort errichtet.
Savona wird von Turin als Sklave gehalten.

Wieder kein Ungeheuer, keine Flut. Aber aus Übersee ein Revolutionär, den es ***auf den Sand*** spült. Er scheint buchstäblich zu ***stranden***, es sei denn, mit ***Sand*** wären südlichere, sandige Länder gemeint. Zeile 3 sagt nicht ganz deutlich, ob ein Refugium in der Nähe errichtet ist = war oder werden wird, quasi als Denkmal für den Revolutionär. Zeile 4 weist wieder auf Italien. Ein Turiner scheint es weit zu bringen. Nicht gemeint sind die Städte selbst.

89

Dedans Hongrie par Boheme, Navarre,
Et par banniere sainctes seditions:
Par fleurs de lys pays portant la barre,
Contre Orleans fera esmotions.

In Ungarn kommt es durch Böhmen, Navarra
Und das heilige Banner zu Aufständen.
Durch Lilienländer, die den Balken tragen.
Gegen Orleans richten sich die Emotionen.

Der Dreißigjährige Krieg: 1618 erheben sich die Böhmen gegen Kaiser Ferdinand II. und wählen Kurfürst Friedrich V. von der Pfalz zum König. 1636 greift das katholische Frankreich ein (die Lilie ist das Wappen der Bourbonen). Ferdinand II. erhält 1619 durch den Tod seines Vaters Matthias Österreich, Böhmen und Ungarn.

Mit *Navarra* wird auf Heinrich IV. (König bis 1610) angespielt, ihm folgt Ludwig XIII. (1610-1643), sein Sohn. Unter Navarra verstand man 1555 soviel wie heute unter *Liechtenstein*. Heinrich IV. von Navarra, später völlig unerwartet französischer König, war damals gerade erst zwei Jahre alt.

90

Dans les cyclades, en perinthe & larisse,
Dedans Sparte tout le Peloponnesse:
Si grand famine, peste par faux connisse,
Neuf mois tiendra & tout le cherronesse.

Auf den Kykladen, in Perinthus und Larissa,
In Sparta und auf dem ganzen Peleponnes,
So großer Hunger, Seuche durch falsche Ansichten,
Neun Monate andauern und die ganze Halbinsel.

Dunkler Vers über Griechenland. Ohne Kenntnis der Anschlußverse nicht einzuordnen, und um zu *knacken*, zu wenig Inhalt.

91

Au grand marché qu'on dict des mensongiers,
Du tout Torrent & champ Athenien:
Seront surprins par les cheveaux legiers,
Par Albanois Mars, Leo, Sat, un versien.

Auf dem großen Markt erzählt man Lügenmärchen
Über ganz Torrent und das Land der Athener.
Sie werden überrascht durch die leichte Kavallerie.
Durch die *Albaner Mars*, Löwe, Sat, ein Gegenüber.

Zeile 4 ist Nostradamus *vom Feinsten*! Die *Albaner* sind mit hoher Wahrscheinlichkeit die *Weißen*, von albus (lat.) = weiß. Die Weißen und die Roten kennen wir als Gegenspieler in der römischen Kurie (denkbar auch: weiße = königstreue). *Mars* ist *Krieg* oder der Planet Mars. Sat wahrscheinlich der Saturn, aber vielleicht auch ein Ereignis am Saturday = *Sonnabend*, und der *Versien* ein Gestirn in Opposition oder der Wassermann als Tierkreiszeichen. Ich kapituliere!

Die wahrscheinlichste Variante ist folgende: Durch die *Weißen Krieg* und Mars im Löwen, Saturn in einem *Wasserzeichen* des Tierkreises (nicht im Wassermann). Eine Aufgabe für Dechiffreure, nachdem sich Zeile 1 und 3 erfüllt haben.

92

Apres le siege tenu dix sept ans,
Cinq changeront en tel revolu terme:
Puis sera esleu de mesme temps,
Qui des Romains ne sera trop conforme.

Nachdem der Sessel siebzehn Jahre innegehabt wurde,
Werden im gleichen Zeitraum fünf durchwechseln,
Dann wird zu diesem Zeitpunkt gewählt,
Einer, der mit den Römern nicht allzu konform geht.

Eine Folge, die sich in der langen Geschichte der Päpste bis auf den heutigen Tag noch nicht zugetragen hat. Vorsicht bei Zeile 4! Mord und Brand, Flut und Blut: alles in der Realität nicht so dramatisch, wie vom Meister mit grobem Stift skizziert. Aber Vorsicht bei den leisen Tönen! ***Nicht allzu konform*** bedeutet Mord und Totschlag in Rom. Künftiges Geschehen.

93

Sous le terroir du rond globe lunaire,
Lors que sera dominateur Mercure:
l'Isle d'Escosse fera un luminaire,
Qui les Anglois mettra à desconfiture.

Unter dem Terror des runden Balls, des ***Mondlichen***
Über den Merkur Herrschaft hat.
Die schottische Insel wird ein Flammenmeer,
Das die Engländer zermust.

Alle Experten haben bisher souverän über ***den*** Knaller dieser Zeilen locker hinweggelesen. Nehmen Sie mal einen Atlas zur Hand. Schottland eine Insel? Bisher noch nicht! Vor gut 10.000 Jahren erst ist der Ärmelkanal eingebrochen. Bis dahin ging der Kontinent ohne Unterbrechung weiter. Die Themse mündete in den Rhein und der endete bei der Doggerbank. Eines nicht allzu fernen Tages wird durch eine neue Senkung Schottland zur Insel (es gibt Seherschauungen darüber). Merkur steht für ***Feuer***. Bei dem Grabenbruch, der Schottland abtrennt, geht durch Erdbeben in England wirklich alles zu Mus; aus der Spalte tritt flüssiges Magma aus. Merkur steht für gleißendes Feuer, glühende Hitze.

94

Translatera en la grand Germanie,
Brabant & Flandres, Gang, Bruges & Bolongne
La tresve saincte, le grand duc d'Armenie,
Assaillira Vienne & la Coloigne.

Übersetzen wird er in das große Deutschland,
Nach Brabant und Flandern, Gent, Brügge und Boulogne.
Der Waffenstillstand geheuchelt, der große Führer von Rußland
Wird Wien und Köln angreifen.

Mit Gewalt hat man versucht, diesen Vers auf den Zweiten Weltkrieg hinzubiegen: *Cologne* sei gar nicht Köln. Nostradamus hätte Berlin (!) gemeint, dort gäbe es auch einen Stadtteil *Cölln*. Aber Nostradamus hat weder *Köln* geschrieben noch *Cölln*, noch Berlin, sondern eben *Coloigne*, und das ist nun einmal die alte Römerstadt Colonia agrippina, oder, wie die Franzosen heute noch sagen: Coloigne. Und der *Armenier* ist nun einmal ein Russe und kein Österreicher (Hitler). Und seine Hauptstadt Berlin hat *der* auch nicht angegriffen. Interessant ist das *große Deutschland*. Möglicherweise ist damit angedeutet, daß dieser Krieg bald nach der Wiedervereinigung stattfindet. Ganz sicher: Russischer Angriff auf Zentraleuropa. Der Stoß geht in Richtung Atlantik. Dritter Weltkrieg (vergl. Verse VI/40, VIII/34, X/72).

95

Nautique rame invitera les umbres,
Du grand Empire lors viendra conciter:
La mer Aegee des lignes les encombres,
Empeschant l'onde Tirrene defflotez.

Auf dem Wasser rudern lädt die Umbrier,
Das große Kaiserreich ist dann erbittert.
Das Ägäische Meer versperren sie mit Holz und
Verhindern die Tyrrhenische Woge, aufzuwallen.

Umbrien ist Mittelitalien, die Umbrier dürften hier für die Italiener schlechthin stehen. Die Ägäis liegt zwischen Griechenland und Kleinasien, das Tyrrhenische Meer zwischen Italien, Sizilien und Korsika. Eine Rolle als *Seemacht* lockte das junge Königreich Italien: 1861 wird Victor Emanuel König. Hauptstadt bis 1865 ist einstweilen noch Florenz. *Rudern* möchte man im ganzen Mittelmeer, doch da ist die österreichische Flotte und macht alles dicht, sperrt Italien und die Adria. In der Seeschlacht von Lissa, an der Küste Dalmatiens, erteilt der Kaiser von Österreich 1866 den naseweisen Neuankömmlingen eine Lektion: Admiral Tegetthoff schlägt vernichtend die italienische Flotte.

96

Sur le milieu du grand monde la rose,
Pour nouveaux faicts sang public espandu:
A dire vray on aura bouche close,
Lors au besoing viendra tard l'attendu.

In der Mitte der großen Welt die Rose.
Für neue Taten wird das Blut des Volkes vergossen.
Um es klar zu sagen, man wird den Mund geschlossen halten,
Wenn man ihn braucht, kommt spät der Erwartete.

Hier gehe ich mit Allgeier konform: Wahrscheinlich ist in Zeile 1 der amerikanische Präsident Roosevelt gemeint. Er hatte sich unter dem Versprechen wählen lassen, die USA aus dem Zweiten Weltkrieg herauszuhalten, tat dann aber wortbrüchig alles, Amerika in Kriege zu verstricken: zu groß war wohl die Verlockung, das wirtschaftlich marode Amerika mit Rüstungsaufträgen wieder flott zu machen. Zeile 2: das vergossene Blut hat ja Politiker noch nie gekümmert. Zeile 3: Roosevelt werkelt stumm und hinter den Kulissen daran, an einem Krieg sich zu beteiligen. Zeile 4: Für Frankreich kommt Amerikas Hilfe zu spät, aber sie ist letztendlich erfolgreich: Deutschland wird das Rückgrat gebrochen.

97

Le nay difformé par horreur suffoqué,
Dans la cité du grand Roy habitable:
L'edict severe des captifs revoqué
Gresle & tonnerre, Condon inestimable.

Der von Geburt an Mißgebildete wird vor Schreck ersticken
In der wohnlichen Stadt des großen Königs.
Das harte Edikt, die Gefangenen betreffend, wird widerrufen,
Hagel und Donner, Condon ist unschätzbar.

Dieser Vers ist zu sehen im Zusammenhang mit II/7. Condon ist eine Stadt in Südfrankreich. Aber dadurch ist man auch nicht klüger. Der ***König*** dürfte der französische sein, er residiert jedoch nicht in Paris, sondern in einer kleinen, ***wohnlichen*** Stadt, vermutlich Avignon (vergl. Vers III/93). Die Geschichte wird zeigen, wer der ***Mißgebildete*** ist.

98

A quarante huict degré climaterique,
Afin de Cancer si grande seicheresse:
Poisson en mer, fleuve, lac cuit hectique,
Bearn, Bigorre par feu ciel en detresse.

Am 48. Breitengrad des Erdgürtels
Wird am Ende des Krebses eine riesige Dürre herrschen.
Der Fisch im Meer, im Fluß, im See, wird rasch gekocht.
Bearn, Bigorre durch Feuer am Himmel in Verzweiflung.

Der 48. Breitengrad verläuft südlich von Paris über Freiburg - München - Wien. Béarn und Bigorre sind Orte in Südfrankreich am Nordrand der Pyrenäen. Was geschildert wird, sind die Folgen des Einschlags eines größeren Meteors. Als Folge des Verdampfens des

Himmelskörpers und von Teilen der Erdrinde rasen Glutorkane über ganze Länder. Seen, Flüsse werden ausgeblasen und ausgebrannt. Prof. Dr. Tollmann, Dozent an der Universität Wien, hat die Folgen solcher Einschläge in seinem Buch: ***Und die Sintflut gab es doch*** anschaulich dargelegt (vergl. Vers V/93). Bei diesem Vers dürfte es sich um einen Anschlußvers handeln. Der Zeitpunkt (***Ende Krebs***, Zeile 2) weist auf Ende Juli eines Jahres hin.

99

Milan, Ferrare, Turin, & Aquilleye.
Capne, Brundis vexez par gents Celtique:
Par le Lyon & phalange aquilee
Quant Rome aura le chef vieux Britannique.

Mailand, Ferrara, Turin und Aquileia,
Capua, Brindisi gequält durch das Volk der Kelten.
Durch den Löwen und das Heer aus dem Norden,
Wenn Rom einen alten Chef aus England haben wird.

Zeile 4: In Rom herrscht ein britischer Papst. Zeile 3: Der ***Löwe*** ist Gegner der ***Kelten*** oder ihr Führer. Möglich ist auch, daß mit ***Löwe*** das Tierkreiszeichen gemeint ist, also diese Geschichte sich im August abspielt. Die ***Kelten*** sind - dem Leser bereits sattsam bekannt - radikale Nationalfranzosen.

100

Le boutefeu par son feu attrapé,
De feu du ciel à Carcas & Cominge,
Foix, Aux, Mazere, haut vieillart eschappé,
Par ceux de Hasse, des Saxons & Turinge.

Der Feuerwerfer durch sein eigenes Feuer gefangen.
Feuer vom Himmel auf Carcassonne und Comminges,
Auf Foix, Aux, Mazeres. Der hohe Alte ist entflohen.
Wegen der bei Hasse, die Sachsen und Thüringer.

Der ***Feuerwerfer*** ist Rußland, bzw. der russische Führer, der eine Kettenreaktion kriegerischer Art entfesselt hat, die ihm nun aus den Händen gleitet. ***Feuer*** prasselt nieder auf die Mittelmeerküste. Der Papst ist bereits in den italienischen Wirren geflohen (vergl. Vers V/64). Die Russen stoßen durch Sachsen und Thüringen vor und durch den Thüringer Wald auf die Hasse-Berge bei Bamberg. Der Dritte Weltkrieg beginnt (vergl. Verse II/41, V/94).

1

Autour des monts Pyrennees grans amas
De gent estrange secourir Roy nouveau
Pres de Garonne du grand temple du Mas,
Un Romain chef le craindra dedans l'eau.

Um die Berge der Pyrenäen großer Auflauf
Von fremdem Volk, um den neuen König zu unterstützen.
Bei der Garonne, bei dem großen Tempel du Mas,
Fürchtet das ein römischer Führer im Wasser.

1808-1813 führt Joseph Bonaparte in Spanien Krieg gegen die Engländer, bis die Franzosen von Wellingtons Armee (fremdes Volk) im Frühjahr 1814 bei Toulouse endgültig geschlagen werden. Der ***neue König***, der nach der Vertreibung der Franzosen König von Spanien wird, ist Ferdinand VII. (1784-1833). Der ***römische Führer*** ist Joseph, der ältere Bruder Napoleons I., der 1806-1808 König in Italien gewesen war. Nach der Niederlage von Vitoria (12. Juni 1813) muß er fliehen: ihm steht "das Wasser bis zum Hals".

In Zeile 3 interessiert der ***temple*** überhaupt nicht. Es ist eine Anspielung auf den napoleonischen General *du mas* = Dumas (1753-1837), (nicht zu verwechseln mit jenem berühmten Bastard Davy de la Pailleterie, geb. 1762, ein kühner Kavallerist, Oberbefehlshaber der Reiterei Napoleons im Ägyptenfeldzug und Vater des berühmten Schriftstellers Alexandre Dumas). Dieser also ist 1806 Kriegsminister Joseph Bonapartes in Neapel und Großmarschall des Königs und ab 1808 Kriegsminister in Spanien. Er kämpft gegen Wellington in den Schlachten von Burgos und Valladolid.

2

En l'an cinq cens octante plus & moins,
On attendra le siecle bien estrange:
En l'an sept cens, & trois cieux en tesmoings,
Que plusieurs regnes un à cinq feront change.

Im Jahre 580 mehr und weniger
Wartet man auf ein recht merkwürdiges Jahrhundert.
Und im Jahr siebenhundert, und der drei Himmel bezeugt es,
Daß mehrere Reiche eins im fünf sich verändern.

Dieser Vers, bzw. diese Zeilen sind derart verschlüsselt, daß es mir nicht gelungen ist, einen Ansatz zur Lösung zu finden. ***Experten*** haben einfach statt 580 1580 gesetzt, statt 703 1703. Zu diesem Zeitpunkt ist jedoch nichts besonderes geschehen, und dann beginnt das Phantasieren, da wird Geschichte passend hingebogen. Das möchte ich Ihnen ersparen. Dies Rätsel hat wohl einen ganz anderen Gedankenansatz als Jahreszahlen.

Interessant (Zeile 1) ist "mehr ***und*** weniger" statt "mehr ***oder*** weniger". Und das hat mich nicht ruhen lassen. Also: Zeile 4: ***eins*** und ***fünf*** sind wieder einmal keine Zahlen, ebenso *drei* (Zeile 3). Trois = bedrückt, der ***bedrückte*** Himmel bezeugt es. Zeile 4 neu übersetzt (un = besonders, cinq = eine Handvoll/im Handumdrehen): Daß mehrere Reiche ein besonderes/außergewöhnliches (Reich) plötzlich verändern. Jetzt wird auch Zeile 3 klarer: En l'an sept cens = im Jahre 7, meine ich ... (lat.) censo. Sept = (lat.) separatus/getrennt. Zeile 3 dechiffriert: Ich meine, im Jahre der Spaltung, und der kummervolle Himmel bezeugt es. Zeile 1: Ich meine, plötzlich schlägt in einem Jahr der Hammer zu, mehr ***und*** weniger ... (je nach ***Gegend***; und damit ist das Rätsel von ***und*** gelöst. Octante = achtzig, huit (acht) = mit dem Hammer bearbeiten.

3

Fleuve qu'esprouve le nouveau naty Celtique,
Sera en grande de l'Empire discorde:
Le ieune Prince par gent Ecclesiastique,
Ostera le sceptre coronal de concorde.

Der Fluß, der den Neuen von keltischer Geburt auf die Probe stellt,
Ist ganz erheblich für das Reich von Zwietracht.
Der junge Prinz durch Kirchenleute,
Entfernt das königliche Szepter der Eintracht.

Ein Bürgerkrieg in Frankreichs fernerer Zukunft. Den Fluß können wir aufgrund anderer Verse als die Garonne identifizieren. Südlich bis zur spanischen Grenze ist das Volk aufgestanden. Zeile 1 nennt den französischen Führer der Aufständischen. Er legt sich mit der Kirche (es handelt sich also um eine rote Revolution) und dem König an. Zeile 3: Der Herrscher ergreift die Initiative.

4

Le Celtiq fleuve changera de rivage,
Plus ne tiendra la cité d'Agripine,
Tout transmué ormis le vieil langage,
Saturne, Leo, Mars, Cancer en rapine.

Der Rhein wird seine Ufer wechseln,
Nicht länger berührt er Köln.
Alles verändert außer der alten Sprache.
Saturn, Löwe, Mars, Krebs auf Beutezug.

Der keltische Fluß ist der Rhein, Colonia Agrippina der alte Römername für Köln. Der Rhein verlegt sein Flußbett. Die ganze Landschaft wandelt ihr Gesicht. Die Überlebenden der Katastrophe retten nichts außer ihrem ***Kölschen*** Dialekt (vergl. Vers V/93 und andere Verse zum Großmeteor).

Zeile 4 ist fast unmöglich zu entschlüsseln, da sie zu viele Variable enthält. Doch ein Versuch sei gewagt: Saturn, der ***Unglücksbringer***, steht für Unglück, die Sonne steht im Löwen, Mars ***plündert*** im Krebs. Also: Unglück im ***Löwen***, Mars Krebs = Unglück im August, Mars steht im Tierkreiszeichen Krebs = erste Augustwoche 1998. Diese Jahreszahl könnte interessant werden. Es mag auch heißen: Mars = ***Krieg*** im Krebs auf Beute. Doch das läuft auf fast das gleiche hinaus. Es bezöge sich dann auf Juli statt August.

5

Si grand famine par unde pestifere,
Par pluye longue le long du polle arctique,
Samatobryn cent lieux de l'hemisphere,
Vivront sans loy exempt de pollitique.

Der große Hunger wegen verpesteter Welle,
Durch langen Regen entlang des Nordpols.
Samatobryn an hundert Orten der Hemisphäre.
Sie leben ohne Gesetz außerhalb der Politik.

Schlüsselwort ist ***Samatobryn***, meisterhaft bereits vor Jahren von Putzien dechiffriert. Samatobrin ist wieder einmal ein Anagramm: Sa ***mato*** brin, mato = atom, sa brin = brisan(t) /brisant/sprengend. Also: sprengendes atom/Atombombe. Atombombeneinsatz an unzähligen Stellen der Nordhalbkugel der Erde. Zeile 1: radioaktiver Fallout, die Versorgung der Großstädte bricht zusammen: Hungersnot. Es regnet Asche in den höheren Breiten. Zeile 4: Der Einsatz der Waffen ist völlig irrational und außerhalb politischer Vernunft.

6

Apparoistra vers le Septentrion,
Non loing de Cancer l'estoille chevelue,
Suze, Sienne, Boëce, Eretrion,
Mourra de Rome grand, la nuict disperue.

Er erscheint im Kleinen Bären,
Nicht weit vom Krebs, der Haarstern.
Susa, Siena, Boiotien, Eretria,
Der Große von Rom stirbt, die Nacht ist vorbei.

Zeile 4: Die berühmte ***Nacht***, die dreimal vierundzwanzig Stunden dauert. Eine kosmische Katastrophe, die den Dritten Weltkrieg beendet. Der Papst stirbt erst (lange?)

danach. *Haarstern* ist ein altertümliches Wort für Komet. Er wird entdeckt *unweit Krebs*, also etwa Ende Juni. Am Himmel sieht man ihn hoch im Norden, im Kleinen Bären. Möglicherweise handelt es sich um den Großmeteor.

7

Norneigre & Dace, & l'isle Britannique,
Par les unis freres seront vexes,
Le chef Romain issu de sang Gallique
Et les copies aux forests repoulsees.

Norwegen, Rumänien, und die britische Insel
Werden durch die vereinten Brüder gequält.
Der römische Chef entsprungen gallischem Blut
Und die Truppen in die Wälder zurückgeschlagen.

Von den USA ist bei Nostradamus nur ganz selten die Rede, wir kennen sie nur als *Seemacht*. Die *vereinten Brüder* dürften deshalb auch andere Staaten sein, die sich mit England und seinen Schutzbefohlenen anlegen. Hitler/Mussolini als vereinte Brüder? Und die *Wälder* als Kennzeichen von Deutschland? Der römische Chef wäre dann der italienische Diktator.

8

Ceux qui estoient en regne pour sçavoir,
Au Roial change deviendront apourvris:
Uns exilez sans apuy, or n'avoir,
Lettrez & lettres ne seront à grand pris.

Jene, die an der Regierung waren wegen ihrer Kenntnisse,
Kommen beim Wechsel zum König ins Trudeln.
Einige werden vertrieben ohne Unterstützung, Gold haben sie nicht,
Wechsel und Noten sind nichts wert.

Die Schilderung des Zusammenbruchs der Papierwährungen. Allgemeiner Finanzkollaps. Das Ende der Volksvertreter. Frankreich (und andere Länder?) werden wieder Monarchien. Goldwährung wird eingeführt, Wechsel und Banknoten sind wertlos. Nahe Zukunft!

9

Aux sacrez temples seront faicts escandales,
Comptez seront par honneur & loüanges,
D'un que on grave d'argent, d'or les medall
La fin sera en tormens bien estranges.

Den heiligen Kirchen geschehen ärgerliche Sachen,
Bewertet wird es mit Ehre und Lobpreisungen.
Von einem, dem man aus Silber und Gold Medaillen prägt.
Das Ende wird in ganz furchtbaren Qualen sein.

Im Italienfeldzug 1796-1799 plündert die französische Armee unter dem blutjungen Oberbefehlshaber General Napoleon (27 Jahre alt) systematische Norditalien. Er führt nach dem Zusammenbruch der Assignaten wieder die Goldwährung ein, den *Napoleon d'or*. Napoleon stirbt *recht fern* auf der einsamen, winzigen Insel St. Helena 1821 qualvoll an Magenkrebs. Gerüchte, die Briten hätten ihn sich endlich auf Dauer vom Hals schaffen wollen und mit Arsen vergiftet, wollen nicht verstummen. Dieser Vers steht nicht in Zusammenhang mit Vers VI/8. Napoleon hat niemanden mittellos vertrieben.

10

Un peu de temps les temples des couleurs
De blanc & noir des deux entremeslee:
Rouges & iaunes leur embleront les leurs,
Sang, terre, peste, feu d'eau affollee.

Eine kurze Zeitlang werden in den Kirchen die Farben
Von Weiß und Schwarz von zweien zusammengemischt.
Als Rote und Gelbe kennzeichnen sie ihn,
Blut, Erde, Seuche, Feuer durch Wasser verwirrt.

Die Kennzeichnung in *Rote* und *Gelbe* erinnert an den Machtkampf der *Grünen* und *Blauen* unter Kaiser Justinian (483-505) von Konstantinopel. Die Farben leiteten sich seinerzeit von den *Markenzeichen* der Rennställe ab und waren Symbole der Ober- und Unterschicht. Der Kampf ging (wie Zeile 1) über einige Tage und kostete Zehntausende das Leben. Möglicherweise spielt Nostradamus auf diese Geschichten an. Zeile 4: "Durch Wasser verwirrt" hat wieder einmal nichts mit Wasser zu tun, sondern steht für einen Volksaufstand. Eine weitere Parallele. Zeile 1 und 2: Die Toten, die beigesetzt werden, sind für die eine Partei Anlaß zur Trauer = schwarz, für die andere Partei jedoch ein Zeichen des Erfolgs: weiß. Mal so, mal so, *gemischt*.

11

**Des sept rameaux à trois seront reduicts,
Les plus aisnez seront surprins par mort,
Fratricidez les deux seront seduicts,
Les coniurez en dormans seront morts.**

Die sieben Zweige werden auf drei reduziert,
Die ältesten werden vom Tod überrascht.
Zum Brudermord die zwei verführt,
Die Verschwörer werden im Schlaf getötet.

Dieser Vers ist nur zu entschlüsseln, wenn man auch sein Handwerk versteht. Die sieben Zweige, das sagt Ihnen gleich jeder, sind natürlich die sieben Kinder Heinrichs II., des vorletzten Valois. Aber das war's schon. Wieso auf ***drei*** reduziert, wo die Linie doch völlig ausstirbt? Ein ***Experte*** meint, 1575 seien nur noch ***drei*** übrig gewesen. Aber wieso 1575? Warum nicht 1568, 1582 usw. Es sind ja nicht die ***zehn kleinen Negerlein***!

Trois steht für ***roi*** = König, wie ***Zweige*** für Kinder. Also Zeile 1 richtig entschlüsselt: Die sieben Kinder werden dem ***König reduziert*** = abgezogen = weggenommen. Er steht also am Ende ***alleine*** da. ***Das*** ist die Kernaussage des Verses. Mit dem Erlöschen der Valois durch die Ermordung Heinrichs III. 1589 folgt der Bourbone Heinrich IV. aus dem Königreich Navarra auf Frankreichs Thron. Ähnlich Zeile 3. Darüber gehen ***Experten*** still und leise hinweg, weil ja niemand einen ***Brudermord*** verübt hat. Und gleich ***zwei***, die Mörder sind! Zeile 3 ***richtig*** im Sinne von Nostradamus lautet: Zum Brudermord durch ***les deux*** = die beiden = die zwei = die II. ***verführt***. Zur Tötung seines Waffenbruders (nämlich des Königs Heinrich II.) verführt wird Graf Montgomery vom König selbst: durch die ***II.*** Montgomery möchte es beim einmaligen Kreuzen der Lanzen bewenden lassen, doch der König besteht auf einen ***II.*** Durchgang und kommt dabei zu Tode (vergl. Vers I/35). In Zeile 4 erwähnt Nostradamus die Bartholomäusnacht.

12

Dresser copies pour monter à l'Empire,
Du Vatican le sang Royal tiendra:
Flamans, Anglois, Espagne avec Aspire,
Contre L'Italie & France contendra.

Er sammelt Truppen, um auf den Thron zu gelangen.
Zum Vatikan hält das französische Blut.
Flamen, Engländer, Spanien mit Speyer,
Gegen Italien und Frankreich spannt er zusammen.

Zeile 1, 3 und 4: Heinrich Guise (1550-1588), Führer der katholischen Liga von 1576, verbündet sich mit dem Ausland und läßt 1588 Heinrich III. ermorden, wird dann jedoch selbst ermordet. Dadurch gelangt 1589 überraschend der Führer der Hugenotten, Heinrich von Navarra als Heinrich IV. auf den Thron. Sogleich tritt die Liga gegen ihn an. Doch klug konvertiert er 1593 (siehe Zeile 2), hält zum Vatikan und nimmt seinen Gegnern den Wind aus den Segeln: "Paris ist eine Messe wert!"

13

Un dubieux ne viendra loing du regne,
La plus grand part le voudra soustenir,
Un capitole ne voudra point qu'il regne,
Sa grande charge ne pourra maintenir.

Ein Umstrittener bleibt nicht lange an der Regierung,
Der größere Teil möchte ihn unterstützen.
Ein Kapitol will überhaupt nicht, daß er regiert,
Seine hohes Amt kann er nicht tragen.

Man hat versucht, diesen Vers auf Papst Pius IX. (ab 1846) hinzubiegen, indem man dem meist nicht so bewanderten Leser verschwiegen hatte, daß dieser weder umstritten war, noch ***nicht lange*** regierte. Pius IX. regierte volle 32 (!) Jahre bis 1878. Ich sehe einen künftigen Papst. Wahrscheinlich besteht eine Verbindung zu Vers V/64: Auch dort muß der Papst wegen Widerstand des Kapitols (der Kurie) Italien verlassen. In Zeile 1 mag im Wort ***dubieux*** das lateinische Wort ***duus*** = zwei = II und das X versteckt sein, also Papst Pius XII., Clemens XII., Innozenz XII.; ich spekuliere auf ***Pius***. Warten wir ab.

14

Loing de sa terre Roy perdra la bataille,
Prompt eschappé poursuivy suivant prins,
Ignare prins soubs la doree maille,
Soubs fainct habit & l'ennemy suprins.

Fern von seiner Heimat wird der König die Schlacht verlieren,
Überstürzt entkommen und verfolgt wird er in der Folge gefangen.
Unter der goldenen Rüstung erkennt man den Gefangenen nicht,
Unter der falschen Kleidung, und der Feind ist erstaunt.

Zeile 1: Napoleons I. Rückzug im Herbst/Winter 1812 aus Rußland und die Völkerschlacht von Leipzig (16.-19. Oktober 1813) beenden seinen Siegeslauf. Zeile 2: Nach der Schlacht von Waterloo am 18. Juni 1815, von Blücher und Wellington geschlagen, flieht Napoleon so überstürzt vom Schlachtfeld, daß die Preußen seine Kutsche erbeuten. Napoleon irrt durch Frankreich und will nach Amerika fliehen. Doch am 15. Juli endet er in Rochefort auf dem britischen Linienschiff Bellopheron und wird als Gefangener nach St. Helena gebracht.

Zeile 3 und 4: Schon nach der Flucht aus Elba ist Napoleon nicht mehr der alte. Bei Waterloo zögert er mit dem Angriff auf die feindlichen Stellungen verhängnisvoll für den Ausgang der Schlacht bis kurz vor Mittag. Und er hält sich so weit von den Kämpfen auf, daß er keine sinnvollen Entscheidungen trifft. Er überläßt, im Gegensatz zu früher, alles Marschall Ney. Er wirkt apathisch und geistig abwesend. Unter der Fassade ist er nicht wiederzuerkennen. Auch Wellington war nachweislich erstaunt: die französischen Attacken beschränken sich im wesentlichen auf frontale Kavallerieangriffe, die an den feindlichen Karrees jedesmal scheitern.

15

Dessoubs la tombe sera trouvé le Prince,
Qu'aura le pris par dessus Nuremberg,
L'Espaignol Roy en Capricorne mince,
Fainct & trahy par le grand Vuitemberg.

Unter dem Grab wird der Prinz gefunden,
Der den Preis über Nürnberg erhält.
Der spanische König, wenn Steinbock, winzig,
Getäuscht und verraten durch den großen Wittenberger.

Nur zuzuordnen, wenn man sich an Vers III/53 erinnert: die Brücke ist *le pris* und *Nuremberg*. Einwandfrei dem Dritten Weltkrieg zuzuordnen. Der Prinz befindet sich nicht unter dem *tombe* = Grab, sondern er wird sich befinden unter der (Bedrohung der) *bombe* = Bombe. Das *Grab* mag bei einer A-Bombe mit hineinspielen. Der *Prinz* wird in Vers III/53 *le plus grand* genannt, der *Allergrößte*.

Zeile 3: Nicht das Tierkreiszeichen Steinbock wird winzig, sondern dem spanischen König geht es durch Umtriebe in seinem Lande schlecht, wenn die Sonne im Steinbock steht, also einem Januar. Aus der Kombination mit Vers V/87 ergibt sich Januar 1998 (?).

Wittenberg steht nicht nur für den jungen Ostteil unseres Landes schlechthin. Wittenberg liegt in Sachsen-Anhalt! Vergl. Vers VI/44. Zeile 3 ist eingeschoben; getäuscht und verraten wird nicht etwa Spanien, sondern Deutschland (vergl. Verse V/100, VI/77, IX/94).

16

Ce que ravy sera du ieune Milve,
Par les Normans de France & Picardie,
Les noirs du temple du lieu de Negrisilve,
Feront aulberge & feu de Lombardie.

Der, der geraubt ist vom jungen Falken,
Durch die Normannen Frankreichs und der Picardie.
Die Schwarzen der Kirche des Ortes des Schwarzwalds
Machen Station und Feuer der Lombardei.

Picardie und Normandie (Nordfrankreich) scheinen den *jungen Falken* angestiftet zu haben, aber sicher ist das nicht. Die Normannen usw. können auch *dem* jungen Falken *etwas* gestohlen haben, und das klingt mir intuitiv beim Lesen von Zeile 1 und 2 etwas wahrscheinlicher. Die Schwarzen sind wohl Benediktiner mit ihren schwarzen Kutten. Zeile 4 läßt sich wieder verschieden verstehen: Machen ... Feuer *aus* der Lombardei. Oder: machen Feuer; (sie kommen) aus der Lombardei (Norditalien). Der Vers läßt zu viele Varianten zu, um ihn interpretieren zu können. Zu guter Letzt kann *ravy* statt *rauben* auch *entzückt sein über* bedeuten, dann wird hier gar nichts geraubt, sondern jemand ist begeistert über den jungen Falken. Und wie ich Nostradamus kenne, meint er gerade das, weil man nicht gleich darauf verfällt. *Rauben* nennt er nämlich sonst stets *pille* oder *prins*.

17

Apres les limes bruslez les asiniers,
Contraints seront changer habits divers,
Les Saturnins bruslez par les meusniers,
Hors la pluspart qui ne sera couvers.

Jenseits der Grenzen brennen die *Eseler*.
Zusammengezogen und in unterscheidbare Gewänder wechseln.
Die *Saturnier* werden von den *Müllern* verbrannt,
Außer des größeren Teils, der hat kein Obdach.

Nach Kriegsausbruch 1939 befinden sich mit der Besetzung Polens eine riesige Anzahl *Eseler* = Juden im deutschen Herrschaftsbereich. *Saturn* wird als das den Juden zugeordnete Gestirn bezeichnet, sie selbst sind für den frommen Nostradamus stets *Esel*. Die *Esel* werden nach der Wannseekonferenz am 20. Januar 1942 *zusammengezogen* in Lagern, wo sie Häftlingskleidung tragen. Die Mehrzahl der Lager befand sich "jenseits der Grenzen" in Polen.

Traditonell verfolgten die *Weißen*, d.h. die Dominikaner mit ihren weißen Kutten Abweichler, Ungläubige, Hexen und Juden. Hier stehen sie für die Nationalsozialisten und ihre Helfer. Die Leichen werden eingeäschert. Zeile 4 mag anspielen auf das Schicksal der deutschen Juden, die ja bereits vor Kriegsbeginn fast vollständig aus Deutschland vertrieben wurden und nun - meist in Amerika - ohne Heim sind.

18

Par les Phisiques le grand Roy delaissé,
Par sont non art l'Ebrieu est en vie,
Luy & son genre au regne hault poussé,
Grace donnee à gent qui Christ envie.

Von den Ärzten wird der große König aufgegeben,
Wegen des Schicksals, nicht der Kunst des Hebräers ist er am Leben.
Er und seine Gattung bei Hof hoch erhoben.
Gnade gewährt den Leuten, die nach Christus verlangen.

Zwar verdankt der *große König* wohl mehr dem Schicksal als seinem jüdischen Leibarzt seine Genesung, jedoch zeigt man sich speziell und allgemein dankbar. In der Geschichte seit Nostradamus noch nicht geschehen. Daher künftiges Ereignis. Wir können diesem Vers entnehmen, daß in Zukunft die Stellung der Juden nicht so emanzipiert sein wird, wie in unserer heutigen pluralistischen Zivilisation.

19

La vraye flamme engloutira la dame,
Que vourdra mettre les Innocens à feu,
Pres de l'assaut l'exercite s'enflamme,
Quant dans Seville monstre en bœuf sera veu.

Die wahre Flamme verschlingt die Dame,
Die die Unschuldigen ins Feuer werfen wollte.
Beim Angriff begeistert sich das Heer,
Wenn in Sevilla das Monster im Stier gesehen wird.

Spanischer Bürgerkrieg 1936-39. Die *Dame* ist die rote Republik, unter deren Terror Zehntausende Priester und fromme Christen erbarmungslos abgeschlachtet wurden. Nostradamus ergreift Partei: Die *wahre Flamme* ist der kirchentreue und nationale Franco. Mit Truppen aus Spanisch-Marokko gekommen, setzt er über nach Europa. Seine ersten Erfolge hat er in Sevilla, wohl im Mai (Tierkreiszeichen Stier).

20

L'union faincte sera peu de duree,
Des uns changez reformez la pluspart,
Dans les vaisseaux sera gent enduree,
Lors aura Rome un nouveau liepart.

Die falsche Union wird von kurzer Dauer sein,
Die einen wollen wechseln, die Mehrzahl reformieren.
In den Schiffen ist ausdauerndes Volk,
Dann wird Rom einen neuen Leoparden haben.

Die Interessen des Katholizismus wurde vertreten durch die ***Liga***, gegründet 1511 durch Papst Julius II. Mit stets nach Interessenlage und Bedürfnis wechselnden Staaten (Spanien, Schweiz, Frankreich, Venedig, Mailand, Genua, Florenz, Österreich, Rußland und Polen) kämpft man gegen Frankreich, gegen England, mit Frankreich, gegen Deutschland, gegen die Türken, usw, bis 1690. Das ist die katholische, daher ***richtige*** Liga.

Die ***falsche*** ist die protestantische ***Union*** (Zeile 1), 1608 in Auhausen bei Nördlingen von deutschen Fürsten geschlossen. Sie hat nur dreizehn Jahre Bestand und zerfällt nach der Niederlage am Weißen Berg (8. November 1620), wo Tilly über Friedrich V. siegt. Zeile 3: ***Schiff*** steht für Kirche/Papst. Zeile 4: Zeitangabe. Papst ***Leo*** XI. 1605, ***Union*** 1608.

21

Quant ceux du polle artiq unis ensemble,
En Orient grand effrayeur & crainte,
Esleu nouveau, soustenu le grand tremble.
Rodes, Bisance de sang Barbare traincte.

Wenn die vom Nordpol gemeinsam vereint sind,
Im Osten großer Schrecken und Furcht.
Ein neuer wird gewählt, das große Zittern geht weiter.
Rhodos, Byzanz werden mit Barbarenblut getränkt.

Die beiden Länder, die im ***Norden*** sitzen, sind die USA und Rußland. In Alaska stoßen sie geographisch zusammen. Die Entspannung nach dem Zusammenbruch der Sowjetunion ist nur von kurzer Dauer, da in Rußland ein neuer Machthaber hochkommt: Der ***kalte*** Krieg geht weiter. In der Folge kommt es zur Konfrontation im Nahen Osten.

22

Dedans la terre du grand temple Celtique,
Neveu à Londres par paix faincte meurtry,
La barque alors deviendra scismatique,
Liberté faincte sera au corn & cry.

Auf dem Boden der großen keltischen Kirche
Wird der Neffe von London im geheuchelten Frieden ermordet.
Die Barke wird sich daraufhin spalten.
Die falsche Freiheit wird verkündet.

Im Zusammenhang mit der *Kirche* sind *Neffen* stets Kardinäle, da früher Päpste mangels eigener Kinder Neffen häufig zu Kardinälen ernannten. Also, ein Kardinal in oder aus London wird ermordet. Die *celtische* Kirche könnte die *celische* Kirche, die himmlische Kirche = Rom sein. Sonst wäre auch - ebenfalls möglich - Frankreich gemeint. Das ist der letzte Anstoß, der zum Schisma führt. Statt *Schiff* wählt Nostradamus bereits die gebrechliche *Barke* als Tarnwort für die Kirche. Vor dem Schisma ist es mit der Kirche offensichtlich nicht mehr weit her. Die feindlichen Lager sind: Traditionalisten versus Liberale (Zeile 4). Jederzeit möglich.

23

D'esprit de regne musnimes descriées,
Et seront peuples esmeuz contre leur Roy,
Paix faict nouveau, sainctes loix empirees,
Rapis onc fut en si tresdur arroy.

Die Fähigkeit des Herrschers wird von den Bürgern beklagt,
Und das Volk erhebt sich gegen seinen Herrscher.
Ein neuer Friede wird geschlossen, heilige Gesetze verschlechtert.
Rapis befand sich nie zuvor in solchen Wirren.

Rapis heißt eigentlich Raub. Nostradamus deutet darauf hin, daß Rapis = Paris beraubt wird, daß man in Paris raubt. Wahrscheinlich wird die Übernahme der Regierung durch Heinrich IV. 1589 geschildert. Das Land ist gespalten, Paris verweigert dem König Zutritt zu seiner Stadt. 1593 wechselt der König jedoch das Bekenntnis (Zeile 3). Nostradamus beklagt das Edikt von Nantes (13. April 1598), das den Hugenotten Religionsfreiheit garantiert.

24

Mars et le sceptre se trouvera conioinct,
Dessoubs Cancer calamiteuse guerre,
Un peu apres sera nouveau Roy oingt,
Qui par longtemps pacifiera la terre.

Mars und das Szepter befinden sich vereint,
Unter Krebs unheilvoller Krieg,
Ein wenig später wird der neue König gesalbt,
Der für lange Zeit die Erde befrieden wird.

Nur zu verstehen im Zusammenhang mit den Versen X/72 und X/74! Ich begehe mich mit der Deutung dieses Verses auf mäßig dünnes Eis. Gebe Gott, daß ich falsch liege. Mars und *Szepter* = Jupiter finden sich in Konjunktion am 21. Januar 1998. Nun findet eine Konjunktion dieser beiden Planeten regelmäßig alle zwei Jahre statt und eignet sich eigentlich weniger zur Datierung. Ich meine jedoch, daß mit der Konjunktion im Januar ***das Jahr*** angegeben ist, in Zeile 2 hingegen der ***Monat*** des ***unheilvollen*** Krieges (Ende Juni-Juli, die Sonne steht im Krebs). Die Brisanz liegt in der Erwähnung, daß der ***neue*** König ***gesalbt*** wird und ***nach*** einem Krieg lange Zeit ***dann*** Frieden sein wird (vergl. Verse X/72 und X/74). Im ganzen ***Nostradamus*** ein Vers fast ohnegleichen. Er kann gar nicht hoch genug eingeschätzt werden. Nirgendwo sonst wird eine Salbung eines neuen Königs erwähnt. Nirgends sonst ein so unheilvoller Krieg. Es wird hier ein Umbruch geschildert, der nicht seinesgleichen hat. Lassen Sie sich nicht täuschen durch die leisen Töne! Spricht Nostradamus von Pest und Brand, Feuer, Eisen, Flut: das ist stets halb so wild. Aber ***das*** hier ...

25

Par Mars contraire sera la monarchie,
Du grand pescheur en trouble ruyneux,
Ieune roy rouge prendra la hierarchie.
Les proditeurs iront iour bruyneux.

Wegen Krieg behindert ist die Monarchie
Des großen Fischers in zerstörerischer Verwirrung.
Junger roter König übernimmt die Herrschaft.
Die Verräter gehen an nebligem Tag.

Der Schlüssel steckt im letzten Wort der Zeile 4: bruyneux = ***neblig***. Der ***Brumaire*** ist der zweite Monat des französischen Revolutionskalenders, der ***Nebelmonat***. Am 18. Brumaire (9. November 1799) verrät General Bonaparte die Revolution und stürzt das Direktorium. Die Verschwörung geht unter dem Stichwort ***Brumaire*** in die Geschichte ein. Napoleon, aus der roten Revolution hervorgegangen, ist der rote, junge König. Er ist gerade dreißig Jahre alt. Zeile 1 und 2: Von 1796 bis 1799 hausen und plündern Napoleons Soldaten Italien, um die maroden Finanzen der Revolutionäre in Paris zu sanieren. Der Papst wird zur Marionette degradiert.

26

Quattre ans le siege quelque peu bien tiendra,
Un surviendra libidineux de vie,
Ravenne & Pyse, Veronne soustiendront,
Pour eslever la croix de Pape envie.

Vier Jahre kaum hält er gut den Thron,
Einer folgt, führt ein sinnenfrohes Leben.
Ravenna und Pisa, Verona werden unterstützen,
Um das Kreuz des gewünschten Papstes aufzurichten.

Papst Paul IV. kommt 1555, zeitgleich mit dem Erscheinen des Werks von Nostradamus, auf den Thron. Er hält ihn vier Jahre (Zeile 1) inne. Sein Nachfolger, Pius IV., regiert fünf Jahre. Im Gegensatz zu seinem leicht dogmatischen Vorgänger ist er liberal und lebensfroh. Das Konklave zog sich allerdings über mehrere Monate hin, da unterschiedliche Interessengruppen sich nicht einigen konnten.

Direkt *über* (Zeile 4) eslever la croix = "das Kreuz aufrichten" steht mit *Pyse* das Anagramm des Nachfolgers Paul IV.: Pius. Man muß es nur erkennen.

27

Dedans les Isles de cinq fleuves à un,
Par le croissant du grand Chyren Selin,
Par les bruynes de l'air fureur de l'un,
Six eschapez, cachez fardeaux de lyn.

Auf den Inseln, wo fünf Flüsse zu einem werden,
Durch den *Croissant* des großen *Henric Miles*,
Durch Nebel der Luft Schrecken für einen.
Sechs entkommen, verborgen in Lasten von Leinen.

Croissant ist das berühmte französische Gebäck, das *Hörnchen*, ein Halbmond. Der *Henric-Miles* = Heinrich-Soldat wird durch den Halbmond zum Schrecken für *Einen*. Aber für wen? Henric ist ein künftiger großer französischer Monarch, den wir bereits kennen. Möglicherweise besetzt er die britischen Inseln? Mit Nebenflüssen und Kanälen kommt die Themse auf insgesamt fünf Wasserläufe. Aber diese Deutung ist recht fraglich: Bei den *Sechs* in Zeile 4 handelt es sich sicherlich nicht um Einzelpersonen, sondern auch um Machtgruppierungen. Leinen ist weiß, die Farbe der Übergabe, der Neutralität. Das scheint sie zu belasten, sie kommen gerade noch einmal mit weißen Fahnen davon. Weiteres muß die Zukunft klären.

28

Le grand Celtique entrera dedans Rome,
Menant amas d'exilez & bannis:
Le grand pasteur mettra à mort tout homme
Qui pour le coq estoyent aux Alpes unis.

Der große Kelte zieht nach Rom ein,
Mit sich führt er Massen Vertriebener und Verbannte.
Der große Hirte schickt alle in den Tod,
Die für den Hahn sich in den Alpen zusammengetan hatten.

Der große Kelte ist ein französischer Herrscher, der nach einer Revolution in Italien ganz sicher nicht nur die Kleriker, sondern auch ihr Oberhaupt, den ***großen Hirten*** = den Papst wieder nach Rom bringt. Dieser macht nun reinen Tisch und vertreibt diejenigen, die sich für 1) die französische Revolution 2) die französische Position (z.B. Kardinal Lefebvre) 3) Spaltung Italiens in zwei Staaten/Lager stark gemacht hatten. Möglicherweise nahe Zukunft (vergl. Verse V/64, VI/22).

29

La vefve saincte entendant les nouvelles,
De ses rameaux mis en perplex & trouble:
Qui sera duict appaiser les querelles,
Par son pourchas des razes sera comble.

Die heilige Witwe hört die Neuigkeiten,
Daß ihre Zweige in Verwirrung und Not geraten sind.
Der geschickt wird, die Streitigkeiten zu schlichten,
Wird bei der Verfolgung der Rasierten übereifrig sein.

Möglicherweise ist die ***Heilige*** Katharina von Medici, Witwe Heinrichs II. Die ***Zweige*** wären dann ihre Kinder. Aber eine ***Heilige*** war diese Witwe nun wirklich nicht, und um Zeile 3 und 4 passend zu machen, müßte man bis an den Rand der Geschichtsfälschung gehen (Manch ***Experte*** ist davor nicht zurückgeschreckt.). Besonders die ***Rasierten*** (Militär der Neuzeit) lassen sich nun wirklich nicht im 16. Jahrhundert unterbringen. Die ***heilige Witwe*** ist wohl Frankreich, deren Provinzen in Not sind. Witwe = kein Führer/Präsident/König an der Macht, bzw. inkompetent. Die ***Rasierten*** könnten aufständische Militärs sein, auch Neofaschisten. Weniger kämen wohl Priester in Frage, die ja Tonsur tragen.

30

Par l'apparence de saincte sainctеté,
Sera trahy aux ennemis le siege:
Nuict qu'on cuidoit dormir en seureté,
Pres de Braban marcheront ceux de Liege.

Unter dem Anschein heiligster Heiligkeit
Wird die Belagerung an die Feinde verraten.
Nachts, wenn man in Sicherheit zu schlafen meint,
Bei Brabant marschieren die von Lüttich.

Der Vorstoß der deutschen Armeen zu Kriegsbeginn 1914 nach Belgien: die 1. und 2. Armee marschierten aus dem Raum Krefeld bzw. Aachen nach Belgien mit Schwerpunkt beiderseits der Festung Lüttich vor. In Zeile 4 liest nur der oberflächliche Leser *hinein*, daß die *Lütticher* nach Brabant marschieren. Nein: bei Brabant marschieren *dieselben* wie auch in Lüttich. Zeile 1: die belgische Neutralität wird mißachtet. Zeile 2: Lüttich kapituliert fast kampflos. Zeile 3: Der Vorstoß über Belgien kommt wirklich überraschend, obgleich der homosexuelle österreichische Oberst im Generalstab Redl bereits Jahre vor Kriegsbeginn den deutschen Aufmarsch dem Gegner verkauft hatte. Redl erschießt sich.

31

Roy trouvera ce qu'il desiroit tant,
Quand le Prelat sera reprins à tort:
Responce au Duc le rendra mal content,
Qui dans Milan mettra plusiers à mort.

Der König findet, was er so sehr ersehnte,
Wenn der Prälat zu Unrecht beschuldigt wird.
Die Antwort an den Herzog macht den unzufrieden,
Der in Mailand mehrere zu Tode bringen läßt.

Fontbrune sieht im *Duc* (Zeile 3) den *Duce*, also den italienischen *Führer* Mussolini. Geschildert werden die Friedenssondierungen Italiens, die über den Erzbischof von Mailand mit den Alliierten geführt wurden. Mussolini ließ (Zeile 4) seinen Schwiegersohn hinrichten. Mich befriedigt diese Deutung nicht recht. Der amerikanische Befehlshaber in Italien, General Patton, ein *König*? Wohl nicht bei Nostradamus.

32

Par trahison de verges à mort battu,
Prins surmonté sera par son desordre,
Conseil frivole au grand captif sentu,
Nez par fureur quant Berich viendra mordre.

Wegen Verrats mit Ruten zu Tode geprügelt,
Der Ergriffene wird in seiner Verwirrung überwältigt.
Der Rat spricht ein leichtfertiges Urteil über den großen Gefangenen,
Schäumend vor Wut, als er *Berich* ermorden ging.

Berich ist der Herzog von Berry (vergl. Vers III/96). Der Attentäter Louvel wird auf dem Platz de Greve hingerichtet. Zeile 1 *verges* ist das Anagramm für *greves*. Hochinteressant ist, was Nostradamus in Zeile 3 schreibt. Louvel hat stets behauptet, aus eigenem Antrieb gehandelt zu haben und ging in den Tod, ohne etwaige Hintermänner preiszugeben. Klee, der sich sehr intensiv mit diesen Fall beschäftigt hat, meint belegen zu können, daß interessierte Kreis aus Rom hinter der Ermordung des französischen Thronfolgers gestanden haben. Aus Zeile 3 ist zu entnehmen, daß die Richter nicht mit ausreichender Gründlichkeit versucht haben, den Gesamtkomplex des Attentats aufzuklären.

33

Sa main derniere par Alus sanguinaire,
Ne se pourra par la mer guarentir:
Entre deux fleuves craindre main militaire,
Le noir l'ireux le fera repentir.

Seine letzten Scharen wegen des blutigen *Alus*
Können nicht das Meer queren.
Zwischen zwei Flüssen die Hauptstreitmacht in Furcht.
Der Schwarze wird den Haßerfüllten es bereuen lassen.

Alus dürfte ein Anagramm sein für den biblischen Saul, der David verfolgte. Also wird hier ein interner Machtkampf geschildert: Rechtmäßiger, aber blutrünstiger König gegen aufsteigenden, strahlenden Truppenführer. Offensichtlich ist *Alus* der ***Haßerfüllte***, sein Rivale der *Schwarze*, möglicherweise selbst später der König: noir = roi.

34

De feu volant la machination,
Viendra troubler au grand chef assiegez:
Dedans sera telle sedition,
Qu'en desespoir seront les profligez.

Mit Feuer fliegend der geheime Anschlag
Wird in Besorgnis versetzen den großen belagerten Führer.
Drinnen geschieht ein solcher Aufstand,
Daß die Übeltäter verzweifeln.

"Mit Feuer fliegend", *Machin(N)ation*: Ganz offensichtlich Indikatoren eines modernen Luftkrieges. Ohne Anschlußverse leider zeitlich nicht zuzuordnen. Jedenfalls geht es einem Land mittels modernen Fluggeraten *an den Kragen*. Paßt auf den Zweiten Weltkrieg, auf den Golfkrieg, wohl auch auf künftige.

35

Pres de Rion, & proche à blanche laine,
Aries, Taurus, Cancer, Leo, la Vierge,
Mars, Iupiter, le Sol ardra grand plaine,
Bois & citez lettres cachez au cierge.

Nahe bei *Rion* und nahe bei der weißen Wolle.
Widder, Stier, Krebs, Löwe, die Jungfrau,
Mars, Jupiter, die Sonne wird verbrennen große Ebene,
Wälder und Städte. Buchstaben versteckt bei der Kerze.

Um diesen Vers machen sämtliche ***Experten*** unauffällig einen Bogen, da sie sich überfordert fühlen. Da wird kurz gefaselt von der ***Milchstraße*** (!!) und von ***Atombrennstab*** (!) und läßt den Leser dann allein. Aber wo soll dergleichen wohl im Text stehen? Also: Zeile 1 *Rion* = noir = schwarz, blanche laine = blanche lune = Vollmond. Zeile 1 entschlüsselt lautet also: Nahe beim schwarzen und nahe beim Vollmond. Zeile 2 enthält Tierkreiszeichen, in Zeile 3 sind die Planeten angegeben, die ihnen zuzuordnen sind. So wie ***Mars*** für den Kriegsgott Mars stehen kann, hat Nostradamus ***Jupiter!*** eingefügt als Ausruf: "Oh Gott!", die Sonne verbrennt Ebenen, Wälder und Städte!

Zeile 2:	Widder ⇒ Stier	Krebs - Löwe - Jungfrau
Zeile 3:	Mars	Sonne (oder der Großmeteor)
	Wechsel vom Widder in den Stier im April 1998	ab Juni im Krebs

Die ***Sonne***, die ganze Landstriche versengt, ist der Großmeteor (vergl. Angaben im Inhaltsverzeichnis). Denkbar wäre auch, daß der Großmeteor über die Tierkreiszeichen Krebs, Löwe, Jungfrau hinwegzieht. Der Vollmond verdunkelt sich, es beginnen die drei finsteren Tage. Zeile 4: Buchstaben, die ***bei Kerzenlicht***, also im Halbschatten versteckt, schwer zu finden sind, und neu zu ordnen, befinden sich in der ersten Zeile, wie schon aufgeführt. Wahrscheinlich wird der Großmeteor im Frühjahr entdeckt, streift im August/September = Jungfrau (Zeile 2) dicht über die Erde hinweg. Dieser Vers ist schwer verschlüsselt, trägt viele Siegel. Es wäre mir nur recht, wenn meine Analyse falsch wäre und auf einen anderen, späteren Zeitpunkt sich dieser Vers bezöge.

36

Ne bien ne mal par bataille terrestre,
Ne parviendra aux confins de Perouse:
Rebelle Pise, Florence voit mal estre,
Roy nuict blessé sur mulet à noire house.

Nichts Gutes, nichts Schlechtes durch die Schlacht am Boden,
Er erreicht nicht die Grenzen Perugias.
Pisa Rebellion, Florenz erlebt Übles,
Der König des nachts verwundet auf dem Muli mit schwarzer Schabracke.

Die schwarze Schabracke dürfte ein Todessymbol sein. Das Maultier, halb Pferd, halb Esel, wie die unentschiedene Schlacht in Zeile 1, dürften für Unentschlossenheit, schwankendes Glück stehen. Ein jetzt noch nicht zuzuordnendes Bruchstück.

37

L'œuvre ancienne se parachevera,
Du toict chera sur le grand mal ruyne:
Innocent faict mort on accusera,
Nocent caché, taillis à la bruyne.

Das alte Werk vollendet sich
Auf dem Dach das Ahnenbild über dem Großen, vom Unglück ruiniert.
Einen Unschuldigen wird man wegen Totschlags anklagen,
Das Wissen versteckt, gleichwie im Nebel.

Dieser Vers liegt übersetzt vor. Da lautet Zeile 2: "Vom Dach fällt der Ruin auf den großen Übeln" (!), und Zeile 4: "Der Schuldige versteckt sich im nebligen Wald" (!). Ich fürchte, der ***Experte*** ist selber schuldig und hat sich bös ***im Wald*** verirrt. Wer nicht weiß, daß ***cera*** das römische Ahnenbild ist und es mit ***fällt***, irgendeinem geratenen Wort ersetzt, der kann denn auch, wie dieser ***Experte*** zugibt, "keine Deutung anbieten." Warum läßt er nicht die Finger von Nostradamus, wenn er noch nicht einmal die Sprache beherrscht?

Also: Das Ende einer Geschlechterfolge. Auf dem ***Haus*** des Herrschers sinnbildlich die Ahnentafel als Schutz. Das Ende des Hauses Valois (vergl. Vers I/35). Trotz seiner sieben Kinder mit Maria von Medici ist der Unglücksfall beim Turnier Heinrichs II. durch den Grafen Montgomery, der daran unschuldig ist, der Anfang einer ganzen Kette von Todesfällen, die das Haus Valois ruinieren. Zeile 4: Nostradamus weiß davon, nebelt seine Prophezeiungen jedoch so ein, daß sie im allgemeinen erst nach dem Eintreten zu entschlüsseln sind.

38

Aux profligez de paix les ennemis,
Apres avoir l'Italie superee,
Noir sanguinaire, rouge sera commis,
Feu, sang verser, eau de sang coloree.

Den Übeltätern des Friedens durch die Feinde,
Nachdem Italien unterworfen ist, wird
Der Schwarze blutrünstig, der Rote wird handgemein.
Feuer, Blutvergießen, das Wasser mit Blut gefärbt.

Der Schlüssel steckt im letzten Wort in Zeile 3. Statt

comminus (lat.) Mann gegen Mann

schreibt Nostradamus

comm(u)nis = commnis/Kommnis(mus).

Den ***Roten*** können wir der nahen Jetztzeit zuordnen; er leitet die italienische, rote *kommnistische* Revolution. Mit denen macht der Schwarze, wohl ein Konservativer, letzten Endes kurzen Prozeß. Die Säuberung spielt sich nach dem in Zeile 1 angesprochenen Kriegsende ab. Die ***Übeltäter*** sind die mit den ***Roten*** in Italien verbündeten feindlichen Streitkräfte. Raten Sie mal, wer wohl...

39

L'enfant du regne par paternelle prinse,
Expolier sera pour delivrer:
Aupres du lac Traismen l'azur prinse,
La troupe hostage par trop fort s'enyvrer.

Das Kind des Herrschers wegen der Vaterschaft geraubt,
Überfreundlich ist er, um es zu befreien.
Beim Trasimenischen See wird der Blaue ergriffen,
Die feindliche Truppe ist allzu sehr betrunken.

Ferne Zukunft. Die ***Blauen*** sind irgendeine Partei/Gruppe, wahrscheinlich Briten (siehe Worterklärung im Anhang). Der Vater scheint den Entführern gegenüber zu beträchtlichen Konzessionen bereit zu sein, die dann jedoch nicht mehr erforderlich sind. Der ganze Vers mag auch allegorisch gemeint sein.

40

Grand de Magonce pour grande soif estaindre,
Sera privé de sa grand'dignité:
Ceux de Cologne si fort se viendront plaindre,
Que le grand groppe au Rhin sera ietté.

Der Große von Magog, um seinen großen Durst zu löschen.
Er wird seiner großen Würde enthoben,
Die von Köln werden sich lauthals beklagen,
Daß die große (Heeres)gruppe in den Rhein geworfen wird.

Zu sehen im Zusammenhang mit den Versen III/53, V/68, V/94. Dritter Weltkrieg: Der Angriff aus Rußland, dem Land ***Magog*** der Bibel, scheitert am Rhein und Frankreichs Grenzen. Eine Heeresgruppe wechselt beim Rückzug in der Gegend von Köln wieder auf das rechte Rheinufer. Keine schöne Vorstellung für die Bewohner. Wer anschließend noch in der Lage sein sollte, zu ***klagen***, sollte sich besser bedanken dafür, daß er überhaupt überlebt hat. So wie ich Nostradamus kenne, bleibt von Köln nicht viel übrig. Nahe Zukunft.

41

Le second chef du regne d'Annemarc,
Parc ceux de Frize & l'isle Britannique,
Fera despendre plus de cent mille marc,
Vain esploicter voyage en Italique.

Der zweite Chef im Königreich von Dänemark
Verschont die Flamen und die britische Insel,
Verursacht Schaden mehr als hunderttausend Mark,
Umsonst die heldische Reise nach Italien.

Der ***zweite Mann*** oder der folgende ***Chef*** oder König ...II. sucht Kriegserfolge nicht in der Nähe der skandinavischen Heimat, sondern im fernen Italien. Doch das scheint ihm außer Bankrott nicht viel zu bringen. Unterschätzen wir nicht ***100.000 Mark*** zu Zeiten von Nostradamus. Die ***Mark*** ist ein Pfund Silber, damals etwa 6.000 DM von heute wert. Das 100.000fach entspricht 600 Millionen heute, auch wenn nur symbolisch aufzufassen. Zukunft.

42

A Logmyon sera laissé le regne,
Du grand Selin, qui plus fera de faict:
Par les Itales estendra son enseigne,
Regi sera par prudent contrefaict.

Dem Ogmion wird die Herrschaft übertragen,
Vom großen Selin, der noch weitere Taten vollbringt.
Über Italien erstreckt sich sein Feldzeichen,
Das regiert wird von einem klugen Gegner.

Selin = miles = der Soldat. Wir kennen ihn bereits aus anderen Versen. ***Ogmion***, der keltische Herkules, ist uns in Vers V/80 begegnet, wo er gegen Byzanz zieht. Aus diesem Vers könnte hervorgehen, daß ***Miles*** ihn mit Aufgaben ***daheim*** beauftragt und sich Italien dienstbar macht. Oder erhält Ogmion Italien als Lehen? Nostradamus läßt uns vorsätzlich im Unklaren.

43

Long temps sera sans estre habitee,
Où Signe & Marne autour vient arrouser:
De la Tamise & martiaux tentee,
Deceus les gardes en cuidant repousser.

Lange Zeit unbewohnt sein wird,
Wo Seine und Marne die Gegend durchfließen.
Die von der Themse und kriegerisch Versuchten,
Die Wachen getäuscht beim Versuch, zurückzuschlagen.

Es sieht so aus, als sei durch Radioaktivität oder Chemie die Champagne verseucht/vergiftet. Als Ursache scheiden Atomsprengkörper aus, da deren radioaktive Folgen höchster Gefährlichkeit bereits 36 Stunden später praktisch auf zu vernachlässigende Werte gesunken sind.

Es kommt nach derzeitigem Kenntnisstand sowohl ein Großunfall in einem Kraftwerk in Frage, als auch der Einsatz chemischer Mittel im Krieg. Es sieht eher nach letzterem aus, wenn man die Zeile 3 und 4 zur Analyse mit hinzuzieht. Auch London scheint betroffen.

44

De nuict par Nantes Lyris apparoistra,
Des arts marins susciteront la pluye:
Arabiq goulfre grand classe parfondra,
Un monstre en Saxe naistra d'ours & truye.

Des Nachts erscheint in Nantes der Regenbogen.
Die Künste der Marine bringen Regen hervor.
Im arabischen Golf geht eine große Flotte unter.
Ein Monster in Sachsen gebären Bär und Sau.

Ein Vers, der alles enthält, was dem Analytiker schlaflose Nächte bereitet, zusammengemischt: Regenbogen nachts, Nantes (am Golf von Biscaya), künstlicher Regen, Marine, Flottenschicksal im Nahen Osten, ein ***Monster***, ***Bär*** = Rußland, Sachsen = Ostdeutschland, und am Schluß noch Schwein = Jude. Ich kenne diesen Vers seit vielen Jahren und meine folgendes:

Regen nachts in Ordnung, aber hier offenbar künstlich durch die Marine, kombiniert mit ***Regenbogen*** bedeutet, daß nachts "die Sonne scheint". Ein unmißverständlicher Hinweis auf den Einsatz von A-Sprengkörpern im Atlantik. Wasser wird hunderte von Metern emporgeschleudert, während der Feuerball der Detonation über dem Wasser hängt (vergl. Vers III/1). Im Zusammenhang mit der Schlacht im Atlantik stehen Kampfhandlungen im Nahen Osten. Geht eine ***große Flotte*** unter, wohlgemerkt nicht Schiffe ***einer*** großen Flotte, so ist auch das nur mit großen (!) A-Sprengkörpern zu bewerkstelligen.

Vergleichsweise ***harmlos*** scheint, was sich in Deutschlands Osten angebahnt hat. Es handelt sich wohl um einen deutschen Politiker mosaischer Herkunft, der in Ostdeutschland sich hervortut und Rückendeckung aus Moskau erhält. Wohl nicht ohne Grund nennt Nostradamus ihn ein ***Monster***. Vergl. Verse V/100, VI/15, VI/77, IX/94. Ich ordne diesen Vers dem Dritten Weltkrieg zu.

45

Le gouverneur du regne bien sçavant,
Ne consentir voulant au faict Royal:
Mellile classe par le contraire vent
Le remettra à son plus desloial.

Der recht weise Gouverneur des Herrschers
Will nicht der Tat des Königs zustimmen.
Die Flotte von Melilla im Gegenwind.
Er verzeiht seinem Ungehorsamsten.

Zeile 3: Vom Hafen Melilla in Spanisch Marokko bricht General Franco 1936 auf, um die Rote Republik zu stürzen. Zeile 1 und 2: 1931 hatte Spaniens König Alfons XIII. abgedankt und die Linken die Macht ergriffen. Franco widersetzt sich. Zeile 4: Nach dem Bürgerkrieg und dem Zweiten Weltkrieg, aus dem sich Franco *recht weise* trotz Drängen Hitlers heraushält, stellt Franco 1947 die Monarchie wieder her, bleibt jedoch unbestritten einstweilen Staatschef. Der König dürfte ihm den Ungehorsam längst verziehen haben.

46

Un iuste sera en exil renvoyé,
Par pestilence aux confins de Nonseggle,
Response au rouge le fera desvoyé,
Roy retirant à la Rane & à l'Aigle.

Ein Gerechter wird wieder ins Exil geschickt,
Wegen der Seuche an den Grenzen von *Nonseggle*.
Die Antwort an den Roten macht ihn schuldig.
Der König weicht zum Frosch und zum Adler zurück.

Der *Frosch* ist Italien (vergl Vers V/3), der *Adler* Deutschland. Den *König* dürften wir aller Wahrscheinlichkeit nach Frankreich zuordnen. Mit *Nonseggle* hat sich nie jemand abgegeben, "es sei einfach nicht zu lösen", gar nicht erst sich den Kopf zerbrechen! Wir zerlegen das Wort in *Non* – nein und *seggle* = (phonetisch) *secle / secte*. Eine secte hat in Frankreich nicht den etwas negativen Klang der deutschen *Sekte*; Nostradamus gebraucht dies Wort häufig für Religion/Glaube. Es handelt sich also um die Grenze zu den Nichtgläubigen, kurz zum Islam. Bei der *Pestilenz* kann es sich durchaus um ein sonstiges *Ungemach* wie Bandenkrieg und dergleichen Plagen handeln. Alles in allem ein hin und her politischer Wirren (Zeile 1 bis 3).

47

Entre deux monts les deux grands assemblez
Delaisseront leur simulté secrette,
Brummele & Dolde par Langes accablez,
Pour à Malignes executer leur peste.

Zwischen zwei Bergen treffen sich die Großen,
Sie geben ihre gegenseitigen Geheimnisse preis.
Brüssel und Dôle von Langes unterworfen,
Um den *Malignes* ihre Untaten zuzufügen.

Mit Zeile 1 wird keine topographische Information über einen Konferenzort gegeben, sondern die zwei Berge = zwei *Felsen* sind zwei Päpste (Petrus, der *Fels*), zwischen deren Regierung zeitlich zwei Mächte sich einigen. Das Plateau von Langes liegt westlich der Burgundischen Pforte, Dôle südlich davon. Brüssel hingegen liegt ganz woanders. Dieser Gegner muß auf breiter Front vorgestoßen sein zwischen dem Ärmelkanal und dem Nordrand der Alpen. Inhalt dieses Verses: Die Großen einigen sich gerade, während Päpste wechseln. Doch der Schein trügt, in Mitteleuropa kommt es zum Krieg. Da bisher noch nicht Geschichte, Zukunft. Jederzeit möglich. *Malignes* als Ort ist mir unbekannt: Malignité ist die Boshaftigkeit.

48

La sinctеté trop fainte & seductive,
Accompagné d'une langue discrete:
La cité vieille, & Parme trop hastive,
Florence & Sienne rendront plus desertes.

Die Heiligkeit, zu falsch und verführerisch,
Wird begleitet von einer beredten Sprache.
Die alte Stadt und Parma viel zu hastig,
Florenz und Siena werden sie noch mehr zerstören.

Die *alte Stadt* ist wohl Rom, das auf ein Friedensangebot (des Islams?) vorschnell eingeht. Die Folgen sind negativ. Wohl ein Baustein aus dem großen Krieg gegen das Islamische Imperium.

49

De la partie de Mammer grand Pontife,
Subiuguera les confins du Danube:
Chasser les crois, par fer raffe ne riffe,
Captifs, or, bagues plus de cent milles rubes.

Von der Partei von ***Mammer*** der große Papst
Unterwirft die Grenzen der Donau.
Er verjagt die Kreuze durch Eisen ***raffe ne riffe***.
Gefangene, Gold, Ringe mehr als Hunderttausend Rubel.

Wir lösen das Schlüsselwort ***Mammer***, und schon ist alles klar: Mammer wird im französischen am Ende nämlich nicht wie im deutschen scharf wie ***ärr*** gesprochen, sondern ist von (franz.) mamman = Mutter phonetisch praktisch nicht zu unterscheiden. ***Mammer*** klingt wie im italienischen ***la mama***. Der große Parteipapst von ***Mütterchen*** Rußland wird hier aufgeführt, belegt auch durch das letzte Wort in Zeile 4: rube(l). Es ist Stalin. In Rußland wurde er mit Ikonen verehrt, wie kaum ein Papst von Katholiken. Er ist Oberhaupt der Staatsreligion, göttlicher Messias, der Retter, weiser Parteichef und Führer. Mit dem Kriegsende fällt seinem Herrschaftsgebiet der gesamte Donauraum zu, die Grenzen zum Westen werden dichtgemacht, Priester und Christen verfolgt.

Bisher galt als gegeben, daß ***Mammer*** dieses Verses ein unlösbares Rätsel sei und bleibe. Da wurde von Experten fabuliert von einem Papst aus Memel, es handle sich um einen Papst vom Mars (!). Was hat man nicht schon in diesen einen Vers hineinlesen wollen!

Über ***raffe-riffe*** haben sich sämtliche ***Experten*** mit irgendwelchen Vokabeln hinweggeschummelt, in der Annahme, der Leser könne letztlich doch nichts überprüfen, weil sie selber keine Ahnung hätten. Nun, ***riff-raff*** ist ein Fachausdruck der britischen Soldatensprache und steht für Pöbel/Soldateska. ***Raffe ne riffe*** findet sich natürlich in keinem Lexikon, dagegen ***rif-raf*** sehr wohl. Nostradamus hat den Begriff getarnt, schreibt deshalb eben ***raffe*** nicht, (ne) ***riffe***! Und unter ***riffe*** werden wir sofort fündig. Man muß den Meister nur kennen. Wie die russischen Soldaten im letzten Krieg - seit den Mongolenstürmen hat es das in Europa nicht mehr gegeben - unter der Zivilbevölkerung gemordet haben, das brauche ich wohl hier nicht weiter auszuführen.

In Zeile 4 hat Nostradamus das Wort rubel verstümmelt auf (lat.) ***rube*** = Rote. In Doppelbedeutung kommen also ***raffe-riffe*** 100.000 ***Rote***, d.h. die Rote Armee, unter dem großen Parteichef, den Balkan zu besetzen und die Kreuze (die Hakenkreuze des Dritten Reichs) zu verjagen, um Beute zu machen.

50

Dedans le puys seront trouvez les os,
Sera l'inceste commis par la maratre:
L'estat changé, on querra bruit & los,
Et aura Mars attendant pour son astre.

Im Brunnen werden die Knochen gefunden,
Der Inzest wird von der Stiefmutter begangen.
Der Staat hat sich verändert, man begehrt Lärm und Possen,
Und man hat Mars, der auf seine Stunde wartet.

Allgemeine Indikatoren, die sittlichen Verfall und Dekadenz einer hinfälligen Zivilisation beschreiben, die ihre Blütezeit der Kultur hinter sich gelassen hat. Begehrt sind laute Sofortvergnügungen, doch im Hintergrund lauert der alles zerstörende ***Mars***, der den Spielen der modernen hedonistischen Fellachen ein Ende setzt. Zeile 1 und 2 datiert in dieses Treiben allegorisch ein Ereignis, das abzuwarten bleibt.

51

Peuple assemblé, voir nouveau expectade,
Princes & Roys par plusieurs assistans,
Pilliers faillir, murs, mais commune miracle
Le Roy sauvé & trente des instans.

Das versammelte Volk sieht ein neues Spektakel,
Prinzen und Könige zu mehreren zugegen.
Säulen stürzen, Mauern, aber wie durch ein Wunder,
Der König gerettet und dreißig der Anwesenden.

Die Frage ist, ob es sich bei dieser Katastrophe um ein regionales Ereignis, wie z.B. ein Erdbeben während einer Sportveranstaltung handelt, ober ob die Schilderung allegorisch zu verstehen ist. Ich meine, letzteres kommt eher in Frage. Wenn ***Säulen*** stürzen, brechen tragende Teile in Staaten weg. Wenn das Volk sich versammelt, ein ***neues*** Spektakel zu sehen, steht politischer Umbruch an. Mehrere Staatsoberhäupter ***fallen***, einer jedoch kommt durch die Wirren unbeschadet durch (vergl. Vers X/74, es besteht möglicherweise ein Zusammenhang zwischen diesen beiden Versen: "Massenmord zur Zeit der Spiele.")

Zeile 4: ***trois*** heißt nicht nur ***drei***, sondern auch ***weggedrängt***. Die "umherstehenden Anwesenden" = (das Volk) wird 10 x 3 = <u>sehr</u> in die Schranken gewiesen.

52

En lieu du grand qui sera condamné,
De prison hors, son amy en sa place:
L'espoir Troyen en six mois ioins mort né,
Le Sol a l'urne seront peins fleuve en glace.

An Stelle des Großen, der verurteilt wird,
Aus dem Gefängnis heraus sein Freund an seinen Platz.
Die trojanische Hoffnung fügt sich in sechs Monaten tot geboren.
Die Sonne im Wassermann bedeutet Kummer, Fluß vereist.

Das Ende des Kaiserreichs Frankreich unter Napoleon III. Zeile 1: Marschall Bazaine wird mit der gesamten Rheinarmee am 18. August 1870 in der Festung Metz eingeschlossen und kapituliert am 27. Oktober. Wegen Verrats wird er zum Tode verurteilt. Marschall Mac-Mahon, geschlagen bei Wörth und bei Sedan, aus der Kriegsgefangenschaft entlassen, wird 1873 Staatspräsident.

Zeile 3: Der Sage nach fließt in den Adern der französischen Könige das Blut der Herrscher von Troja. Den Winter über (1870/71), während der Belagerung von Paris, machen sich die Royalisten Hoffnung, die Monarchie wieder zu errichten. Doch nach sechs Monaten, im Februar (Wassermann) haben sich ihre Hoffnungen zerschlagen: im März schon hat die rote Kommune die Macht an sich gerissen. Im Winter 1870/71 fror die Seine zu: es war der kälteste Winter seit hundert Jahren.

53

Le grand Prelat Celtique à Roy suspect,
De nuict par cours sortira hors du regne:
Par Duc fertile à son grand Roy Bretaigne,
Bisance à Cypres & Tunes insuspect.

Der große französische Prälat wird dem König verdächtig,
Des Nachts verläßt er den Hof, weg aus dem Reich.
Durch den seinem großen britischen König nützlicher Führer
Wird Byzanz für Cypern und Tunis unverdächtig.

Im vorab nicht zu deuten. Das Hauptproblem ist ***Bretaigne*** (Zeile 3). Es kann sich um einen König von Britannien handeln, um einen bretonischen König in Frankreich, um Taten des *Duc* in der Bretagne, um Taten in Britannien/England. Dann eine Intrige des Klerus, Byzanz und Tunis. Im vorab wohl nicht zu lösen. Bei Zeile 1 und 2 ist nicht einmal sicher, ob überhaupt von Frankreich die Rede ist. Es mag z.B. die Türkei sein.

54

Au poinct du iour au second chant du coq,
Ceux de Tunes, de Fez & de Bugie,
Par les Arabes captif le Roy Maroq,
L'an mil six cens & sept, de Liturgie.

Bei Tagesanbruch beim zweiten Hahnenschrei,
Die von Turin, von Fes und von Bougie,
Durch die Araber wird der König von Marokko gefangen.
Das Jahr eintausend sechs hundert und sieben der Liturgie.

Ein künftiges Ereignis. Bougie liegt wie Tunis in Algerien, Fes in Marokko, nordöstlich von Casablanca. Das geschilderte Ereignis scheint völlig überraschend zu geschehen, auch von kurzer Dauer zu sein. Es ist aber dennoch geschichtlich von Bedeutung, sonst hätte Nostradamus ihm keinen Vers gewidmet. Die letzte Zeile hat mit *1607* nichts zu tun; es ist nicht einmal eine verschlüsselte Jahresangabe, wie dem unkundigen Leser weisgemacht.

55

Au chalmé Duc, en arrachant l'esponce,
Voile Arabesque voir, subit descouverte:
Tripolis Chio, & ceux de Trapesonce,
Duc prins, Marnegro & la cité deserte.

Um den Führer zu beruhigen, wird die Erörterung abgebrochen,
Als man die arabischen Segel sieht, herrscht plötzlich Klarheit.
Tripolis, Chios und die aus Trapezunt,
Der Führer gefangen, das Schwarze Meer und die Stadt abgefallen.

Tripolis liegt in Libyen, Chios ist eine griechische Insel, Trapezunt liegt am türkischen Südostufer des Schwarzen Meers. Eine Linie von über 2.400 km verbindet die Araber, die zum Sturm antreten. In Verbindung mit dem Schwarzen Meer dürfte ***die Stadt*** hier Istanbul sein, eines der ersten Opfer des Vorstoßes aus dem Nahen Osten auf Europa.

56

La crainte armee de l'ennemy Narbon,
Effrayera si fort les Hesperiques:
Parpignan vuide par l'aveugle darbon,
Lors Barcelon par mer donra les piques.

Die gefürchtete Armee des Feindes bei Narbonne,
Erschreckt sehr stark die Westmächte.
Perpignan geräumt von dem Blinden von Arbon,
Dann gibt Barcelona über das Meer die Lanzen.

Ein künftiger Krieg. Der *Blinde* ist ein Schweizer Führer: Arbon liegt am Bodensee zwischen Konstanz und Bregenz. Die Hesperiden/Westmächte dürften die USA sein. Barcelona feuert Lanzen = Raketen. Nostradamus schreibt statt feuert *gibt* = *donra* und deutet damit an, daß es *donnert* = (franz.) tonnere.

57

Celuy qu'estoit bien avant dans le regne,
Ayant chef rouge proche à la hierarchie,
Aspre & cruel, & se fera tant craindre,
Succedera à sacrée monarchie.

Jener, der zuvor recht hoch ist im Reich,
War roter Chef, nahe am Thron.
Hart und grausam wird der sich sehr gefürchtet machen,
Der folgt in der heiligen Monarchie.

Beschrieben wird das Aufblühen Frankreichs in der Mitte des 17. Jahrhunderts. Der *rote Chef* ist Kardinal Guilio Mazarini (1602-1661), besser bekannt unter seinem französischen Namen Mazarin. Ihm verdankt Frankreich seine Größe. Mazarin wird 1642 nach dem Tod Richelieus leitender französischer Minister unter Ludwig XIII. Als dieser 1644 schon mit 33 Jahren stirbt, ist dessen Sohn Ludwig XIV. erst fünf Jahre alt. Mazarin führt weiterhin den Staat bis zu seinem Tod 1661. Ludwig XIV. ist jetzt 23 Jahre alt und übernimmt selbst die Zügel (Zeile 4). Er verbreitet unter seinen Nachbarn Furcht und Schrekken: Frankreich führt erstmals drei Eroberungskriege, verwüstet die Pfalz, besetzt das Elsaß, hebt die Religionsfreiheit auf, führt dann den Spanische Erbfolgekrieg (1701-1714).

58

Entre les deux monarques esloignez,
Lorsque le Sol par Selin clair perdue,
Simulté grande entre deux indignez,
Qu'aux Isles & Sienne la liberté rendue.

Zwischen den beiden entfernten Monarchen,
Wenn die Sonne durch den Halbmond ihren Glanz verliert,
Große Gemeinsamkeit zwischen zwei Unwürdigen,
Wenn den Inseln und Siena die Freiheit zurückgegeben wird.

Die *Sonne* ist die westliche Christenheit, der *Halbmond* der arabische Islam: Rückschläge für den Westen durch das Islamische Imperium. Zeile 1 und 3 gehören zusammen: Ein Bündnis zwischen zwei geographisch oder kulturell unterschiedlichen Mächten. Sie sind *unwürdig*, also die *Bösen* aus der Sicht des Sehers. Zusammengefunden haben sie sich offenbar, weil Italien (Siena) und Mittelmeerinseln freigekämpft worden sind. Ferne Zukunft.

59

Dame en fureur par rage d'adultere,
Viendra à son Prince coniurer non de dire:
Mais bref cogneu sera le vitupere,
Que seront mis dix sept à martyre.

Die Prinzessin in Wut wegen des Schmerzes des Ehebruchs,
Kommt zu ihrem Fürsten und beschwört ihn, nichts zu sagen,
Doch kurz darauf wird die Schmach bekannt,
So daß siebzehn zu Märtyrern werden.

Möglicherweise ein Familiendrama am Hof des Imperators. Ferne Zukunft.

60

Le Prince hors de son terroir Celtique,
Sera trahy, deceu par interprete:
Roüan, Rochelle par ceux de l'Armorique
Au port de Blaue deceus par moyen & prestre.

Der Prinz außerhalb seiner keltischen Heimat
Wird verraten, getäuscht durch einen Unterhändler.
Rouen, La Rochelle (angegriffen) durch die aus England.
Im Hafen von *Blauen* getäuscht durch Mönch und Priester.

Fontbrune sieht hier eine Episode aus den Hugenottenkriegen. Der Prinz ist Herzog Rohan, in Besitz von Rouen und La Rochelle, das von den Engländern angegriffen wird. *Blaue* sind stets Briten/Normannen.

61

Le grand tappis plié ne monstrera,
Fors qu'à demy la pluspart de l'histoire:
Chassé du regne loing aspre apparoistra,
Qu'au faict bellique chacun le viendra croire.

Der große Teppich zeigt nichts
Außer bis zur Hälfte des größeren Teils der Geschichte.
Verjagt aus dem Königreich wird es ihm lang und dunkel erscheinen,
Wegen der kriegerischen Tat wird ihn jeder glauben.

Prinz Ludwig von Rohan (1734-1803), Fürstbischof von Straßburg, wird 1785 in die *Halsbandaffäre* der Königin verwickelt. Unklugerweise von Ludwig XVI. angeklagt, weitet sich die Affäre durch den Prozeß derart zum Skandal aus, daß Vertuschungsversuche nichts mehr fruchten (Zeile 1 und 2). Rohan wird freigesprochen, verläßt jedoch 1791 Frankreich. Mehr als viele tatsächliche Fehler der Krone hat diese Affäre den Sturz des Königs verursacht. Zeitlebens hat Rohan seine Unschuld beteuert; in Italien kommt er zu Ruhm und Ansehen (Zeile 4).

Tappis wäre korrekt geschrieben: tapis. Der ***Teppich*** wird aus einem ganz besonderen Grund genannt! Man muß ***tappis*** auf die ***Hälfte falten***. Zeile 2: Zeile 1 und 2 zeigen nur die ***Hälfte*** der Geschichte: ***Tap*** (die Hälfte) ist ein ***Schlag***. Der Monarchie wird ein Schlag versetzt. In Zeile 3 und 4 steht der Rest der Geschichte: ***Chassé du regne*** aus der Herrschaft verjagt, erhält die Monarchie den entscheidenden Tap: "Lange Dunkelheit erscheint!" (Zeile 3). Es geht nur vordergründig um Rohan. Geschildert wird das Ende der Monarchie.

62

Trop tard tous deux les fleurs seront perduës,
Contre la loy serpent ne voudra faire
Des Ligueurs forces par gallots confronduës,
Savone, Albingue par monech grand martyre.

Zu spät gehen die beiden Blumen verloren.
Gegen das Gesetz will die Schlange nichts unternehmen.
Die Streitkräfte der Ligisten werden den Behelmten aufgerieben.
Savona, Albenga durch Monaco große Martyrium.

Blume ist bei Nostradamus ein Indiz für die Lilie, das Wappen der Bourbonen. Man wäre versucht, ein Ereignis aus der Geschichte der Bourbonen zu suchen, z.B. den fast gleichzeitigen Tod des Sohnes und des Enkels Ludwigs XIV., so daß sein Urenkel 1715 im Alter von fünf Jahren (wie sein Vorgänger) den Thron besteigt. Aber die katholische Liga wurde bereits 1635 aufgelöst. Und Zeile 4 beschreibt außenpolitisch etwas ganz anderes. Die ***Schlange*** bezieht sich mit Sicherheit auf Katharina von Medici. Ihr Spitzname war ***Madame Serpente***. Die ***beiden Blumen*** bezieht sich auf den Tod Heinrich des ***Zweiten***. Zeile 3: Die Ligisten wurden von den Hugenotten unter Heinrich von Navarra besiegt. Gleichzeitig scheitern außenpolitische Abenteuer (Zeile 4).

63

La dame seule au regne demeuree,
L'unic estaints premier au lict d'honneur,
Sept ans sera de douleur explorée,
Puis longue vie au regne par grand heur.

Die einsame Dame bleibt an der Herrschaft.
Der Einzige als erster verblichen auf dem Feld der Ehre.
Sieben Jahre gibt sie sich dem Schmerz hin,
Dann langes Leben an der Macht in Größe.

Maria von Medici starb siebzigjährig 1589 als Witwe Heinrichs II. († 1559). Heinrich II. starb durch einen Unfall beim Turnier (vergl. Vers I/35). Zeitlebens hält Maria die politischen Fäden Frankreichs fest in ihren Händen. Ihr Spitzname ist Madame Serpente, die *Schlange*.

64

On ne tiendra pache aucune arresté,
Tous recevans iront par tromperie,
De paix & tresve, terre & mer protesté,
Par Barcelone classe prins d'industrie.

Man wird nicht Frieden halten, keine Pause.
Alle Beteiligten gehen mit Betrug vor.
Gegen Frieden und Waffenstillstand protestieren Land und Meer.
Mit Barcelona nimmt das Heer die Industrie.

Der Bürgerkrieg in Spanien 1936-1939. Ein Krieg, so grausam, wie nur Bürgerkriege sein können. Es ging um die Macht, um alles oder nichts. Friedensverhandlungen zeigten sich als undurchführbar. Mit dem Fall von Barcelona und seiner Industrie brach das rote Regime zusammen.

65

Gris & bureau demie ouverte guerre,
De nuict seront assaillis & pillez,
Le bureau prins passera par la serre,
Son temple ouvert, deux au plastre grillez.

Grau und braun, der Krieg halb ausgebrochen,
Des Nachts werden sie angegriffen und beschossen.
Der Braune gefaßt gedrückt durch den Kelter,
Sein Tempel ist offen, zwei auf dem Pflaster verbrannt.

Der Zweite Weltkrieg und Hitlers Ende. Interessant ist, daß Nostradamus zweimal die Farbe ***Braun*** nennt. Die Parteiuniformen der NSDAP waren ***braun***, Hitler wurde in ***Braunau*** geboren und seine Lebensgefährtin war Eva ***Braun***.

Daß dieser Krieg sich derart ausweiten würde, war wohl sämtlichen Beteiligten noch im ersten Kriegsjahr nicht klar. Die Franzosen sprachen vom ***komischen Krieg***, die Deutschen vom ***Sitzkrieg***. England und Frankreich hatten zwar Deutschland den Krieg erklärt, doch Hitler, am Frieden mit den Westmächten interessiert, verhielt sich weitgehend passiv bis zum Frühsommer 1940 und besetzte erst dann Frankreich. Erst der russische Aufmarsch und das Eingreifen der USA schufen neue Kriegstheater. Zeile 2: Die deutsche

Zivilbevölkerung unter anglo-amerikanischem Bombenterror. Zeile 3: Amerikaner von Westen, Russen von Osten drehen Deutschland durch die Mangel. Zeile 4: Die Reichskanzlei wird zerbombt, Hitler und seine Lebensgefährtin begehen Selbstmord und werden eingeäschert.

66

Au fondement de la nouvelle secte,
Seront les os du grand Romain trouvez,
Sepulchre en marbre apparroistra couverte,
Terre trembler en Auril, mal enfoüez.

Bei Gründung der neuen Sekte
Werden die Knochen des alten Römers gefunden.
Das Marmorgrab erscheint bedeckt.
Die Erde zittert im April, schlecht begraben.

1912 wird in Italien die faschistische Partei gegründet. Mussolini orientiert das neue Italien an alten römischen Vorbildern: ***alte Römerknochen***. Doch die faschistische Episode der italienischen Geschichte endet mit dem Krieg: Über dem wiedererweckten Altertum schließt sich der Sargdeckel. Im April 1944 stehen die Anglo-Amerikaner mitten in Italien; vier Wochen später wird die Front bei Monte Cassino und Garigliano durchbrochen (Zeile 4).

Denkbar ist, daß ***schlecht begraben*** darauf hinweisen soll, daß ein ähnlich totalitäres Regime (Einheitspartei) dereinst wieder wie ein Scheintoter aufersteht.

67

Au grand Empire parviendra tout un autre
Bonté distant plus de felicité:
Regi par un issu non loing du peautre,
Corruer regnes grande infelicité.

An die große Herrschaft gelangt bald ein anderer
Von Güte noch entfernter als von Glück.
Regiert von einem entsprungen nicht weit der Strohhütte.
Er stürzt die Regierungen in großes Unglück.

Schlüsselwort ist das letzte Wort in Zeile 3: ***Peau*** heißt Fell, Haut, Schale, Hülse. Strohhütte trifft von der Übersetzung her recht gut. Aber Nostradamus meint etwas ganz anderes: ***Hülse*** wiederum heißt ***Robe*** (***robe*** kann auch Zigarrendeckblatt, Wurstpelle, Talar sein). Angespielt wird jedoch auf den führenden Revolutionär und weltweit berühmten ***Robe*** spierre (1758-1794), Führer der radikalen Jakobiner. Er betrieb die Hinrichtung

Ludwigs XVI. und errichtete eine blutige Schreckensherrschaft. Mit *nicht weit* zeigt Nostradamus in Zeile 3 dem Kenner sofort, daß man von peau ohne Umweg zu ***Robe***spierre gelangt. In der weiteren Folge stürzte, hervorgerufen durch den Umsturz in Frankreich, das gesamte europäische Gefüge wie ein Kartenhaus zusammen (Zeile 4).

68

Lors que soldats fureur seditieuse,
Contre leur chef seront de nuict fer luire:
Ennemy d'Albe soit par main furieuse,
Lors vexer Rome, & principaux seduire.

Wenn die Soldaten in wütendem Aufruhr
Gegen ihren Chef des Nachts Eisen blitzen lassen,
Wird der Feind *von Alba* mit wilder Hand
Dann Rom heimsuchen und die Führer verfolgen.

1556 nehmen die Spanier Rom unter dem Herzog *von Alba*. Zeile 3 wirkt beim flüchtigen Lesen, als wäre der Feind Albas in der Stadt eingefallen - typisch Nostradamus. Solche Verschleierungen führen bei sonst durchaus intelligenten Menschen zu dem Trugschluß, der Meister hätte nur sinnloses Zeug verfaßt. Es kommt ab Mai 1557 zu dem *Sacco di Roma*, der Plünderung Roms, durch die Landsknechte Karls V. In Zeile 1 und 2 wird nicht von einer Meuterei der Truppen berichtet. Der Feldzug richtet sich ja gegen den Kirchenstaat, den Papst. Er ist der *Chef* aller Christen, der erste ihrer Führer (Zeile 4).

69

La pitié grande sera sans loing tarder,
Ceux qui donnoient seront contraints de prendre:
Nuds, affamez de froid, soif, soy bander,
Les monts passer commettant grand esclandre.

Der große Jammer läßt nicht lange warten,
Jene, die gehen sollten, werden gezwungen, zu nehmen.
Nackt, ausgehungert vor Kälte, Durst, sind sie gebunden.
Sie überqueren die Berge, bewirken großen Skandal.

Massenflucht der französischen Priester 1792 über die Alpen nach Italien. Die Christenverfolgung der Roten löste in ganz Europa fassungsloses Entsetzen aus. Auf den Alpenpässen sollen die Geistlichen sich mit Seilen gesichert haben, damit niemand vor Erschöpfung unbemerkt zurückblieb und umkam.

70

Au chef du monde le grand Chyren sera,
Plus outre apres aymé, craint, redouté:
Son bruit & lors les cieux surpassera,
Et du seul tiltre victeur fort contenté.

Zum Führer der Welt wird der große Henric gemacht,
Darüber hinaus wird er später geliebt, gefürchtet, geachtet,
Sein Ruf (wird) daher die Zeitalter überdauern
Und mit dem einzigen Titel *Sieger* sehr zufrieden sein.

Chyren = Henryc, der französische König Heinrich, ist aller Wahrscheinlichkeit nach identisch mit dem mehrfach genannten *Selim* = Miles/der Soldat und *Selin* = Halbmond, dem Bezwinger des arabischen Imperiums (vergl Verse V/74, V/75, VI/42, IX/41, X/86). So wie Nostradamus ihn schildert, muß dieser Mann eine unglaubliche Persönlichkeit sein, die besten Eigenschaften von Augustinus, Mose und Alexander dem Großen auf seine Person vereinen.

71

Quand on viendra la grand roy parenter
Avant qu'il ait du tout l'âme renduë:
On le verra bien tost apparenter,
D'Aigles, Lions, Croix, Couronne venduë.

Wenn man daran geht, vom großen König Abschied zu nehmen,
Noch bevor er völlig den Geist aufgegeben hat,
Wird man es sehen wie recht bald geschieht,
Daß die Adler, Löwen, Kreuze, die Krone verkauft werden.

Mit großer Wahrscheinlichkeit Anschlußvers an VI/70. Das Weltreich Henrics überdauert ihn nicht. Kaum ist der Monarch verstorben, zerfällt es in seine alten Bestandteile. Die Adler: USA, Deutschland/Österreich, Rußland. Löwe: England. Kreuze: skandinavische Länder, die Schweiz, sonstige christliche Staaten. Das gleiche Schicksal ereilte das Weltreich Alexander des Großen, als er mit 33 Jahren 232 v.Chr. in Babylon starb. Die Diadochenkämpfe dauerten 42 Jahre, waren chaotisch und ziellos. 259 Jahre danach werden die Reste des Seleukidenreichs von Pompejus zu einer römischen Provinz zusammengefaßt. Ein ähnliches Schicksal steht auch dem Reich Henrics bevor, das ja nur zusammengehalten wird von der Kraft seiner überragenden Persönlichkeit. Viele Verse von Nostradamus, die uns kriegerisch-wirr erscheinen, und auf die wir uns keinen Reim machen können, sind ganz offensichtlich Schilderungen von Diadochenkämpfen nach dem Zerfall des Reiches.

72

Par fureur fainte d'esmotion divine,
Sera la femme du grand fort violee:
luges voulans damner telle doctrine.
Victime au peuple ignorant immolee.

Durch die geheuchelte Raserei göttlicher Erregung
Ist die Frau des Großen stark verletzt.
Die Richter wollen eine solche Lehre verurteilen,
Das Opfer dem Volk, das von Opferung nichts weiß.

Die Frau des ***Großen*** ist stocksauer: "Jetzt fängt er das Spinnen an, mein Alter!" Und sie scheint sich (Zeile 3) damit durchzusetzen. Doch Nostradamus deutet in Zeile 4 an, daß man dem Volk, das konservativ denkt, den Führer aus Opportunität zwar zum Fraß vorwirft, er jedoch mit seinen neuen Ideen gar nicht so falsch liegt.

73

En cité rande un moyne & artisan,
Pres de la porte logez & aux murailles,
Contre Modene secret, cave disant,
Trahis faire sous couleur d'espousailles.

In der großen Stadt ein Mönchen und ein Künstler,
Nahe bei dem Tor wohnen sie und an den Mauern.
Heimlich gegen Modena sagen sie: "Achtung!"
Sie begehen Verrat unter dem Anschein der Hochzeit.

Nicht völlig klar ist mir, ob es sich um zwei Personen handelt, oder um einen ***Mönch und Künstler***. Die ***große Stadt*** ist einwandfrei Rom. Aber Zeile 3 schillert wieder: ***cave*** kann "Aufpassen!" bedeuten oder Loch/Grab heißen. Ich meine, mit ***cave*** ist eine heimliche Warnung gemeint. Der ***Mönch***, Symbol für eine Partei oder dergleichen, segelt unter falscher Fahne, denn eigentlich darf er sich nicht ***verheiraten***, d.h. eine Koalition eingehen. An den Mauern wohnten früher die Ärmsten der Armen, Prostituierte, Tagelöhner. Der ganze Vers spielt an auf Josua 2, Vers 1-7.

Ein ***Experte*** meint, dieser Fehltritt eines Priesters sei völlig uninteressant, der Vers ohne jede Relevanz. Glauben Sie nur nicht solchen Unsinn eines Ignoranten. Nostradamus hat sich für seine Verse nur die geschichtlich dicksten Brocken vorgenommen. Nostradamus arbeitet mit Symbolen. Das müßte man allerdings wissen.

74

La dechassee au regne tournera,
Ses ennemis trouvez des coniurez:
Plus que iammais son temps triomphera,
Trois et septante à mort trop asseurez.

Der Davongejagte wird zur Herrschaft zurückkehren,
Ihre Feinde werden als Verschwörer befunden.
Mehr als je zuvor wird ihre Zeit triumphieren,
Dreiundsiebzig (Jahre) zum Tode allzu sicher.

Es ist das große Verdienst Centurios, diesen Vers bereits Jahrzehnte vor der Erfüllung enträtselt zu haben. Er sagt: Die Sowjetunion hält nur 73 Jahre bis 1990 zusammen. Das ist das Entscheidende; hier hat er völlig recht. In nicht unwichtigen Teilen ist hinzuzufügen: Die ***Davongejagte*** ist nicht die ***Davongejagten*** = (Verbannten, wie Centurio meint), sondern eigentlich die ***Linke***. Denn der ***déchassée*** ist eine Linksdrehung beim Tanz. ***Chassé*** heißt zwar jagen und ***de*** von. Ein Wort déchassée = wegjagen gibt es aber nicht, wohl aber déchassée = die Linkswendung. Die Linke wird wieder zur Herrschaft gelangen, lautet also die Botschaft Zeile 1.

Zeile 2: Gegner werden als Konterrevolutionäre behandelt, also umgebracht, im besten Fall in russische KZ gesteckt. Zeile 3: Jetzt wird der rote Zauber erst richtig interessant! Zeile 4: über das Wort ***allzu*** hat bisher wohl jeder kühn hinweggelesen. Daß das rote Rußland und die Linken ***tot*** sind, da ist man ***allzu*** sicher. Warten Sie nur ab! (vergl. Vers IX/94)

75

Le grand pilot par Roy sera mandé,
Laisser la classe pour plus haut lieu attaindre:
Sept ans apres sera contrebandé,
Barbare armee viendra Venise craindre.

Den großen Admiral weist der König an,
Die Flotte zu verlassen, um eine viel höhere Stellung einzunehmen.
Sieben Jahre später ist er in der Gegenpartei.
Wegen der Armee der Barbaren wird sich Venedig fürchten.

Der Admiral ist Gasparel de Coligny (1519-1572). Auch er wird das Opfer der Exzesse der Bartholomäusnacht und wird mit Tausenden von Glaubensgenossen am 24. August ermordet. Treibende Kraft ist Katharina von Medici. Karl IX., 22 Jahre alt, willigt ein, daß sein Vertrauter getötet wird und ist selbst anwesend, als Henri de Guise die Tat begeht. Coligny wurde 1552 Admiral der französischen Flotte. 1557 wechselte er zum Calvinismus. Sieben Jahre (Zeile 3) nach der Ernennung zum Admiral, 1559, setzt er sich an die Spitze der Hugenotten.

Während sich Frankreich selbst zerfleischt, weitet sich das Osmanische Reich unaufhaltsam aus. 1571 fällt das venezianische Cypern, vom Abendland im Stich gelassen, an die Türken (Zeile 4).

76

La cité anitques d'antenoree forge,
Plus ne pouvant le tyran supporter:
Le manche fainct au temple couper gorge,
Les siens le peuple à mort viendra bouter.

Die alte Stadt, geschmiedet von Antenor,
Kann den Tyrannen nicht unterstützen,
Der Verstümmelung vortäuscht, schneidet ihm in der Kirche die Kehle durch.
Die Seinen wird das Volk zu Tode trampeln.

Antenor gilt als Gründer von Padua. Er konnte nach der Eroberung Trojas nach Italien fliehen. Ein künftiges Ereignis. Interessant ist das Wort ***forge*** = geschmiedet, das Nostradamus statt ***fonder*** = gründen wählt, wohl nicht nur des Reimes auf ***gorge*** wegen. Hier besteht ein Zusammenhang mit dem Attentäter, sei es durch den Beruf Schmied, oder den Namen selbst. Forger heißt in der Nebenbedeutung auch ***aushecken***, dann wäre bei ***Antenoree*** weiter zu suchen. Ein Fall für künftige Spezialisten.

77

Par la victoire du deceu fraudulente,
Deux classes une, la revolte Germaine,
Le chef meurtry & son fils dans la tente,
Florence, Imole pourchassez dans Romaine.

Durch den Sieg des verstorbenen Betrügers,
Zwei Heere eines, die deutsche Revolution.
Der Chef und sein Sohn im Zelt ermordet,
Florenz, Imola in der Romagna verfolgt.

Um es gleich vorweg zu sagen, ich finde nicht den Ansatzpunkt, diese Nuß zu knacken. Sicher scheint, daß Zeile 1 und 3 zusammengehören. Zeile 2 ist eingeschoben. Es muß sich um ein wichtiges Ereignis handeln, denn Nostradamus verwendet in Zeile 2 die gleichen Worte, die er für die Schilderung des Unfalls seines Königs, Heinrich II., in Vers I/35 benutzt. Dort heißt es (ohne! Komma): Deux classes puis mourir mort cruelle = Zwei Klassen eine dann sterben Tod grausam. Hingewiesen wird auf zwei unterschiedliche

Ränge: König und Graf. Darüber hinaus mit der ***Zwei*** auf Heinrich II. Und schließlich "Zwei ... dann eine" = II und I = die Ermordung Heinrichs III., der 1589 dem Messer des Dominikanermönches Jacques Clement zum Opfer fiel. Lat. ***classis*** heißt: Bürgerklasse, Klasse, Abteilung, Heer, Flotte usw.

Eine richtige ***Revolution*** hat es in Deutschland eigentlich noch nicht gegeben, wir haben nicht das keltische Naturell der Franzosen. Doch hier wird eine beschrieben. Der Schlüssel ist "Zwei ... ? ... eines ..." Daß ***Heer*** gerade das richtige Wort ist, wäre purer Zufall. Eher dürfte es Anklänge an Vers I/35 geben. Sollte es jedoch wörtlich zu nehmen sein und doch Heer heißen, dann vereinen sich zwei Armeen, und eine Revolution folgt, wobei der Führer der Revolutionäre selbst (wahrscheinlich durch eine ihn unterstützende ausländische Macht) betrogen wird, obgleich er Erfolg hat. Zeile 3 deutet auf ein Kriegslager (Zelte) hin, wobei der ***Gute*** nebst Sohn umkommen. Währenddessen geht es mal wieder bunt zu in Italien: Revolution auch dort. Ein Zusammenhang besteht möglicherweise mit den Versen VI/15, VI/44, IX/94.

78

Crier victoire du grand Selin croissant,
Par les Romains sera l'Aigle clamé,
Ticcin, Milan & Gennes y consent,
Puis par eux mesmes Basil grand reclamé.

Der Siegesruf des großen Miles über den Halbmond,
Von den Römern wird der Adler bejubelt.
Tessin, Mailand und Genf sind damit nicht einverstanden.
Dann wird von ihnen selbst ein großer Priesterkönig ausgerufen.

Selin halte ich für das Anagramm von (lat.) ***miles*** = Soldat. ***Selin*** heißt zugleich von (lat.) ***seligere***: der Auserwählte und enthält darüber hinaus eine Anspielung auf die griechische Mythologie: Die Mondgöttin heißt ***Selene***. Selin scheint der Ehrentitel dieses Miles zu sein. Das Islamische Imperium scheint mit seiner Front in Italien zu stehen, man ruft das Deutsche Reich (den Adler) zu Hilfe. Doch in den von Miles bereits befreiten Gebieten in Norditalien ruft man einen eigenen König aus. Ferne Zukunft.

79

Pres de Tesin les habitans de Loyre,
Garonne & Saone, Seine, Tain & Gironde,
Outre les monts dresseront promontoire,
Conflit donné, Pau granci, submergé onde.

In der Nähe des Tessin die Bewohner der Loire,
Garonne und Saône, der Seine, Aine und Gironde.
Jenseits der Berge stellen sie sich am Vorgebirge auf.
Der Konflikt ist da, Pau groß' Schrei, von Woge überrollt.

Auf *granci* kann ich mir nur zusammenreimen, daß es ein abgekürztes *gran'cri* ist, eben ein Wehschrei. Die Truppen aus Südfrankreich sind "jenseits der Berge" = den Alpen südlich der Schweiz in Norditalien aufgestellt, wohl am Oberlauf des Po in der Gegend von Turin vielleicht. Steht *Tessin* nicht schlechthin für die Schweiz, käme auch die Gegend weiter östlich um Bergamo in Frage. Aber nun: Szenenwechsel auf ausgerechnet Pau, am Nordrand der Pyrenäen, ganz im Südwesten Frankreichs! Dort scheint ein Aufstand loszubrechen. Wasserüberflutungen benutzt Nostradamus stets als Vokabel für dergleichen Ereignisse. Möglicherweise zum Dritten Weltkrieg gehörend.

80

De Fez le regne parviendra à ceux d'Europe.
Feu leur cité, & lame trenchera:
Le grand d'Asie terre & mer à grand troupe,
Que bleux, pers, croix, à mort de chassera.

Die Herrschaft von Fes gelangt zu denen von Europa.
Feuer auf ihre Stadt und die Klinge schneidet.
Der Große von Asien (über) Land und Meer mit großem Heer,
Daß Blaue, Väter, Kreuze in den Tod getrieben werden.

Zeile 1 ist - typisch für Nostradamus - so unklar formuliert, daß nicht klar werden kann, ob die Herren von Fes ihre Macht über Europa ausweiten, oder ob Europa zur Herrschaft in Fes gelangt. Auch *cité* dürfte (Plural) Städte bedeuten. Ich meine, zwischen *Europa* und *ihre Städte* besteht ein Zusammenhang, so daß Araber beschrieben werden, die nach der Macht in Europa greifen. Die *Blauen* sind wohl keine UNO-Truppen mit blauen Helmen, sondern es handelt sich wieder um Briten. *Väter* dürften Priester sein, *Kreuze* Christen allgemein. Ferne Zukunft.

81

Pleurs, cris & plaints, hurlements, effrayeur,
Cœur inhumain, cruel Roy & transy:
Leman, les Isles, de Gennes les maieurs,
Sang espancher, frofaim, à nul mercy.

Weinen, Schreie und Wehklagen, Heulen, Schrecken,
Unmenschliches Herz, grausamer König und *Transy*.
Genfer See, die Inseln, die Masse von Genua.
Blut wird vergossen, Wahnsinnshunger mit niemandem Mitleid.

Transy ist das Anagramm für Tyrannis, einen Tyrannen. Nachdem Nostradamus ihn beschreibt, daß Napoleon plus Stalin sich wie Erstkläßler daneben ausnehmen, liegt kein Grund vor, dies menschliche Scheusal zu schonen. Mit dem Anagramm wird wohl auf die Herkunft des *Königs* aus Transylvanien, auf dem Balkan, hingewiesen. Dort herrschte im 15. Jahrhundert Fürst Vlad Tzepez, der als Vorbild des legendären Blutsaugers Dracula gilt. Dieser *König* kommt wohl geistig aus der gleichen Ecke.

82

Par les deserts de lieu libre & farouche,
Viendra errer nepveu du grand Pontife:
Assomé à sept avecques lourde souche,
Par ceux qu'apres occuperont le Cyphe.

Durch die Wüsten von offenen und wilden Gegenden
Wird der Neffe des großen Papstes irren.
Halbtot geschlagen zu siebt mit schwerem Klotz
Durch die, welche danach den Kelch ergreifen.

Die Wüstenei in Zeile 1 dürfte geistig gemeint sein. Der ***Neffe*** ist bei Nostradamus fast stets ein Kardinal, hier in Verbindung mit dem Papst völlig sicher. Die Sieben kennen wir bereits aus dem Vers II/18. In Vers IV/81 kämpfen sie in Belgien. Zeile 4: Gemeint sind wahrscheinlich Protestanten, die ja das Abendmahl in beiderlei Gestalt einnehmen. Sie scheinen Gegner der Sieben zu sein, die gemeinsam geschlagen werden. Als ***Helfer*** kommen demnach Niederländer, Dänen, Norddeutsche und Schweizer in Frage, alles protestantische Staaten.

83

Celuy qu'aura tant d'honneur & caresses
A son entree de la Gaule Belgique,
Un temps apres fera tant de rudesses,
Et sera contre à la fleur tant bellique.

Jener, dem soviel Ehre und Liebedienereien zuteil wird
Bei seinem Einzug ins französische Belgien,
Wird einige Zeit später voller Grobheit sein,
Und derartig kriegerisch gegen die Blume.

Zeile 2: Jemand aus Belgien zieht gegen die Blume = Lilie = bourbonischer König von Frankreich (Zeile 4). Heinrich IV., seit 1589 König von Frankreich, ist tatsächlich zu diesem Zeitpunkt nur Herr eines Sechstels des Königreichs. Gegen ihn im Feld steht die katholische Liga unter Mayenne, und sie hält vor allem Paris. Ende Juli 1590 schließt Heinrich Paris ein, um die Stadt auszuhungern. Man gräbt auf den Friedhöfen bereits die Toten aus, um aus den Knochen Mehl zu gewinnen. Da erscheint (auf Weisung des spanischen Königs Philipp II.) aus Belgien der Prinz von Parma, Alessander Farnese, mit einer Entsatzarmee von 13.000 Schwerbewaffneten. Heinrich mußt die Belagerung abbrechen und Teile seiner Armee aus Geldmangel entlassen.

84

Celuy qu'en Sparthe Claude ne peut régner,
Il fera tant par voye seductive:
Que du court, long, le fera araigner,
Que contre Roy fera s perspective.

Jener, der in Sparta wie Claudius nicht regieren kann,
Der macht sehr viel auf dem Wege der Verführung,
So daß über kurz oder lang er so verstrickt ist,
Daß er gegen den König integriert.

Claudius, von 41-54 römischer Kaiser, war nach Caligulas Ermordung römischer Imperator. Er war klug, gebildet, hinkte, stotterte ein wenig und wirkte wie ein Privatgelehrter. So ein Monarch wäre für Sparta wohl nicht der richtige Mann. Nostradamus vergleicht die Person des Verses mit Claudius, nur daß er dessen Integrität nicht zu haben scheint. Er ist Herrscher in einem anderen Staat, oer aber, wahrscheinlicher, ein Kanzler oder Minister. Möglicherweise ist hier Graf Ciano gemeint, Schwiegersohn und Außenminister Mussolinis. Italien unter den Faschisten wird mit Sparta verglichen. Vers und Wirklichkeit spielen in Rom. Ciano ist beteiligt am Sturz des Duce 1943. Nach seiner Befreiung läßt ihn Mussolini 1944 erschießen.

85

La grand cité de Tharse par Gaulois
Sera destruite, captifs tous à Turban:
Secours par mer du grand Portugalois,
Premier d'esté le iour du sacre Urban.

Die große Stadt Thraziens wird durch die Franzosen
Zerstört werden, gefangen alle, die den Turban tragen.
Hilfe übers Meer vom großen Portugiesen.
Am Ersten des Sommers, der Tag des heiligen Urban.

Thrazien liegt teils auf griechischem, teils auf türkischem Gebiet und hat nur eine große Stadt: Istanbul, das alte Byzanz. Zeile 3: mit ***Portugalois*** führt Nostradamus den Leser wohl wieder in die Irre. Wahrscheinlich kommt die Flotte aus Port Gaulois, also aus Marseille. Zeile 4: St. Urbantag ist der 25. Mai, Sommeranfang der 21. Juni. Hier muß mit "Premier d'esté" etwas anderes gemeint sein, z.B. im Sommer der erste (Sieg) oder schon der 25. (St. Urbantag), jedoch im Juni.

86

Le grand Prelat un iour apres son songe
Interpreté au rebours de son sens,
De la Gascongne luy surviendra un monge
Qui fera eslire le grand Prelat de Sens.

Der große Prälat, einen Tag nach seinem Traum -
Gedeutet entgegengesetzt zu seiner Bedeutung -
Kommt unvermittelt aus der Gascogne ein Mönch zu ihm herein,
Der läßt den großen Prälaten von Sens wählen.

Gehen wir einmal logisch an diese Sache: Da man kaum träumen wird, man würde nicht gewählt, macht sich der Prälat aus Zeile 1 Hoffnung. Die wird ihm jedoch ausgeredet (Zeile 2). Wird jetzt tatsächlich ein anderer gewählt, ist die ganze Geschichte ohne Sinn. Also: Prälat Zeile 1 ist identisch mit Prälat Zeile 4, dem aus Sens. Wahrscheinlich wird dieser Kirchenfürst Papst. Eine entscheidende Rolle hat der Mönch aus der Gascogne. Da die ganze Szene sich in Rom zutragen dürfte, offenbar ein äußerst einflußreicher Kleriker. Für die katholische Kirche ganz sicherlich eine besonders bedeutsame Papstwahl. Zukünftiges Geschehen: Ein Papst aus Sens.

87

L'Election faicte dans Francfort,
N'aura nul lieu, Milan s'opposera:
Le sien plus proche semblera si grand fort,
Qu'autre le Rhin és mareschs cassera.

Die Wahl, sonst in Frankfurt durchgeführt,
Findet nicht mehr statt, Mailand ist dagegen.
Sein Allernächster scheint so übermächtig,
Daß jenseits des Rheins die Grenzen verschoben werden.

Das deutsche Kaisertum erlosch 1806. Die Wahl, sonst in Frankfurt durchgeführt, entfiel, da die Franzosen sich Europa unterwarfen und neu ordneten. 1815 fällt auf dem Wiener Kongreß dank Metternich Österreich ersatzweise in Deutschland eine Vormachtstellung zu, doch Stück für Stück bröckelt der Staat. Italien einigt sich in schweren Kämpfen, 1859 fällt die Lombardei mit Mailand an den jungen, neuen Staat (Zeile 2). Preußen wächst heran (Zeile 3) und schlägt 1866 Österreich entscheidend bei Königgrätz. Im Krieg 1870/71 muß Frankreich Elsaß-Lothringen an Deutschland zurückgeben: "der Rhein, Deutschlands Strom, nicht Deutschlands Grenze" (Zeile 4). Der König von Preußen wird deutscher Kaiser. Dieser Vers schildert das Schicksal der Deutschen von Napoleon I. bis Kaiser Wilhelm.

88

Un regne grand demoura desolé,
Aupres de l'Hebro se seront assemblees:
Monts Pyrenees le rendront consolé,
Lors que dans May seront terres tremblees.

Ein großes Reich bleibt verwüstet,
Beim Ebro werden sie sich versammeln.
Die Berge der Pyrenäen geben sie ihnen Unterstützung,
Dann, wenn im Mai die Erdbeben sind.

Revolution oder Bürgerkrieg in Spanien. Besonders der Nordosten (Ebro) scheint betroffen. Bemerkenswert ist, daß es sich bei dem Erdbeben um mehrere handelt. Gewöhnlich treten Erdbeben - Nachbeben eingeschlossen - nicht gehäuft auf. Eine erstaunliche Vorhersage. Diese Erdbeben werden sich nicht auf Spanien beschränken. Zukunft, jederzeit denkbar (vergl. Vers IX/83).

89

Entre deux cymbes pieds & mains attachez,
De miel face oingt, & de laict substanté:
Guespes & mouches fitine amour fachez,
Poccilateurs faucer, Gyphe tenté.

Zwischen zwei Zimbeln Füße und Hände gebunden,
Mit Honig das Gesicht gesalbt und mit Milch begossen.
Von Wespen und Fliegen des Nachkommens Liebe betrübt,
Falscher Mundschenk, vom Kelch versucht.

In Zeile 2 wird die Krönungszeremonie verhöhnt. Vom *Kelch versucht* sind die Protestanten, die das Abendmahl in beiderlei Gestalt zu sich nehmen. Das ganze scheint mir eine Klage über den Niedergang des Christentums zu sein: Zeile 1: Während man sich nach Kräften amüsiert, sind der Kirche Hände und Füße gebunden.

90

L'honnissement puant abominable
Apres le faict sera felicité:
Grand excusé, pour n'estre favorable,
Qu'à paix Neptune ne sera incité.

Die Schande stinkt abscheulich,
Nach der Tat wird er beglückwünscht.
Viele Entschuldigungen, warum man nicht zustimmt,
So daß England nicht zum Frieden bereit ist.

Der Beginn des Ersten Weltkriegs: Am 29. Juli russische Gesamtmobilmachung. Daraufhin erfolgt am 1. und 3. August 1914 die deutsche Kriegserklärung an die verbündeten Staaten Rußland und Frankreich. Zeile 1: Die deutschen Truppen marschieren durch Belgien, um die Franzosen zu umfassen. Dabei wird die belgische Neutralität verletzt: Deutschland ist bemüht, zu erklären (Zeile 3), warum man aus strategischen Gründen nicht anders habe handeln können und ist bemüht, England (Zeile 4) zu beschwichtigen. Doch England erklärt Deutschland am 4. August den Krieg. Zwischen dem 5. und 9. September wird der deutsche Vormarsch an der Marne abgebrochen: "Das Wunder an der Marne", wie die Franzosen sagen. Beglückwünscht und gefeiert wird General Joffre, Retter Frankreichs. Er tritt zum Gegenangriff südwestlich Reims an.

91

Du conducteur de la guerre navale,
Rouge effrené, severe, horrible grippe,
Captif eschappé de l'aisné dans la baste:
Quand il naistra du grand un fils Agrippe.

Vom Kommandeur des Seekriegs,
Der zügellose Rote, harter, schrecklicher Zugriff,
Der Gefangene des älteren im Boot entkommen.
Wenn dem Großen ein Sohn von Agrippa geboren wird.

Einwandfrei Dritter Weltkrieg. Zeile 4: Der ***Sohn*** ist eine gewonnene Schlacht, die dem Staatsoberhaupt vom Truppenführer ***Köln*** (Agrippa) geschenkt wird. Seekrieg, in Verbindung mit dem ***Roten*** ist uns auch bereits geläufig (vergl. Verse III/1, III/53). Zeile 3 ist kenntnisreich verschlüsselt: Der ***Gefangene*** ist der Papst, das ***Schiff*** die Kirche. Seit dem Sturm der italienischen Nationalisten am 20. September 1870 auf die Papststadt betrachten sich die Päpste in (freiwilliger) ***Gefangenschaft***. Erst Paul VI. (1963-1978) verließ wieder den Vatikan. Der Papst flieht aus Rom (vergl. Verse V/64, V/100). Wir haben mit diesem Vers drei Brücken zum Dritten Weltkrieg: Roter/Seekrieg/Papstflucht/Köln. Er ist eins der verbindenden Kettenglieder.

92

Prince de beauté tant venuste,
Au chef menee, le second faict trahy:
La cité au glaive de poudre face aduste,
Par trop grand meurtre le chef du Roy hay.

Der Prinz, von derart anmutiger Schönheit,
Wird zum Chef geführt. Am Zweiten der Verrat begangen.
Die Stadt dem Schwert, mit Pulver die Gesichter geschwärzt,
Wegen allzu großer Morde wird der Chef des Königs gehaßt.

Das Ende der Monarchie in Frankreich: La cité, die Stadt, ist wieder einmal Paris. Und wir haben wieder einmal Revolution: Mai 1871. In Paris wird die Kommune aufgerufen, die Regierung flüchtet nach Versailles. Am Ende sind 20.000 Tote zu beklagen, Marschall Mac-Mahon kämpft die Stadt frei (Zeile 4). Zeile 2: Vorläufiger Regierungspräsident wird nun Thiers, der im Februar (le second = der zweite Monat) bereits die Monarchie versprochen hatte. Er bricht sein Wort und wird abgesetzt. Es folgt Marschall Mac-Mahon, jedoch die Royalisten können sich nun nicht einigen (***zweite Tat***). Nun soll aus Österreich der junge Herzog von Chambord als Heinrich V. in Paris einziehen, doch er sagt dem *Chef* Mac-Mahon, er möchte eine weiße Fahne haben, nicht die Trikolore. Mac-Mahon widersetzt sich dieser albernen Idee (Zeile 2). So originell endete bis auf weiteres die französische Monarchie.

93

Prelat avare d'ambition trompé
Rien ne sera que trop viendra cuider:
Ses messagers, & luy bien attrapé,
Tout au rebours voir qui le bois fendroit.

Der unersättlich ehrgeizige Prälat wird getäuscht,
Nichts gut genug, das meint er.
Seine Boten und er werden übel erwischt,
Als alles schief läuft, sieht er den, der das Holz spaltet.

Zeile 4: Wenn man den sieht, der das ***Holz spaltet***, dauert es nicht mehr lange: Es ist der Scharfrichter, der mit dem Beil in Richtung Klotz ausholt. Nur, daß der eigene Hals im Wege ist. Hier handelt es sich um einen kirchlichen Würdenträger, der hoch hinauswollte. Die Beschreibung trifft ganz hervorragend zu auf Kardinal Mazarin (1602-1661), seit 1641 Kardinal, ab 1642 leitender französischer Minister. Der junge Ludwig XIV. ließ ihm bis zu seinem Tod an der Macht und übernahm dann - 22jährig - selbst die Zügel. Mazarin starb allerdings im Bett, und so müssen wir weitersuchen.

Möglicherweise wird angespielt auf zwei Personen: Pate Robespierres ist seine Eminenz Conzié, Bischof von Arras, der weittragende Pläne für sein Patenkind Maximilian hat, der nach dem Tod seines Großvaters Carreau allein in der Welt steht. Am Ende von Robespierres Karriere steht eine Szene vergleichbar mit den Putschisten am 20. Juli 1944 in der Bendlerstraße: die Truppen halten zum Konvent, im Rathaus verzweifelt Henriot, Robespierre, Couthon, Lebas, Cottinhal, Saint Just. Meldungen gehen hinaus, Boten kommen herein (Zeile 3). Dann erwischt es Robespierre übel: er wird vom 17jährigen Gendarmen Merda angeschossen. Früh am nächsten Morgen: siehe oben.

94

Un Roy iré sera aux sedifragues,
Quand interdicts seront harnois de querre:
La poison taincte au succre par le fragues
Par eaux meurtris, morts disant serre serre.

Ein König wird zornig sein auf die Bündnisbrecher,
Wenn Kriegsrüstungen verboten sind.
Das Gift mit Zucker getränkt wegen des Geruchs,
Mit Flüssigkeiten getötet, die Toten sagen: "Eng, eng!"

Zukunft: Sämtliche Rüstungen, wenigstens jedoch chemische Waffen sind geächtet. Dennoch kommen sie zum Einsatz, so chemisch verändert, daß kein Geruch warnt, die Schutzmasken aufzusetzen. Der Tod tritt durch qualvolles Ersticken ein. Zeile 4 nennt die Einsatzart: es handelt sich um ein Aerosol, das versprüht wird. Die Betroffenen klagen noch, doch beschrieben werden sie bereits als Tote.

95

Par detracteur calomnié à puis nay,
Quand seront faicts enormes & martiaux:
La moindre part dubieuse à l'aisnay,
Et tost au regne seront faicts partiaux.

Durch den Betrüger der Nächstgeborene verleumdet,
Wenn gewaltige und kriegerische Taten vollbracht werden.
Der kleinere Teil zweifelt am Älteren
Und bald darauf sind die Parteien im Reich gespalten.

Nach der Abdankung Napoleons III. sprach die Mehrheit der französischen Nationalversammlung sich für die Restauration der Monarchie aus. Der Krieg 1870/71 mit Deutschland war gerade zu Ende gegangen, der Pariser Aufstand der Kommune mit 20.000 Toten niedergeschlagen worden. Da spalteten sich die Royalisten in zwei Fraktionen: die Legitimisten, Anhänger des Herzogs von Chambord, der in Österreich lebte, und die Orléanisten, die den Grafen von Paris einsetzen wollten. Als man sich endlich geeinigt hatte, war es zu spät. Marschall Mac-Mahon, eigentlich königstreu, wurde auf weitere zehn Jahre in seinem Amt bestätigt.

96

Grande cité à soldats abandonnee,
Onc n'y eut mortel tumult si proche:
O quelle hideuse mortalité s'approche,
Fors une offense n'y sera pardonnee.

Die große Stadt den Soldaten ausgeliefert,
Noch nie war ein tödlicher Aufruhr so nahe.
Oh, welche scheußliche Sterblichkeit setzt ein,
Nicht eine Beleidigung wird hingenommen.

Das könnte Freiburg sein, wo zu Kriegsende 1945 tagelang französische Soldateska mordete und brannte, das wie viele andere deutsche Städte von russischer Hand das gleiche Schicksal erlitt. Die *große Stadt* ist mit hoher Wahrscheinlichkeit jedoch Rom. Hoffen wir, daß sich dieser Vers *so nahe* (Zeile 2) nicht ereignet.

97

Cinq & quarante degrez ciel bruslera,
Feu approcher de la grand'cité neuve,
Instant grand flamme esparse sautera
Quand o voudra des Normans faire preuve.

Fünfundvierzig Grad, der Himmel brennt,
Feuer nähert sich von der großen Neuen Stadt.
Sofort schießt eine große Flamme weit empor,
Wenn *O* will, daß die Normannen den Beweis erbringen.

Dieser Vers hat es in sich! Er ist recht bekannt und schildert angeblich die Zerstörung von New York, das ja praktisch am 45. Breitengrad läge. Ein Blick auf den Atlas zeigt jedoch, daß New York keineswegs am 45. Breitengrad liegt. Dieser verläuft in Amerikas Osten durch Kanada nördlich des Ontariosees bei Ottawa und Montreal, bei uns durch den Aralsee, das Kaspische Meer, das Schwarze Meer, Belgrad, Turin, Bordeaux. New York liegt fast ein halbes Tausend Kilometer weiter südlich am 41. Breitengrad! ***Degré*** (Zeile 1) heißt Stufe/Grad. Gemeint ist keine Gradzahl, sondern 45 von 100 Abschnitten/Jahren: 1945 nämlich. Am 6. August 1945 fällt auf Hiroschima die erste (amerikanische) Atombombe. Mit der ***Neuen Stadt*** ist durchaus ***Neu*** York gemeint. Die Bombe wurde dort anfangs entwickelt, ***kommt*** aus dieser Stadt. Und das steht auch ganz klar in Zeile 2: ***de la*** heißt nun einmal: ***von dort***.

In Zeile 4 steckt der Schlüssel zu diesem Vers: Alle ***Experten*** haben bisher kommentarlos das zweite Wort (**O**) ergänzt auf ***on*** = man: Wenn ***man*** will ... Nein, **O** will den Beweis, daß die Bombe funktioniert. **O** ist der ***Vater der Bombe***, der Physiker Oppenheimer, der Leiter des Projekts, ab 1947 Direktor des Instituts für Zukunftstechnologie in Princeton. Nostradamus nennt die Amerikaner ***Normannen***, da die Briten dort die führende Schicht sind (vergl. Vers II/16). Und hier können wir noch eine Nuance freilegen, die Nostradamus fein vermerkt hat: **O**(ppenheimer) will, daß die Normannen die Bombe einsetzen. Die Amerikaner sind Abkömmlinge der Normannen, sind Briten gewesen. Oppenheimer jedoch nicht. Nachdem der Vers so offen und klar da liegt, ist es völlig ausgeschlossen, anzunehmen, hier würde die atomare Zerstörung New Yorks geschildert.

98

Ruyné aux Volsques de peur si fort terribles,
Leur grand cité taincte, faict pestilent:
Piller Sol, Lune, & violer leurs temples:
Et les deux fleuves rougir de sang coulant.

Verderben den Volskern wegen so entsetzlicher Angst,
Ihre große Stadt gebeizt, die Pest ausgebrochen.
Geraubt Sonne, Mond und ihre Kirchen geschändet
Und die zwei Flüsse gerötet von vergossenem Blut.

In Zeile 4 werden wir fündig: ***die Stadt mit den zwei Flüssen*** (Rhône und Saône) ist bei Nostradamus stets Lyon. Bestätigt durch Zeile 1: die Volsker, ehemals zu Hause südlich von Rom, besiedelten auch die Landschaften der Rhône. Nostradamus hat wieder einmal einen großen Wegweiser aufgestellt, der nach Italien in die Irre führen soll. Zeile 2 verstehe ich als Einsatz von ABC-Waffen, Sonne und Mond ***geraubt*** als möglichen Hinweis auf die ***Dreitägige Finsternis***. Siehe Verse Dritter Weltkrieg und der Großmeteor.

99

L'ennemy docte se tournera confus,
Grand camp malade, & de faict par embusches.
Monts Pyrenées & Pœnus luy seront faicts refus
Proche du fleuve decouvrant antiques oruches.

Der gelehrte Feind wendet sich verwirrt ab.
Die Große Armee ist krank und durch Taten aus dem Hinterhalt.
Die Berge der Pyrenäen und Karthago bleiben ihm verwehrt.
Nahe dem Fluß entdecken sie alte Felsen.

"Zu allgemein", so ein international anerkannter Experte, "nicht zu lösen." Oh nein! Schlüsselwort ist das letzte Wort in Zeile 4 *oruches*, das richtig *roches* = Felsen heißen müßte. Das *u* wurde hinzugefügt, um per Anagramm *ur*(ne) zu übermitteln, die Urne. Wir suchen also ein Felsengrab nahe am Fluß. Der *gelehrte Feind* kommt aus dem Land der Dichter und Denker, es sind die Deutschen. Zeile 3: im Zweiten Weltkrieg verschloß sich Spanien klug dem Werben Hitlers und Mussolinis und wies sie als Partner ab. In Karthago = heute Tunis = Nordafrika schlagen die Italiener zu: im September 1940 stoßen sie von Libyen aus nach Ägypten vor. Doch bereits im Mai 1941 wird Italienisch-Ostafrika von den Briten eingenommen. Trotz deutscher Hilfe (Rommel) kapitulieren die Italiener im Frühjahr 1943 im Brückenkopf um das antike Karthago. Nun (Zeile 4) datiert Nostradamus dieses italienische Geschehen: 1922 wird Mussolini als Führer der Schwarzhemden Regierungschef mit diktatorischen Vollmachten. Und: 1922 entdeckt Carter nahe am Fluß = Nil, ein Felsengrab = das Grab Tut ench-Amuns, ein Felsengrab bei Theben, im Tal der König.

Am Schluß zurück zu Zeile 2: Nostradamus wählt die Worte *Große Armee* ganz bewußt. Die *Große Armee* wurde die napoleonische Armee genannt, die 1812 nach Rußland vorstieß. Ihr Schicksal im Herbst und Winter sind bekannt. Auch die deutsche Armee in Rußland nennt Nostradamus so, um auf gleiches Schicksal hinzuweisen. Mit den *Taten aus dem Hinterhalt* weist er hin auf den Partisanenkrieg in Rußland (vergl. Vers IX/7).

100

Fille de l'Aure, asyle du mal sain,
Où jusqu'au ciel se void l'amphitheatre,
Prodige veu, ton mal est fort prochain,
Seras captive, & deux fois plus de quatre.

Die Tochter des Reichtums, ein Heim für Geisteskranke,
Wo man bis zum Himmel das Amphitheater sieht,
Das Vorzeichen gesehen, dein Unglück ist sehr nahe.
Du wirst gefangen und zweimal mehr als vier.

Letzte Zeile: Die Worte *zwei* und *vier* sind keine Zahlen, sondern sind so zu verstehen: Deux = (lat.) Deus: Gott/Gottesdienst; Quatre = Catier (altfranz.): Katharer/Teufelsdienst. (*Fois* heißt: *mal*, foi: der *Glaube*) Diese Zeile dechiffriert lautet also: "Du bist gefangen, und der Gottesglaube ist mehr Satansdienst." Dieser Vers beklagt den allgemeinen Abfall in weltliches Treiben. Zeile 2: die ganze Welt ein Theater des Vergnügens. Nach einem *Vorzeichen* (Zeile 3) bricht der Taumel der Lustbarkeiten zusammen.

1

**L'arc du tresor par Achilles deceu,
Aux procrez sceu la quandrangulaire:
Au faict Royal le comment sera sceu,
Corps veu pendu au veu du populaire.**

Der Bogen der Schatzkammer von Achill versteckt -
Den Vorfahren war das Quadrat noch bekannt.
Die Begründung der königlichen Tat wird bekannt.
Den Körper sieht man aufgehängt im Blick der Öffentlichkeit.

Ich weiß nicht recht, worauf Nostradamus in den Zeilen 1 und 2 anspielt. Es scheint so, als beschreibe er einen Schatz, den Achill vor seinem Tod durch Hektor in einem quadratischen Gewölbe versteckt hätte. Diese allegorische Anspielung muß zu tun haben mit der Hinrichtung von Menschen. Zeile 2: Quadrat = vier Seiten, hat vielleicht auf die Tarotkarte 4 = der ***König*** einen Bezug. Sinn: Die Vorfahren hatten noch die Monarchie. Zeile 3: Wiedereinführung der Monarchie. Zukünftiges Geschehen, das im vorab schwer zu enträtseln ist.

2

**Par Mars ouvert Arles le donra guerre
De nuict seront les soldats estonnez:
Noir, blanc à l'inde dissmulez en terre,
Sous la feincte ombre traistre veuz & sonnez.**

Durch Krieg schutzlos geworden, gibt Arles ihm nichts,
Des Nachts sind die Soldaten erstaunt.
Schwarz und weiß verbinden sich zu blau auf der Erde.
Im falschen Schatten sieht und hört man Verräter.

Zeile 1: Mars steht nicht für den Planeten, sondern für Krieg. Arles im Rhônedelta kann der eigenen kriegsführenden Partei keine Unterstützung zukommen lassen. Nachts sieht das menschliche Auge keine Farben, sondern nur Helligkeitsunterschiede zwischen schwarz und weiß. Wird alles blau, so ist das wahrscheinlich ein künstliches Licht, wohl in Zusammenhang mit einer Waffe zu denken. Auch die ***falschen Schatten*** sprechen für diese Annahme.

3

Apres la France la victoire navale,
Les Barchinons, Saillinons, les Phocens,
Lierre d'or, l'enclume serré dedans la balle,
Ceux de Ptolon au fraud seront consens.

Nachdem Frankreich den Seesieg errungen hat,
Denen von Barcelona, Marseille und Umgebung
Efeukranz aus Gold. Der Amboß ist eingeschlossen in das Geschoß.
Die von Toulon werden dem Verrat zustimmen.

Zeile 3: Der im Siegerkranz scheint sich der ***Amboß im Geschoß*** verdient zu haben. Ich gehe wohl nicht fehl in der Annahme, daß es sich um eine Atombombe handelt, wenn nicht um eine noch stärkere Waffe der Zukunft. Künftiger Krieg an der Mittelmeerküste, den Nostradamus in vielen Versen beschreibt, ohne daß wir Heutigen Aussicht hätten, die Teile richtig zusammenzufügen.

4

Le Duc de Langres assiegé dedans Dolle,
Accompagné d'Autun & Lyonois:
Geneve, Ausbourg, ioinct ceux de Mirandole,
Passer les monts contre les Anconnois.

Der Herzog von Langres wird in Dôle belagert,
Begleitet von denen aus Autun und Lyon.
Genf, Augsburg, verbündet mit denen aus Mirandola.
Sie ziehen über die Berge gegen die von Ancona.

Zeile 1 und 2: Hugenottenkrieg im 16. Jahrhundert. Der Herzog von Guise (***Langres***) wird von den Hugenotten belagert. Zeile 3 und 4: Kaiser Karl V. zieht nach Rom; 1555 wird der Augsburger Religionsfrieden geschlossen. Daraufhin dankt der Kaiser ab und zieht sich zurück aus dem Weltgeschehen.

5

Vin sur la table en sera respandu,
Le tiers n'aura celle qu'il pretendoit:
Deux fois du noir de Parme descendu,
Perouse à Pize fera ce qu'il cuidoit.

Wein wird auf dem Tisch ausgegossen,
Der Dritte wird nicht das erhalten, was er fordert.
Zweimal soviel wie der Schwarze, von Parma abstammend,
Perugia macht mit Pisa, das was es meint.

Zeile 1: Streit in der Kirche: Abendmahl mit Wein oder nicht?
Zeile 2: Der Dritte Stand, die einfachen Leute gehen leer aus.
Zeile 3: Papst Paul III. schenkt seinem natürlichen Sohn das Herzogtum Parma. Dessen Enkel, "Zweimal Parma", ist Alessandro, Herzog von Parma, Statthalter der Niederlande und berühmter Gegner Heinrichs IV.

6

Naples, Palerme & toute la Cecile,
Par main barbare sera inhabitee,
Corsicque, Salerne & de Sardeigne l'Isle,
Faim, peste, guerre, fin de maux intentee.

Neapel, Palermo und ganz Sizilien
Werden von barbarischem Heer besetzt,
Korsika, Salerno und die Sardinische Insel.
Hunger, Seuche. Man versucht, die Plagen zu beenden.

Mit *Seuche* kann der Einsatz von Massenvernichtungswaffen gemeint sein. Ein künftiger Krieg; das Islamische Imperium, das wir aus anderen Versen bereits kennen, im Vormarsch.

7

Sur le combat des grands chevaux legers,
On criera le grand croissant confond:
De nuict tuer monts, habits de bergers,
Abismes rouges dans le fossé profond.

Bei dem Kampf der großen leichten Pferde
Schreit man, durch den großen Halbmond verwirrt.
Des Nachts töten Berge, Gewänder von Hirten.
Rote gestürzt in den tiefen Graben.

Ein Vers, der mehrere zulässige Deutungsmöglichkeiten beinhaltet. Ich kenne ihn intensiv seit nunmehr fast zwei Jahrzehnten und sehe ihn wie folgt:
Zeile 1: Die großen leichten Pferde sind Schützenpanzerwagen, sehr beweglich im Gelände. Sie tragen, wie Pferde, Begleitinfanterie.

Zeile 2: Der große Halbmond ist ein Himmelskörper, der relativ überraschend auftaucht. Daher die Verwirrung. Er macht dem Kriegsgeschehen weltweit ein Ende (vergl. die ausgewiesenen Verse im Inhaltsverzeichnis).

Zeile 3: Die Gewänder von ***Hirten*** deuten an, daß Nostradamus uns sagen will: Kampfgeschehen in ***Israel***. Die Berge töten durch Erdrutsche, Verwerfungen, Erdbeben: Sekundäreffekte des Großmeteors.

Zeile 4: ***Rote*** ist ein Hinweis auf Russen, Neokommunisten. Der ***tiefe Graben*** ist ein Grabenbruch, der sich auftut (Durch Israel zieht sich bekanntlich der Länge nach ein Grabenbruch). Meines Erachtens eine entscheidende Szene im Wendepunkt des Dritten Weltkrieges. Ich wäre froh, wenn meine Deutung sich als falsch erweisen sollte.

8

Flora, fuis, fuis le plus proche Romain,
Au Fesulan sera conflict donné:
Sang espandu, les plus grands prins à main,
Temple ne sexe sera pardonné.

Florenz, flieh! Fliehe, Rom!, als nächstes dran.
Bei Fiesole kommt es zum Krieg.
Blut wird vergossen, die Größten geraten in Feindeshand,
Weder Kirchen noch Geschlecht werden verschont.

Beginn der italienischen Revolution in Norditalien. Nahe Zukunft.

9

Dame à l'absence de son grand capitaine,
Sera priee d'amour du Viceroy,
Fainte promesse & malheureuse estreine,
Entre les mains du grand Prince Barois.

Die Dame, in Abwesenheit ihres großen Kapitäns,
Wird von Liebe zum Vizekönig erfaßt.
Falsche Versprechen und unglückliche Verstrickungen,
Zwischen den Händen des großen Prinzen von Bar.

Möglicherweise wird hier das gleiche geschildert wie in Vers VI/59. Der Fürst dort ist dann ihr Ehemann. Zeile 4: Bar = Lothringen. Der dortige Fürst wird mit dem Liebeshändel nichts zu tun haben. In Zeile 4 schildert Nostradamus häufig ein zeitgleiches, aber anderes Geschehen.

10

Par le grand prince limitrophe du Mans,
Preux & vaillant chef du grand exercite:
Par mer & terre de Gailots & Normans,
Caspre passer Barcelonne pillé Isle.

Durch den großen Fürsten aus der Gegend von Le Mans,
Recke und tapferer Führer des großen Heeres,
Über Meer und Land der Franzosen und Normannen,
Zieht an der Festung vorbei nach Barcelona, plündert die Inseln.

Statt *Castre* = Kastell schreibt Nostradamus in Zeile 4: Caspre = Caspar. Es darf angenommen werden, daß dies der Name des großen Fürsten ist. Er führt Briten und Franzosen gegen die Invasoren Spaniens und Südfrankreichs, kämpft Barcelona frei und beschießt die Balearen.

11

L'enfant Royal contemnera la mere,
Œil, pieds, blessez, rude inobeissant,
Nouvelle à dame estrange & bien amere,
Seront tuez des siens plus de cinq cens.

Das königliche Kind wird die Mutter verurteilen,
Auge, Füße verletzt, grob, ungehorsam.
Die Nachricht ist der Prinzessin befremdlich und recht bitter.
Von den Seinen werden getötet mehr als fünfhundert.

Ludwig XIII. wurde im Alter von neun Jahren 1610 König. Er war kränklich und hatte ein melancholisches Temperament. Als er mit vierzehn Jahren für mündig erklärt wird und seine Mutter, eine Medici, die Herrschaft fortsetzen will, ist der junge König so verärgert, daß er sie nach Blois abschiebt. Später flieht sie ins Ausland. Gegenüber Frauen war er so reserviert, daß viele Historiker ihn für homosexuell halten.

Zeile 3: 1615 heiratet er dennoch Anna von Österreich, die älteste Tochter des Königs von Spanien. Doch die Ehe bleibt zunächst 22 Jahre kinderlos; die Ehegatten lebten nebeneinander her. Es wird gemunkelt, Ludwig XIV. sei gar nicht sein Sohn.

Zeile 4: Ludwig läßt durch die Seinen viele, auch hochgestellte Persönlichkeiten, als abschreckendes Beispiel hinrichten: Marschall von Marillac, Herzog von Montmorency, Gouverneur Languedoc, sogar Cinq-Mars, vormals *Favorit* des Königs. Er setzt Sondergerichte ein, unterdrückt den Adel, baut ein Netz von Geheimagenten auf. Im Périgord und der Normandie kommt es zu Aufständen der Bauern, die blutig niedergeschlagen werden.

12

Le grand puisnay fera fin de la guerre.
Aux dieux assemble les excusez:
Cahors, Moissac iront loing de la serre,
Refus Lestore, les Angenois rasez.

Der große Zweitgeborene wird den Krieg beenden,
Zu den Göttern versammelt er die Entlassenen.
Cahors, Mossac gehen lange im Göpel,
Lestoure wird abgewiesen, die von Agen rasiert.

Der ***Zweitgeborene*** ist sonst Napoleon I., der zweitälteste Sohn der Familie. Hier wird jedoch künftiges Geschehen geschildert. "Zu den Göttern versammeln" heißt: töten.

13

De la cité marine & tributaire
La teste raze prendra la satrapie:
Chasser sordide qui puis sera contraire,
Par quatorze ans tiendra la tyrannie.

Von der tributpflichtigen Hafenstadt
Übernimmt der geschorene Kopf die Statthalterschaft.
Er verjagt den Schäbigen, der dann gegen ihn ist.
Über vierzehn Jahre wird er die Tyrannei inne haben.

Zeile 4 belegt: einwandfrei wird hier Napoleon I. geschildert. An die Macht gelangt er 1799 und wird Kaiser 1804. Nach vierzehn Jahren Herrschaft muß er abdanken und erhält zunächst die Insel Elba als Wohnsitz zugewiesen. Zeile 2: Mit Napoleon endet die Zeit der Perücken, kürzere Haare kommen in Mode, Napoleon selbst trägt sie militärisch kurz geschoren. Zeile 1: Die tributpflichtige Hafenstadt ist Toulon. Im August 1792 ist Napoleon mit 23 Jahren Hauptmann geworden. Die frühe Beförderung ist der Dank der Revolutionäre an den eidbrüchigen Offizier, der seinen König verraten hatte und sich begeistert für die neuen Machthaber engagiert. Ein Jahr später finden wir ihn unter dem Befehl von Carteaux wieder. Toulon soll erobert werden. Carteaux ist gelernter Maler, 42 Jahre alt, und irgendwie durch die Revolution ***General*** geworden. Das einzige, was er je von sich gibt (denn vom Militär versteht er natürlich rein gar nichts), ist: "Ich greife in drei Kolonnen an!" Sein Nachfolger, der Zahnarzt Doppet, wird stets ohnmächtig, wenn er Blut sieht. Daraufhin wird der Oberbefehl an Napoleon, inzwischen Major, übergeben (Zeile 2 und 3). Toulon fällt, und Napoleon wird mit 24 Jahren zum General befördert.

14

Faux exposer viendra topographie,
Seront les cruches des monuments ouvertes:
Pulluler secte, saincte philosophie,
Pour blanches, noires & pour antiques vertes.

Man geht daran, die Landschaft falsch auszuweisen,
Die Urnen der Grabmäler werden geöffnet.
Die Religion wird geschändet, die heilige Wahrheit.
Schwarzes wird weiß und antik das Grün.

Mit der Revolution wird ganz Frankreich auf den Kopf gestellt: am 22. September 1792 beginnt eine neue Zeitrechnung: Der erste Tag des Jahres I im Monat Vendemaire. Die Woche hat künftig zehn Tage. In der Kathedrale von Paris sitzt eine Ballettänzerin auf dem Altar und wird angebetet als die Göttin der Freiheit. Alte Landschaften werden zerrissen und künstlich neu in Departements gegliedert. Das Christentum wird abgeschafft, Gräber geschändet, die Geistlichkeit ermordet.

15

Devant cité de l'Insubre contree,
Sept ans sera le siege devant mis:
Le tresgrand Roy y fera son entree,
Cité plus libre hors de ses ennemis.

Vor der Stadt in der Gegend Insubriens
Wird sieben Jahre Belagerungszustand herrschen.
Der sehrgroße König nimmt dort seinen Einzug.
Die Stadt wieder frei, seine Feinde weg.

Die *Stadt Insubriens* ist Mailand. *Tresgrand Roy* mag auf Henric, den Mächtigen hinweisen. Bemerkenswert ist die lange Zeitspanne, in der die Stadt angeblich *belagert* wird. Wahrscheinlich dauert der ganze Spuk auch nicht sieben Jahre, sondern die *sieben* findet eine ganz andere Erklärung. Es ist z.B. im siebten Jahr der Herrschaft des *Tresgrand*, in der sich diese Begebenheit zuträgt. Künftiges Geschehen.

16

Entree profonde par la grand Royne faicte
Rendra le lieu puissant inaccessible:
L'armee des trois Lyons sera deffaite,
Faisant dedans cas hideux & terrible.

Der tiefe Sturz wird von der großen Königin getan.
Man übergibt den uneinnehmbar mächtigen Ort.
Die Armee der drei Löwen wird besiegt.
Man macht drinnen ein scheußliches und schreckliches Ereignis.

Zeile 1: Maria Stuart, 1559/60 als Frau des kränklichen Franz II. Königin von Frankreich und nach dessen Tod mit achtzehn Jahren Königin von Schottland, wurde als gefährliche Rivalin mit Anspruch auf die englische Krone 1587 von Elisabeth I. hingerichtet. Zeile 2 bis 4: Im Jahr bevor Franz II. Maria heiratet, fällt das als unbezwingbar geltende Calais 1558. Calais, seit 1397 englisch (Wappen mit drei Löwen), war strategisch für die Insel als Brückenkopf von unschätzbarer Bedeutung. Im gleichen Jahr besteigt im Alter von 25 Jahren Elisabeth I. den englischen Thron. Das Schicksal dieser beiden Frauen ist eng miteinander verknüpft.

17

Le Prince rare de pitié & clemence
Apres avoir la paix aux siens baillé,
Viendra changer par mort grand connoissance
Par grand repos le regne travaillé.

Der Fürst von seltenem Erbarmen und Mildherzigkeit.
Nachdem er den Seinen Frieden diktiert hat.
Wird er sich verändern, da durch den Tod große Erkenntnis.
Durch den Großen blüht die Herrschaft in Ruhe.

Ein Herrscher, der dem Tod (durch Krankheit?) nahe war, wandelt sich, nachdem er mit starker Hand Ordnung geschaffen hat. Das Reich blüht. Möglicherweise ist der Fürst der große Henric. Aber das ist Spekulation.

18

Les assiegez couloureront leurs paches,
Sept iours apres feront cruelle issuë,
Dans repoulsez, feu sang. Sept mis à l'hache
Dame captive qu'avoit la paix tissuë.

Die Belagerten rollen ihre Friedensverträge zusammen.
Sieben Tage später führen sie einen grausamen Angriff,
Sie werden zurückgeworfen, Feuer, Blut. Sieben werden unter das Beil geschickt.
Die Dame wird gefangen gesetzt, die den Frieden angezettelt hatte.

Die ***Sieben***, die unter das Beil kommen, sind uns bereits aus Vers IV/81 bekannt. Es scheinen sieben verbündete Staaten zu sein, die sich zum Krieg entschließen. Die Verteidiger (Zeile 1) ziehen die Konsequenzen. Die ***Dame***, die die Idee vom immerwährenden Frieden hatte, ist die Idee der Republik schlechthin. Willfährige Politiker hatten offenbar aus naivem Opportunismus den Wählermassen gegenüber derart vom "Frieden für unsere Zeit" geschwafelt, daß gerade deshalb der Krieg entstehen mußte. Gehört aller Wahrscheinlichkeit nach zum Dritten Weltkrieg. Danach haben die Massenrepubliken ausgespielt (vergl. Vers II/18).

19

Le fort Nicene ne sera combatu,
Vaincu sera par rutilant metal,
Son faict sera un long temps debatu;
Aux citadins estrange espouvantal.

Der Starke von Nizza wird nicht geschlagen,
Besiegt wird er durch hellrotes Metall.
Sein Tun wird noch lange Zeit besprochen,
Für die Bürger ein schreckliches Geschehen.

Garibaldi (1807-1882) ist der Freiheitsheld Italiens. 1960 stürzt er die Herrschaft der Bourbonen in Sizilien. Im gleichen Jahr verlor Italien Nizza an Frankreich (Zeile 1). Sein politisches Handeln war zwar für Italien insgesamt erfolgreich, er scheiterte jedoch mit seinen Vorstellungen an der Wirklichkeit und am ***hellroten Metall*** = Gold/Geld. Völlig verarmt starb er in Südamerika. Zeile 4: Die Bevölkerung litt entsetzlich im Einigungskrieg.

20

Ambassadeurs de la Toscane langue,
Avril & May Alpes & mer passee,
Celuy de veau exposera l'harangue,
Vie Gauloise ne venant effacer.

Die Botschafter italienischer Sprache
Überqueren im April und Mai die Alpen und das Meer.
Der von Kalb erklärt sich mit einer Rede,
Er wollte französisches Leben nicht auslöschen.

Im Frühjahr 1856 findet in Paris ein internationaler Friedenskongreß statt. Dort hält Cavour, der sich für die Einigung Italiens einsetzt, eine vielbeachtete Rede. Die Franzosen, die 1848 die Erhebung in Rom noch blutig niedergeschlagen hatten, ändern nun ihre

Haltung und fördern den italienischen Nationalismus gegen Österreich, dem die Lombardei gehört.

Zeile 3: Der Name Turin enthält noch das alte römische Wort Taurus = Stier. Cavour, ein Kind dieser Stadt, wird von Nostradamus als das ***Kalb*** bezeichnet. Zeile 4: Italien und Frankreich halten zusammen gegen Österreich.

21

Par pestilente inimitié Volsicque,
Dissimulee chassera le tyran,
Au pont de Sorgues se fera la traffique
De mettre à mort luy & son adherant.

Wegen der feindlichen Haltung der Volsker,
Heimlich soll der Tyrann verjagt werden.
Auf der Brücke von Sorgues wird der Handel abgeschlossen,
Ihn zu Tode zu bringen und seinen Anhang.

Da künftiges Geschehen, wieder einmal schwierig zu deuten. Die Volsker stehen für Mittelitalien, Sorgues liegt bei Avignon. Ich meine, der ***Tyrann*** ist in Südfrankreich zu suchen. Italien ist wahrscheinlich völlig zu Recht in Opposition.

22

Les citoyens de Mesopotamie
Irez encontre amis de Tarreconne,
leux, rits, banquets, toute gent endormie
Vicaire au Rosne, prins cité, ceux de d'Ausone.

Die Bürger von Mesopotamien
Ziehen den Freunden von Tarragona entgegen.
Spiele, Lachen, Festessen, alle Leute eingeschlafen.
Vicar an der Rhône, die Stadt ist genommen, von den Ausoniern.

Mit ***Mesopotamien*** (Zeile 1) ist nicht das Mündungsgebiet von Euphrat und Tigris gemeint, sondern das Rhônedelta in der Provençe. Tarragona liegt südlich von Barcelona. Der ***Vicar an der Rhône*** ist mit Sicherheit der Papst in Avignon. Die ***Ausonier*** sind die Bewohner von Neapel.

Analyse: Zeile 1 ***citoyens*** ist ein eindeutiger Revolutionshinweis. Nur, das geschilderte Geschehen ist nicht Geschichte, da diese Revolution in Südfrankreich und Spanien ausbricht. Zeile 1 bis 3 wirken wie ein Volksfest, eine Völkerfreundschaft oder Internationale. Ganz so friedlich ist die Sache aber wohl doch nicht. Der Papst ist an der Rhône, da ***prins cité*** = Stadt (Rom) genommen ist, wohl von den Neapolitanern. Jederzeit denkbar.

23

Le Royal sceptre sera contrainct de prendre
Ce que ses predecesseurs avoyent engagée,
Puis que l'anneau on fera mal entendre,
Lors qu'on viendra le palais saccager.

Das königliche Szepter wird er gezwungen zu übernehmen,
Das seine Vorgänger verpfändet hatten.
Dann wird man über den Ring schlechtes hören,
Während man dabei ist, den Palast zu plündern.

Der *Ring* scheint ein zwischenstaatliches Bündnissystem zu sein, das mit den Jahren lästig wird, da teuer und überholt. Möglich ist auch, daß der *Ring* eine Vereinigung einflußreicher Leute ist, die zu viel Einfluß haben oder alte Forderungen repräsentieren. Für die zweite Deutung spricht, daß es zu Aufruhr unter der eigenen Bevölkerung kommt.

24

L'ensevely sortira du tombeau,
Fera de chaines lier le fort du pont,
Empoisonné avec œufs de Barbeau,
Grand de Lorraine par le Marquis du Pont.

Der Begrabene steigt aus der Gruft,
In Ketten legt er den Starken der Brücke,
Vergiftet mit Eiern des Steinbutts.
Der Große von Lothringen durch den Marquis du Pont.

Ein Vers mit so vielen Haken und Ösen wie selten! Relativ klar ist Zeile 1: Eine Idee/ein politisches Programm/ein altes Geschlecht ist *wieder da*. Zeile 2: *Fort* kann stark heißen, aber auch das Fort/die Festung und *du Pont* kann sein von/an der Brücke, als Name: Dupont, oder als Pont/Pontium für das Schwarze Meer stehen. Zeile 3: ***Barbeau*** ist eigentlich die Kornblume, nur daß die keine Eier legen kann. Der Steinbutt, den ich gewählt habe, heißt eigentlich barbue. Doch ohne *Grund* hat Nostradamus sich nicht *verschrieben*.

Wenn Sie Nostradamus bis zu diesem Vers gelesen haben, dürften Sie etwa eine Vorstellung davon haben, wieviele Siegel dieser Vers enthält. Ich meine, geographisch ist der Vers Südrußland/dem Schwarzen Meer zuzuordnen. Die Fisch*eier* dürften Kaviar sein, doch, da *vergiftet*, spielt Rußland falsch. Es könnte kornblumenblauer Inhalt von runden Behältern sein, der als chemische Waffe eingesetzt wird. Zeile 2 meint wohl die Festungen des Schwarzen Meeres, die Forts, die die Dardanellen blockieren. Aus der Gruft steigt entweder Rußland oder die Türkei. Der Marquis du Pont ist der Marquis des Schwarzen Meeres, ein russischer Führer, gegen ihn steht ein deutscher Fürst.

25

Par guerre longue tout l'exercice expuiser,
Que pour soldats ne trouveront pecune,
Lieu d'or, d'argent, cuir on viendra cuser,
Gaulois ærain, signe croissant de Lune.

Durch den langen Krieg ist das ganze Heer erschöpft,
So daß es für die Soldaten kein Geld mehr gibt.
Statt Gold, Silber gibt man Haut in Umlauf,
Der französische Staatsschatz im Zeichen des Halbmonds.

Zeile 4 gibt zwei Hinweise: Einmal das rasche Schwinden der Reserven, die abnehmen wie der Mond in seinen Phasen, zum anderen ein Hinweis auf den Kriegsgegner. Es ist der Islam, sein Zeichen der Halbmond. Zeile 3: die massenhafte Ausgabe von wertlosem Geld, das auf Pergament/Papier gedruckt ist. Die Folge des Krieges ist der Staatsbankrott.

26

Fustes & galeres autour de sept navires,
Sera livree une mortelle guerre,
Chef de Madric recevra coup de vires,
Deux eschapees, & cinq menees à terre.

Barken und Galeeren um sieben Schiffe herum
Liefern sich einen tödlichen Krieg.
Der Chef von Madrid erholt sich wieder.
Zwei entkommen und fünf werden an Land gebracht.

Keine Seeschlacht in sieben Schiffen. Es handelt sich um sieben Staaten, die von einer Vielzahl anderer im Kampf um Sein oder Nichtsein niedergerungen werden. Die ***Sieben*** kennen wir bereits aus den Versen IV/81 und VI/82. Möglicherweise besteht ein Zusammenhang dieses Verses mit IX/94. Dort scheinen sich die sieben ***Schiffe*** zusammengetan zu haben zu einem Bündnis. Gegen sie steht der Rest der Welt: siehe Vers IX/51. Ich sehe hier Staaten des Ostens unter russischer Führung, die in einen mörderischen Krieg verwikkelt werden. Zeile 3: Umsturzversuch in Spanien, der den König schwer anschlägt. Zeile 4: Die ***Sieben*** verlieren den Krieg. Zwei Staaten wechseln rechtzeitig das Lager. Möglicherweise die Polen und Tschechen (vergl. Vers II/18).

27

Au cainct de Vast la grand cavalerie,
Proche à Ferrage empeschee au bagage,
Prompt à Turin feront tel volerie,
Que dans le fort raviront leur hostage.

Im Zentrum der Verwüstung die große Kavallerie,
In der Nähe von Ferrara abgeschnitten vom Troß.
Sogleich begehen sie in Turin eine solche Dieberei,
Das sie in der Festung eine Geisel rauben.

In Zeile 1 ist vastatio (lat.) = Verwüstung groß geschrieben und daher zu verstehen als Vastator (lat.) = der Vertilger/der Teufel. Das Wort ***cainct*** gibt es nicht, ihm nahe kommt caenosus (lat.) = morastig. Aber auch caenum = Proleten/Unflat des Volkes wäre möglich. Und jetzt wird es klar:

Zeile 1 entschlüsselt lautet: Aus dem Abschaum des Teufels (ersteht) die große Kavallerie. Die ***große Kavallerie*** taucht im ganzen Werk von Nostradamus nur ein einziges Mal auf. Es handelt sich mit absoluter Gewißheit um eine Panzerarmee größten Ausmaßes. Sie scheint aus dem Balkan zu kommen, denn sie stößt von Ferrara (im Osten) nach Turin in Richtung französische Grenze im Westen vor. Sie durchquert dabei ganz Norditalien. Da wird sie vom Nachschub abgeschnitten. Ihre ***Gastgeber*** dürften rote Revolutionäre sein, die um ***brüderliche Hilfe*** gebeten hatten und nun entsetzt sind, wie sich ihre ***Gäste*** aufführen: sie morden und plündern. Siehe Zeile 1 entschlüsselt. Der Vers gehört sicherlich zum Zyklus Dritter Weltkrieg. Nahe Zukunft. Wahrscheinlich Anschlußvers an VII/26.

28

Le capitaine conduira grande proye
Sur la montaigne des ennemis plus proche.
Environné, par feu fera telle voye
Tous eschappez, or trente mis en broche.

Der Führer führt große Beute
Über das Gebirge, den Feinden sehr nahe.
Umzingelt, macht er sich mit Feuer einen Weg.
Alle entkommen, außer dreißig, an den Spieß gesteckt.

Anschlußvers an VII/27. Rückzug der Armee über die Alpen zu den Hauptkräften in Mitteleuropa. Einsatz von A-Sprengkörpern, um den Durchbruch zu ermöglichen.

29

Le grand duc d'Albe se viendra rebeller,
A ses grands peres fera le tradiment:
Le grand de Guise le viendra debeller,
Captif mené & dressé monument.

Der große Herzog von Alba wird sich auflehnen,
An seinen großen Vorfahren begeht er Verrat.
Der große Guise wird ihn schwächen,
Gefangen genommen und ein Denkmal errichtet.

Zeile 1 und 2: Der Herzog von Alba (1501-1582), Feldherr Karls V. und Statthalter der Niederlande unter Philipp II. von 1567 bis 1573. Zweimal zog er gegen den Papst, in den Augen von Nostradamus völlig unverzeihlich.

Zeile 3 und 4: 1552 fällt Alba in Frankreich ein. Sein französischer Gegenspieler ist Franz Guise (1519-1563), zusammen mit seinem Bruder Karl, Haupt der katholischen Partei. Er wird ermordet. Sein Sohn Heinrich, Führer der Liga von 1576, wird von Heinrich III. im Alter von 26 Jahren ebenfalls ermordet. Auch Heinrich III. wird ermordet. Mit Heinrich IV. beginnt eine neue Epoche: Mit dem Edikt von Nantes 1598 kehrt wieder Ruhe in Frankreich sein. Die Zeit der Guisen ist vorbei (Zeile 4), man kann sie nur als *Denkmal* vergangener Zeiten betrachten.

30

Le sac s'approche, feu, grand sang espandu,
Po, grand fleuves, aux bouviers l'entreprinse
De Gennes, Nice apres long attendu,
Foussan, Turin, à Sauillan la prinse.

Die Plünderung naht sich, Feuer, großes Blutvergießen.
Der Po und andere große Flüsse führen ein Unternehmen gegen die Ochsentreiber.
Von Genua, Nizza, lange hatte man gewartet,
Fossano, Turin, nach Savigiliano die Eroberung.

So viel ist klar: es geht wieder einmal *rund* in Norditalien. Zeile 2: die *Ochsentreiber* sind die Bürger Turins (Taurus (lat.) = Stier) oder die Gegner Turins, eben diejenigen, die den Stier treiben. Das *Wasser* (Zeile 2), das ein Unternehmen führt, steht jedenfalls für Umsturz oder Revolution. Jederzeit möglich. Offenbar kämpft hier jeder gegen jeden. Aus den Worten geht nicht klar hervor, wer nun gegen wen.

31

**De Languedoc, & Guienne plus de dix
Mille voudront les Alpes repasser:
Grands Allobroges marcher contre Brundis,
Aquin & Bresse les viendront recasser.**

Aus der Languedoc und Guyenne. Mehr als Zehn-
Tausend wollen wieder über die Alpen zurückholen.
Die großen Allobroger marschieren gegen Brindisi,
Aquino und Bresse werden sie zurücktreiben.

Languedoc und Guyenne: Südfrankreich, ebenso Bresse. Aquino und Brindisi: Süditalien. Allobroger: Savoyen. Der Vers ist im vornhinein ebenso unverständlich wie der vorhergehende, schildert aber eine ganz andere Begebenheit. Fernere Zukunft.

32

Du mont Royal naistra d'une casane,
Qui cave, & compte viendra tyranniser,
Dresser copie de la marche Millane,
Fauence, Florence d'or & gens espuiser.

Vom königlichen Berg, geboren in einer Hütte,
Wird einer den tyrannisieren, der Geld setzt und Konten führt.
Er stellt seine Truppe auf dem Marktplatz von Mailand auf.
Faenza und Florenz wird das Geld und Menschen kosten.

Das letzte Wort der Zeile 1 ***casa*** = das Häuschen, weist bereits auf Italien hin. Beschrieben wird der Aufstieg Mussolinis (1883-1945). Er residierte auf dem ***königlichen Berg***, dem Kapitol in Rom (Zeile 1). In Mailand (Zeile 3) gründete er 1919 den Wehrverband der Schwarzhemden und war Duce des Faschismus. 1922 wurde er Diktator Italiens (Zeile 2: Tyrann). Am 28. April 1945 wurde er von Kommunisten ermordet und seine Leiche und die seiner Lebensgefährtin an den Füßen in Florenz (Zeile 4) aufgehängt. Die tragende Idee, wie später in Deutschland, war die Wiederherstellung nationaler Größe, verbunden mit sozialen Taten. Gegner war (Zeile 3) das internationale Großkapital und die Abhängigkeit von den Finanztrusts Amerikas (Das konnte nicht gutgehen). Gegenüber Hitler war der Duce ein Waisenknabe.

33

Par fraude regne, forces expolier,
La classe obsesse, passages à l'espie,
Deux faincts amis se viendront r'allier,
Esveiller hayne de longtemps assoupie.

Durch Betrug an der Regierung, die Kräfte werden ausgeschöpft.
Die Flotte wird blockiert, die Zugänge ausgeforscht,
Zwei falsche Freunde werden sich verbünden,
Erweckt wird der Haß, der lange geschlummert hatte.

Hitler und der Zweite Weltkrieg. Anschlußvers an VII/32. Durch ***Betrug*** war Hitler eigentlich nicht an der Regierung, da die Parteien sich selbst aufgelöst und ihm alle Vollmachten übertragen hatten. Aber er betrügt, fest zum Krieg entschlossen, das eigene Volk und die Nachbarn.

Im Krieg blockieren die deutschen U-Boote England. Die französische Maginotlinie wird ausgekundschaftet (Zeile 2). Hitler und Stalin schließen 1939 überraschend einen Pakt, der Hitler im Westen freie Hand gibt (Zeile 3). Haß bestand von deutscher Seite seit dem Diktat von Versailles nicht ganz zu Unrecht gegenüber den neuen/alten Gegnern, die 1939 Deutschland den Krieg erklärten.

34

En grand regret sera là gent Gauloise,
Cœur vain, leger croira temerité:
Pain, sel, ne vin, eau, venin ne cervoise,
Plus grand captif, faim, froit, necessité.

In großer Verbitterung ist das französische Volk,
Vergebliche Hoffnung, leicht wird es die tollsten Sachen glauben.
Brot und Salz, kein Wein, nur Wasser, Gift statt Bier,
Dann noch der Große gefangen, Hunger, Kälte, Entbehrung.

Hier jammert Nostradamus ein wenig und trägt dick auf: die Niederlage Frankreichs und die Kapitulation am 24. Juni 1940. Der ***gefangene Große*** ist Marschall Pétain, der dem neuen Kabinett nach dem 17. Juni vorsteht. Die Regierung Reynaud, die den Deutschen den Krieg erklärte, hatte sich abgesetzt. Pétain, Held Frankreichs aus dem Ersten Weltkrieg, muß sich nun mit den Deutschen arrangieren und die Suppe auslöffeln, die man ihm eingebrockt hat. Fast als Marionette Hitlers residiert er im unbesetzten Teil des Landes wie ein Gefangener (Zeile 4). Nach dem Krieg ist alles falsch, was dieser brave, aber etwas kurzsichtige Soldat versucht hatte, für sein Land zu tun; man verurteilt ihn in einem politischen Prozeß zum Tod.

35

La grand pesche viendra plaindre, plorer,
D'avoir esleu, trompez seront en l'aage:
Guiere avec eux ne voudra demourer,
Deceu sera par ceux de son langage.

Der große Pfirsich fängt an zu klagen und zu jammern,
Gewählt zu haben. Getäuscht sind sie in Aufruhr.
Keineswegs will er bei ihnen bleiben,
Hintergangen wird er von denen seiner eigenen Sprache.

Karl IX., der nach dem Tod seines Bruders Franz II. 1560 König von Frankreich wird, stirbt im Mai 1574 an Tuberkulose. Die Krone geht nun über auf seinen Bruder, den Herzog von Anjou, der jedoch gerade zum König von Polen gewählt worden war und sich in Krakau befindet. Ohne eine Minute zu zögern, kehrt er seinen neuen Untertanen den Rücken (Zeile 3). Heinrich III. sah blendend aus, verfügte über eine wache Intelligenz, war tapfer im Kampf und hatte Sinn für Kunst und Literatur. Allerdings war er nicht nur extravagant, sondern auch intrigant und homosexuell. Deshalb nennt Nostradamus ihn verächtlich *Pfirsich* (Pêche). Péché heißt zugleich Sünde, ein delikates Wortspiel des Meisters. Die Polen werden an ihm (Zeile 2) wirklich keine reine Freude gehabt haben. In Frankreich sinkt sein Ansehen auf den absoluten Nullpunkt. Paris steht auf und erklärt den König für abgesetzt. Schließlich wird er am 1. August 1589 von Jacques Clement, einem Dominikanermönch, erstochen.

36

Dieu, le ciel, tout le divin verbe à l'onde,
Porté par rouges sept razes à Bizance,
Contre les oingts trois cens de Trebisonde
Deux loix mettront, & horreur, puis credence.

Gott, der Himmel, das ganze göttliche Wort Opfer der Woge.
Durch die geschorenen roten Sieben nach Byzanz gebracht.
Gegen die Gesalbten erlassen Dreihundert aus Trapezunt
Zwei Gesetze und nach dem Schrecken folgt der Glaube.

Da haben wir wieder die *Sieben*. Diesmal ganz eindeutig als Rote Militärs (geschoren) und Russen (Trapezunt am Schwarzen Meer) identifiziert. Angetroffen haben wir sie in Belgien, Italien, nun sind sie - wohl zeitgleich - in der Türkei zu Gange. Doch es geht gut aus; wie wir bereits wissen, scheitern die Sieben an allen Fronten. Gehört wahrscheinlich zum Dritten Weltkrieg. Bemerkenswert ist der starke antiklerikale Grundtenor der sieben Roten (vergl. Vers II/18).

37

Dix envoyez, chef de nef mettre à mort,
D'un adverty, en classe guerre ouverte,
Confusion chef, l'un se picque & mord,
Leryn, stecades nefs, cap dedans la nerte.

Zehn werden geschickt, den Chef des Schiffes zu ermorden.
Durch einen wird er gewarnt. Durch die Flotte wird der Krieg begonnen.
Verwirrung beim Befehlshaber. Einer ersticht sich und stirbt.
Bei den Inseln Leryns, den Stöchaden (Hyères) Schiffe, fähig in der Tiefe.

Das Bild klärt sich allmählich:
Zeile 1: Der *Chef des Schiffes*, der Papst, ist bedroht (vergl. Vers V/64).
Zeile 2: "Roter Gegner bleich" (vergl. Vers III/1).
Zeile 3: Der *Feuerwerfer* weiß nicht ein noch aus (vergl. Vers V/100). Zeile 4: Atom-U-Boote im westlichen Mittelmeer (vergl. Vers II/78).

Der Basisvers zum Dritten Weltkrieg:
1. Papst tödlich bedroht in der italienischen Revolution.
2. Kriegsbeginn durch Flottenkonfrontation.
3. Die Krise läuft aus dem Ruder, der Krieg nimmt seinen Lauf.
4. U-Boot-Einsatz der USA mit atomaren Raketen.

38

L'aisné Royal sur coursier voltigeant,
Pisquer viendra, si rudement courir,
Gueulle, lipee, pied dans l'estrein pleignant,
Traîné, tiré, horriblement mourir.

Der älteste des Königs reitet auf dem Schlachtroß,
Die Sporen gibt er, recht scharf jagt er dahin,
Der Mund aufgeplatzt, den Fuß beklagenswert im Steigbügel,
Geschleift, gezogen, schrecklich gestorben.

Der Tod des französische Thronfolgers Ferdinand bei einem Reitunfall am 13. Juli 1842 im Bois de Boulogne: er stürzt vom Pferd, sein Fuß verfängt sich im Steigbügel und das durchgehende Pferd schleift ihn zu Tode.

39

Le conducteur de l'armee Françoise,
Cuidant perdre le principal phalange,
Par sus pavé de l'avaigne & d'ardoise,
Soy parfondra par Gennes gent estrange.

Der Befehlshaber der französischen Armee
Fürchtet, die Hauptkampflinie zu verlieren.
Es geht über Rohr- und Schieferstraßen.
Unterstützt wird er von Genua und fremdem Volk.

Zeile 1 und 2: Der Befehlshaber der französischen Truppen vor Verdun ist General Pétain. Der Vers beschreibt den Ersten Weltkrieg. Pétain fürchtet, daß, wenn Verdun fällt, Frankreich militärisch zusammenbricht. Zeile 3: Das Hauptproblem bei der Verteidigung Verduns besteht darin, daß dorthin keine ausreichende Bahnlinie mehr führt. Der gesamte Nachschub muß daher auf einer Landstraße zweiter Ordnung über 60 km von Süden, von Bar-le-Duc her, herangekarrt werden, die die Deutschen unter pausenlosem Artilleriebeschuß halten. Die Franzosen geben dieser Lebensader den Namen la *Voie Sacrée*, die *heilige Straße*. Sie muß ständig behelfsmäßig mit Faschinen und Schotter instand gesetzt werden.

Zeile 4: Italien erklärt Österreich, dem früheren Verbündeten, am 23. Mai 1915 den Krieg. (Es erhält nach Kriegsende als *Belohnung* dafür Südtirol mit seiner deutschen Bevölkerung.) Für Frankreich bedeutet dies Verhalten eine gewisse Entlastung. Das *fremde Volk* sind Neger aus den Kolonien, die die Franzosen in Uniform stecken und in den Schützengräben verheizen.

40

Dedans tonneaux hors oingts d'huile & greffe
Seront vingt un devant le port fermez,
Au second guet par mort feront proüesse,
Gaignez les portes, & du guet assomez.

Darinnen Fässer, außen mit Öl bestrichen und verkorkt,
Sind zwanzig, eines vor dem verschlossenen Hafen.
In der zweiten Nachtwache vollbringen sie die Heldentat durch Tod,
Sie erobern die Tore und werden von der Wache zusammengehauen.

Zeile 1 beschreibt eindeutig und plastisch ein Unterseeboot mit eingefetteten Torpedos hinter verschlossenen Bugklappen. Möglicherweise wird hier die Heldentat des deutschen U-Boot-Kommandanten Günther Prien geschildert, der in der Nacht des 14. Oktober 1939 in den mit Netzen und Minen verschlossenen Hafen von Scapa Flow eindringen konnte und das Schlachtschiff *Royal Oak* versenkte. Anschließend entging er den Wachbooten mit knapper Not. Prien war seitdem eine Art nationaler Volksheld. Er fiel 1941 im Nordatlantik im Alter von 33 Jahren.

41

Les os des pieds & des mains enserrez,
Par bruit maison long temps inhabitee,
Seront par songes concavant deterrez,
Maison salubre & sans bruit habitee.

Die Gelenke der Hände und Füße sind gefesselt,
Wegen des Lärms ist das Haus lange Zeit unbewohnt.
Sie werden, durch Traumbilder überzeugt, ausgegraben,
Das Haus ist zuträglich und ohne Lärm bewohnbar.

Das klingt wie eine einfache Gespenstergeschichte, jedoch meint Nostradamus damit ganz etwas anderes. Dieser Vers erschließt sich nur im Zusammenhang mit Vers X/74. Das Haus ist Frankreich. Eingegraben als ***Leiche im Keller*** und zur Sicherheit auch noch gefesselt, damit sie bloß nicht wieder auftaucht, ist die ***Monarchie***. Doch während dieser Zeit läßt es sich nicht gut wohnen in dem Haus. Die alten Knochen werden also wieder ***ausgegraben***. Und siehe da: mit der wiederhergestellten Monarchie blüht das Land wieder auf. Nahe Zukunft.

42

Deux de poison saisis nouveaux venus,
Dans la cuisine du grand Prince verser,
Par le soüillard tous deux au faict cogneus,
Prins qui cuidoit de mort l'aisné vexer.

Zwei Neuankömmlinge werden mit Gift gefaßt,
Das sie in der Küche des großen Prinzen ausleeren.
Vom Tellerwäscher alle beide bei der Tat ertappt,
Ergriffen der, der gedachte, mit Tod den Kronprinzen zu treffen.

Auch hier, wie bei Vers VII/41 keine Gespenstergeschichte, kein simpler Giftanschlag auf den Thronfolger. Die zwei Neuankömmlinge, die sich an die Töpfe drängen, sind nacheinander das Bürgertum, das die Monarchie stürzt, gefolgt von der Masse des Volkes, sobald sich das allgemeine Wahlrecht durchsetzt. Schließlich erkennt der ***kleine Mann*** = der Tellerwäscher, was angerichtet worden ist mit dem republikanischen Gift.
Zeile 4: Der *Kronprinz* ist Sohn eines Mannes, der zwar selbst keine hervorragende Persönlichkeit ist, jedoch durch seine Abstammung aus königlichem Blut den Thronanspruch seines Sohnes legitimiert. Dieser hingegen wird ein großer Monarch. Anschlußvers an Vers VII/41 (vergl. Verse X/72, X/74).

1

Pau, nay, Loron plus feu qu'à san sera,
Laude nager, fuir grand aux sang surrez:
Les agassas entree refusera,
Pampon, Durance les tiendra enserrez.

In Peau, Nay, Oloron mehr Feuer als Blut,
Der Gelobte will in See stechen, der Große flüchtet vor den Aufständischen.
Den Frommen wird der Zutritt verwehrt.
In Pamplona, an der Durance hält man sie gefangen.

Die ersten Städtenamen sind nur in der Reihenfolge zu ändern, und schon wird der Vers klar: Nay Peau Oloron = Na - Po - leon (Peau wird wie Po ausgesprochen). Nach dem Rückzug 1812 aus Rußland erhebt sich ganz Europa, Napoleon versucht, mit dem Schiff nach Amerika zu fliehen (Zeile 2). Papst Pius VI. stirbt 1799 im französischen Exil; man hatte ihm die Rückkehr nach Rom verwehrt. Zeile 4: Wellington vertreibt 1813 die Franzosen aus Spanien, besiegt sie dann bei Toulouse.

2

Condon & aux & autour de Mirande
le voy du ciel feu qui les environne:
Sol Mars conioint au Lyon, puis Marmande
Foudre, grand gresle, mur tombe dans Garonne.

In Condon und Aux und bei Mirande
Sehe ich Feuer vom Himmel, das sie umgibt.
Sonne und Mars verbunden im Löwen, dann Marmande.
Blitz, schwerer Hagel, die Mauer stürzt in die Garonne.

Zeile 1: Städte im Südwesten von Frankreich. Marmande liegt an der Garonne südöstlich von Bordeaux. Am 23. August 1998 verläßt die Sonne das Tierkreiszeichen Löwe, wenn der Mars in den Löwen tritt. Beide sind zwar gemeinsam im Löwen, aber eine Konjunktion ist das nicht.

Zeile 4 stellt kein gewöhnliches Unwetter dar, sondern eher einen Meteoriteneinschlag oder Beschuß mit schwersten Waffen. Wohl eher spätere Zukunft, obgleich das Datum 1998 zu denken gibt.

3

Au fort chasteau de Vigilanne & Resviers
Sera serré le puisnay de Nancy:
Dedans Turin seront ards les premiers
Lors que de dueil Lyon sera transy.

In der starken Festung von Vigilanne und Reviers
Wird der Zweitgeborene von Nancy gefangengehalten.
In Turin werden die Oberen verbrannt,
Wenn im Duell der Löwe durchbohrt wird.

Was in Zeile 1 klingt, als seien es Ortsnamen, hat bisher noch nicht als solche existiert. ***Vigilane*** heißt Wächter/Wachsamkeit und ***Reviers*** etwa Rückseite/von hinten. Aber das bringt uns jetzt auch nicht weiter, da ein künftiges Ereignis, das noch weiterverschlüsselt ist. Dieser Vers ist im vorab wohl nicht zu lösen.

4

Dedans Monech le coq sera receu,
Le Cardinal de France apparoistra
Par Legation Romain sera deceu
Foiblesse à l'Aigle, & force au Coq naistra.

In Monaco wird der Hahn empfangen,
Der Kardinal von Frankreich erscheint,
Von der römischen Delegation wird er getäuscht.
Schwächung des Adlers, und die Kraft des Hahns wächst.

In Monaco endet gegen Ende des Dreißigjährigen Krieges 1641 die Abhängigkeit von Spanien; man wählt die französische Schutzherrschaft. Deutschland liegt am Boden. Für Frankreich dagegen beginnt mit Kardinal Mazarin und der Thronbesteigung Ludwigs XIV. 1643 der glanzvolle Aufstieg zur ersten Macht Europas.

5

Apparoistra temple luisant orné,
La lampe & cierge à Borne & Bretueil.
Pour la Lucerne le canton destorné,
Quand on verra le grand Coq au cercueil.

Es erstrahlt die Kirche in leuchtendem Schmuck,
Das ewige Licht und die Kerze in Borne und Bretueil.
Wegen Luzern hat der Kanton Ausreden,
Wenn man den großen Hahn im Sarg sieht.

Die Hugenottenkriege in Frankreich hatten geistig die Lehre des Schweizer Protestanten Johann Calvin (1507-1564) aus Genf zur Grundlage. Hier wird geschildert, daß eines Tages Katholiken und Calvinisten sich wieder vereinen.

6

Clarté fulgure à Lyon apparante
Luysant, print Malte, subit sera estainte:
Sardon, Mauris traitera decevante,
Geneve à Londes à Coq trahison fainte.

Ein heller Blitz erscheint in Lyon,
Wenn es leuchtet, wird Malta genommen, schlagartig ausgelöscht.
Sardinien wird man heimlich an die Araber verraten,
Genf fürchtet, von London und vom Hahn verraten zu werden.

Ein Krieg in fernerer Zukunft. Die neutrale Schweiz steht ohne Bündnispartner da. Der *Hahn* ist Frankreich. Lyon und Malta werden gleichzeitig vernichtet. In Süditalien befinden sich Streitkräfte des Islamischen Imperiums, denen es an den Kragen geht.

7

Verceil, Milan donra intelligence
Dedans Tycin sera faite la playe.
Courir par Seine eau, sang, feu par Florence,
Unique choix d'hault en bas faisant maye.

Vercelli benachrichtigt Mailand,
Im Tessin wird die Wunde geschlagen.
Es fließt wegen der Seine Wasser, Blut, Feuer durch Florenz.
Einzigartige Wahl von oben nach unten bewirkt Aufruhr.

Zeile 3 ist nicht eindeutig und schillert. Sie kann auch so übersetzt werden: In der Seine fließt Wasser und Blut wegen Florenz (oder durch die *aus* Florenz). Einmal steht *Seine* für die Bewohner Nordfrankreichs, einmal ist es schlicht der Fluß. Nostradamus hat ganz bewußt nicht klar gesagt, wer nun wo und warum. Damit ist alles offen. Auch zeitlich, daher nicht im vorab zuzuordnen.

8

Pres de Linterne, dans de tonnes fermez,
Chiuaz fera pour l'Aigle la menee,
L'esleu cassé luy ses gens enfermez,
Dedans Turin rapt espouse emmenee.

Bei Neapel in den Tonnen eingeschlossen,
Chiasso legt zum Adler die Fährte.
Der Gewählte abgesetzt, er und seine Leute eingeschlossen,
Nach Turin wird die geraubte Braut mitgenommen.

Die *Tonnen* kennen wir bereits aus Vers VII/40, es sind Torpedos von Unterseebooten. Neapel ist Flottenstützpunkt, der vom Gegner blockiert wird. Italien im Zweiten Weltkrieg.

Zeile 3: Auf Anordnung des italienischen Königs wird Mussolini 1943 nach militärischen Mißerfolgen abgesetzt und auf dem Gran Sasso d'Italia in Haft gesetzt.

Zeile 2: Chiasso (Klausen) ist die alte österreichisch-italienische Grenze in Südtirol. Die Alliierten unter General Patton stoßen im August 1944 auf Florenz vor, in Richtung Alpengrenze und den *Adler* = Deutschland.

Zeile 4: Mussolini, von den Deutschen befreit (*vermählt* mit Hitler = Braut), weicht zu Kriegsende nach Turin aus.

9

Pendant que l'Aigle & le Coq à Savone
Seront unis, Mer, Levant & Ongrie,
L'armee à Naples, Palerme, Marque d'Ancone
Rome, Venise par Barbe horrible crie.

Während der Adler und der Hahn in Savona
Vereint sind, Meer, Osten und Ungarn.
Die Armee in Neapel, Palermo, Mark Ancona,
Rom, Venedig wegen der Barbaren schrecklicher Schrei.

Gehört wahrscheinlich zum Dritten Weltkrieg. Deutschland (der Adler) und Frankreich (der Hahn) kämpfen zu Land und zu Wasser gemeinsam gegen den Osten. Über Ungarn stoßen russische Truppen nach Österreich und Norditalien vor. In Savona (bei Genua) kämpfen französische Truppen, während praktisch ganz Italien bereits besetzt ist.

10

Puanteur grand sortira de Lausanne,
Qu'on ne sçaura l'origine du fait:
Lon mettra hors toute la gent loingtaine,
Feu veu au ciel, peuple estranger desfait.

Ein großer Gestank geht von Lausanne aus,
So daß man den Ursprung dieser Tat nicht weiß.
Man bringt die gesamte Bevölkerung für lange Zeit weg.
Feuer wird am Himmel gesehen, das fremde Volk besiegt.

Lausanne liegt am Nordufer des Genfer Sees in der Schweiz. Feuer vom Himmel, ***Gestank*** und Evakuierung der Bevölkerung in Zusammenhang mit fremdem Volk, das besiegt wird, läßt nur eine Schlußfolgerung zu: die Stadt wird Opfer eines Atomwaffeneinsatzes. Wer die Stadt nun beschossen hat, Franzosen, um die Russen am Vormarsch zu behindern oder Russen, um gegnerische Kräfte zu vernichten, läßt sich offenbar nicht feststellen. Gehört zum Dritten Weltkrieg, möglicherweise Anschlußvers zu III/9.

11

Peuple infiny paroistra à Vicence
Sans force, feu brusler la basilique:
Pres de Lunage desfait grand de Valence,
Lors que Venise par morte prendra pique.

Endlose Menschenmassen erscheinen bei Vincenza
Ohne Gewalt. Die Basilika brennt.
Bei Lunegiano wird der Große von Valence geschlagen,
Dann wird Venedig wegen des Mordens die Pike nehmen.

In der Region Lunegiano wird am 10. März 1797 der französische General Lusignan de ***Valence*** geschlagen und gerät in österreichische Gefangenschaft. Zeile 4: 1799 greift Erzherzog Karl von Venezien aus Napoleon in Oberitalien an.

12

Apparoistra auptes de Buffalore
L'haut & procere entré dedans Milan,
L'abbé de Foix ave ceux de sainct Morre
Feront la forbe habillez en vilan.

Auftreten wird er bei Buffalore,
Der Hohe und Aristokratische zieht in Mailand ein.
Der Abt von Foix mit denen von St. Meure
Begehen die Gaunerei als Landstreicher verkleidet.

Zeile 2: Im Krieg 1859 gegen Österreich zieht Kaiser Napoleon III. in Mailand ein.

Zeile 1: Einen Ort ***Buffalore*** gibt es nicht. Es leitet sich hier ab von ***Buffo***, der komischen Figur aus der Oper: Nostradamus beschreibt den eitlen und ehrgeizigen französischen *Kaiser*.

Die Gaunerei (Zeile 3 und 4) besteht darin, daß Napoleon III. erst Österreich die Lombardei abnahm, sie dann an Italien weiterreichte und sich von den Italienern dafür als *Dank* das italienische Nizza und Savoyen übereignen ließ.

13

Le croisé frere par amour effrenee
Fera par Praytus Bellorophon mourir,
Classe à mil ans la femme forcenee
Beu le breuvage, tous deux apres perir.

Der Bruder vom Kreuz, der Liebe toll,
Wird von Prötos Bellerophon töten lassen.
Das Heer in Mailand macht die Frau von Sinnen.
Sie trinkt das Gebräu, alle beide sterben danach.

Zeile 3: Mil ans = tausend Jahre; Milans = Mailand. Richtig entschlüsselt also: Das Heer in Mailand macht die Frau irre.

Zeile 2: Griechische Mythologie: König Prötos läßt Bellerophon wegen falscher Anschuldigungen töten. Der Vers schildert folgendes: Marie-Luise, Gemahlin Kaiser Napoleon I., trennt sich von ihrem Mann sofort, nachdem er den Thron verloren hat. Sie lebt als Herzogin von Parma in Mailand. Sie hat sich - oder wurde - vergiftet (Zeile 4). Der Täter soll ein Mönch (Zeile 1) gewesen sein, der Becher jedoch nicht ihr gegolten haben.

14

Le grand credit d'or & d'argent l'abondance
Fera aveugler par libide l'honneur,
Sera cogneu d'adultère l'offence,
Qui parviendra à son grand deshonneur.

Große Mengen von Gold in Wechseln und Silber in Überfluß,
Werden durch Gier das Ehrgefühl erblinden lassen,
Die Beleidigung des Ehebruchs wird publik werden,
Was zu seiner großen Schande gereichen wird.

Die erste Ehe Napoleons I. mit Josephine de Beauharnais. Zwei Tage nach der Hochzeit (9.3.1796) reist Napoleon mit der Summe von 8.000 Livres in Louisdors (etwa 5 Millionen Mark in Goldstücken) und 100.000 Livres Gold in Wechseln zur Italienarmee ab, wo er seinen Ruhm begründet. Norditalien wird ausgeplündert, die französische Staatskasse saniert. Seine 32jährige Frau, die sich für 28 ausgegeben hatte, betrügt Napoleon langjährig mit dem Leutnant Hippolyte Charles. Am 15.12.1809 wird die Ehe geschieden.

Aus anderen Versen zu Napoleon ergibt sich: Für Nostradamus war er Revolutionär, Usurpator, kurz: höchst widerwärtig. Anschlußvers von VIII/13: Napoleon und seine Frauen.

15

Vers Aquilon grands efforts par hommasse
Presque l'Europe & l'univers vexe,
Lex deux eclyses mettra en telle chasse,
Et aux Pannons vie & mort renforcer.

Gegen das Adlerland große Anstrengungen durch Menschenmassen,
Fast ganz Europa und die Welt werden gequält.
Die zwei Verfinsterungen bewirken eine Verschiebung der Erde.
Und den Pannoniern verstärken sie Leben und Tod.

Zeile 3: die von einer Vielzahl von Sehern beschriebene dreitägige Finsternis, hervorgerufen durch das nahe Vorbeiziehen eines Großmeteors. Siehe ***Großmeteor*** im Inhaltsverzeichnis. Verfinstert sind ***zwei***, nämlich Sonne und Mond. Die Menschheit und die Erde nehmen schwersten Schaden. Dies Ereignis tritt während des Dritten Weltkriegs ein: Zeile 1 beschreibt den Ansturm Rußlands gegen das ***Adlerland*** = Deutschland. Am Rhein und Frankreichs Grenzen bricht der Angriff zusammen.

Zeile 4: Pannonien ist der westliche Balkan. Diese Zeile verheißt der Region nichts Gutes.

Zeile 2 bestätigt das globale Geschehen sowohl des Krieges, als auch der kosmischen Katastrophe. Fein eingebaut in ***telle*** (Zeile 3) hat Nostradamus neben ***tellus*** (lat.) = Mutter Erde, außerdem ***telum*** (lat.) = Fernwaffe, Geschoß: man macht mit Fernwaffen Jagd. Offen bleibt, ob es sich dabei um Interkontinentalraketen handelt oder um Seitentrümmer des Großmeteors, die einschlagen. Das Ergebnis dürfte ähnlich sein.

16

Au lieu que HIERON fait sa nef fabriquer
Si grand deluge sera & si subite,
Qu'on n'aura lieu ne terres s'ataquer,
L'onde monter Fesulan Olympique.

Am Ort, wo HIERON sein Schiff bauen ließ,
Wird eine sehr große Flut sein und so plötzlich,
Daß es keinen Ort gibt noch Land, um festzumachen.
Die Woge steigt am olympischen Berg hoch.

Hieron von Syrakus (478-466 v.Chr.) war Herrscher in Sizilien. Daß das Wort in Großbuchstaben geschrieben ist, ist ein Indikator, daß neben der Ortsangabe noch etwas als Anagramm versteckt wurde. Aus den Buchstaben lassen sich 720 unterschiedliche Anagramme entwickeln. Das richtige ist der Schlüssel zu diesem Vers, der aller Wahrscheinlichkeit nach Anschlußvers zu VIII/15 ist: durch Meteoreinschlag Springflut/Tsunamiwelle im östlichen Mittelmeer, so daß die griechische Ostküste überflutet wird. Möglicherweise senkt sich Sizilien und die Insel verschwindet.

HIERON entschlüsselt ist möglicherweise HENRIC, der dann zeitgleich das ***Schiff*** = die Kirche wieder aufbaut.

17

Les bien aisez subit seront desmis,
Par les trois freres le monde mis en trouble:
Cité marine saisiront ennemis,
Faim, feu, sang, peste, & de tous maux le double.

Denen es gut geht, die werden plötzlich entlassen.
Durch die drei Brüder wird die Welt in Aufruhr versetzt.
Die Hafenstadt wird von den Feinden erobert.
Hunger, Feuer, Blut, Seuche, und von allen diesen Übeln das Doppelte.

Wenn Nostradamus eine Hafenstadt nennt, können wir davon ausgehen, daß er Marseille meint. Zeile 1: politische Krise in Frankreich, die Führungsschicht verliert das Vertrauen des Volkes. Die drei Brüder könnten sein: die USA, Rußland, der Islam. Falls dies ein Anschlußvers an VIII/15, 16 ist, dann ist Zeile 4 zu entnehmen, daß die Not auf der Erde zum einen kriegsbedingt menschlichen Ursprungs ist, zum anderen zurückzuführen ist auf eine weltweite Naturkatastrophe. Das letzte Wort, ***le double*** ist dann die Ursache dafür. Ein ***Double*** ist ein Doppelgänger, hier zu verstehen als großen Himmelskörper, der neben der Sonne/dem Mond am Himmel steht (vergl.: der Großmeteor). Zeile 4 wäre dann so zu übersetzen: ... alle diese Übel durch den ***Doppelgänger***. Ich halte diese Version für die Wahrscheinlichere.

18

**De Flore issue de sa mort sera cause,
Un temps devant par ieusne & vieille bueyre
Par les trois lys luy feront telle pause,
Par son truit fauve comme chair crue mueyre.**

Der aus der Blume stammt, ist Grund für seinen Tod.
Eine Weile zuvor ist von jung bis alt alles betrunken.
Durch die drei Lilien geschieht ihm derartiger Stop,
Durch seinen Sproß gerettet, wie wenn rohes Fleisch gar wird.

Auch dieser Vers gehört zu dem Zyklus, der mit Vers VIII/15 begonnen hat. Die Lilien, das Sprießen der Blume, beide Begriffe stehen für das bourbonische Königshaus, das mit einem Sproß wieder zur Blüte und Herrschaft gelangt.

Zeile 2: Vorher waren alle ***trunken*** von republikanischen Idee. Dann kommt ein Staatsmann zu Tode, und nachdem der Topf lange genug auf dem Feuer war, ist die Zeit reif für die Wiederherstellung der Monarchie (Zeile 4, vergl. Verse IV/14, X/72, X/74).

19

**A soustenir la grand cappe troublee,
Pour l'esclaircir les rouges marcheront,
De mort famille sera presque accablee,
Les rouges rouges le rouge assomeront.**

Um den Großen mißhandelten ***Cappe*** zu unterstützen,
Den zu bezwingen, die Roten marschieren.
Vom Tod ist die Familie gänzlich niedergeworfen,
Die roten Roten vertilgen die Roten.

Der Zyklus setzt sich fort. Die ***Große Kappe*** ist der Papst mit der Tiara. Es herrscht Zwist im Vatikan, die ***Roten*** = Kardinäle mit roter Kleidung und Kopfbedeckung steuern dagegen (gegen den Papst?). Zeile 3: Die ***Familie*** sind die Angehörigen der Kurie im Vatikan. Das ***niedergeworfen/niedergestreckt*** ist durchaus wörtlich zu nehmen. Die ***roten Roten*** sind revolutionäre Kommunisten, ihre Opfer die Kirchenfürsten (vergl. Verse II/41, V/64, VI/28).

20

Le faux message par election fainte
Courir par urben rompue pache arreste,
Voix acheptees, de sang chapelle tainte,
Et à un autre l'empire contraincte.

Die falsche Nachricht über den Wahlbetrug
Läuft durch die Stadt und unterbricht den Frieden.
Die Stimmen gekauft, mit Blut die Kapelle befleckt
Und einem anderen wird die Herrschaft auferlegt.

Wahrscheinlich Fortsetzung von Vers VIII/18. Wahlbetrug bei der Papstwahl, möglicherweise verbunden mit dem Tod eines Kandidaten. Damit Ende des Fünf-Verse Zyklus.

21

Au port de Agde trois fustes entreront
Portant l'infect, non foy, & pestilence,
Passant le pont mil milles embleront,
Et le pont rompre à tierce resistance.

Im Hafen von Agde laufen drei Kriegsschiffe ein.
Sie bringen Ansteckung, Unglaube und Seuche.
Über die Brücke gelangen tausend mal tausend
Und die Brücke bricht beim dritten Widerstand.

Agde liegt südwestlich von Montpellier an der Mittelmeerküste des Languedoc. Invasion dort durch fremde Truppen, möglicherweise aus dem islamischen Raum. Indikator dafür ist der *Unglaube* (Zeile 2). Die Bevölkerung flieht komplett: *Eine Million*. Beim dritten Vorstoß bricht die französische Verteidigung zusammen.

22

Gorsan, Narbonne, par le sel advertir
Tucham, la grace Parpignan trahie,
La ville rouge n'y voudra consentir,
Par haute vol drap gris vie faillie.

Coursan, Narbonne werden über den Witz benachrichtigt,
Daß *Tucham* die Gnade Perpignans verraten hat.
Die rote Stadt will dem nicht zustimmen,
Durch hohen Flug des grauen Tuchs scheitert das Leben.

Zeile 1: ***Sel*** könnte auch für sél(ecteur) = das Radio stehen, ***self*** = Radio. Dann würden die o.a. Städte ***über Radio*** informiert werden. Vom Sinnzusammenhang erscheint mir das wahrscheinlicher.

Zeile 2 und 3: Perpignan ist von jeher die Hochburg der Kommunisten.

Zeile 4 kann auch so verstanden werden: Durch hohen Flug des grauen Tuchs scheitert das Leben. Hier wäre das ***graue Tuch***, das fliegt, ein graues Militärflugzeug. Das graue Tuch könnte allerdings auch grauer Uniformstoff sein und für Militär stehen. Darüber hinaus heißt ***drapeau*** = die Fahne. Nur scheint mir eine graue Fahne recht unwahrscheinlich. Ich meine, daß das ***graue Tuch*** das Leichentuch ist, das der Ascheregen eines radioaktiven Fallouts hinterläßt.

Bleibt in Zeile 2 ***Tucham*** zu knacken. Mit Anagrammen kenne ich mich mittlerweile etwas aus, aber ***Tucham*** habe ich nicht lösen können. Ein Vers, der sein Geheimnis einstweilen noch bewahrt.

23

Lettres trouvees de la Royne les coffres,
Point de subscrit sans aucun nom d'auteur:
Par la police seront cachez les offres,
Qu'on ne sçaura quit sera l'amateur.

Briefe der Königin werden im Gepäck gefunden,
Ohne Unterschrift, ohne jeden Namen des Verfassers.
Von der Polizei werden die Angebote verheimlicht,
So daß man nicht weiß, wer der Liebhaber ist.

Aus der Akte des schottischen Parlaments vom 15. Dezember 1567: "Anhand verschiedener ihrer privaten Briefe, geschrieben ganz und gar von eigener Hand ... ist klar erwiesen, daß sie wissend und tätig an der Ermordung des Königs, ihres rechtmäßigen Gemahls, mitgewirkt hat." - Die berühmten ***Kassettenbriefe***, die man angeblich bei Maria Stuart fand. Wahrscheinlich wurden sie von Maitland, dem ersten Sekretär der Königin, gefälscht. Der Liebhaber, an den sie gerichtet sind, soll Boswell sein. Keiner trug ein Datum, keiner hatte einen richtigen Anfang oder Ende, überall fehlte die Unterschrift (Zeile 2). Diese Affäre ruinierte vollends den Ruf der Königin.

24

Le lieutenant à l'entree de l'huys
Assomera le grand de Parpignan,
En se cuidant sauver à Montpertuis,
Sera deceu bastard de Lusignan.

Der Leutnant bei Anbruch des Tages
Tötet den Großen von Perpignan,
Indem er glaubt, er könne sich zum Montpertius retten.
Er wird getäuscht durch den Bastard von Lusignan.

Montpertius ist ein Gebirgskamm der französisch-spanischen Grenze. Ein Leutnant zur Zeit von Nostradamus war kein ganz junger Offizier, sondern der Lieu-tenant, der Stellvertreter des Königs. Er tötet den Großen (roten?) von Perpignan. Möglicherweise Anschlußvers an VIII/22. Rote Revolution in Südfrankreich. Möglicherweise nähere Zukunft.

25

Cœur de l'amant ouvert d'amour fertive
Dans le ruisseau fera ravir la Dame:
Le demy mal contrefera lassive,
Le pere à deux privera corps de l'ame.

Das Herz der Geliebten ist von zehrender Liebe erfüllt,
In die Gosse zerrt er die Prinzessin.
Nur halb so schlimm, es ähnelt Unzucht.
Der Vater beraubt den beiden Körpern die Seele.

Ganz sicherlich kein Sittendrama privater Natur. Die Dame/Prinzessin ist wohl Frankreich, ihr niedriger Liebhaber das platte Volk, das, zum Zug gekommen, nun der Aufgabe sich nicht gewachsen zeigt. Der *Vater*, Zeile 4, ist wohl der Herrgott, der dem törichten Spiel dann ein Ende setzt.

26

De Caton es trouvez en Barcelonne,
Mys descouvers lieu terrovers & ruyne,
Le grand qui tient ne tient voudra Pamplonne,
Par l'abbage de Monferrat bruyne.

Solche wie Cato finden sich in Barcelona,
In ungeschützten Orten voll Terror und Zerstörung.
Der Große, der hält, wird Pamplona nicht halten,
Über der Abtei von Montferrat Nebel.

Zeile 1: Marcius Porcius Cato (234-149 v.Chr.) kämpfte vergeblich gegen den Sittenverfall im alten Rom und war erbitterter Feind Karthagos. Ich kann diesen Vers nicht recht zuordnen. Wahrscheinlich gehört er in die Zeit des spanischen Bürgerkriegs (1936-1939).

Cato war überzeugter Republikaner; mit der Eroberung Barcelonas durch Franco endete der Bürgerkrieg, zugleich auch das kurze Experiment einer spanischen Republik.

27

La voye auxelle l'un sur l'autre fornix
Du muy deser hors mis brave et genest,
L'escript d'Empereur le Phenix
Veu en celuy ce qu'a nul autre n'est.

Auf dem Weg reiht sich ein Triumphbogen an den anderen.
Völlig verlassen. hinausgeworfen der Tapfere und das Geschlecht.
Das Schriftstück des *Empereurs*. Der Phönix wird
In ihm wird gesehen, was kein anderer, sonst niemand ist.

Napoleon, der *Empereur* (Zeile 3) proklamiert bei seiner Rückkehr von Elba: "Der Adler mit den Nationalfarben wird von Kirchturm zu Kirchturm fliegen bis zu den Türmen von Notre-Dame." Wie ein Phönix aus der Asche erhebt er sich und zieht nach einem Triumphzug ohnegleichen quer durch Frankreich am 20. März 1815 in Paris ein (Zeile 1). Die Bevölkerung jubelt: "Es lebe der Kaiser!" Zeile 2: Ludwig XVIII. hatte 48 Stunden vorher bei Nacht Paris in Richtung Belgien verlassen. Zeile 4: Napoleons Fähigkeit, die Menschen zu begeistern, ist ohnegleichen.

28

Les simulacres d'or & d'argent enflez,
Qu'apres le rapt lac au feu furent iettez,
Au descouvert estaincts tous & troublez,
Au marbre escripts, perscripts interiettez.

Die Bilder aus Gold und Silber entwertet,
So daß sie nach dem Raub in den See oder ins Feuer geworfen werden.
Bei dieser Entdeckung sind alle niedergeschlagen und bestürzt.
Auf den Marmor sind Schriften durch Überschreibungen geritzt.

Radikaler Umbruch und Neubewertung, denkbar nur durch eine extreme, doktrinäre Terrorherrschaft. Nicht nur Ächtung von Besitz und Werten, darüber hinaus radikales Abschneiden der kulturellen Wurzeln. Das ganze erinnert an Orwells *1984*. Möglich auch bei Fremdherrschaft eines anderen Kulturkreises, sofern man in dieser Lage noch von *Kultur* sprechen mag.

29

Au quart pillier l'on sacre à Saturne,
Par tremblant terre & deluge fendu
Soubs l'edifice Saturnin trouvee urne,
D'or Capion ravy & puis rendu.

Bei der vierten Säule des Heiligtums Saturns
Wird durch Beben und Flut die Erde aufgerissen,
Unter dem Gebäude des Saturn wird eine Urne gefunden,
Mit dem Gold, das Caepio geraubt hatte und nun wieder zurückgegeben wird.

Zeile 4: Der Konsul Caepio lebte zur Zeit Sullas (138-78 v.Chr.). 107 v.Chr. brechen die Helvetier bis Agen an der Garonne durch. Der Konsul Lucius Longinus fällt mit dem größeren Teil des römischen Heeres. Toulouse erhebt sich und schüttelt das römische Joch ab. Der neue römische Befehlshaber Quintius Servilius Caepio bemächtigt sich jedoch wieder der Stadt und plündert das alte und berühmte Heiligtum des keltischen Apollon mit seinen geradezu ungeheuren, dort in Jahrhunderten aufgehäuften Schätzen. 105 v.Chr. fällt Caepios gesamtes Heer an der Rhône in einer Schlacht gegen die Kimbern. Der Schatz gilt seitdem als verschollen. Es gibt in Toulouse eine alte Kirche, die dem heiligen Saturnin geweiht ist. Sie steht wohl auf der gleichen Stelle wie der alte Tempel.

30

Dedans Tholoze non loing de Beluzer,
Faisant un puys loing, palais d'espectacle
Thresor trouvé, un chacun ira vexer,
Et en deux locz tout & prés des vesacle.

In Toulouse, nicht weit von ***Beluzer***,
Gräbt man einen tiefen Schacht für einen Vergnügungspalast.
Ein Schatz wird gefunden, ein jeder ist in heller Aufregung
Und an zwei Orten ganz in der Nähe von Basade.

Basade (das alte Vescale) ist ein kleiner Flecken unweit von Toulouse. Dieser Vers setzt wahrscheinlich Vers VIII/29 fort. Möglicherweise werden in Toulouse nach dem Erdbeben Bauarbeiten durchgeführt, und bei der Ausschachtung der Fundamente für ein Theater findet sich ein Teil des Schatzes sowie eine Spur, die auf den Rest (Zeile 4) hinweist.

Beluzer halte ich für eine Zeit- und nicht Ortsangabe. Vielleicht gibt es aber in Toulouse eine Rue Lebez? Der Möglichkeiten sind viele, ein Bürgermeister eines Tages mit dem Namen Zubelle usw. usw.

31

Premier grand fruict le Prince de Persquiere,
Mais puis viendra bien & cruel malin,
Dedans Venise perdra sa gloire fiere,
Et mis a mal par plus joyeux Celin.

Zuerst großer Erfolg für den Prinzen von Persquiere,
Aber dann kommt bald und grausam das Mißgeschick.
In Venedig verliert er seinen stolzen Ruhm
Und wird ins Unglück gestürzt aus heiterem Himmel.

Zeile 1: Italiens König Victor Emanuel III. (1869-1947) versucht sich recht glücklos im Ersten Weltkrieg an der Alpenfront von Peschiera als Oberbefehlshaber. Zeile 2: 1922 beruft er Mussolini an die Spitze der Regierung. Zeile 3: österreichischer Durchbruch auf Venedig gegen Ende des Ersten Weltkriegs. Zeile 4: nach dem Zusammenbruch Italiens im Zweiten Weltkrieg dankt der König 1946 ab.

32

Garde toy Roy Gaulois de ton nepveu,
Qui fera tant que ton unique fils,
Sera meurtry à Venus faisant vœu,
Accomapgné de nuict que trois & six.

Hüte dich, französischer König, vor dem Neffen,
Der sich so aufführt wie dein einziger Sohn.
Er wird ermordet, wenn er Venus opfert,
Begleitet des Nachts nur drei und sechs.

Künftiges Geschehen. Dann erst, und erst dann erschließt sich der Sinn der letzten Zeile. Vielleicht ist der *Neffe* von drei bis sechs Uhr der Leibwache entwischt, um *Venus* zu opfern, oder statt neun Leibwachen stehen nur drei zur Verfügung, und sechs sind nicht verfügbar. Oder am dritten eines Monats ist man besonders aufmerksam, das Attentat findet jedoch am sechsten statt, weil es verschoben wurde, usw. usw.

33

Le grand naistra de Veronne & Vincence,
Qui portera un surnom bien indigne:
Qui à Venise voudra faire vengeance,
Luy mesme prins homme du guet & signe.

Der Große wird in Verona und Vicenza geboren,
Der einen recht unwürdigen Nachnamen trägt,
Der an Venedig Rache nehmen will.
Er selbst wird auf ein Zeichen von einem Mann der Wache ergriffen.

Möglicherweise spielt dieser Vers auf Mussolini an, dessen ***Nachname*** nach dessen unglückseligen Abenteuern in Afrika und auf dem Balkan sowie durch die Partnerschaft mit Hitler keinen guten Klang hat. In Norditalien macht er sich einen Namen und steigt auf. Venedig gehörte früher zu Österreich und steht für dieses Land. Im Ersten Weltkrieg kämpft Mussolini gegen Österreich und fordert als glühender Patriot den Brenner als Italiens Grenze. Als er 1945 in die Schweiz fliehen will, wird er von Wachen einer Straßensperre abgefangen. Es handelte sich um kommunistische Partisanen, die unter der roten Fahne kämpften.

34

Apres victoire du Lyon au Lyon
Sus la montagne de IVRA Secatombe,
Delves & brodes septiesme million,
Lyon, Ulme à Mausol mort & tombe.

Nach dem Siege des Löwen im Löwen
Über dem IVRA-Berg *Secatombe*.
Vertilgte und umzingelte Siebenter eine Million.
Lyon, Ulm bei *Mausol* Tod und Grab.

Zeile 1: Ein Feldherr, dem Nostradamus den Namen ***der Löwe*** gibt, siegt, wenn die Sonne im Sternzeichen Löwe steht (24. Juli-23. August eines jeden Jahres), oder er siegt bei Lyon (frz.) = der Löwe. Möglichkeit 2: der Löwe (von Lyon) siegt, wenn die Sonne im Löwen steht.

Zeile 2: Zur Zeit von Nostradamus war die Orthographie noch nicht festgelegt wie heute: I und J wechselten, V und U ebenso. IVRA = JURA. Nostradamus will durch die Großbuchstaben darauf hinweisen, daß in dem Wort etwas versteckt ist. Es ist das v, die römische V = 5. Das Ereignis findet also am 5. Tag im ***Löwen*** statt, am 28. Juli. Nun zu Secatombe, einem Anagramm: in secatombe (Hecatombe ist ein Massenschlachten), enthalten ist

sec	atom	be
	atom	= Atom
seca	tombe	
	tombe	= Grab
secat	ombe	
	bombe	= Bombe
sec	(lat.) sec	unda = die nächste/die zweite

Wir haben es also mit zwei Atombomben zu tun. Sie vernichten Ulm und Lyon (Zeile 4).

Zeile 3: Ein Siebtel Million Soldaten (140.000 = ein Armeekorps) von den ***Sieben***, die wir bereits kennen (vergl. Vers II/18) wird im Gebiet des französischen Jura zwischen der Burgundischen Pforte und Lyon, östlich der Rhône an den Alpen vernichtet. Auch wenn Nostradamus *Eine Million* nur pauschal für eine gigantische Armee genannt haben sollte, haben wir es ganz sicher mit einem der beiden Hauptstöße nördlich der Alpen zu tun. Der andere geht durch die norddeutsche Tiefebene in Richtung Ruhrgebiet (vergl. Verse V/94, VI/40).

Zeile 4: Mausolus (377-353 v.Chr.) war der Tyrann von Halicarnassos. Das für ihn gebaute Grabmal, nach ihm *Mausoleum* genannt, galt als Weltwunder. Heute gibt es nur ein wichtiges Mausoleum, und das steht in Moskau. Zeile 4 weist darauf hin: Tod und Grab. Bei diesem *Mausol* also Tod und Verderben. Wir dürfen davon ausgehen, daß auch *dort* Atombomben einschlagen werden.

Auch Vers V/68 beschreibt das gleiche Szenario: Vorstoß an den Rhein und entlang der Donaulinie in Richtung Burgundische Pforte, Vernichtung der Angreifer durch den *Hahn*-Frankreich nahe der Alpen. Genau dort liegt das IVRA-Gebirge. Die Dechiffrierung wird gestützt durch das Anagramm IVRA = (lat.) Auri, strahlend. Die *atombe* strahlt! Ein Vers zum Dritten Weltkrieg. Nahe Zukunft.

35

Dedans l'entree de Garonne & Bayse,
Et la forest non loing de damazan,
Du marsaves gelees, puis gresle & bize
Dordonnois gelle par erreur de Mezan.

Bei der Mündung der Baise in die Garonne
Und der Wald nicht weit von Damazan,
Durch Marsaves gefroren, dann Hagel und Orkan.
Dordogne Frost durch Irrtum des Monats.

Das Schlüsselwort *Marsaves* in Zeile drei kann angeblich nicht geknackt werden und ist dabei recht einfach. Es ist zusammengesetzt aus *Mars* = römischer Kriegsgott, Mars = Krieg und *aves* dem verkürzten (lat.) aversus = feindlich. Marsaves, der feindliche/schlimme Krieg *gefriert* also, kommt zum Ende. Gleichzeitig bricht jahreszeitunüblich bittere Kälte herein mit *Hagel* und *Orkan*. Wahrscheinlich ist es so, daß die Kälte, der Hagel und der Orkan den Krieg beenden. Nun wird kein Krieg beendet, weil außerhalb des Winters ein seltener Kälteeinbruch auftritt. Ich sehe diese Schilderung als eine Folge der weltweiten Naturkatastrophe, die der Großmeteor (vergl. Inhaltsübersicht) mit sich bringt. Diese Katastrophe beendet den Dritten Weltkrieg. Nicht ohne Grund ein Anschlußvers an VIII/34.

36

Sera commis conte oindre aduché
De Saulne & sainct Aulbin & Bel l'œuvre
Paver de marbre de tours loing espluche
Non Bleteran resister & chef d'œuvre.

Man ist zusammengekommen, den Grafen zum Herzog zu salben.
Aus Lons-le-Saumier, Albi und Bellièvre.
Man pflastert mit Marmor, von entfernten Türmen geplündert.
Bleteran kann man nicht widerstehen und dem Meisterwerk.

Zeile 4: blette heißt teigig, näher kommt bereits blaterer = blöken, Blateran = der *Quaker.* Ich meine aber nicht, daß Zeile 3 und 4 konkurrierende Bauwerke und Blaterans Meisterwerk beschreiben. Aber der politische Hintergrund läßt sich im vorab nicht entschlüsseln.

37

La forteresse aupres de la Tamise
Cherra par lors, le Roy dedans serré,
Aupres du pont sera veu en chemise
Un devant mort, puis dans le fort barré.

Die Festung an der Themse.
Er wird dann niederfallen, der König darinnen eingeschlossen,
Auf der Brücke wird er im Hemd gesehen,
Kurz vor dem Tod, dann in der Festung vergraben.

Die Hinrichtung Charles I. (1600-1649). Er regiert ab 1629 ohne Parlament. Nach dem Aufstand der schottischen Presbyterianer 1640 muß er das *lange Parlament* einberufen. Von den Schotten 1647 an das englische Parlament ausgeliefert, wird er auf Betreiben Cromwells enthauptet. Zeile 1: Der König wird im Windsor-Castle gefangen gehalten. Zeile 2: *Niederfallen* wird der König, wenn er das Haupt auf den Richtblock legt. Zeile 3: Das Schafott ist vor dem Banketinghause errichtet. Vom Fenster dieses Hauses hat man einen Brückensteg zum Schafott geführt, über das der König gehen muß. Er legt Mantel, Rock und Hut ab, ist also im *Hemd* zu sehen. Beigesetzt wird die Leiche (Zeile 4) in der Kapelle des Schlosses (vergl. Vers II/53).

38

Le Roy de Bloys dans Avignon regner,
Une autre fois le peuple emonopolle,
Dedans le Rosne par murs fera baigner
Iusques à cinq le dernier pres de Nolle.

Der König von Blois wird in Avignon regieren.
Ein weiteres Mal verschwört sich das Volk,
In der Rhône von den Mauern treibt er sie.
Gerade bis fünf, den letzten bei Nola.

Der König aus Blois, der Bourbonenstadt, ist mit großer Wahrscheinlichkeit Henric. Er regiert in Avignon, da Paris zerstört ist (vergl. Vers III/93) und wirft eine Erhebung nieder. Zeile 4: "Jusques à cinq" beinhaltet wahrscheinlich keine Zahl (5. Monat, 5. Feldzug usw.), sondern wäre auch mit: "Einfach im Handumdrehen" korrekt übersetzt.

39

Qu'aura esté par Prince Bizantin,
Sera tollu par Prince de Tholouse:
Le foy de Foix par le chef Tholentin
Luy faillira, ne refusant l'espouse.

Was dem Fürsten von Byzanz zu eigen war,
Wird durch den Fürsten von Toulouse weggenommen.
Der Glaube von Foix wird durch den Chef von Tolentino
Einen Fehler begehen, die Braut nicht abzuweisen.

Tolentino liegt an der Adria. Dort schlägt der Fürst von Toulouse islamische Truppen und nimmt zu seinem Nachteil eine ***Braut*** (Glauben/Waffenstillstand o.ä.) an.

40

Le sang du Iuste par Taurer la daurade,
Pour se venger contre les Saturnins
Au nouveau lac plongeront la maynade,
Puis marcheront contre les Albanins.

Das Blut des Gerechten von Taurer, la Daurade,
Um sich zu rächen an den Saturniern.
In den neuen See werfen sie die Bande,
Dann marschieren sie gegen die Weißen.

Zeile 1: Taurer = St. Saturnin, la Daurade = St. Marie de la Daurade, beides alte Kirchen in Toulouse. Zeile 2: Saturnier = Juden oder sonstige französische Häretiker aus der Sicht eines Katholiken. Politische Wirren in Südfrankreich, überdeckt von Religionszwist. Die Weißen (Zeile 4) sind die recht intoleranten Dominikaner mit ihren weißen Kutten. Interessanterweise nicht Geschichte, sondern nicht zuzuordnende Zukunft.

41

Esleu sera Renard ne sonnant mot,
Faisant le saint public vivant pain d'orge,
Tyranizer apres tant à un coup,
Mettant à pied des plus grands sur la gorge.

Gewählt wird der Fuchs, der kein Wort tönt,
In der Öffentlichkeit tut er wie ein Heiliger, lebt von Gerstenbrot.
Tyrannisiert danach ganz gewaltig,
Setzt den Fuß den Mächtigsten auf den Hals.

Man mag hier Kaiser Napoleon III. sehen, der besonders in jüngeren Jahren als großer Schweiger gegolten hat. Napoleon III. war von 1852-1870 Kaiser der Franzosen. Zwischen 1850 und 1870 führte Frankreich folgende Kriege: 1851 Marokko, 1854-1856 Rußland, 1858-1860 China, 1858-1862 Annam, 1859 Österreich, 1860/61 Syrien, 1863 Mexiko, 1867 Italien, 1870/71 Preußen und andere deutsche Staaten. Zwischen 1800 und 1914 führt Frankreich insgesamt 28 Kriege gegen rund 40 Staaten; England führt im gleichen Zeitraum 30 Kriege. Friedlich waren nur die Deutschen.

42

Par avarice, par force & violence
Viendra vexer les siens chefs d'Orleans,
Pres sainct Memire assault & resistance,
Mort dans sa tante qu'il dort leans.

Durch Habsucht, durch Zwang und Gewalt
Quält der Chef von Orléans die Seinen.
Bei St. Merri Angriff und Widerstand,
Tot in seinem Zelt, daß er schläft, sagt man.

Philippe d'Orléans wird im August 1830 französischer König. Er ist der älteste Sohn des Vetters Ludwig XVI., der sich während der Revolution Philippe Egalité nannte und im Konvent für den Tod des Königs gestimmt hatte. Er führt in Frankreich wieder die Trikolore ein. Zeile 2: die meisten Adeligen, die Karl X. gedient hatten, verweigerten diesem *König der Franzosen* den Treueid und verloren ihre Stellungen. Zeile 2 sagt ganz deutlich: Orléans quält seine Chefs, d.h. die aristokratischen Führer. Dennoch schüren in Geheimgesellschaften organisierte Republikaner den Haß gegen ihn. Es gibt mehrere Attentatsversuche. Anfang Juni 1832 schlägt die Armee in der Rue St. Merri eine Revolte nieder (Zeile 3). Zeile 4: Nach 1840 überläßt Philippe die reale Macht dem Premierminister Guizot, führt eine friedliche Außenpolitik und neigt zu romantischem Nationalismus. In Zelten sind Truppen untergebracht, aber dort schläft alles wie tot. Interessant ist Zeile 1: Wählen durfte in Frankreich nur, wer u.a. mehr als 200 Francs Steuern im Jahr zahlte, und das waren 240.000 Bürger. Als man die Ausweitung des Wahlrechts forderte, sagte der Premierminister: "Enrichissez-vous! Bereichert Euch doch!" Ein Regime ganz nach dem Herzen der Habsucht der Großbourgeoisie.

43

Par le decide de deux choses bastards,
Nepveu du sang occupera le regne,
Dedans lectoyre seront les coups de dars,
Nepveu par pleu pleira l'enseigne.

Durch den Sturz der zwei gewählten Bastarde
Wird der Neffe des Blutes die Herrschaft in Besitz nehmen.
In *Lectoyre* gibt es ein Kappen der Lanzen.
Der Neffe wird aus Furcht die Fahne falten.

Zeile 4: Napoleon III. (1808-1873), Kaiser von Frankreich von 1852-1870, kapituliert in Sedan mit der Armee Mac-Mahons am 2. September 1850. Zeile 1: Napoleon putscht mit Teilen der Armee in der Nacht vom 1. auf den 2. September 1851, der Präsident wird inhaftiert. 26.000 Oppositionelle werden festgenommen, die Verfassung außer Kraft gesetzt. Möglich war der Staatsstreich jedoch nur, weil die Legitimisten den Enkel Karl X., die Orléanisten jedoch einen Enkel Louis-Philippes auf den Thron setzen wollten. Dieser Streit lähmte die Royalisten, beide kamen nun nicht zum Zug. Nostradamus nennt sie Bastarde, weil beide keine echten Bourbonen mehr sind. Zeile 2: Napoleon III. ist der Neffe Kaiser Napoleons I., Sohn des Königs Ludwig von Holland. Zeile 3: *Lectoyre* ist das Anagramm für den Vorort Sedans *Le Torcey*; dort wird Napoleons Armee *gekappt*. *Lectoyre* ist ein schönes Beispiel dafür, daß es praktisch im vorab unmöglich ist, um *zwei Ecken* die Lösung *Sedan* zu ermitteln.

44

Le procée naturel dogmion,
De sept à neuf du chemin destorner
A roy de longue & amy aumy hom,
Doit à Navarre fort de PAU prosterner.

Der natürliche Sohn des Ogmion wird
Zwischen Sieben und Neun vom Wege abkommen.
Dem König seit langem sowohl Freund als auch Kampfgefährte.
Bei Navarra muß er sich dem Starken von PAU beugen.

Ogmion, den keltischen Herkules, kennen wir bereits aus anderen Versen. Er ist Waffenbruder des Königs Henric. Ob Zeile 1 wirklich den Tod seines Bastards beschreibt, ist bei der Art, wie Nostradamus vorgeht, etwas fraglich. Ich sehe hier eher das Ende von *Ogmion* selbst geschildert. Er ist es doch, der Freund und Gefährte des Königs ist! Zwischen *sieben und neun* bringt Ogmion etwas hervor, das sein Ende bedeutet. Es mag der Tod im achten Feldzug sein, sein Tod im 79. Lebensjahr, bevor er *acht*zig wird. Sicherlich eine schwer versiegelte Angabe. *Sept* kann auch für Zwietracht stehen, *Neuf* für Neuanfang. Dann hat der Sohn des Ogmion in dieser Zeit Schwierigkeiten (kommt vom Weg ab). In Zeile 4 steht PAU in Großbuchstaben. Als Anagramm geben drei Buchstaben nicht viel her. Es mag für *au p(yrennées)* = bei den Pyrenäen stehen, aber das ist eine ganz vage Vermutung.

45

La main escharpe & la iambe bandee,
Longs puis nay de Calais portera,
Au mot du guet la mort sera tardee,
Puis dans le temple à Pasques saignera.

Die Hand in der Schlinge und das Bein verbunden,
Lange wird der Zweitgeborene Calais halten.
Durch Parolen wird der Tod hinausgezögert,
Dann im Tempel zu Ostern verblutet er.

Das Ende Hitlers und der Zweite Weltkrieg. Zeile 1: Statt 20 bis 30 Kilogramm Sprengstoff hatte Oberst Stauffenberg völlig unverständlicherweise nur 1.000 Gramm für seine Bombe gewählt. Das kostete dem Stenographen Berger und mehreren seiner Kameraden das Leben. Der Führer wurde jedoch nur leicht am Bein und am Arm verletzt, den er in der Schlinge tragen mußte. Zeile 2: Die Befestigungen an der Kanalküste hielten auch über den Sommer 1944 hinaus teilweise bis zum Kriegsende durch und kapitulierten erst dann. Wenig bekannt ist, daß Hitler tatsächlich ein *Zweitgeborener* ist. Er hatte einen älteren Halbbruder. Zeile 3: Die loyale Truppe kämpft bis zum bitteren Ende, *schützt* das immer kleiner werdende Reich und damit das Leben Hitlers, der Durchhalteparolen verbreiten läßt. Zeile 4: Mit *Tempel* bezeichnet Nostradamus den riesigen Prachtbau aus poliertem Granit der Reichskanzlei. Drei Wochen nach Ostern, am 30. April 1945, erschießt sich Hitler. In Zeile 2 gehört *puis nay* = zweitgeboren zusammen, nicht aber *nay de Calais* = in Calais geboren, wie bisher stets falsch übersetzt. Dies ist einer der vielen Verse, die deshalb bisher noch nie jemand geknackt hat. Wahrscheinlich ist recht unbekannt, daß Hitler einen älteren Halbbruder hatte (vergl. Vers IV/9).

46

Pol mensolee mourra trois lieües du rosne,
Fuis les deux prochains tarasc destrois:
Car Mars fera le plus horrible trosne,
De coq & d'aigle de France freres trois.

Pol mensolee stirbt drei Meilen von der Rhône,
Meide die beiden (Meilen) nahe Tarascon, das zerstört wird.
Denn Mars wütet auf dem schrecklichsten Thron,
Dem Hahn und dem Adler erwachsen drei Brüder.

Hahn = Frankreich und Adler = Deutschland als Waffenbrüder in einem schrecklichen Krieg. Da bekannt ist, daß Frankreich und Deutschland die Hauptlast des Dritten Weltkriegs tragen, liegt die Vermutung nahe, daß dieser Vers sich auch auf diesen Krieg bezieht. Die drei Brüder dürften England, Italien und Polen sein. Auch die USA kommen in Frage, jedoch denkt Nostradamus eher kontinental. *Pol mensolee* bleibt möglicherweise noch länger ein Rätsel. Pol könnte für Polen stehen, mensolee = man (engl.) = Mann, solus (lat.) = allein. Es wäre dann der *Pol*(nische) Papst *Paul*, der alleingelassen auf der Flucht an der Rhône stirbt. Vor der Umgebung von Tarascon wird gewarnt. Aber diese Deutung wird sofort fraglich, wenn ein anderer Papst in Rom regiert. Möglicherweise besteht ein Zusammenhang mit Vers X/28; dort heißt das Anagramm Pol Mansol.

47

Lac Trasmenien portera tesmoignage,
Des coniurez serez dedans Perouse,
Un despolle contrefera le sage,
Tuant Tedesq de sterne & minuse.

Der Trasimenische See bringt den Beweis,
Verschwörer gibt es in Perugia.
Ein Verrückter spielt den Weisen,
Der Deutsche getötet vom Stillen und Unbedeutenden.

Der Trasimenische See ist der größte Mittelitaliens und liegt nordwestlich von Perugia. 217 v.Chr. siegte hier Hannibal entscheidend über die Römer. Vielleicht besteht ein Zusammenhang mit Vers VIII/72. Ein künftiges Geschehen.

48

**Saturne en Cancer, Iupiter avec Mars,
Dedans Fevrier Caldondon salvaterre:
Sault Castallon assailly de trois pars,
Pres de Verbiesque conflit mortelle guerre.**

Saturn im Krebs, Jupiter mit Mars.
Im Februar wird Calcedon Landesretter.
Castellan fällt, angegriffen von drei Seiten,
Bei Verbiesque wird ein Konflikt zum mörderischen Krieg.

Saturn gelangt erst im ersten Jahrzehnt des neuen Jahrtausends in den Krebs; sollen sich im Februar Jupiter und Mars treffen, wenn Saturn im Krebs steht, dann vergehen statistisch jeweils rund 250 Jahre von einer solchen Konstellation zum nächsten Mal. Fernere Zukunft.

49

**Satur au beuf ioue en l'eau, Mars en fleiche,
Six de Février mortalité donra,
Ceux de Tardaigne à Bruge si grand breche
Qu'à Ponteroso chef Barbarin mourra.**

Saturn im Stier, Jupiter im Wassermann, Mars im Schützen,
Der sechste Februar bringt den Tod.
Die aus Tardenois schlagen in Brügge eine so große Bresche,
Daß am Roten Meer der Führer der Barbaren stirbt.

Diese Konstellation ist ebenso selten wie die in Vers VIII/48 aufgeführte, alle 250 Jahren etwa. Zur Jahrtausendwende verläßt Saturn gerade für einen Umlauf von 29,46 Jahren den Stier. Fernere Zukunft. Wenn der islamische Führer mit Truppen bei Brügge steht, dann ist Europa in höchster Gefahr.

50

**La pestilence l'entour de Capadille,
Une autre faim pres de Sagon s'apreste:
Le chevalier bastard de bon senille,
Au grand de Thunes era trancher la teste.**

Die Pest in der Umgebung von Kastilien,
Ein weiterer Hunger bei Sagunt.
Der adlige Bastard des guten Greises
Spaltet dem Großen von Tunis den Kopf.

Zeile 3: der ***adlige Bastard*** ist Juan de Austria (1547-1578), Sohn des Kaisers Karl V. und der Barbara Blomberg. 1571 siegt er in der Seeschlacht von Lepanto über die Türken, 1573 erobert er Tunis (Zeile 4), 1576 war er spanischer Statthalter in den Niederlanden. Der ***gute Greis*** ist sein Halbbruder Philipp II. (1527-1598), König von Spanien und die beherrschende Gestalt der Gegenreformation und Vorkämpfer des Katholizismus. In seinem Auftrag kämpft Juan. Philipp schickt 1588 die Armada gegen England. Für Nostradamus ist dieser fromme, erfolgreiche König, der 71 Jahre alt wird, mit Recht der ***gute Greis***.

51

Le Bizantin faisant oblation,
Apres avoir Cordube à soy reprinse:
Son chemin lang repos pamplation,
Mer passant proy par la Golongna prinse.

Der Byzantiner geht eine Verpflichtung ein,
Nachdem er Cordoba für sich zurückerobert hat.
Auf seinem Weg legt er eine lange Ruhepause ein,
Als er zu Meer fährt, wird ihm die Beute von Gibraltar abgenommen.

Cordoba liegt in Südspanien. Der Herrscher des Islamischen Imperiums scheint sich mit dem Erreichten zu begnügen. Außerdem scheint das Abendland (***zurückerobert***) kräftigen Widerstand zu leisten.

52

Le Roy de Bloys dans Avignon regner,
D'Amboise & seme viendra le long de Lyndre
Ongle à Poytiers sainctes aisles ruiner
Devant Boni ...

Der König von Blois wird in Avignon regieren,
Von Amboise und entlang der Indre kommt der Nachkomme,
Die Klaue in Poitiers zerstört die heiligen Flügel
Vor dem Guten ... (***Vers unvollständig***)

Zeile 1 ist identisch mit Vers VIII/38, Zeile 4 ist unvollständig. Der König von Blois ist Henric. In Poitiers wird er geschlagen. Die heiligen Flügel können wir Frankreich oder Deutschland zuordnen, die Klaue den Feindkräften. Zeile 2 bezeichnet mit dem ***Nachkommen*** wohl keinen Nachkommen Henrics, eher die Nachkommen eines Staates, mit dem Frankreich oder Europa bereits früher einmal Krieg geführt hat.

53

Dedans Bolongne voudra laver ses fautes,
Il ne pourra au temple du soleil,
Il volera faisant choses si haultes,
En hierachie n'en fut oncq un pareil.

In Bologna will er seine Fehler abwaschen,
Er kann nicht zum Tempel der Sonne.
Er wird emporfliegen und so hohe Werke verrichten.
In der Hierarchie gab es nie einen Vergleichbaren.

Man hat hier Papst Pius IX. (1846-1878) entdecken wollen, unter dessen Herrschaft im September 1870 der weltliche Teil des Kirchenstaates endete. Ich meine, hier wird ein anderer Fürst, eine andere Zeit beschrieben. Darüber hinaus ist fraglich, ob sich dieser Vers überhaupt auf einen kirchlichen Führer bezieht.

54

Soubs la couleur du traicte mariage,
Fait magnanime par grand Chyren selin,
Quintin, Arras recouvrez au voiage
D'espagnols fait second banc macelin.

Unter dem Vorwand eines Heiratskontrakts
Ein Zeichen des Großmuts durch den großen Henric-Krieger.
St. Quentin, Arras gewinnt er auf der Reise für sich.
An den Spaniern wird ein zweites Blutbad begangen.

Zeile 2: Henric, der Selim = Krieger und Halbmond(Islam)besieger. Derweil scheint es in Spanien nicht zum Besten zu stehen. Fernere Zukunft.

55

Entre deux fleuves se verra enserré,
Tonneaux & caques unis à passer outre,
Huict ponts rompus chef a tant enserré,
Enfans parfaicts son iugulez en coultre.

Zwischen zwei Felsen findet er sich eingeschlossen,
Tonnen und Tiegel werden zusammengefügt, um hinauszukommen.
Acht Brücken zerstört, solange der Führer eingeschlossen ist.
Unschuldigen Kindern wird die Kehle durchgeschnitten.

Der Vers schildert die geopolitische Lage eines Staates, der ohne Bündnispartner in einer Situation ist, in der die Gegner sich zusammengetan hatten. Im Kriegsfall muß er an zwei Fronten kämpfen; acht mögliche Bundesgenossen stehen im gegnerischen Lager. Eine solche *Schlacht* hat es in den letzten fünfhundert Jahren nicht gegeben, und heutzutage sind Flußläufe für Truppen kein wesentliches Hindernis. *Vollkommene Kinder* sind bei Nostradamus politische Erfolge. Nun werden sie zunichte gemacht. Wahrscheinlich schildert der Vers die Lage Deutschlands im Ersten Weltkrieg. Sämtliche Brücken = *Ausgänge* werden rundum von den Gegnern oder Neutralen gehalten: Rußland, Italien, Schweiz, Frankreich, Belgien, Niederlande, Dänemark, England. Die Lage ist aussichtslos. Zeile 1: Deutschland eingekeilt im Zweifrontenkrieg.

56

La bande foible le terre occupera
Ceux du hault lieu feront horribles cris,
Le gros troupeau d'estre coin troublera,
Tombe pres D. nebro descouvers les escris.

Die schwache Bande besetzt das Land,
Die vom Hochland lassen schreckliche Schreie erschallen.
Die große Herde wird am Flügel beunruhigt,
Grab bei *D. nebro*, die Schriftstücke werden gefunden.

Das Anagramm in Zeile 4 wird in manchen älteren Ausgaben bereits als *Dinebro* geschrieben. Der Punkt hinter dem D. ist wohl der Rest des vollständigen Buchstabens. *Dinebro* ist das Anagramm von *Edinburgh*, auf englisch am Ende gesprochen ...bor*ro*. Der Sohn Charles I., der von Cromwell hingerichtet worden war, Charles II. (1630-1685), geht mit den schottischen Hochländern (Zeile 1 und 2) gegen Cromwell vor. Allgeier schreibt, er sei 1650 bei Edinburgh von Cromwell geschlagen worden. Die entscheidende Niederlage zog er sich jedenfalls im folgenden Jahr bei Worcester zu. Charles II. wurde zwei Jahre nach dem Tod Cromwells (1658) König von England.

57

De soldat simple parviendra en empire,
De robe contre parviendra à la longue
Vaillant aux armes en eglise ou plus pyre,
Vexer les prestres comme l'eau fait l'esponge.

Vom einfachen Soldaten gelangt er zum Kaisertum,
Vom kurzen Rock gelangt er zu dem langen,
Heldenhaft in der Kriegsführung, der Kirche gegenüber aber viel grausamer,
Er quält die Priester, wie der Schwamm das Wasser.

Napoleons Karriere vom Kadetten in Brienne, das er mit 15 Jahren 1784 verläßt, zum General 1793, zum Ersten Konsul 1799, zum erblichen Kaiser 1804. Er ist erst 35! Zur Kirche hatte er ein eher pragmatisches Verhältnis. Selbst nicht fromm im herkömmlichen Sinn, betrachtete er sie als nützlich für das Volk. Kirchen und Klöster wurden allerdings systematisch säkularisiert, wohin ihn die Erfolge seiner Armeen in Europa trugen.

58

Regne en querelle aux freres divisé,
Prendre les armes & le nom Britanique
Tistre Anglican sera tard advisé,
Surprins de nuict mener à l'air Gallique.

Das Königreich in Hader, die Brüder entzweit,
Man greift zu den Waffen im Namen Britanniens,
Der Anspruch Englands wird spät angemeldet,
Überrascht bei Nacht werden sie in der Luft nach Frankreich geführt.

Kriegsbeginn des Zweiten Weltkriegs. Zeile 1: Die Differenzen im englischen Königshaus unmittelbar vor dem Krieg. Eduard VIII. folgt seinem Vater, Georg V. im Januar 1936 auf den Thron. Bereits im Dezember, noch vor der Krönung, dankt er zugunsten seines Bruders Georg VI. ab, da er eine geschiedene Amerikanerin heiraten möchte. Zeile 2: Kriegserklärung an das Deutsche Reich am 3. September 1939. Zeile 4: Auf der Münchner Konferenz im September 1938 tritt England nur recht verhalten für die Tschechoslowakei ein. Nur acht Tage vor der Kriegserklärung gibt England jedoch den Polen eine Garantie. Ab diesem Zeitpunkt sind die Polen fest entschlossen, den Forderungen Hitlers nicht nachzugeben. Zeile 4: Frankreich, das Deutschland ebenfalls den Krieg erklärt hatte, rechnet nicht mit einem Vorstoß der Deutschen und fühlt sich hinter der befestigten Maginotlinie sicher. Der Angriff kommt daher völlig überraschend. Von Beginn an hat die Deutsche Luftwaffe die Luftherrschaft über Frankreich.

59

Par deux fois hault, par deux fois mis à bas
L'orient aussi l'occident foiblira
Son adversaire apres plusieurs combats,
Par mer chassé au besoing faillira.

Zweimal obenauf, zweimal niedergeschlagen,
Der Orient wie auch das Abendland geschwächt.
Sein Gegner wird nach mehreren Schlachten
Über das Meer gejagt und am Nachschub scheitern.

Der erste Siegeszug des Islams umfaßte das Mittelmeer in westlicher Richtung, eroberte Spanien und stieß im 8. Jahrhundert weit bis nach Frankreich vor. Dem zweiten Vorstoß fiel das Oströmische Reich zum Opfer, der Balkan wurde erobert, 1683 stand die Türken vor Wien. Der Tiefpunkt des Islams war nach dem Ersten Weltkrieg erreicht, als die Briten das Osmanische Reich liquidierten und nur die Rumpftürkei übrig ließen. Ich meine, daß Nostradamus mit ***Zweimal obenauf*** nicht die Vergangenheit mit einbezieht, sondern nach den Vorstößen im 17. Jahrhundert unseren Nachkommen ein neuerlicher Ansturm des Islams bevorsteht. Eine Vielzahl von Versen schildert ja diese Kämpfe. Die Aussage von Zeile 3 und 4 ist doppeldeutig wie ein Orakel von Delphi.

60

Premier en Gaule, premier en Romanie,
Par mer & terre aux Angloys & Paris
Merveilleux faits par celle grand mesnie
Violant terax perdra le NORLARIS.

Erster in Frankreich, erster in Rom,
Über Meer und Land den Engländern und Paris.
Wunderbare Taten durch jenes große Heer.
Der erdfarbene Bösewicht wird NORLARIS verlieren.

Anerkennung für die Leistungen des deutschen Soldaten im Zweiten Weltkrieg. Der erdfarbene (braune) Bösewicht in Zeile 4 ist Hitler, der NORLARIS = Lorraine, also Lothringen wieder verliert.

61

Iamais par le decouvrement du iour
Ne parviendra au signe sceptrifere
Que tous ses sieges ne soient en seiour,
Portant au coq don du TAG armifere.

Er wird wegen der Entdeckung des Betrugs
Erst an das Zeichen des Zepters gelangen,
Wenn alle seine Plätze in Sicherheit sind.
Er trägt zum Hahn das Geschenk des Waffenträgers TAG.

Ein Ehrgeiziger gelangt zum Ziel seiner Wünsche, nachdem er in seinem Land für Ruhe gesorgt hat. Zeile 4: Der ***Hahn*** ist Frankreich. Das Anagramm TAG könnte (GAT = gâter) für den ***Verderber*** stehen. Die ***Geschenke*** sind dann ***Sendungen*** des bewaffneten Verderbers, kurz Bomben usw., die Frankreich treffen.

62

Lors qu'on verra expiler le saint temple,
Plus grand du rosne leurs sacrez prophaner
Par eux naistra pestilence si ample,
Roy fuit iniuste ne fera condamner.

Wenn man sieht, wie der heilige Tempel geplündert wird,
Dann schändet der Große von der Rhône ihre Heiligtümer.
Durch sie entsteht ein so weitgehendes Verderben,
Daß der König der das Unrecht fürchtet, es nicht verdammt.

Auge um Auge, Zahn um Zahn. Zeile 3: das Verderben dürfte die Eskalation der Schreckenstaten sein. Bei dem ***heiligen Tempel*** kommen nur Rom oder Jerusalem in Frage. Zeile 4: die Menschen handeln offenbar gesetzwidrig, jedoch sind ihre Motive wohl nachvollziehbar.

63

Quand l'adultere blessé sans coup aura
Meurdry la femme & le fils par despit,
Femme assoumee l'enfant stranglera:
Huict captifs prins, s'estouffer sans respit.

Wenn der ohne Schuß verwundete Ehebrecher
Die Frau und den Sohn aus Verdruß ermordet hat,
Die Frau niedergeschlagen, das Kind erwürgt er.
Acht werden gefangen, erdrosselt ohne Aufschub.

Das mag ein künftiges Familiendrama bei Hofe sein, möglich ist auch, daß allegorisch Staaten gemeint sind.

64

Dedans les Isles les enfans transportez,
Les deux de sept seront en desespoir,
Ceux du terroüer en seront supportez,
Nom pelle prins des ligues fuy l'espoir.

Auf dic Inseln werden die Kinder gebracht,
Die Zwei der Sieben sind verzweifelt,
Diejenigen des Terrors müssen sie ertragen,
Montpellier wird von der Liga genommen, die Hoffnung schwindet.

Dieser Vers gehört zum Zyklus der bösen ***Sieben*** (vergl. Vers II/18). Von den sieben verbündeten roten Staaten wurden fünf unschädlich gemacht. Jetzt erfahren wir, daß der Rest, die ***Zwei*** sich in verzweifelter Lage befinden. Ich meine zu wissen, um welche beiden Länder es sich handelt. Mit ***Liga***, in Anlehnung an den Bund katholischer Fürsten zur Zeit der Hugenottenkriege, wird Nostradamus die westlichen Staaten meinen. Den Feinden schwindet die Hoffnung. Zeile 3 ist isoliert zu sehen: in Frankreich herrscht zu diesem Zeitpunkt Bürgerkrieg, besonders der Süden ist in der Hand von roten Terroristen. Zeile 1: Wer die Möglichkeit dazu hat, bringt seine Kinder in Sicherheit. Die Inseln mögen die Balearen sein.

65

Le vieux frustré du principal espoir,
Il parviendru au chef de son empire:
Vingt mois tiendra le regne à grand pouvoir,
Tiran, cruel en delaissant un pire.

Der Alte getäuscht vom Lehnsherrn in der Hoffnung,
Er wird Chef seines Herrschaftsbereichs.
Zwanzig Monate hält er die Herrschaft mit großer Vollmacht.
Der Tyrann, einen grausamen hinterläßt er, einen Übleren.

Noch ein Vers über den ***Alten***, Marschall Pétain. Zeile 1 und 2: ***Lehnsherr*** Pétains ist Hitler. Pétain hat den unbesetzten Teil Frankreichs quasi als Lehen empfangen. Er ist, obgleich ***Chef***, völlig abhängig von Hitlers Gnaden. Zeile 3 und 4: Im November 1942 wird vom Tyrannen, Hitler, auch der Rest Frankreichs besetzt bis zum Juni 1944, genau ***zwanzig Monate*** lang: im Juni landen die Anglo-Amerikaner in der Normandie.

66

Quand l'escriture D. M. trouvee,
Et cave antique à lampe descouverte,
Loy, Roy & Prince Ulpian esprouvee,
Pavillon Royne & Duc sous la couverte.

Wenn die Inschrift D.M. gefunden wird
Und ein altes Grab mit der Lampe entdeckt,
Werden Gesetz, König und Prinz Ulpian auf die Probe gestellt.
Die königliche Standarte und der Duce unter der Decke.

Zeile 1: Als Mussolini 1922 italienischer Regierungschef wurde, jubelte die Nation ihm zu. D.M. = Duce Mussolini wurde in jeden neuen Kilometerstein eingemeißelt, D.M. war das Symbol seiner Person.

Zeile 2: Nostradamus bestätigt die Richtigkeit der Analyse, indem er auf das Auffinden des Pharaonengrabes von Tut-ench Amun 1922 verweist. Ein berühmtes Bild zeigt den britischen Archäologen Carter, wie er das Grab mit einer ***Lampe*** ausleuchtet!

Zeile 3: Ulpianus (170-228) war ein berühmter römischer Jurist, hier wird er als Synonym für *Recht* eingesetzt.

Zeile 4: Das Kriegsende bedeutet das Ende der italienischen Monarchie und die des Duce. Ihre Fahnen werden eingeholt. Lange steckten König und Duce unter ***einer Decke***.

67

PAR. CAR. NERSAFE, à ruine grand discorde,
Ne l'un ne l'autre n'aura election,
Nersaf du peuple aura amour & concorde,
Ferrare, Colonne grande protection.

PAR. CAR. NERSAFE, bis zum Untergang große Disharmonie,
Weder der eine noch der andere wird gewählt.
Nersaf hat vom Volk Liebe und Zustimmung,
Ferrara und Colonna großer Schutz.

Zeile 1: Die Anagramme sind angeblich "nicht zu lösen" und dabei recht einfach: Par. = Par(is), Car. = Car(casonne) am Nordrand der Pyrenäen. NERSAFE ist das Anagramm für Franse = France/Frankreich. In Paris und im Süden Frankreichs also ***große Disharmonie*** = Revolution vor dem Untergang. Vom Ende von Paris durch Atombomben im Dritten Weltkrieg haben wir bereits in den Versen II/81, III/84, V/8 gelesen. Hier erfolgt noch einmal die Bestätigung. Zeile 2: das Land zerfällt in zwei Lager und wird unregierbar. Der ***große Schutz***, den Teile Italiens (Zeile 4) erhalten, sieht mir verdächtig nach ***brüderlicher Hilfe*** einer anderen Großmacht aus.

68

Vieux Cardinal par le ieune deceu,
Hors de sa charge se verra desarmé,
Arles ne monstres, double soit apercu,
Et Liqueduct & le Prince embausmé.

Der alte Kardinal wird vom jungen hintergangen,
Ohne Amt sieht er sich machtlos.
Arles, zeige nicht, daß das Doppel bemerkt wurde
Und Steuermann und Prinz werden einbalsamiert.

Richelieu (1585-1642), Kardinal - ab 1624 leitender Minister Ludwigs XIII. - begründete die Vormachtstellung Frankreichs in Europa. Er ist der ***alte Kardinal***, der ***junge*** ist Cinq-Mars, der Favorit des Königs, dem homosexuelle Neigungen nachgesagt werden. Es wird ihm nachgewiesen, daß er mit Spanien ein Komplott eingegangen ist. Cinq-Mars wird seines Amtes (Nachfolger Richelieus) enthoben und hingerichtet. Zeile 3: In Arles waren Doppelschriften des Komplotts entdeckt worden. Zeile 4: Der ***Steuermann*** ist Richelieu, er überlebt den ***Prinzen*** nur kurz.

69

Aupres du ieune le vieux ange baisser,
Et le viendra surmonter à la fin:
Dix ans esgaux aux plus vieux rabaisser,
De trois deux l'un huictiesme seraphin.

Zum Jungen bückt sich der alte Engel
Und er wird ihn am Ende überwinden.
Zehn Jahre Gleichstand, danach stürzt der Alte.
Von Drei Zwei, der eine ist der achte Seraphim.

Ein Seraph ist ein sechsflügeliges Wesen des Alten Testaments, von denen mehrere Jahwe umschweben. Die Kirche hat sie später pauschal den Engeln zugeordnet. In der Offenbarung 16, Vers 1 ist nur von sieben Engeln die Rede, die die sieben Schalen des Grimms des Herrn auf die Erde gießen. In der Offenbarung 18, Vers 1 ist dann von einem "anderen Engel" die Rede, der "große Macht hatte". Er verkündet den Untergang des menschlichen Krämertums in einer Stunde. Darauf spielt Nostradamus mit diesem dunklen Vers an.

70

Il entrera vilain, meschant infame
Tyrannisant la Mesopotamie
Tous amis fait d'adulterine dame,
Terre horrible noir de phisonomie.

Er zieht ein, häßlich, böse, gemein,
Er tyrannisiert Mesopotamien.
Alle zu Freunden macht er der ehebrecherischen Dame,
Über dem Land schrecklich das schwarze Gesicht.

Ganz eindeutig der Ayatollah Khomeini, wie er von allen Plakaten auf sein Land blickte. Er führte einen langen, grausamen Krieg mit Mesopotamien, dem heutigen Irak (da war Sadam Hussein noch ***best boy*** der USA). In Frankreich hielt er sich auf, bevor er den Schah von Persien stürzte: die ***ehebrecherische Dame*** ist bei Nostradamus stets die Republik Frankreich (vergl. Vers I/70).

71

Croistra le nombre si grand des astronomes,
Chassez, bannis & livres censurez,
L'an mil six cens & sept par sacre glomes
Qu nul aux sacres ne seront asseurez.

Die Anzahl der Astronomen wird so stark anwachsen,
Daß man sie verjagt, verbannt und ihre Schriften zensiert.
Im Jahr sechs hundert und sieben durch heilige Bulle,
Daß niemand vor dem heiligen Offizium mehr sicher ist.

Wohlgemerkt, es geht um die Verfolgung von Astronomen, nicht um die von Astrologen. Wohl der berühmteste Verfolgte war der italienische Naturforscher Galileo Galilei (1564-1642), der mit einem selbstgefertigten Fernrohr die Monde des Jupiters entdeckte (vergl. Vers IV/18).

Die ***Jahresangabe*** in Zeile 3 hat überhaupt nichts mit dem frühen 17. Jahrhundert zu tun; die sogenannten ***sechs hundert*** usw.-Angaben, die auch in anderen Versen gelegentlich auftauchen, sind wohl keine Jahreszahlen. Dem Versuch, sie zu deuten, spotteten sie bisher.

72

Cham Perusin ô l'enorme desfaite
Et le conflit tout aupres de Ravenne,
Passage sacré lors qu'on fera la feste,
Vainqueur vaincu cheval manger l'avenne.

Perugianische Landschaft, oh, die riesige Niederlage
Und der Krieg ganz in der Nähe von Ravenna,
Während man am Festtag abhält,
Der Sieger ißt des besiegten Pferdes Hafer.

Wieder eine Schlacht von Perugia (vergl. Vers VIII/47). Zwar ist unklar, ob die ***Guten*** oder die ***Bösen*** siegen, jedoch scheint dem Gewinner der Sieg teuer zu stehen kommen. Der Name des besiegten Führers steht sicherlich in einem Zusammenhang mit ***cheval*** = Pferd: sonst hätte Nostradamus diesen Satz nicht eingefügt.

73

Soldat Barbare le grand Roy frappera,
Iniustement non eslongné de mort
L'avare mere du fait cause sera
Coniurateur & regne en grand remort.

Der barbarische Soldat wird den großen König schlagen,
Ungerechterweise wird er nicht vom Tod zurückgehalten.
Die geizige Mutter ist die Ursache der Angelegenheit.
Verschwörer und Reich geraten in großes Bedauern.

Zeile 1: Niederlage/Rückschläge für Frankreich.

Zeile 2: der ***Verantwortliche*** wählt den Freitod, obgleich er unschuldig ist am Debakel.

Zeile 3: die ***Mutter*** = la Patrie/das Vaterland (eigentlich ***die Mutter***land), also Frankreich, hatte mangelhaft gerüstet.

Zeile 4: interne Konflikte an der Spitze des Staates, die Verschwörer scheitern jedoch offensichtlich. Zeitlich nicht zuzuordnen. Jederzeit denkbar, in allen Epochen.

74

En terre neusve bien avant Roy entré,
Pendant subjets lui viendront faire accueil,
Sa perfidie aura tel rencontré,
Qu'aux citadins lieu de feste & recueil.

In die Neue Welt, eine ganze Weile zuvor, ist der König eingetreten. Während die Untertanen ihn willkommen heißen,
Hat seine Niedertracht derartigen Widerhall,
Daß die Bürger Feste feiern und Andachten abhalten.

Zeile 1 hat es in sich! Die Aussage ist nicht, wie es beim ersten Lesen des französischen Textes scheint, daß ein König in der Neuen Welt = Amerika einen Staatsbesuch macht oder man ihn aus dem Ausland holt, um ihn zum König/Präsidenten zu machen. Nein: ein Mann, der als Kind oder junger Mann nach Amerika ausgewandert ist, schafft es, Präsident zu werden. Diese Wahl muß für die USA und die übrige Welt ganz entsetzliche Folgen haben. Nostradamus interessiert sich für die USA sonst ganz und gar nicht.

75

Le père & fils seront meurdris ensemble
Le persecteur dedans son pavillon
La mere à Tours du fils ventre aura enfle,
Cache verdure de fueilles papillon.

Vater und Sohn werden gemeinsam ermordet,
Der Verfolger in seinem Haus,
Die Mutter in Tours geht mit dem Sohn im Bauch schwanger.
Das Grün unter Schmetterlingsschwärmen verborgen.

Ein Vers, der allegorisch aufzufassen ist:

Vergehendes und Nachfolgendes scheitern gemeinsam,
Der Verfolger vernichtet sich selbst,
In Tours keimt Frankreich neues Leben,
Das Neue noch unter Schwärmerei nicht erkennbar.

76

Plus Macelin que roy en Angleterre
Lieu obscur nay par force aura l'empire:
Lasche sans foy sans loy saignera terre,
Son temps s'aproche si pres que ie souspire.

Mehr Schlachter als König von England,
An einem unbedeutenden Ort geboren, gelangt er mit Gewalt an die Macht,
Feige, ohne Glaube, ohne Gesetz tränkt er die Erde mit Blut.
Seine Zeit naht so bald, daß ich seufze.

Dieser Vers schildert den Militärdiktator Oliver Cromwell (1599-1658), geboren 33 Jahre nach dem Tod von Nostradamus.

77

L'antechrist trois bien tost annichilez.
Vingt & sept ans sang duera sa guerre,
Les heretiques morts, captifs exilez,
Sang corps humain eau rogie gresler terre.

Der Antichrist wird *drei* recht bald vernichten,
Siebenundzwanzig Jahre voller Blut dauert sein Krieg.
Die Abweichler ermordet, eingekerkert, vertrieben,
Das Blut menschlicher Körper rötet das Wasser, es hagelt Erde.

Zeile 1 läßt sich korrekt auch so übersetzen: Der *Antichrist Drei*/der dritte Antichrist wird bald vernichtet werden. Ich halte diese Variante für wahrscheinlicher. In den Augen von Nostradamus war Napoleon I. der erste Antichrist, Hitler der zweite. Dieser hier scheint Hitler noch weit in den Schatten zu stellen. Zeile 4: Steinhagel/Meteoritenschauer treffen die Erde; auch fallender Steinauswurf von Einschlägen ist denkbar.

78

Un Braganas avec la langue torte
Viendra des dieux le sanctuaire,
Aux heretiques il ouvrira la porte
En suscitant l'eglise miliataire.

Ein Angeber mit lügenhafter Sprache
gelangt ins Heiligtum der Götter.
Er öffnet den Ketzern die Tür,
Indem er die militante Kirche fördert.

Vielleicht ein künftiger Papst, der nicht mehr auf dem Boden von Bibel und katholischer Lehre steht. Ansätze einer militanten Kirche der *Befreiung* gibt es bereits in Südamerika. Denkbar ist auch, daß dieser Vers zum Zyklus *der Antichrist* gehört.

79

Qui par fer pere perdra nay de Nonnaire,
De Gorgon sur la sera sang perfetant
En terre estrange fera si tout de taires,
Qui bruslera luy mesme & son enfant.

Der, der durch Eisen seinen Vater verliert, von einer Nonne geboren,
Durch deren Adern das Blut der Gorgo fließt,
Bewirkt solcherlei Erstaunliches auf Erden, daß alles verstummt.
Er verbrennt sich selbst und sein Kind.

Mit Sicherheit Anschlußvers an VIII/77. Zeile 2: Die drei Gorgonen sind Ungeheuer mit Frauenköpfen der griechischen Mythologie. Zeile 3: Auch der Offenbarung ist zu entnehmen, daß der Antichrist geradezu über ein diabolisches Repertoire von Kunststükken verfügt.

Vers VIII/79 läßt sich - bei völlig korrekter Übersetzung - auch ganz anders deuten. Denkbar ist, daß Nostradamus ganz bewußt diesen Vers schillern läßt:

Den durch Eisen der Vater verliert, geboren von einer Nonne,
Von Gorgo, in ihr vollkommenes Blut.
Im Ausland erreicht man, daß alles schweigt.
Er brennt sich selbst und seinem Kind (eine Kugel in den Kopf).

Die Tragödie von Meyerling: Am 30. Januar 1889 erschießt in Meyerling der österreichische Kronprinz Rudolf seine schwangere Geliebte, die Baronesse Vetsera und dann sich selbst (Zeile 4). Kaiser Franz Joseph verliert seinen einzigen Sohn, die Dynastie der Habsburger ist in direkter Linie erloschen (Zeile 4). Er und Kaiserin Elisabeth hatten sich seit langem entfremdet, sie lebte wie eine Nonne, abgeschieden von der Geschäftigkeit des Hofes. Als bayerische Prinzessin hatte sie "vollkommenes (blaues) Blut". Der Tod ihres Sohnes ließ sie zu Stein erstarren: der *Gorgoneneffekt*. Zeile 3: die wahren Hintergründe des Dramas wurden erfolgreich vertuscht.

80

Des innocens le sang de vefve & vierge,
Tant de maux faits par moyen se grand Roge,
Saints simulachres tremprez en ardant cierge,
De frayeur crainte ne verra nul que boge.

Das Blut der Unschuldigen, der Witwen und Jungfrauen,
So viel schlechte Taten vermittels dieses großen *Roge*,
Die heiligen Bilder getaucht in brennende Kerzen.
Vor Schrecken und Angst wagt sich niemand zu rühren.

Wahrscheinlich Anschlußvers an VIII/77. Das letzte Wort Zeile 2 heißt richtig Rouge = der Rote, *Roge*, und ist damit *falsch* geschrieben. Wahrscheinlich ein Hinweis auf das lateinische Wort *rogus*, den Scheiterhaufen.

81

Le neuf empire en desolation,
Sera changé du pol aquilonaire,
De la Sicile viendra l'esmotion
Troubler l'emprise à Philip, tributaire.

Das neue Reich im Elend,
Es wird von der Macht des Nordens verändert.
Von Sizilien her naht die Bewegung.
Das Vorhaben wird Philipp durch Abhängigkeit gestört.

Deutschland im Dreißigjährigen Krieg (Zeile 1). Der Norden, Schweden, greift 1630 in den Krieg ein. Gustav Adolf II. (1594-1632) besiegt das katholische Heer unter Tilly und steht 1632 vor München.

Das Collegium Germanicum (Jesuiten 1552) betreibt in Deutschland die Gegenreformation von Süditalien aus. Dieses Vorhaben Philipps III. wird durch das Eingreifen Frankreichs ab 1636, das in politischem Gegensatz zu den Habsburgern steht, gestört (Zeile 4).

82

Ronge long, sec faisant du bon valet,
A la parfin n'aura que son congie,
Poignant poyson, & lettres au collet
Sera saisi eschappé en dangie.

Lange gequält, ausgedörrt als guter Diener,
Am Ende hat er nichts als seine Entlassung.
Stechendes Gift und Schriftstücke im Kragen.
Er wird gepackt und entkommt in der Gefahr.

Ein Minister, der sich im Dienst für seinen Fürsten aufgezehrt hat, erntet nichts als Undank. Die Schilderung könnte das Schicksal Fürst Metternichs beschreiben, der auf dem Wiener Kongreß 1815 führend an der Neuordnung Europas mitwirkt. Als österreichischer Staatskanzler ist er über Jahrzehnte lang allmächtig. Die Revolution von 1848 bringt dem 75jährigen die Entlassung. Für die Revolutionäre ist er mit seiner Kabinettspolitik der Gegner schlechthin. Metternich flieht nach England. Die Überfahrt mit dem Schiff ist im letzten Wort verborgen: statt ***danger*** = Gefahr, schreibt Nostradamus ***dangie***. Ein ***Dingy*** ist ein kleines Schiff.

83

Le plus grand voile hors du port de Zara,
Pres de Bisance fera son entreprise,
D'ennemy perte & l'amy ne sera
Le tiers à deux fera grand pille & prinse.

Das allergrößte Schiff außerhalb des Hafens von Zara.
Bei Byzanz führt er sein Unternehmen durch.
Durch Feind Verlust und Freunde gibt es nicht,
Der Dritte macht zweien große Plünderung und Eroberung.

Durch die Kurzform, die Nostradamus schreibt, wegen fehlender Interpunktion und grammatikalisch unvollständige Endungen ist völlig unklar, wer hier mit wem es zu tun hat; wo wer gewinnt. Zeile 3 kann z.B. genauso gut lauten: Dem Feind Verlust und Freunde hat er nicht. In Zeile 4 ist mit tiers wohl der dritte Stand gemeint, mit deux wieder deus (lat.) = Gott; d.h. der Mob geht gegen die Kirche vor.

Das ***Schiff/Segel*** in Zeile 1 ist sicherlich eine ganze Flotte. Mit Zara dürfte die Hafenstadt Zadar an der Adria gemeint sein. Es ist nicht einmal klar, ob es eine ***feindliche*** Flotte ist, oder eine ***eigene***. Die ***große Pille*** könnte ein Atomsprengkörper sein. Es gibt Verse, in denen das ganz eindeutig der Fall ist. Wohl ferne Zukunft.

84

Paterne orra de la Sicille crie,
Tous les aprets du goulphre de Trieste,
Qui s'entendra iusque à la Trinacrie,
De tant de voiles fuy, fuy l'horrible peste.

Paterna hört von Sizilien den Schrei,
All die Vorbereitungen des Golfs von Triest,
Was man bis Trinacrie hört,
Vor so viel Schiffen flieh, flieh die schreckliche Seuche.

Ein künftiges Ereignis, das vielleicht in Zusammenhang mit Vers VIII/83 zu sehen ist. ***Trinacrie*** ist ein altes Wort für Sizilien. Die Wurzel des Wortes ***Paterna*** könnte ***patera*** (lat.) = die Opferschale sein und den Papst/Christenheit meinen. Teil der islamischen Invasion.

85

Entre Bayonne & à sainct Iean de Lux
Sera posé de Mars la promotoire
Aux Hanix d'Aquilon Nanar hostera lux,
Puis suffoqué au lict sans adiutoire.

Zwischen Bayonne und St. Jean-de-Luz
Erreicht der Krieg den Höhepunkt.
Dem ***Hanix*** von Nordland entzieht ***Nanar*** das Licht,
Dann erstickt er im Bett ohne Beistand.

Das Anagramm ***Nanar*** könnte ***Narran*** (narrer = erzählen) sein, also der Erzähler, ein Schwadroneur. Bei ***Halix*** müssen wir etwas mehr Gehirnschmalz einsetzen: Im Rahmen einer Lautverschiebung sind N nd L austauschbar: halix = axhil = Achil(l). Der ***Achill*** von ***Nordland*** = der Held aus Rußland wird vom ***Schwätzer*** geschlagen. Aber hier befinden wir uns bereits im Grenzbereich der Analyse.

86

Par Arnani Tholoser Ville Franque,
Bande infinie par le mont Adrian,
Passe riviere, Hutin par pont la planque
Bayonne entrer tous Bichoro criant.

Von Hernani, Toulouse, Villefranche,
Eine endlose Truppe über das Hadriangebirge.
Der Fluß wird überquert, der Starrkopf auf der Bretterbrücke,
Sie ziehen in Bayonne ein, alle in Bigorre schreien.

Wellingtons Zug im Frühjahr 1814 über die Pyrenäen von Hernani bei San Sebastian am Atlantik nach Bayonne. Zeile 3: Wellington, der Starrkopf, überquert am 9. März auf einer Pontonbrücke den Adour. Marschall Soult weicht nach Toulouse zurück, wo er vier Wochen später kapituliert.

87

Mort conspiree viendra en plein effect,
Charge donnee & voyage de mort
Esleu, crée, receu par siens deffait.
Sang d'innocence devant foy par remort.

Der Tod durch das Komplott wird in die Tat umgesetzt,
Die Ladung verstaut und die Fahrt in den Tod,
Erwählt, erhoben, empfängt er von den Seinen die Niederlage,
Unschuldiges Blut zuerst; Überzeugung statt Gewissen.

Die Gefangennahme Ludwig XVI. Zeile 1, 3 und 4: Der Konvent beschließt mit 387 gegen 324 Stimmen den Tod des Königs. Zeile 2: die mißglückte Flucht, die in Varennes endet. Zeile 4: gegen ihr Gewissen stimmen die Geschworenen für die Todesstrafe.

88

Dans la Sardiagne un noble Roy viendra,
Qui ne tiendra que trois ans le Royaume,
Plusieurs couleurs avec soy conioindra,
Luy mesme apres soin sommeil marrit scome.

Nach Sardinien kommt ein edler König,
Der nur drei Jahre das Königreich halten wird.
Mehrere Farben verbindet er mit seiner,
Er selbst nach seinem Schlummer heiratet den Orden.

Emanuel IV., Fürst von Savoyen, geht nach 1798 nach Sardinien, da Norditalien in der Hand der Franzosen ist. 1801 verzichtet er auf den Thron und wird in Rom Jesuit.

89

Pour ne tomber entre mains de son oncle,
Qui ses enfans par regner trucidez,
Orant au peuple mettant pied sur Peloncle
Mort et traisné entre chevaux bardez.

Um nicht in die Hände seines Onkels zu fallen,
Der seine Kinder, um zu regieren, umbringt,
Beschwört er das Volk, den Fuß auf *Peloncle* zu setzen.
Er stirbt und wird geschleift zwischen gepanzerten Pferden.

Zeile 3: Das Anagramm *Peloncle* läßt sich zerlegen in *Pel* und *Oncle* (Onkel). Pelex (lat.) ist ein Kebsweib. Die treibende Kraft ist also *Pelex-oncle*, die Mätresse des Herrschers. Vor allem sie ist unschädlich zu machen. Die ***gepanzerten Pferde*** sehen mir sehr nach gepanzerten Fahrzeuge aus, ein Tod auf dem Schlachtfeld also. Unbestimmbare Zukunft, wohl eher islamischer Bereich, da dort Sitten, wie in der Zeile 2 geschildert, früher üblich waren.

90

Quand des croisez un trouvé de sens trouble
En lieu du sacre verra un bœuf cornu
Par vierge porc son lieu lors sera comble,
Par Roy plus ordre ne sera soustenu.

Wenn die Bekreuzten einen gefunden haben, der einen verwirrten Verstand hat,
Sieht man am Ort des Heiligtums ein gehörntes Rind.
Statt der Jungfrau ist der Platz des Schweins dann an der Spitze.
Durch den König wird die Ordnung nicht mehr aufrechterhalten.

Zeile 1 und 4 bilden eine Klammer: das Christentum/das Abendland hat einen Führer, der unfähig ist. In Zeile 2 wird heidnisches Brauchtum beschrieben, in Zeile 4 hat die Jungfrau = Katholizismus dem Schwein = Judentum den Platz geräumt. Wahrscheinlich ein liberaler Führer, für den Nostradamus nur Abscheu empfindet. Doch eins ist klar: *christliches Abendland* auch im weitesten Sinn, wird hier nicht mehr beschrieben. Der Ort des Heiligtums könnte in Israel liegen, für fromme Juden das Greuel schlechthin.

91

Parmy les champs de Rodanes entrées
Ou les croisez seront presques unis,
Les deux brassieres en pisces rencontrées,
Et un grand nombre par deluge punis.

In die Landstriche der Rhône sind sie gekommen,
Wo die Bekreuzten fast vereint sind.
Die beiden zusammengegurteten treffen sich in den Fischen
Und eine große Anzahl wird von der Flut bestraft.

Vermutlich Anschlußvers an VIII/90. Wie dort in Zeile 1 finden wir auch hier die ***Bekreuzten***. Es macht fast den Eindruck, als hätten wir es mit Kreuzfahrern zu tun. Zeile 3 enthält das Datum des Geschehens: Zusammengebunden wurden gemäß der griechischen Mythologie Mars und Venus, von Vulkan auf frischer Tat ertappt. Sie haben eine Konjunktion in den Fischen. Diese Konstellation gibt es etwa viermal im Jahrhundert, hilft uns also zur Datierung nicht im vorhinein. Die ***Flut*** in Zeile 4 ist wieder einmal ein Umsturz, eine Revolution.

92

Loing hors du regne mis en hazard voyage
Grand ost duyra pour soy l'occupera,
Le Roy tiendra les siens captif ostage
A son retour tout pays pillera.

Weit entfernt vom Reich, geschickt auf eine gefahrvolle Reise,
Ein großes Heer führt er, für sich beansprucht er es.
Der König hält die Seinen als Geiseln gefangen,
Bei seiner Rückkehr plündert er alle Länder.

Napoleons Ägyptenfeldzug vom Mai 1798 bis August 1799. Das Ziel war, eine Kolonie zu erobern und gleichzeitig England zu treffen. Nach dem Scheitern des Feldzugs flieht Napoleon allein, der Rest der Armee geht in Gefangenschaft. Kaum zurückgekehrt, wird Napoleon Erster Konsul; er reißt die Macht an sich: vier Jahre später ist er Kaiser, verschwendet Frankreichs Ressourcen und plündert Europa.

93

Sept mois sans plus obtiendra prelature
Par son decez grand scisme fera naistre:
Sept mois tiendra un autre la preture,
Pres de Venise paix union renaistre.

Sieben Monate, nicht länger wird er die Prälatur innehaben,
Durch seinen Tod kommt es zur großen Kirchenspaltung,
Sieben Monate hält ein anderer das Amt.
Bei Venedig werden Frieden und Eintracht wiedergeboren.

Ein Papst stirbt nach sieben Monaten (oder im 7. Monat, also im Juli). Es folgt ein Schisma, das sieben Monate dauert (vergl. Verse II/41, V/45, V/64, VI/28). Wahrscheinlich besteht ein Zusammenhang mit der Revolution in Italien und dem Dritten Weltkrieg.

94

Devant le lac où plus cher fut getté
De sept mois, & son ost desconfit
Seront Hyspans par Albannois gastez,
Par delay perte en donnant le conflict.

Vor dem See, in dem man den Teuersten geworfen hatte,
Den von *Sieben Monaten*, und sein Feind in die Flucht geschlagen,
Werden die Spanier von den Weißen verdorben,
Wegen der Verzögerung Untergang bei Kriegsbeginn.

Sicherlich Anschlußvers an VIII/93, und ein hochinteressanter, raffiniert verschachtelter dazu. Zeile 1: Der *Teuerste*, der Papst, wurde in den *See* = Revolution geworfen, er fällt ihr also zum Opfer. Es folgt ein Krieg, in dem der Feind in die Flucht geschlagen wird. Vor*her* (Zeile 1, nun Zeilensprung auf Zeile 3) Werden die Spanier ... *Vor* ist nicht örtlich zu sehen, sondern zeitlich! Die *Weißen* sind radikale Konservative. Das Tarnwort *Weiß* rührt her von den weißen Kutten der Dominikaner, erbitterte Verfolger aller Ketzer und Abweichler. Die Gegner der Weißen sind die *Roten*. Wir haben also Unruhen auch in Spanien, was bereits aus anderen Versen bekannt ist. Zeile 4: Der Dritte Weltkrieg trifft den Westen überraschend und völlig unvorbereitet.

95

Le seducteur sera mis à la fosse,
Et estaché uisques à quelque temps,
Le clerc uny le chef avec sa crosse
Pycante droite attraira les contens.

Der Verführer wird in den Graben geworfen
Und für einige Zeit angebunden.
Der Klerus vereint mit dem Chef unter dem Bischofsstab.
Das strenge Recht zieht die Zufriedenen an.

Anklang an die Offenbarung 20, Vers 1: der Teufel wird für tausend Jahre im Abgrund angekettet. Der Vers beschreibt die Neuordnung nach dem Zusammenbruch. Möglicherweise Anschlußvers an VIII/94.

96

La Synagogue sterile sans nul fruit
Sera receuë entre les infideles
De Babylon la fille du porsuit
Misere & triste lui trenchera les aisle.

Die unfruchtbare Synagoge ohne jede Frucht
Wird von den Ungläubigen empfangen werden.
Von Babylon werden der Tochter durch Verfolgung
Elendiglich und traurig die Flügel abgehauen.

Zeile 1 und 2: Die Gründung des Staates Israel inmitten der ***ungläubigen*** Bekenner Allahs. Zeile 3: die *Tochter* ist bei Nostradamus meist ein Staat, hier einwandfrei als Israel zu identifizieren. Die Vorfahren des jüdischen Teils der Einwohner wurden über Jahrtausende von der Kirche verfolgt. In Zeile 4 wird ganz deutlich gesagt, daß eines Tages schwere Zeiten auf diesen Staat zukommen werden.

97

Aux fins du VAR changer le Pompotans,
Pres du rivage les trois beaux enfans naistre,
Ruyne au peuple par aage competans
Regne au pays changer plus voir croistre.

An den Grenzen der VAR verändern sich die Mächte,
Nahe dem Gestade werden die drei schönen Kinder geboren.
Untergang dem Volk, wenn in großjährigem Alter.
Die Regierung im Land ändert sich, dann wird man es wachsen sehen.

Zeile 1: Nasser gründete 1954 die *V*ereinigte *A*rabische *R*epublik, VAR genannt. Sie bestand aus Ägypten und Syrien. Die drei schönen Kinder sind die drei siegreichen Kriege Israels gegen die Araber. Zeile 3 sagt aus, daß eine Generation nach der Geburt der drei Kinder *das Volk* - welches? - untergehen wird. Da von *dem* Volk gesprochen wird, ist anzunehmen, daß es sich um *das* Volk handelt, wie sie sich selbst bezeichnen, um das jüdische in Israel. Zeile 4 schildert den Sturz der Parlamente im arabischen Raum. *Wachsen sehen* wird man den doktrinären Islam. Ist meine Analyse Zeile 3 richtig, geht das *Wachsen* des Islam mit dem Untergang Israels Hand in Hand. Wohl nahe Zukunft und Anschlußvers an VIII/96.

98

Des gens d'Eglise sang sera espanché,
Comme de l'eau en si grande abondance
Et d'un long temps ne sera restanché
Ve ve au clerc ruyne & doleance.

Das Blut der Kirchenleute wird vergossen,
Wie das Wasser in so großer Fülle
Und eine lange Zeit wird es nicht ersetzt.
Wehe, wehe, dem Klerus Untergang und Leid.

Priester, Nonnen und Christen allgemein wurden in der französischen Revolution verfolgt. Doch dergleichen mag sich wiederholen. Man braucht nur an die entsetzlichen Greueltaten im spanischen Bürgerkrieg zu denken oder an die Massaker auf dem Balkan vor dem Zweiten Weltkrieg, an die Untaten der Kommunisten im Rußland der 20er Jahre usw. usw... Desgleichen sieht man neuerdings ***live*** im Fernsehen.

99

Par la puissance des trois Rois temporels,
En autre lieu sera mis le sainct Siege:
Où la substance de l'esprit corporel,
Sera remis & receu pour vray siege.

Durch die Macht der drei westlichen Könige
Wird der Heilige Stuhl an einen anderen Ort gebracht.
Dort wird der Kern des körperlichen Geistes
Zurückgeführt und empfangen als wahren Sitz.

Grundlegende Reform des Glaubens durch Erkenntnis und Bekenntnis tieferer Einsicht in religiöse Wahrheiten.

100

Pour l'abondance de l'arme respandue
Du hault en bas par le bas au plus hault
Trop grande foy par ieu vie perdue,
De soif mourir par habondant deffault.

VIII. Centurie

Wegen des Übermaßes von Ausgaben für Waffen,
Das Hohe nach unten durch das Niedere ganz hinauf.
Der zu große Glaube in das Spiel des Lebens geht verloren.
An Durst stirbt man wegen übergroßen Fehlers.

Die moderne Zivilisation ist aufgebaut auf nicht mehr zu tilgende Schulden, sei es der Rüstung wegen, sei es wegen populistischer Staatsausgaben, um Wähler zu ködern. Der finanzielle Kollaps führt zum Zusammenbruch der Industriestaaten, die Republiken werden scheitern. Aus den Wirren wird m.E. etwas ganz Neues hervorgehen.

VIII. Centurie

1

Dans la maison du traducteur de Bourc
Seront les lettres trouvees sus la table,
Borgne, roux, blanc, chenu tiendra de cours,
Qui changera au nouveau Connestable.

Im Haus des Übersetzers von Bourges
Werden die Schriftstücke auf dem Tisch gefunden.
Finster, rot, weiß, eisern hält er den Kurs,
Der geändert wird vom neuen Connétable.

Der Connétable war vom 14. Jahrhundert an der Titel des Oberbefehlshaber des französischen Heeres. Richelieu hob 1627 Amt und Titel auf. Der bekannteste Connétable dürfte Anne de Montmorency gewesen sein, der nach dem frühen Tod Franz II. 1560 für den zehnjährigen Thronfolger Karl IX. die Führung der katholischen Partei übernahm. Damit beginnen die acht Hugenottenkriege, die im Massaker der Bartholomäusnacht (24. August 1572) einen ihrer Höhepunkte erreichen. In Zeile 3 wird Anne, der 73 Jahre alt wurde, beschrieben. Nostradamus hat ihn noch gekannt. Bei den Schriftstücken, die *offen* auf dem Tisch liegen, handelt es sich wohl um das Werk des Nostradamus, das zu dieser Zeit *veröffentlicht* wird. Einer der ganz frühen Verse, der zu Vers I/35 gehört.

2

Du hault du mont Aventin voix ouye,
Vuydez vuidez de tous les deux costez,
Du sang des rouges sere l'ire assomie,
D'Arimin Prato, Columna debotez.

Von der Höhe des Aventin hört man Stimmen:
Flieht, flieht, nach allen beiden Seiten!
Mit Blut löschen die Roten den Zorn.
Die Wiese von Rimini wirft *Columna* hinaus.

Papst Paul IV. (1555-1559) setzt die Inquisition ein. Zeile 1: der Aventin steht für Rom. Hier waltet das Heilige Offizium. Die Roten = die Kardinäle dürften in der Zeit der Inquisition eine mehrfach höhere Anzahl von unschuldigen Opfern haben ermorden lassen, als je in Rom Christen verfolgt worden sind. Der warnende Ruf (Zeile 2) ist nur allzu berechtigt.

Dem Kampf gegen die Spitzel und ihre Auftraggeber nahm die tapfere Markgräfin Vittoria *Colona* auf, die dadurch in Lebensgefahr geriet. *Prato* = die Wiese und *Rimini* dürfte Nostradamus nur eingefügt haben, um *Columna* zu tarnen. Es gibt eine italienische

Stadt Colonna. Möglich ist jedoch auch, daß es da einen Bezug gibt, der heute nicht mehr zu recherchieren ist.

3

La mangna vaqua à Ravenne grand trouble,
Conduicts par quinze enserrez à Fornase:
A Rome naistra deux monstres à teste double
Sang, feu, deluge, les plus grand à l'espace.

Die große Kuh gerät in Ravenna in große Schwierigkeiten,
Geführt von fünfzehn, eingesperrt in Fornace.
In Rom werden zwei Ungeheuer mit zwei Köpfen geboren.
Blut, Feuer, Überschwemmungen, die allergrößten an Ausdehnung.

Die Kuh steht für Europa, die ***große Kuh*** wohl für die EG, Brüssel, das ***goldene Kalb*** der Gegenwart: Schwierigkeiten tauchen auf; sicherlich nicht örtlich auf Ravenna begrenzt. Zeile 2: Gefangene Rädelsführer. Zeile 4: ***Überschwemmung*** ist bei Nostradamus Standarddeckwort für Umsturz, Revolution. Schreibt er "allergrößte Ausdehnung", dann wird von dieser Revolution nicht nur Italien erfaßt, sondern die ganze ***große Kuh***, d.h. Europa. Zeile 3: die zwei gegnerischen Parteien, beide sind Ungeheuer.

4

L'an ensuyvant descouverts par deluge,
Deux chefs esleuz, le premier ne tiendra
De fuyt ombre à l'un d'eux le refuge,
Saccagee case qui premier maintiendra.

Im folgenden Jahr werden während der Überschwemmung entdeckt
Zwei gewählte Führer, der erste kann sich nicht halten.
Es flieht im Dunkel zu einem der beiden der Herrscher,
Vernichtet wird das Haus, das der erste innehat.

Wahrscheinlich Anschlußvers an IX/3. Die Lage polarisiert sich, wir haben nun zwei gegnerische Lager und ihre Führer. Zeile 2 und 4: der ***erste*** der beiden, wohl eher ***einer***, kommt unter die Räder. Zeile 3: der ***Herrscher*** = Staatschef scheint bei dem anderen, dem ***zweiten*** Zuflucht zu finden. Beschreibt dieser Vers die italienische Revolution, so geht dieser Vers nahtlos weiter mit Vers V/100.

5

**Tiers doibt du pied au premier semblera
A un nouveau Monarque de bas haut,
Qui Pise & Lucques Tyran occupera
Du precedant corriger le deffaut.**

Die dritte Zehe des Fußes gleicht der ersten,
Bei einem neuen Monarchen von unten nach oben,
Der Pisa und Lucca als Tyrann besetzt, um
Des Vorgängers Fehler zu berichtigen.

Zeile 1 und 2: Napoleon III. und Napoleon I. Beide kommen durch Umsturz und Staatsstreich an die Macht. Zeile 3 und 4: schon Napoleon I. wollte Italien dem französische Kaiserreich einverleiben. Sein Scheitern bedeutete auch das Ende dieses Vorhabens. Seine Neffe erreicht das Ziel zum Teil: Frankreich gewinnt Nizza und Savoyen.

6

Par la Guyenne infinité d'Anglois
Occuperont par nom d'Anglaquitaine,
Du Languedoc Ispalme Bourdeloys,
Qu'ils nommeront apres Barboxitaine.

In der Guyenne sind zahllose Engländer,
Sie besetzen es und nennen es Angloaquitanien.
Vom Languedoc bis zum spanischen Bordeaux,
Das sie danach Barboxitanien nennen.

Zeile 3: das ***spanische*** Bordeaux ist Barcelona. Ein ***barbu*** ist ein ***Bärtiger***. Wir kennen aus Vers V/45 bereits den ***Eisenbart***. Auf diesen Kampfgenossen von König Henric geht wohl der Name zurück. Gegen wen hier in Südfrankreich und Nordspanien gekämpft wird, ist nicht ganz klar. Wahrscheinlich handelt es sich um Truppen des Islamischen Imperiums.

7

Qui ouvrira le monument trouvé,
Et ne viendra le serrer promptement,
Mal luy viendra, & ne pourra prouvè
Si mieux doit estre Roy Breton ou Normand.

Wer das gefundene Monument öffnet
Und es nicht sofort wieder schließt,
Dem wird Unheil widerfahren und er wird nicht mehr erproben können,
Ob es besser wäre, britischer oder normannischer König zu sein.

1922 entdeckt der britische (vergl. Zeile 4) Archäologe Howard Carter das Grabmal Tut-ench Amuns. Durch das Öffnen und Betreten der versiegelten Gruft kommen er und mehrere Mitarbeiter wenige Jahre später zu einem frühen Tod. Lange ein Rätsel, und als ***Fluch der Pharaonen*** bezeichnet, löste sich das Rätsel vor wenigen Jahren. Hochtoxische Sporen in der abgeschlossenen Gruft brachten durch Einatmen den Tod. Nostradamus weiß es: "... und nicht sofort wieder schließt."

Vergl. Vers VIII/66, dort wird über das Bindeglied der Machtübernahme Mussolinis im gleichen Jahr 1922 ebenfalls die Entdeckung dieser Grabstätte geschildert.

8

Puisnay Roy fait son pere mettra à mort,
Apres conflict de mort tres inhonneste:
Escrit trouvé, soupçon donra remort,
Quand loup chassé pose sur la couchette.

Der Zweitgeborene König läßt seinen Vater umbringen,
Darauf tödlicher Krieg, ein sehr unehrenhafter.
Eine Schrift wird gefunden, der Verdacht bewirkt Gewissensbisse,
Wenn der verjagte Wolf im Heiabettchen liegt.

Wie in Vers VIII/45 wird hier Hitler, der einen älteren Halbbruder hatte, als ***Zweitgeborener*** bezeichnet. Der ***Vater***, den er zur Strecke bringt, ist die Demokratie, der deutsche Staat. Zeile 2: darauf folgt der entsetzliche Zweite Weltkrieg. Zeile 4: der ***Wolf*** ist bei Nostradamus stets Deutschland, wenn es ***böse*** ist. Nun ist er verjagt und zahm als ***Bundesrepublik*** und tut keiner Fliege etwas zuleide. Zeile 3: mir (und einigen Fachhistorikern) ist völlig klar, was mit dem ungerechtfertigten ***Verdacht*** gemeint ist, so daß die Welt später Gewissensbisse haben wird. Die ***Schrift*** ist noch nicht gefunden, mir ist klar, was darin stehen wird.

9

Quand lampe ardente de feu inextinguible
Sera trouvé au temple des Vestales,
Enfant trouvé feu, eau passant par crible:
Périr eau Nymes, Tholose cheoir les halles.

Wenn die brennende Lampe mit dem unlöschbaren Feuer
Entdeckt wird, wird im Tempel der Vesta
Das Kind vom Feuer gefunden. Das Wasser stürzt wie durch ein Sieb.
Durch Wasser wird Nîmes vernichtet, in Toulouse stürzen die Gebäude ein.

Zeile 3 und 4: der Untergang von zwei Städten in Südfrankreich durch herabstürzende Wassermassen; das Wasser läßt sich nicht aufhalten, es läuft wie durch ein Sieb. Zeile 1 beschreibt die Ursache der sintflutartigen Regenfälle: es ist ein hell lodernder Meteor, der in einen der Ozeane stürzt. Explosionsartig verdampfen unglaubliche Wassermassen, die als Regen niederstürzen.

Der *Tempel der Vesta* ist der heimische Herd. Das Kind am Herd/im Heim wird vom Feuer nicht verschont. Verbunden ist ein solches Geschehen mit heftigen Erdbeben: Toulouse ist eines der Opfer (vergl. Vers X/6).

10

Moyne moynesse d'enfant mort exposé,
Mourir par ourse, & ravy par verrier,
Par Fois & Pamyes le camp sera posé
Contre Tholoze Carcas dresser fourier.

Mönch und Nonne *durch* das Kind dem Tod preisgegeben,
Sterben durch Bär geraubt vom Eber.
Von Foix und Pamiers wird als Lager aufgebaut,
Gegen Toulouse und Carcassonne wird der Backofen gerichtet.

Zeile 1: kein Fehler in der Übersetzung. Ein *Kind*, nicht das von Nonne und Mönch, es geht gegen Klöster vor. Das *Kind* ist ein junger, erst kürzlich zur Macht gelangter Herrscher, der eine Christenverfolgung in die Wege leitet. Der *Bär* ist Rußland, der *Eber* Israel/die Juden. Zeile 4: der *Backofen*, der ganze Städte verbrennt, ist wahrscheinlich die Atombombe. *Geraubt vom Eber* ist möglicherweise der Frieden (= neuer Nahostkonflikt) und der *Bär* schaltet sich ein. Aus Vers VI/44 wird klar: das *Kind* ist ein Produkt von *Bär* und *Schwein*: Ein Krieg im Nahen Osten, Atomwaffeneinsatz. Vers IX/10 gehört zum Zyklus der Verse, die den Dritten Weltkrieg zum Inhalt haben.

11

Le iuste à tort à mort l'on viendra mettre
Publiquement, & du milieu estaint:
Si grande peste en ce lieu viendra naistre,
Que les iugeans fuyr seront contraints.

Den Gerechten wird man zu Unrecht zum Tode verurteilen,
In der Öffentlichkeit und in der Mitte wird er ausgelöscht.
So große Pest wird an diesem Ort geboren,
Daß die Richter gezwungen sind, zu fliehen.

Die Hinrichtung König Charles I. 1649. Sechzehn Jahre später brach in London die Pest aus, die mit 60.000 Toten einen Großteil der Bevölkerung hinwegraffte (vergl. Vers II/53).

12

Le tant d'argent die Diane et Mercure,
Les simulachres au lac seront trouvez:
Le figulier cherchant argille neuve
Luy et les siens d'or seront abbreuvez.

Die Fülle aus Silber der Göttin Diana und Merkurs,
Die Bilder werden im See gefunden.
Der Bildhauer, der neuen Ton sucht,
Er und die Seinen werden in Gold schwimmen.

Der Schlüssel zu diesem Vers ist *lac* in Zeile 2. Auf französisch *See*, heißt das Wort auf lateinisch *Milch*. In Vers I/21 nennt Nostradamus den weißen Kaolinschlamm, die Rohmasse des Porzellans *lactineuse*, *milch*weiß. Zeile 1: Porzellanfiguren aus Meißen. Zeile 2: *Bilder* werden im ~~See~~ weißer Tonerde gefunden. Der Apotheker Bötticher, Entdecker des Porzellans, ist hoffentlich so reich geworden, wie Nostradamus es beschreibt.

13

Les exiles autour de la Soulongne
Conduicts de nuict pour marcher à Lauxois,
Deux de Modenne truculent de Bologne,
Mis descouvers par feu de Burançois.

Die Ausgewanderten rund um Sologne,
Geführt des Nachts, um nach Auxois zu gehen.
Zwei aus Modena, der Betrüger von Bologna,
Werden entlarvt durch Feuer von *Burançois*.

Hier zeigt sich wieder ganz deutlich, daß wegen fehlender Interpunktion die Zeilen mehrdeutig sind. Zeile 2 kann auch heißen: zwei aus Modena betrügen Bologna. Oder: zwei aus Modena betrügen. Von Bologna werden sie entlarvt. *Burançois* ist wahrscheinlich ein französischer Politiker. Der Buran ist ein winterlicher Schneesturm in Zentralrußland. Die Endung ***cais*** stammt her vom französischen Vornamen ***François***, der Franzose. Wir haben es also mit einem französischen Politiker zu tun, der moskauhörig ist. Diese Angelegenheit geht nicht friedlich aus, das ist sicher. Zeile 1: Flucht der Bevölkerung aus Paris nach Süden und dann weiter, gleichzeitig Unruhen in Norditalien.

14

Mis en planure chauderon d'infecteurs,
Vin, miel & huyle, & bastis sur fourneaux,
Seront plongez, sans mal dit mal facteurs
Sept. fum. extaint au canon des borneaux.

Gestellt in Hobelspäne die Kochgeschirre der Infizierten,
Wein, Honig und Öl, und über dem Feuer geschlagen.
Sie werden hineingetaucht, ohne Übles gesprochen oder Böses getan zu haben.
Abgeleitet der Dampf, abgelöst im Rohr an den Rändern.

Zeile 4: ein Destillationsapparat. Beschrieben wird die Desinfektion über glühenden Spänen (Zeile 1) und die Herstellung eines Aufbautranks (Zeile 3). Zu Zeiten von Nostradamus ging man davon aus, daß eine Seuche die Strafe Gottes für böses Tun sei. In Zeile 3 widerspricht er dieser Auffassung. Man gerät unschuldig in diese Lage.

15

Pres de Parpan les rouges detenus,
Ceux du milieu parfondres menez loing:
Trois mis en pieces, & cinq mal soustenus,
Pour le Seigneur & Prelat de Bourgoing.

Bei Perpignan werden die Roten gefangen,
Die in der Mitte eingebrochenen hat es von weit hergeführt.
Drei werden in Stücke gehauen und fünf es schlecht unterhalten.
Dem Herrn und Prälaten der Bourgogne.

Möglicherweise gehört dieser Vers zum Zyklus Dritter Weltkrieg und ist ein Anschlußvers an IX/13. Die ***Roten*** an der spanischen Grenze (Zeile 1) dürften rote Revolutionäre sein. Zeile 2: russische Verbände in Nordfrankreich mit Stoßrichtung auf das Massiv-Central (= Zentral/Mitte); weit hergeführt = aus Rußland. Ein anderer Teil (die ***fünf***, möglicherweise fünf Divisionen, also eine Armee) steht an der Schweizer Grenze in Burgund. Dort geht diese Armee unter (vergl. Vers VIII/34).

16

De castel Franco sortira l'assemblee,
L'ambassadeur non plaisant sera scisme:
Ceux de Ribiere seront en la meslee,
Et au grand goulfre desnieront l'entree.

Aus der Festung wird Franco die Versammlung führen.
Der Botschafter ist nicht glücklich, es kommt zur Spaltung,
Die von Rivera sind im Gemenge
Und dem großen Strudel verwehren sie den Zugang.

Der spanische Bürgerkrieg. Zeile 1: Franco befreit seine eingekerkerten Anhänger aus dem Alkazar von Toledo. Zeile 2: Spanien spaltet sich in zwei Lager. Zeile 3: die rechten Falangisten Primo de Riveras unterstützen Franco. Zeile 4: dem Kommunismus in Spanien wird ein Riegel vorgeschoben, Franco siegt.

17

Le tiers premier pis que ne fit Neron,
Vuidez vaillant que sang humain respandre:
R'edifier fera le forneron,
Siecle d'or mort, nouveau Roy grand esclandre.

Vom Dritten der Erste ist schlimmer als nicht einmal Nero,
Nur durch Vergießen menschlichen Bluts ein Held.
Er baut die Schmelzöfen wieder auf.
Das goldene Jahrhundert ist tot, ein neuer König, großer Skandal.

Der Vers IX/16 nennt den Diktator Franco, hier beschreibt Nostradamus Hitler, den *Ersten* im Dritten Reich. Er haust schlimmer als Nero. Zeile 2 und 3 schildern Machtpolitik und Aufrüstung. Als *Held*, als größten Führer aller Zeiten, so sieht Hitler sich selber. Im Gegensatz zu Amerika, das Konsum (Gold) anbetet, werden im Dritten Reich Tugenden gepredigt und für Generationen damit unglaubwürdig (Zeile 4).

18

Le lys Dauffois portera dans Nansi
Iusques en Flandres electeur de L'Empire,
Neufve obturee au grand Montmorency,
Hors lieux prouvez delivre à clere peine.

Die Lilie trägt der Dauphin nach Nancy hinein,
Bis nach Flandern der deutsche Kurfürst.
Ein neues Gefängnis für den großen Montmorency,
Ohne den angestammten Rang ausgeliefert an *clere peine*.

Centurio hat diesen Vers entschlüsselt. Wenn es eines Beweises für die geradezu unglaubliche Fähigkeit des Meisters bedarf, hier ist er. Ludwig XIII. behielt auch als König weiterhin den Titel *Dauphin*. Im September 1633 nimmt er Nancy und stößt nach Flandern vor. Ziel ist es, den von den Spaniern abgesetzten Kurfürsten von Trier wieder einzusetzen (Zeile 2). 1632 scheitert der Aufstand des Herzogs von Toulouse, Montmorency, gegen den König. Zum Tode verurteilt, erreichen seine einflußreichen Verwandten, daß er nicht öffentlich auf dem Marktplatz, sondern im Gefängnis hingerichtet wird (Zeile 3). Der Name des als Henkers befohlenen Soldaten: *Clerepeyne*!

19

Dans le milieu de la forest Mayenne,
Sol au Lyon la foudre tombera,
Le grand bastard yssu du grand du Maine
Ce iour Fougeres pointe en sang entrera.

In der Mitte des Waldes von Mayenne.
Sonne im Löwen, der Blitz schlägt ein.
Der große Bastard, entsprungen dem Großen von Maine.
An diesem Tag Fougères stößt die Spitze ins Blut.

Der Schlüssel zu diesem Vers liegt in der ersten Zeile und dort *in der Mitte* des Wortes Mayenne, nicht im Wald. In der Mitte von Ma-*yen*-ne liegt yen = ney = ***Ney***. Ney, französischer Marschall unter Kaiser Napoleon I., dann General Ludwigs XVIII., wird nach der Schlacht von Waterloo im Sommer 1815 (im Tierkreiszeichen Löwe) wegen zweimaligem Wechsel der Loyalität nicht ganz zu Unrecht zum Tode verurteilt und am 17. Dezember 1815 erschossen.

20

De nuict viendra par la forest de Reines
Deux pars vaultore Herne la pierre blanche,
Le moine noir en gris dedans Varennes
Esleu cap, cause tempeste, feu sang tranche.

Des Nachts geschieht im Wald von Reims für
Zwei Personen Wendung. Königin der weiße Stein,
Als Mönch der König in grau in Varennes,
Der gewählte Capetinger als Ursache für Sturm, Feuer, Blut, abgehauen.

In der Nacht vom 20. auf den 21. Juni 1791 flieht Ludwig XVI. aus Paris. Der König ist als Bürgerlicher verkleidet und trägt graue Kleidung (Zeile 3). 200 km von Paris, auf der Straße nach Lothringen, erkennt der Postmeister Drouet den König. In Varennes werden König und Königin festgenommen. Das ist die Wende (Zeile 2) für ihr Schicksal: im nächsten Sommer wird die Monarchie abgeschafft, der König am 21. Januar 1793 hingerichtet. Der König wird recht treffend als ***Mönch*** bezeichnet. Er war ein stiller, behäbiger Mensch des Typs ***Familienvater*** und unterschied sich damit drastisch von dem sinnenfrohen Treiben seines Vorgängers, für dessen Sünden er den Kopf hinhalten muß. Zeile 1 läßt sich auch (über lateinische Vokabeln) so verstehen: die ***Nacht*** (das Ende) kommt durch die Gerichtsverhandlung für das Königspaar. Das ist letztlich der Inhalt der sonst sinnleeren Zeile 1. Im ***Wald von Reims*** geschieht nämlich rein gar nichts.

21

Au temple hault de Bloys sacre Salonne,
Nuict pont de Loyre, Prelat, Roy pernicant,
Cuiseur victoire aux marests de la Sone
D'où prelature de blancs abormeant.

Bei der Kathedrale St. Solenne in Blois,
Des Nachts auf der Loire-Brücke der Prälat und der unermüdliche König.
Das Roß des Siegers in den Sümpfen von Chalonnes,
Von wo die Würdenträger der Weißen verjagt werden.

Frankreich während der französischen Revolution. Die ***Weißen*** sind die Royalisten, die niederen Chargen der Girondisten wurden ***marais*** (Zeile 3) genannt. Der ***Prälat*** (Zeile 2) ist der Bischof von Blois (Zeile 1), Abbé Vaugeois, Anführer einer Volksbewegung zur Rettung der Monarchie. Von der Loire-Brücke wurden nach dem Scheitern sechzig Geistliche und viele Anhänger des Königs gestoßen und ertränkt.

22

Roy & sa cour au lieu de langue halbe,
Dedans le temple vis à vis du palais
Dans le iardin Duc de Mantor & d'Albe,
Albe & Mantor poignard langue & palais.

Der König und sein Hof am Ort der ***halben*** Sprache,
In der Kirche gegenüber des Palastes.
Im Garten der Herzog von ***Mantor*** und ***Albe***.
Albe und ***Mantor*** reden über Dolch und Palast.

Albus (lat.) = weiß (Zeile 1) ist die Farbe des Königs. König und Hof befinden sich demnach auf eigenem Gebiet. Ein Fürst des Königs, ein ***Weißer*** (Albe) und ***Mantor*** planen offensichtlich ein Komplott. M-***antor*** könnte ein geistlicher Würdenträger im ***Ornat*** sein, dessen Namen mit ***M*** beginnt.

23

Puisnay ioüant au fresch dessous la tonne,
Le hault du toict du mileu sur la teste,
Le pere Roy au temple saint Solonne,
Sacrifiant sacrera fum de feste.

Der Zweitgeborene spielt nichtsahnend unter dem Faß,
Der Dachfirst von der Mitte auf den Kopf.
Der Vater, der König, ist in der Kirche St. Solenne,
Er opfert Feiertagsweihrauch.

Wahrscheinlich besteht ein Zusammenhang mit Vers VI/37. Der Dachfirst mitten über dem Kopf des Prinzen: das ist ein realer Unfall oder eine Allegorie mit gleich fatalem Ausgang. In Verbindung mit Vers VI/37 ist davon auszugehen, daß damit ein Herrscherhaus erlischt. ***Faß*** könnte ein Pulverfaß im übertragenen Sinn meinen. Dann handelt es sich um ein Geschehen auf dem Pulverfaß, und der Zweitgeborene ***spielt nichtsahnend*** mit dem Feuer.

24

Sur le palais au rochier des fenestres
Seront ravis les deux petits royaux,
Passer aurelle Luthece, Denis cloistres,
Nonnain, mallods avaller verts noyaux.

Aus den Fenstern des Palasts ***Zum Stein***
Werden die beiden königlichen Kleinen entführt.
In der Morgenbrise eilen sie durch ***Lutetia*** zum Kloster St. Denis.
Einem von Nonnen. Übeltäter verschlingen grüne Nüsse.

Zeile 1: der Tuilerienpalast (Tuile = Back***stein***). Zeile 3: Lutetia ist der alte römische Name für Paris. Der Dauphin und seine Schwester, Madame Royale, wurden von den Revolutionären gefangengehalten. Gerüchte wollen nicht verstummen, daß der Dauphin befreit worden ist und den bestochenen Wärtern ein anderes Kind untergeschoben wurde. Der Vers bestätigt die Vermutung. Zeile 4: die ***Übeltäter*** haben nach der Flucht nur noch die ausgetauschten Kinder, um sie ersatzweise zu vertilgen: grüne Nüsse = ***taube Nüsse*** im Deutschen.

25

Passant les ponts, venir pres des rosiers,
Tard arrivé plustost qu'il cuydera,
Viendront les noues Espanols à Besiers,
Qu'a icelle chasse emprinse cassera.

Er überschreitet die Brücken und kommt in die Nähe von Rosiers,
Später trifft er ein, doch eher, als er glaubte.
Es kommen die neuen Spanier nach Béziers,
So daß bei dieser Jagd das Unternehmen mißlingt.

Frankreich gewinnt im Pyrenäenfrieden von 1659 u.a. am Mittelmeer hart nördlich der Berge das Roussillon von den Spaniern. Béziers liegt etwas nördlich der alten Grenze, die nun über die Berge führt.

Zeile 1 hat mit dem Ort ***Rosiers*** nichts zu tun. Eine ***Rosière*** ist ein nach altem Brauch ein mit einem Rosenkranz geschmücktes, sittsames Mädchen, eine Braut. Zwischen Spanien und Frankreich herrschte lange Krieg. Nun geht Ludwig XIV. ***über die Brücken*** und heiratet die älteste Tochter Philipps IV., die Infantin Maria Theresia, eine *Rosière* ganz gewiß.

26

Nice sortie sur nom des lettres aspres,
La grand cappe fera present non sien:
Proche de vultry aux murs de vertes captes
Apres plombim le vent à bon essien.

In Nizza ausgestiegen, Nenname aus üblen Buchstaben,
Dem Papst wird er das Seine nicht anbieten.
Nahe bei Voltri bei den grünen Mauern gefangen,
Nach Piombino der Wind mit gutem Schub.

Napoleons Flucht von Elba am 26. Februar 1815. Zeile 4: ***nach*** (der Abreise) von Piombino weht für Napoleons Schiff, die Brigg L'Inconstant, ein guter Wind: der britische Aufpasser Campbell auf der Partride wird durch unüblichen Südwind bei Livorno festgehalten und muß dort kreuzen, so daß die L'Inconstant entwischt. Zeile 1: Napoleons Name ähnelt dem des ***Verderber*** der Offenbarung des Johannes, der ***Apollyon*** heißt und eine Art Oberteufel ist (vergl. Vers I/76). Napoleon landet bei Antibes, hart westlich von Nizza. Zeile 3 beschreibt das ***Gefängnis*** Napoleons, Elba, von ***Mauern*** aus grünem Wasser umgeben, südlich Voltri (bei Genua). Zeile 2: Papst Pius VII. (1803-1823) war kein Freund des Korsen.

27

De bois la garde, vent clos rond pont sera,
Hault le receu frappera le Dauphin,
Le vieux teccon bois unis passera,
Passant plus outre du Duc le droit confin.

Vom Wald die Wache kommt näher und ist rund um den *Pont*,
Der Hohe empfängt ihn. Er schlägt den Dauphin,
Der alte *teccon* durchquert den vereinten Wald,
Vom Herzog wird die Grenze des Rechts viel weiter überschritten.

Der *Pont* (Zeile 1) ist der *Pont*ifex Maximus, der *Hohe* in Zeile 2, der Papst. Die *Garde*/Wache vom Wald müßten eigentlich Deutsche sein. Der *Dauphin* ist Ludwig XIII., der auch als König an dieser Bezeichnung festhält. Zeile 2 beschreibt den französisch-spanischen Krieg von 1635: Die Spanier schlagen den Dauphin und besetzen Burgund und die Picardie, stehen kurz vor Paris. *Teccon* dürfte sich herleiten von *tegon*, der Beschützer, und damit Gustav Adolf von Schweden meinen, den Schirmherrn der Protestanten, der quer durch Deutschland zieht (Zeile 3) und 1632 vor München steht. Der Herzog (Zeile 4) ist wohl Richelieu.

28

Voille Symacle port Massiolique,
Dans Venise port marcher aux Pannons:
Partir du goulfre & Synus Illyrique,
Vast à Socille, Ligurs coups de canons.

Zum Schein läuft die Flotte vom Hafen von Marseille
Nach Venedig, um gegen den Balkan zu ziehen.
Vom Golf und Busen Jugoslawiens fährt man los,
Sizilien zu verwüsten, Ligurien mit Kanonenschüssen.

In Zeile 1 und 2 werden die *Guten*, in Zeile 3 und 4 die *Bösen* beschrieben. Der maritime Teil einer Ost-West-Auseinandersetzung im Mittelmeer.

29

Lors que celuy qu'à nul ne donne lieu,
Abandonner voudra lieu prins non prins:
Feu nef par saignes, bitument à Charlieu,
Seront Quintin Balez reprins.

Wenn jener, der nichts an niemanden preisgibt,
Preisgeben möchte den eingenommen, aber nicht eroberten Ort.
Schiffeuer durch Blut, Teer auf Charlieu.
St. Quentin, Calais zurückerobert.

Krieg mit Spanien Ende des 16. Jahrhunderts: St. Quentin wechselt mehrfach den Besitzer und bleibt schließlich doch bei Frankreich (Zeile 1 und 2). Calais (Zeile 4) wird vom Herzog von Guise 1558 den Engländern abgenommen.

30

Au Port de PUOLA & de sainct Nicolas,
Peril Normande au goulfre Phanatique,
Cap. de Bisance rues crier helas,
Secors de Gaddes & du grand Philippique.

Im Hafen von PUOLA und St. Nicola,
Gefahr durch Normannen am Kvarner Golf
Der Cap. von Byzanz ruft auf den Straßen um Hilfe.
Hilfe von Cadiz und vom großen Philipp.

Künftiger Konflikt, möglicherweise Anschlußvers IX/29. Die *Normannen* in Jugoslawien sind eindeutig Streitkräfte der USA (vergl. Vers VI/97). *Cap*. ist die Abkürzung eines lateinischen Wortes. Es kommen z.B. in Frage: *cap* ito = Großkopf, *cap* ator = Häscher, *cap* tivitas = Eroberung. Ich neige zum letzten Wort. Byzanz wird erobert, der Nahe Osten geht für die USA verloren. Zeile 4: Spanien kann noch helfen. *PUOLA* ist ein Anagramm für PAULO oder LOUPA, die Wölfin, das Symbol Roms. Das heißt, Italien ist bedroht. Gehört wohl zum Dritten Weltkrieg.

31

Le tremblement de terre à Mortara,
Cassich sainct George à demy perfondrez:
Paix assoupie, la guerre esveillera,
Dans temple à Pasques abysmes enfondrez.

Das Erdbeben in Mortara,
Der Helm von St. Georg zur Hälfte eingestürzt.
Der Friede unterdrückt, der Krieg erwacht.
In der Kirche werden zu Ostern Abgründe aufgerissen.

Das *Erdbeben* ist wahrscheinlich nur sinnbildlich zu verstehen. Zeile 2 und 4 gehören zusammen: Umbrüche in den Kirchen, bevor ein Krieg beginnt (vergl. Vers V/100).

32

De fin phorphire profond collon trouvee,
Dessouz la laze escripts capitolin:
Os poil retors Romain force prouvee,
Classe agiter au port de Methelin.

Aus erlesenem Porphyr wird eine Säule gefunden,
Unter der Lasur römische Inschriften,
Beim Ziehen reißt das Seil und beweist römische Kraft.
Eine Flotte beruhigt den im Hafen von Mytilene.

Diese Porphyrsäule kennen wir bereits aus Vers I/43. Eine rote Säule = ein Kardinal, der das Christentum stützt. Er hat (Zeile 2) alte Tugenden. Zeile 3: erfolgreich wehrt er sich dagegen, sich herumziehen zu lassen. Künftiges Geschehen.

33

Hercules Roy de Rome & d'Annemarc,
De Gaule trois Guion sernommé,
Trembler l'Itale & l'onde de sainct Marc,
Premier sur tous monarque renommé.

Herkules ist König von Rom und Dänemark,
Von Frankreich werden drei Anführer ernannt.
Es zittern Italien und die von Venedig,
Erster über alle wird der berühmte Monarch.

Den gallischen Herkules Ogmion, Kampfgefährte König Henrics, kennen wir bereits aus mehreren Versen. Er erhält Italien und Dänemark als Königreiche. Erster über alle ist der König/Kaiser Henric.

34

Le part soluz mary sera mitté,
Retour conflict passera sur la thuille:
Par cinq cens un trahyr sera tiltré,
Narbon & Saulce par contaux avons d'huille.

Dem einen Teil der Ehegatten wird die Mitra (aufgesetzt),
Bei Rückkehr greift der Konflikt auf die Tuilerien über.
Von fünfhundert steht ein Verrat auf der Kippe.
Narbon und Saulce haben Öl durch ein Messer.

Dies ist einer der bekanntesten Verse, weil er die Verurteilung Ludwigs XVI. schildert. An ihm haben sich eine Vielzahl von Interpreten zu schaffen gemacht, um nicht zu sagen vergriffen. Es existieren die abenteuerlichsten Versuche, ihn überhaupt zu übersetzen. Da heißt beispielsweise Zeile 4: "Ein Verräter wird Narbonne sein, ein Mann mit hohem Titel, Und Saulce, der von seinen Ahnen her einen Ölladen besitzt." Und das alles aus fünf französischen Worten erdichtet. Ungelöst war bisher das letzte Wort in Zeile 3: ***tiltré***. Es muß sich um ein altes normannisches Wort handeln, denn es hat sich im Englischen erhalten und steht auf jedem Spielautomaten, wenn man ihn kippt und er blockiert: tilt! (schiefe Lage/auf der Kippe).

Also: Nach der Flucht Ludwigs XVI. (vergl. Vers IX/20) bricht am 10. August 1792 der offene Aufstand los (Zeile 2). Die Tuilerien werden gestürmt, die Verteidiger ermordet, das Schloß geplündert. Dem König wird eine Schandmütze aufgesetzt. Zeile 3: für die Verurteilung des Königs fand sich lange keine Mehrheit, letztlich war er ja zu Unrecht angeklagt. Schließlich geht der Schuldspruch denkbar knapp mit 387 gegen 324 Stimmen durch. Zeile 4: die Klärung ist etwas unsicher. Wahrscheinlich nennt Nostradamus zwei Abgeordnete, die Öl = Lebensmittel haben, weil man ihre Stimme hat kaufen können. Graf Narbonne war Kriegsminister des Königs gewesen und hat mit der Angelegenheit eigentlich wenig zu tun. Ein Saulce soll den Krämerladen besessen haben, vor dem in Varennes das festgehaltene Königspaar gesessen hat, bis die Nationalgrade es nach Paris zurückführte. Aber das entspricht vielleicht nicht der Wahrheit. ***Durch Messer*** (das Fallbeil) verliert der König sein Leben.

35

La Ferdinand blonde sera descorte,
Quitter la fleur, suyure le Macedon:
Au grand besoin defaillira sa routte,
Et marchera contre le Myrmidon.

Dann trennt sich Ferdinand von der Blonden,
Er verläßt die Blume, folgt dem ***Macedon***.
Am großen Bedarf scheitert sein Weg,
Und er marschiert gegen den Myrmidonen.

Das Anagramm ***Macedon*** heißt nicht der Mazedonier, sondern ist zusammengesetzt aus ***Ma*** réchal ***Condé***, dem Marschall Condé. Ihm dient Karl Ferdinand, der Herzog von Berry, Sohn des letzten Bourbonen-Königs Karl X., in Italien. Zeile 1 und 2: verheiratet war er mit einer blonden Engländerin. Getrennt wird er, verlassen muß er sie, weil er ermordet wird (vergl. Vers III/96). Die Myrmidonen sind die zwergenhaften Gefolgsleute des Achill. Vielleicht meint damit Nostradamus das Aufkommen der ***Kleinen Leute***, gegen die die Monarchie nicht mehr ankommt.

36

Un grand Roy prins entre les mains d'un loyne,
Non loing de Pasque confusion coup cultre:
Perpet captifs temps que foudre en la huine,
Lors que trois freres se blesseront & murtre.

Ein großer König wird in den Händen eines jungen Mannes gefangen.
Nicht weit von Ostern Verwirrung durch Anschlag auf den Kultus.
Lebenslange Haftstrafen, wie der Blitz in der Ruine,
Dann, wenn drei Brüder sich verletzen und umbringen.

Das letzte Wort in Zeile 3 müßte statt *h*uine *r*uine = Ruine lauten. Von *h*uine gibt es im französischen und lateinischen auch kein artverwandtes oder ähnliches Wort. Da muß ich passen. Der Blitz in der Ruine könnte ein Schuß sein, der den gefangen gehaltenen *König*/Politiker tötet. Die Folgen scheinen fatal: die ***drei Brüder*** sind Staaten, die daraufhin einen Krieg beginnen.

37

Pont & moulins en Decembre versez,
En si haut lieu montera la Garonne:
Murs, edifice, Tholose renversez,
Qu'on ne sçaura son lieu autant matronne.

Brücken und Mühlen stürzen im Dezember ein,
Auf so hochgelegene Orte steigt die Garonne.
Mauern und Gebäude werden in Toulouse eingerissen,
So daß man nicht weiß, wo der Platz des Bettes vorher war.

Diesmal scheint die *Überflutung* wirklich physisch und aus Wasser zu bestehen. Es muß jedoch mehr dahinterstecken, als ein besonderes Hochwasser. Man müßte die Ursache dieser sintflutartigen Regengüsse kennen. Möglicherweise gehört dieser Vers zu IX/9.

38

L'entree de Blayer par Rochelle & l'Anglois,
Passera outre le grand Aemathien,
Non loing d'Agen attendra le Gaulois,
Secours Narbonne deceu par entretien.

Über die Mündung der Gironde, über La Rochelle und die Engländer
Zieht der große Sonnenkönig hinaus.
Nicht weit von Agen erwartet er den Gallier.
Die Hilfe Narbonnes wird getäuscht durch Verhandlungen.

Der Siegeszug Ludwigs XIV., des Sonnenkönigs; der spanische Erbfolgekrieg 1701-1714. Die Details sind langwierig und kompliziert.

39

En Arbissel à Veront & Carcari,
De nuict conduicts par Savone attraper,
Le vif Gascon Turby, & la Scerry
Derrier mur vieux & neuf palais griper.

Bei Albisola nach Verazze und Corvura,
Des Nachts geführt, um Savona abzufangen.
Der muntere Gascogner *Turby* und die *Scerry*.
Hinter der Mauer alt und jung im Schloß zu greifen.

Das sieht nach einem Kommandounternehmen von Briten aus: Turby und Sherry?

40

Pres de Quintin dans la forest bourlis,
Dans l'Abbaye seront Flamans ranchés:
Les deux puisnais de coups my estourdis,
Suitte oprressee & garde tous achés.

Bei St. Quentin im Wald von Bourlis.
In der Abtei sitzen die Flamen in der Falle.
Die beiden Jüngeren von Schüssen halb taub,
Das Gefolge bedrängt und die Wache sämtlich zerhauen.

Die Einnahme der Abtei von Vermandois bei St. Quentin durch die Spanier im Sommer 1557.

41

Le grand Chyren soy saisir d'Avignon,
De Rome lettes en miel plain d'amertume,
Lettre ambassade partir de Chanignon,
Carpentras pris par duc noir rouge plume.

Der große Henric möchte Avignon packen,
Von Rom kommen honigsüße Briefe voll Bitterkeit.
Der Brief mit der Botschaft geht aus von Canino.
Carpentras wird genommen vom schwarzen Führer mit roter Feder.

Verhandlungen und Zwist zwischen König Henric und Rom, wohl mit dem Papst. Leider wissen wir nicht, ob der *Duc* ein Führer oder Herzog ist, das Wort kann beides bedeuten, ob er *noir* = schwarz ist als Symbol für *böse* oder schlicht schwarze Haare hat, ob Freund oder Mitstreiter Henrics. Die Kennzeichnung *rote Feder* sieht mir eher als Kennzeichen eines roten Schnapphahns aus, also eines Revolutionärs bzw. eines Terroristen. Carpentras liegt nördlich von Avignon; beide Städte sind noch nicht im Besitz von Henric, der offenbar noch am Beginn seines Siegeszuges steht.

42

De Barcelonne, de Gennes & Venise,
De la Secille peste Monet unis:
Le pertinax Oppi, & Mandragora
Barbar poulsé bien loing iusqu'à Thunis.

Von Barcelona, von Genua und Venedig,
Von Sizilien die Pest der vereinten Einruderer,
Gegen die Flotte der Barbaren richten sie das Vorhaben.
Die Barbaren werden zurückgestoßen, recht weit, geradewegs bis Tunis.

Einruderer, das sind Galeeren mit nur einem Ruderdeck im Gegensatz z.B. zu den Trieremen, größere Kriegsschiffe, mit *Tri* = drei Reihen Ruder übereinander. Zeile 1 und 2 beschreiben eine Masseninvasion kleiner Kriegsschiffe, offenbar aus dem arabisch-nordafrikanischen Raum, an sämtlichen westlichen Mittelmeerküsten, auch in der Adria. Fürwahr eine *Pest*, denn wie dieser Art Angriff Herr werden? Zeile 3 und 4 sagen jedoch aus, daß er zurückgeschlagen wird. Fernere Zukunft, ein Bild aus den Kriegen mit dem Islamischen Imperium.

43

Proche à descendre l'armee Crucigere
Sera guettee par les Ismaëlites,
De tous cotez batus par nef Ravier,
Prompt assaillis de dix galeres eslites.

Kurz vor der Landung der Kreuzfahrerarmee
Wird sie entdeckt von den Arabern,
Von allen Seiten geschlagen vom Schiff des Räubers,
Sofort werden sie angegriffen von zehn ausgesuchten Kriegsschiffen.

Möglicherweise Anschlußvers an IX/43. Auf alle Fälle ein Invasionsunternehmen mit Kreuzzugcharakter des Abendlandes gegen die Araber. Zeile 3: das ***nef*** = Schiff des Räubers wird wohl für die ganze Flotte stehen. Zeile 4 schildert wohl den Gegenangriff der Kreuzfahrer.

44

Migrés, migrés de Genesue trestous,
Saturne d'or en fer se changera,
Le contre RAYPOZ, exterminera tous,
Avant l'advent le ciel signes fera.

Wandert aus, geht alle fort aus Genf!
Saturn wechselt vom Gold zum Eisen.
Wer gegen RAYPOZ ist, er wird alle auslöschen.
Vor dem Ereignis gibt der Himmel Zeichen.

Genf steht hier möglicherweise als Symbol für ***Finanzplatz***, so daß nicht nur an Unheil durch Krieg oder dergleichen zu denken ist, sondern auch an weltweiten Finanzkollaps. Zeile 2 bestätigt diese Deutung. Saturn ist der ***Hemmende***, Gold = Geld wird wertlos. Das Zeichen am Himmel könnte das gleiche sein, das in Vers II/15 erwähnt wird. Auch Vers II/65 nennt ***großes Unglück*** in der Schweiz, wohl monetärer Art. Ins ***Eisen*** (Widder) wechselt für rund drei Jahre Saturn alle dreißig Jahre, das nächste Mal im April 1996. RAYPOZ ist das Anagramm für Roizap = Roi zap(ulus) = der Teufelskönig.

45

Ne sera soul iamais de demander,
Grand Mendosus obtiendra son empire
Loing de la cour fera contremander,
Pymond, Picard, Paris, Tyron le pire.

Nicht eine Seele wird je darum bitten, daß
Der große ***Mendosus*** sein Reich bekommt.
Fern vom Hof leistet er Widerstand,
Piemont, Picardie, Paris, Mittelmeer das Übelste.

Der große ***Mendosus*** ist wirklich nie zur Herrschaft gelangt. Mendosus ist das Anagramm von Vendosme/Vendôme. Louis Joseph, Herzog von Vendôme (1654-1712) war französischer General und kämpfte - fern vom Hof Ludwigs XIV. - im spanischen Erbfolgekrieg in Italien, den Niederlanden (Oudenaarede!) und Spanien.

46

Vuyder, fuyer de Tholose les rouges,
Du sacrifice faire piation,
Le chef du mal dessous l'ombre des courges,
Mort estrangler carne omination.

Räumt, flieht aus Toulouse, vor den Roten!
Für das Opfer werdet ihr sühnen.
Der Führer des Bösen unter dem Schatten der Kürbisse,
Zu Tode erdrosselt durch fleischgewordene Vorhersage.

Die Roten in Toulouse sind rote Revolutionäre. Toulouse ist bis zum heutigen Tag eines der Zentren des orthodoxen Kommunismus in Frankreich. Offenbar wütet ein Aufstand mit antiklerikalen Zügen (Zeile 2). Bei den ***Kürbissen***, die (Zeile 4) zum qualvollen Tod führen, handelt sich mit hoher Wahrscheinlichkeit um Atomsprengkörper. Vermutlich ein Vers des Zyklus Dritter Weltkrieg: Revolutionen in Italien, Frankreich und Spanien, gefolgt vom Krieg.

47

Les soubz signez d'indinge delivrance,
Et de la multe auront contre advis:
Change monarque mis en perille pence,
Serrez en cage se verront vis à vis.

Die unter den Zeichen des Unwürdigen werden befreit,
Und wegen der Strafe haben sie gegenteilige Meinungen.
Der Wechsel des Monarchen läßt die Gedanken zur Gefahr werden,
Gesperrt in den Käfig steht ihnen bevor.

Der Wechsel von einer Diktatur mit ***Zeichen*** (z.B. Hakenkreuz, Hammer und Sichel) zu einer anderen Regierungsform. Anhänger des alten ***Systems*** sollten sich besser anpassen (Zeile 4). Ohne Kenntnis der Reihenfolge der Verse zeitlich nicht zuzuordnen.

48

La grand' cité d'Occean maritime
Environnee de marets en christal:
Dans le solstice hyemal & la prime,
Sera tentee de vent espouvantal.

Die große Stadt am Meeresozean,
Umschlossen von Springfluten aus Kristall wird
Zur Weihnachtszeit und im Frühjahr
Von schrecklichem Sturmwind heimgesucht.

Vernichtung einer Großstadt am Atlantischen Ozean durch eine Tsunami-Welle (Kristall = Wasser). Das muß kein Naturereignis sein: Zeile 4 ***schrecklicher Sturmwind*** (= vernichtende Druckwelle eines Atomsprengkörpers) läßt eher an A-Waffeneinsatz vor der Küste denken, um die Wirkung noch zu erhöhen. Zeile 3: es werden zwei Angriffe stattfinden. Fraglich ist, um welche Stadt es sich handelt. Denkbar wären z.B. Bordeaux, Hamburg, New York. Gehört wohl zum Dritten Weltkrieg.

49

Gand & Bruceles marcheront contre Anvers
Senat de Londres mettront à mort leur Roy,
Le sel & vin luy seront à l'envers,
Pour eux avoir le regne en desarroy.

Gent und Brüssel marschieren gegen Antwerpen,
Der Senat von London bringt seinen König zu Tode,
Das Salz und der Wein geraten ihm zuwider,
Ihretwegen herrscht im Königreich Verwirrung.

Wieder ein Vers, der die Hinrichtung des englischen Königs Charles I. im Jahr 1649 beschreibt. Nach den Wirren des Dreißigjährigen Krieges bestehen 1648 die Niederlande nun aus einem spanischen Teil und den Vereinigten Niederlanden. Handwerk und Handel liegen danieder (Zeile 3), mit ein Grund für die englische Rebellion.

50

Mandosus tost viendra à son haut regne,
Mettant arriere un peu les Norlaris:
Le rouge blesme, le masle à l'interregne,
Le ieune crainte & frayeur Barbaris.

Mendosus gelangt bald zur höchsten Macht,
Er setzt zurück ein wenig die Lothringer,
Der Rote erbleicht, der Mann im Interregnum,
Den Jungen gefürchtet und Schrecken den Barbaren.

Im Gegensatz zum Herzog Louis von Vendôme (Vers IX/45) gelangt Heinrich IV. 1589 nach dem Ausserben des Hauses Valois auf den französischen Thron. Zeile 2: die

Lothringer ist die einflußreiche Sippe der Guisen, die aus Lothringen stammt. Sie ist Frankreichs Stütze von Thron und Altar. Franz von Guise führt die Kriege, sein Bruder Karl, Kardinal (daher der *Rote*) von Lothringen, die politischen Geschäfte von Franz II. (1559/60). Nun müssen beiden zurücktreten, das Interregnum ist beendet. Zeile 4: der *junge* König ist Heinrich IV., der Führer der Hugenotten war, ein *Barbar* (Hugenotte). Vor ihm hat der Kardinal Respekt.

51

Contre les rouges sectes se banderont,
Feu, eau, fer, corde par paix se minera,
Au point mourir ceux qui machineront,
Fors un que monde sur tout ruynera.

Gegen die roten Sekten verbünden sich,
Feuer, Wasser, Eisen, der Draht im Frieden untergraben.
In einem Augenblick sterben die, die Drahtzieher sind,
Außer einem, der/das die Welt vor allem zerstört.

Dieser Vers steht in engem Zusammenhang mit den Versen IX/3 und 44 sowie VI/74: Der Zusammenbruch des internationalen Währungssystems führt im Westen zu massiven Unruhen und im Machtbereich Rußlands zu einer Renaissance der sozialistischen Idee, verbunden mit imperialistischem Nationalismus. Dagegen - wie seinerzeit gegen Hitler - verbündet sich der Rest der Welt: sogar *Feuer* und *Wasser* gehen zusammen. *Eisen* steht für Rüstung, Schwerter, Krieg. Der *Draht* Washington-Moskau wird gekappt. Der Dritte Weltkrieg und das Große Sterben beginnt.

Weiter noch zu Zeile 3: *machiner* heißt "im Verborgenen herumwerkeln". Nostradamus wählt dieses Wort auch deswegen, weil er, wie *Maschinist* das Wort Maschine/Technik enthält. Anders als zu seiner Zeit werden im Krieg *Maschinen* eingesetzt, sei es in der Luft, sei es am Boden. Für Zeile 4 gibt es mehrere Deutungsmöglichkeiten. Der/das Eine, der/das die Welt letztlich zerstört, kann sein:

1. ein russischer Führer
2. die Atomwaffe
3. der Großmeteor, der diesen Krieg frühzeitig beendet

Möglich wäre auch ein Zusammentreffen aller drei Komponenten.

52

La paix s'approche d'un costé, & la guerre
Oncques ne fut la poursuitte si grande,
Plaindre homme, femme, sang innocent par terre,
Et ce sera de France à toute bande.

Der Friede nähert sich von der einen Seite, und im Krieg
Waren nie zuvor so große Verfolgungen.
Es beklagen Männer und Frauen das unschuldige Blut auf der Erde,
Und das wird geschehen in Frankreich an allen Enden.

Zeile 2: *Verfolgung* ist hier weniger im Sinn von "Verfolgung von Unschuldigen/Andersdenkenden" zu verstehen, sondern es geht um den weiträumigen Vorstoß von Armeen, die Länder durchstoßen. *Verfolgung* ist ein Fachwort aus dem militärischen Bereich wie *Angriff* oder *Verteidigung*. Dieser Vers ist nicht pauschal zu verstehen, sondern er steht ja eingebettet zwischen vorhergehenden und folgenden, bezieht sich also auf ein ganz reales Ereignis. Möglicherweise wird hier das Ende des Zweiten Weltkriegs in Frankreich beschrieben: *costé* kann auch als *Küste* verstanden werden, hier die Landung der Alliierten an der Küste der Normandie im Juni 1944. Daraufhin wurden die deutschen Truppen militärisch *verfolgt* bis an die Elbe. *Verfolgt* von den Kommunisten und Nationalsozialisten wurden darüber hinaus im Krieg und in der Sowjetunion auch weiterhin *Feinde* des *Systems*.

53

Ne Neron ieune dans les trois cheminees
Fera de paiges vifs pour azdoir ietter,
Heureux qui loing sera de tels menees,
Trois de son sang le feront mort guetter.

Der junge Nero wird in die drei Kamine
Die Heiden lebendig als Opfer werfen.
Glücklich, wer weit entfernt von derart Geschehen,
Drei seines Blutes belauern seinen Tod.

Hitler wird mit Nero verglichen, dem (allerdings praktisch zu Unrecht, da eine Geschichtsfälschung) nachgesagt wird, er habe die Christen verfolgt. Hitler verfolgt die *Heiden* = (die nichtkatholischen) Juden. Zeile 4: die *Drei*, die Hitler nach dem Leben trachten, sind Oberst Graf Stauffenberg, General Beck und der Politiker Goerdeler.

54

Arrivera au port de Corsibonne
Pres de Ravenne, qui pillera la dame,
En mer profonde legar de la Ulisbonne
Sous roc cachez raviront spetante ames.

Er wird im Hafen von ***Schönkorsika*** eintreffen,
In der Nähe von Ravenna, der die Dame plündert.
Im tiefen Meer der Gesandte aus Lissabon,
Unter Felsen verborgen rauben sie siebzig Seelen.

Zeile 1 und 4: im Zweiten Weltkrieg besetzen deutsche Truppen Korsika und verlieren bei diesem Unternehmen 72 Soldaten. Zeile 2: die ***Dame*** ist die französische Republik, von deutschen Truppen bereits überrannt. Zeile 3: trotz Drängen Hitlers hält Spanien sich klug aus dem Krieg heraus. Nur spanische Freiwilligenverbände kämpfen im Osten gegen die Bolschewisten. Der Botschafter aus Lissabon ist ***abgetaucht***.

55

L'horrible guerre qu'en l'Occident s'appreste,
L'an ensuivant viendra la pestilence
Si fort horrible, que ieune, vieux ne beste,
Sang, feu, Mercure, Mars, Uipiter en France.

Der schreckliche Krieg beginnt im Westen,
Im Jahr das folgt, kommt die Seuche
So sehr entsetzlich, ob jung, alt oder Tier.
Blut, Feuer, Merkur, Mars, Jupiter in Frankreich.

Im Folgejahr des Ersten Weltkriegs, 1919, gab es eine weltweite Grippeepidemie, die Hunderttausende von Toten kostete. Im September trafen sich die Planeten Merkur, Mars und Jupiter im Tierkreiszeichen Löwe. Eine Konstellation, wie in Zeile 4 beschrieben, gibt es recht häufig, etwa alle zwölf Jahre.

56

Camp pres de Noudam passera Goussan ville,
Et à Malotes laissera son einseigne,
Convertira en instand plus de mille,
Cherchant les deux remettre en chaine & legne.

Die Armee von Houdon zieht an der Stadt Ganzon vorbei,
Und in Lamotte läßt sie ihr Zeichen.
Es treten plötzlich mehr als tausend über und
Bemühen sich, die beiden wieder in Ketten und Holz zu legen.

Hier scheitert der Vorstoß einer Armee im Westen und Südwesten von Paris, der geschichtlich nicht eingeordnet werden kann. Die Armee läuft zum Feind über.

57

Au lieu de DRUX un Roy reposera,
Et cherchera loy changeant d'Anatheme,
Pendant le ciel si tresfort tonnera,
Portee neusve Roy tuera soy-mesme.

Bei DRUX setzt sich ein König zur Ruhe
Und forscht nach einem Gesetz, die Verdammung zu ändern,
Während der Himmel so sehr stark donnert,
Beim Nachrichtenboten tötet der König sich selbst.

In dem Anagramm DRUX finden wir nur einen Vokal, so daß sich kein sinnvolles Wort zusammenfügen läßt. Möglicherweise heißt Zeile 1 daher korrekt: Bei der Ortschaft Dreux ... Dreux liegt bei Houan (vergl. Vers IX/56), so daß dort ebenfalls ein künftiges Geschehen vorliegen mag: ein Feldzug ist gescheitert, der Führer der Armee abgesetzt (*verdammt*). Zeile 3 scheint moderne Waffen zu beschreiben. Die Meldungen, die einlaufen, scheinen den König nicht glücklich zu stimmen.

58

Au costé gauche à l'endroit de Vitry
Seront guettez les trois rouges de France,
Tous assommez rouge, noir non meurdry,
Par les Bretons remis en asseurance.

Bei der linken Seite bei der Ortschaft von Vitry
Entdeckt man die drei Roten von Frankreich.
Die Roten vertilgen alle, den Schwarzen ermorden sie nicht.
Von den Bretonen wird er in Sicherheit gebracht.

Kommunistische Revolution mit Massenmorden in Frankreich. Der *Schwarze* entkommt. Da die Bretonen traditionell konservativ sind, ist der Schwarze wohl kein Kommunist und Revolutionär. Vielleicht ist er identisch mit dem *schwarzen Führer* aus Vers IX/41. Zeile 2: die drei *Roten von Frankreich* sind offenbar die Rädelsführer des Aufstandes, sie werden entdeckt und wohl gefaßt.

59

A la Ferté prendra la Vidame
Nicol tenu rouge qu'avoit produit la vie,
La grand *Loyle* naistra que fera clame,
Donnant Bourgogne à Bretons par ennuie.

In la Ferté ergreift die Vizedame
Nicol, für rot gehalten, der das Leben hervorgebracht hat.
Die große *Loyle* wird geboren, was Aufsehen erregt.
Gibt Burgund den Bretonen aus Verdruß.

Ein Vers, wie er rätselhafter nicht sein könnte, vor allem weil es vielfältige Möglichkeiten gibt, ihn auszulegen. Völlig korrekt sind folgende Varianten:
In la Ferté ergreift die Vizedame Nicole in roter Kleidung den, der Leben hervorgebracht hat ... oder:
Die große Louise gebiert, was sie heimlich macht ... oder:
Man gibt Burgund, den Bretonen ein Verdruß.

Dieser Vers gehört zu denen, die vor Eintreffen nicht zu dechiffrieren sind, vor allem, da die unterschiedlichen Varianten noch kombiniert werden können.

60

**Conflict Barbar en la Cornete noire,
Sang espandu, trembler la Dalmatie,
Grand Ismael mettra son promontoire,
Ranes trembler, secours Lusitanie.**

Krieg mit den Ungläubigen am Schwarzen Horn,
Blut wird vergossen, es zittert Dalmatien.
Der große *Ismael* beginnt seinen Aufstieg.
Die Frösche zittern, Hilfe aus Portugal.

Zeile 1: das *schwarze Horn* ist das *Horn von Afrika*, dem schwarzen Erdteil. Es liegt am Golf von Aden, durch den die Schiffahrtsroute vom Mittelmeer zum Indischen Ozean führt. Geschildert wird der Beginn des Aufstiegs Ismaels = der Araber. Die Westmächte führen Krieg im Nahen Osten; gleichzeitig ist der Balkan bedroht und auch die *Frösche* = Italien, das zittert. Portugal am Atlantik ist die Basis für Hilfe, möglicherweise durch die USA. Fernere Zukunft.

61

**La pille faite à la coste marine,
Incita noua & parens amenez,
Plusiers de Malte par le fait de Messine,
Estroit setrez seront mal guerdonnez.**

Die Plünderung wird an der Meeresküste durchgeführt,
Von Neuem angeheizt und Eltern mitgenommen.
Mehrere aus Malta wegen der Tat von Messina,
Eng gefesselt sind sie, schlecht bewacht.

Nach der Eroberung von Rhodos durch die Osmanen gab Karl V. dem geflohenen Johanniterorden 1530 Malta als Lehen und neuen Sitz (Malteserorden). Der Vers schildert den vergeblichen Versuch der nachstoßenden Türken, 1565 auch diese Insel zu erobern.

62

Au grand de Cheramon agora
Seront croisez par ranc tous attachez,
Le portinav Opi, & Mandragora,
Raugon d'October le tiers feront laschez.

Auf dem großen Platz von Cheramon
Werden gekreuzt nach Größe alle angeheftet,
Das schädliche Opium und Haschisch.
Nach Fermentieren im Oktober wird der Dritte gelüftet.

Tabakbearbeitung (dritter Schnitt im Herbst) in Cheramon, dem heutigen Ksak in der Türkei.

63

Plainctes & pleurs, cris & grands hurlemens
Pres de Narbon & Bayonne & en Foix,
Q quels horribles calamitez changemens,
Avant que Mars revolu quelques fois.

Klagen und Weinen, Schreie und großes Wehklagen,
Bei Narbonne, in Bayonne und in Foix.
Oh, welch entsetzliche Unglücke, Umbrüche.
Bevor Mars einige Male umgelaufen ist.

Bei der anscheinend sinnlosen Zeile 4 werden wir sogleich hellhörig. Mars läuft nicht ganz zwei Jahre um, *einige Male* könnte demnach sechs bis zehn Jahre heißen. Es geschieht also etwas, anschließend vergehen mehrere Jahre. Das ist keine sinnvolle Aussage. Zeile 4 im Sinn von Nostradamus heißt folgendermaßen: Bevor daß *Mars* der Krieg kommt, gibt es Revolutionen einige Mal. Das ist der Sinn der Aussage. Gehört wahrscheinlich zum Dritten Weltkrieg.

64

L'Aemathion passer monts Pyrenees,
En Mas Narbon ne fera resistance,
Par mer & terre fera si grand menee,
Cap n'ayant terre seure pour demeurancé.

Der Sonnenkönig überquert die Pyrenäen.
Im Krieg wird Narbonne keinen Widerstand leisten.
Über Meer und Land unternimmt er so großen Umtrieb,
Daß der Capetinger keinen sicheren Ort hat, sich auszuruhen.

Der *Sonnenkönig* ist Ludwig XIV. Der Tod Philipps IV. von Spanien 1665 eröffnet die Möglichkeit zu einem Eroberungskrieg, da Frankreich Erbansprüche durch Maria Theresia, Tochter Philipps und Königin von Frankreich, zufallen. Marschall Turenne erobert wichtige spanische Festungen, jedoch die Niederländer, Engländer und Schweden bilden eine Allianz, so daß der *Capetinger* zurückstecken muß (Friede von Aachen 1668).

65

Dedans le coing de Luna viendra rendre
Où sera prins & mis en terre estrange,
Les fruicts immeurs seront à grand esclandre,
Grand vitupere, à l'un grand loüange.

In den Schutz des Mondes begibt er sich,
Wo er gefangen genommen wird und in ein fremdes Land gebracht.
Die unreifen Früchte werden zu einem großen Skandal,
Großer Tadel, dem einen großes Lob.

Zeile 1: Halbmond ist das Zeichen des Islams, der *Mond* meint wohl das gleiche. Wir können entnehmen, daß jemand zum Gegner überläuft, jedoch festgesetzt wird. Mehr läßt sich kaum sagen. Der Vers gehört wohl zu denen, die die Auseinandersetzungen mit dem Islamischen Imperium beschreiben.

66

Paix, union sera & changement,
Estats, offices, bas haut, & hault bien bas,
Dresser voyage, le fruict premier tourment,
Guerre cesser, civil procez debats.

Friede, Einigkeit wird sein und Veränderung,
Staaten, Ämter, Klein hoch und Hoch recht klein.
Die Reise wird festgelegt, das Ergebnis schwere Strafe.
Der Krieg hört auf, Zivilprozesse und Streitereien.

Denkbar, daß hier das Ende des Zweiten Weltkriegs in Frankreich beschrieben wird.

67

Du hault des monts à l'entour de Lizere
Port à la roche Valent cent assemblez
De Chasteauneuf Pierre late en donzere,
Contre le Crest Romans foy assemblez.

Von den Höhen der Berge in der Gegend der Isère
Haben sich im Hafen von Roche Valence hundert versammelt,
Von Châteauneuf, Pierrelatte, in Donzere,
Gegen den römischen Christenglauben haben sie sich versammelt.

Die Keimzelle der nächsten französischen Revolution: Das Gebiet zwischen der Rhône und den Alpen südlich Lyon. Zu Vers IX/63 besteht eine Beziehung.

68

Du mont Aymar sera noble obscurcie,
Le mal viendra au ioinct de Saone & Rosne,
Dans bois cachez soldats iour de Lucie,
Qui ne fut onc un si horrible throsne.

Von Montélimar wird der Edle verdächtigt,
Das Unheil kommt vom Zusammenfluß von Saône und Rhône.
Im Wald versteckt Soldaten am Tag von Lucia.
Es hat nie je eine derart schreckliche Herrschaft gegeben.

Zeile 1 mag auch bedeuteten: der Edle von Montélimar gerät ins Zwielicht, und diese Variante ist durchaus denkbar. In Südfrankreich braut sich die nächste Revolution zusammen. Montélimar liegt südlich Lyon an der Rhône. In Lyon, Unruheherd bereits seit einigen Jahren, fließen Saône und Rhône zusammen. Zeile 3: Militär wird eingesetzt, St. Lucia-Tag ist der 13. Dezember. Zeile 4: die Terrorherrschaft der roten Revolutionäre. Wahrscheinlich Anschlußvers an IX/67, nächste Zukunft. Es folgt der Dritte Weltkrieg (vergl. Vers IX/63).

69

Sur le mont de Bailly & la Bresle
Seront cachez des Grenobles les fiers,
Ontre Lyon, Vien, eulx si grand gresle,
Langoult en terre ne restera un tiers.

Im Gebirge von Saint Bel und l'Arbresle
Haben sich die Vertrauten aus Grenoble versteckt.
Jenseits Lyon, Vienne ihnen so großer Hagel.
Durch Heuschrecken bleibt vom Land nur ein Drittel.

Wahrscheinlich Anschlußvers an IX/68. Die ***Vertrauten*** sind die heimlich Verschworenen, die Aufständischen. Zeile 3 und 4: ***großer Hagel*** = Waffeneinsatz, ***Heuschrecken*** = Hubschrauber. Nur ein Drittel von Frankreich (die Bretagne und Lothringen, bekannt aus anderen Quellen) bleibt von der Revolution verschont.

70

Harnois trenchans dans les flambeaux cachez
Dedans Lyon le iour du Sacrement,
Ceux de Vienne seront trestous hachez
Par les catons Latins, Mascon ne ment.

Scharfes Gerät in Lichtern verborgen,
In Lyon am Fronleichnamstag.
Die aus Vienne werden alle zerhackt
Von den latinischen Kantonen. Mâcon lügt nicht.

Mit Zeile 1 beschreibt Nostradamus moderne Waffen, deren Funktion er nicht recht begreift. Vienne liegt südlich Lyon, Mâcon nördlich. Dieser Vers gehört zum Zyklus der Revolution.

71

Aux lieux sacrez animaux veu à trixe,
Avec celuy qui n'osera le iour,
A Carcassonne pour disgrace propice
Sera posé pour plus ample seiour.

An heiligen Stellen werden Tiere mit drei Köpfen gesehen,
Mit dem, der das Tageslicht scheut.
Für Carcassonne statt Ungnade Gnade.
Er wird sich niederlassen für eine ausgedehnte Rast.

Der Zugang zu diesem Vers liegt im letzten Wort der Zeile 1 *trixe*. Es ist abgeleitet aus dem Stamm tri = (lat.) drei und wird fortgesetzt mit *ce*... In Frage kommen folgende Varianten: *tric* ae = Haare, *tri* cae = Tricks/Possen, *tric* eni = dreißig, *tric* eps = dreiköpfig. Ich meine, daß triceps = *trixe* sowohl vom Wort als auch vom Verständnis her (Tiere mit drei Köpfen an heiligen Stellen) allein Sinn gibt. Es handelt sich entweder um eine Religion mit neuer Dreifaltigkeit (statt Vater, Sohn und heiliger Geist) oder um drei Führer, die von dem, "der das Tageslicht scheut" (Zeile 2) gesteuert werden. Im übrigen muß dieser Vers einstweilen im Dunkeln bleiben.

72

Encor seront les saincts temples pollus,
Et expillez par Senat Tholosain,
Saturne deux trois cicles revolus,
Dans Avril, May, gens de nouveau levain.

Wieder werden die heiligen Kirchen geschändet
Und ausgeplündert durch den Rat von Toulouse.
Saturn zu zwei Drittel des Kreises umgelaufen.
Im April, Mai, die Menschen erneuter Aufstand.

Zeile 3 kann auch so verstanden werden: "Saturn zwei mal drei Kreise umgelaufen", also sechs Umläufe à 29,4 Jahre = 177 Jahre. Diese Zeitspanne läge dann zwischen zwei Revolutionen. Zu zwei Dritteln umgelaufen ist der Saturn jeweils im Tierkreiszeichen Steinbock, das nächste Mal im Jahr 2005. Aber dieser Vers beschreibt wohl weit fernere Zukunft.

73

Dans Foix entrez Roy celulee Turban,
Et regnera moins evolu Saturne,
Roy Turban blanc Bizance cœur ban,
Sol, Mars, Mercure pres la hurne.

In Foix zieht ein Herrscher mit silbernem Turban ein,
Und regieren wird er wenigstens einen Umlauf Saturns.
Der Herrscher mit dem weißen Turban von Byzanz hat ein Interdikt im Sinn.
Sonne, Mars, Merkur in der Nähe der Urne.

In Südfrankreich regiert ein Herrscher mit einem *silbernen Turban*. Naheliegend ist, an einen Araber zu denken, aber es mag auch eine sonstige silberne Kopfbedeckung sein. Nostradamus führt gern in die Irre.

Auch mit der Herrschaft, die wenigstens dreißig Jahre (einen Umlauf des Saturns) dauern soll, verhält es sich ähnlich. Lag der Regierungsantritt vor dem Einzug nach Foix beispielsweise schon zwanzig Jahre zurück, mögen nur noch zehn als Rest verbleiben. Nostradamus liebt derartige Winkelzüge gerade dort, wo alles so klar scheint. Die *Urne* kann das Tierkreiszeichen Wassermann sein, möglich ist auch, daß die *Bombe* gemeint ist. Sonne, Mars und Merkur treffen sich alle paar Jahre, so daß diese Angabe zur Datierung im vorhinein nicht hilfreich ist.

74

Dans le cité de Fertsod homicide,
Fait & fait multe beus arant ne macter,
Retour encores aux honneurs d'Artemide,
Et à Vulcan corps morts sepulturer.

In der Stadt durch *Fersod* ein Mord,
Mal für Mal ackern viele Ochsen nicht geopfert.
Man kehrt zurück zur Verehrung von Artemis,
Und dem Vulkan werden die toten Körper bestattet.

Zeile 1: *la cité* = die Stadt, ist wieder einmal Paris. FERTSOD dürfte wieder ein Anagramm sein. Bei sieben Buchstaben gibt es leider bereits schon 5.040 verschiedene Kombinationen, und trotz Suchens ist mir keine ins Auge springende Variante aufgefallen. Vielleicht steht Fer sod für Fer dos = "Eisen in den Rücken" und nennt nicht den Namen des Täters, sondern die Art des Todes, z.B. einen Schuß ins Kreuz, einen Anschlag aus dem Hinterhalt.

Artemis ist die Göttin der Jagd, der freien Natur, Vulkan der Gott des Feuers. Ich meine nicht, daß die letzten beiden Zeilen einen Rückfall in das Heidentum beschreiben. Zeile 4 sieht eher danach aus, als würden Erdbebenopfer beigesetzt, anschließend (Zeile 3) kommt die Natur wieder zur Geltung, man muß (?) wieder mit Tieren ackern. Dem voraus geht der Mord in Zeile 1; sicherlich eine Begebenheit von erheblicher Bedeutung.

75

De l'Ambraxie & du pays de Thrace
Peuple par mer, mal & secours Gaulois,
Perpetuelle en Provence la trace,
Avec vestiges de leur coustume & loix.

Von Ambrakien und im Land von Thrakien,
Menschen auf stürmischer See, und Hilfe von Frankreich.
Dauerhafte Spuren in der Provençe,
Mit Merkmalen ihrer Trachten und Gesetze.

Vorstoß des Islamischen Imperiums über Griechenland (Zeile 1) hinweg an die westlichen Küsten des Mittelmeers. Offenbar dauert die Besetzung einige Generationen, da die fremde Kultur dauerhafte Spuren zurückläßt.

76

Avec le noir Rapax & sanguinaire,
Yssu du peaultre de l'inhumain Neron,
Emmy deux fleuves mani gauche militaire,
Sera meurtry par loyne chaulveron.

Mit dem schwarzen und blutrünstigen Räuber,
Entsprungen aus dem Samen des unmenschlichen Nero.
Erregt durch zwei Flüsse, linker Hand Militär,
Er wird ermordet durch den jungen Ritter.

Dieser Vers gilt anerkannt als entschlüsselt als Attentat des Obersten Graf Stauffenberg auf Hitler am 20. Juli 1844. Das ist korrekt. Hitler (Zeile 1 und 2) kennen wir bereits als mit Nero verglichen aus Vers IX/53. Bei Zeile 4 ***mogeln*** jedoch die Interpreten, denn Hitler wurde ja gar nicht ermordet, und - wie bereits geschehen - ***meurtry*** = ermordet mit ***Mordanschlag*** zu übersetzen, ist eine Fälschung; der Vers wird passend ***hingebogen***. Dann liest man noch, "zwischen zwei militärischen Strömen, der wichtigste linker Hand" (was da gar nicht steht und sinnleere Worte sind). Nostradamus hat die Fäden viel feiner gesponnen.

Stauffenberg war in Nordafrika an der rechten Hand schwer verwundet worden und seitdem ein *linkshändiger Militär*. Erregt und zur Tat getrieben wurden die Attentäter durch die Landung der Alliierten Anfang Juni, weil Deutschland nun zwischen zwei Fronten (Flüssen) eingeschlossen war. Ermordet durch den jungen Ritter (Stauffenberg war 37 Jahre alt) werden Militärs, seine Kameraden. (Nicht der Parteichef Hitler, der links (!) von Stauffenberg stand). Hitler selbst wird nur unerheblich verletzt. So hat Nostradamus fein zwei Bilder aufeinandergelegt.

Man muß sich allerdings etwas in der Geschichte auskennen, wenn man sich an die Verse wagt. Sonst bleibt nur Stümperei. In *Emmy* (Zeile 3) wendet Nostradamus das gleiche Verfahren an. Das Wort ist zusammengesetzt aus *ém*u = erregt und dem englischen Wort enne*my*, gibt also einen Hinweis auf den Grund der Erregung, nämlich den neuen *Feind*, die Amerikaner.

77

Le regne prins le Roy conviera
La dame prinse à mort iurez à sort,
La vie à Royne fils on desniera,
Et la pellix au fort de la confort.

Die Herrschaft ist ergriffen, der König verurteilt,
Die gefangene Dame wird durch Los zum Tode verurteilt.
Das Leben des Königssohns verweigert man ihr,
Und die Konkubine noch mehr von dem Schicksal.

Zeile 1: die Revolutionäre haben in Frankreich die Macht ergriffen, der König ist 1793 hingerichtet worden. Zeile 2: die Königin, deren Geschworene durch das Los ermittelt wurden, wird später ebenfalls hingerichtet. Geschworene und deren Ermittlung durch das Los waren eine Neuerung der Revolution, zur Zeit von Nostradamus in Frankreich noch nicht gebräuchlich. Zeile 4: der Dauphin ist angeblich in der Gefangenschaft gestorben, aber er soll befreit worden sein. Historiker streiten sich seit zweihundert Jahren wegen dieser Frage. Zeile 4: den Tod auf der Guillotine ereilt auch die Dubarry, Mätresse von Ludwig XV., die 1793 zur Regelung privater finanzieller Probleme kurz von England nach Frankreich einreist. Sie wird sogleich verhaftet.

78

La dame Grecque de beauté laydique,
Heureuse faicte de procs innumerable,
Hors translatee au regne Hispanique,
Captive prinse mourir mort miserable.

Die griechische Dame von ladyhafter Schönheit,
Glücklich gemacht von unzähligen Bewunderern,
Dann zu Spaniens Königin gemacht,
Wird gefangen genommen und stirbt erbärmlichen Tod.

Eine griechische Prinzessin wird Spaniens Königin. Nostradamus beschreibt ihre hoheitsvolle Schönheit. Bei den Spaniern ist sie unglaublich beliebt. In der spanischen Revolution (bestätigt durch andere Prophezeiungen) soll sie offenbar von den Aufständischen ermordet werden (vergl. Vers V/87).

79

Le chef de classe par fraude stratageme,
Fera timide sortir de leurs galleres,
Sortis meurtris chef renieux de cresme,
Puis par l'embusche lui rendront les salere.

Der Chef der Flotte durch betrügerische Kriegslist
Wird machen, daß die Feigen ihr Schiff verlassen.
Die Ausgestiegenen werden umgebracht, der Chef leugnet das Verbrechen.
Dann, durch den Hinterhalt, geben sie ihm den Lohn.

Wahrscheinlich handelt es sich wieder einmal um eine Allegorie. Der Chef der Flotte ist ein Staatenführer, möglicherweise Hitler, die Ausgestiegenen = Flüchtlinge wären dann die verfolgten Juden. Zeile 4: England und Frankreich erklären Deutschland den Krieg.

80

Le Duc voudra les siens esterminer,
Envoyera les plus forts lieux estranges,
Par tyrannie Bize &Luc ruiner,
Puis les Barbares sans vin feront vendanges.

Der Fürst will die Seinen ausrotten,
Er schickt die Stärksten in fremde Gebiete.
Durch Tyrannei zerstört er Pisa und Lucca.
Dann lesen die Barbaren Wein ohne Trauben.

Da unklar ist, ob der Fürst (Zeile 1) die gleiche Person wie der Tyrann (Zeile 3) ist, gibt es mehrere *richtige* Versionen der Interpretation. Der Vers gehört wohl zu den künftigen Konflikten mit außereuropäischen Völkern. Zeile 4 heißt soviel wie: "Dann steht der Feind im Dunkeln."

81

Le Roy rusé entendra ses embusches
De trois quartiers ennemis assaillir,
Un nombre estrange larmes de coqueluches
Viendra Lemprin du traducteur faillir.

Der schlaue Herrscher hört von diesen Hinterhalten,
Von drei Seiten greift er die Feinde an.
Eine unglaubliche Anzahl von Tränen und Husten
Läßt Lemprin durch den Übersetzer scheitern.

Die Zeile 3 schillert und kann auch folgenden Sinn haben: Eine Anzahl merkwürdiger Tränen und Husten ... Der Sinn ist jedoch der gleiche: der *gewitzte Herrscher* setzt gegen seine Feinde chemische Waffen ein.

Zeile 4: ein traducter (lat) = ein Überführer von Gegenständen, nicht von Worten, so daß *Lemprin* ganz handfest scheitert am Mangel an Versorgungsgütern, an Kriegsmaterial. Dieser Vers beschreibt Deutschland im Ersten Weltkrieg. Gekämpft wird an drei Fronten: in Rußland, Italien und Frankreich. Erstmals in der Geschichte werden (von den Deutschen) Giftgaswaffen eingesetzt. Die Folge ist der in Zeile 3 beschriebene Tränenfluß und die Verätzung der Atemwege, was Husten bis zum Tod bewirkt.

Der *Lemprin* ist der L'Emprin: l' = (franz.) der. In Emprin stecken zwei Worte: *Em* péreur = der deutsche Kaiser und *prince*, der Kronprinz, Befehlshaber der Armee gegen Frankreich. Sie werden durch den verlorenen Krieg gestürzt und gehen in die Niederlande ins Exil, in die *Gefangenschaft* der Sieger, sind *empri sonné* (gefangen). Ein Vers, der angeblich nicht zu deuten ist.

82

Par le deluge & pestilence forte,
La cité grande de long temps assiegee,
La sentinelle & garde de main morte,
Subite prins, mais de nul outragee.

Durch die Flut und die riesige Seuche
Wird die Stadt lange Zeit belagert.
Die Posten und die Wache der untergegangenen Macht,
Plötzlich gefangen, aber keine Schmach.

La cité (Zeile 2) ist wieder Paris. Beschrieben wird der Kampf Heinrichs IV. um seine Hauptstadt. 1589 rebellieren die Pariser und setzen Heinrich III. ab, wählen den Kardinal von Bourbon als Karl X. zum König. Das ist die *Flut und Seuche*, Standardchiffre von Nostradamus für derlei Geschehen. Heinrich III. schließt sich mit Heinrich von Navarra zusammen, um Paris zu belagern. Da ermordet ihn am 1. August der Dominikanermönch Clément, Heinrich von Navarra wird König. Er belagert Paris, muß die Belagerung jedoch unterbrechen, da seine Position noch nicht ausreichend gefestigt ist. Die Feldzüge werden fortgesetzt. Heinrich IV. konvertiert 1593 zum katholischen Glauben, und im Februar 1594 öffnet ihm der Gouverneur freiwillig die Stadttore: die Meinung der Bevölkerung ist wieder einmal umgeschlagen - der König wird mit Jubel begrüßt.

Zeile 2 beschreibt eine frühe Szene der Belagerung: am 31. Oktober 1589 gelingt es um ein Haar, Paris im Handstreich zu nehmen: Fünf Vorstädte am linken Seineufer sind bereits in der Hand des Königs, da rücken Soldaten der Liga zur Unterstützung in die Stadt und der König bricht den aussichtslosen Kampf ab.

83

Sol vingt de Taurus si fort terre trembler,
Le grand theatre remply ruinera,
L'air ciel & terre obscurcir & troubler,
Lors l'infidelle Dieu & saincts voguera.

Die Sonne zwanzig vom Stier, so stark zittert die Erde,
Daß das große gefüllte Theater zerstört wird.
Die Luft, der Himmel und die Erde verdunkeln sich und sind aufgewühlt,
Selbst die Ungläubigen werden Gott und die Heiligen anrufen.

Hier wird nicht ein Erdbeben *in Gelsenkirchen* geschildert, worauf der Fußballplatz nicht mehr genutzt werden kann. Zeile 1: die Datierung im Jahr: Zwanzig Grad im Zeichen Stier steht die Sonne jährlich am 11. Mai. Das *Theater* ist sicherlich keine Sportarena, sondern ist das *Welttheater* im übertragenen Sinn, das durch ein Erdbeben globalen Ausmaßes zerbrochen wird. Zu denken wäre z.B. an einen Grabenbruch in Kalifornien, der San Francisco und Los Angeles vernichtet. Die Folge wäre der Kollaps des internationalen Währungssystems; im Anschluß daran bricht weltweit die Wirtschaft zusammen. Die Weiterungen mögen Sie sich selbst ausmalen. Vergl. Vers VI/88, auch dort wird ein Erdbeben im Mai erwähnt, ebenso in Vers X/67.

84

Roy exposé parfaira l'hecatombe,
Apres avoir trouve son origine,
Torrent ouvrir de marbre & plomb la tombe,
D'un grand Romain d'enseigne Medusine.

Der der Gefahr ausgesetzte Herrscher beendet das Massensterben,
Nachdem er seine Abstammung gefunden hat.
Die Sturzflut öffnet das Grab aus Marmor und Blei
Eines großen Römers mit dem Zeichen der Medusa.

Nur zu verstehen im Zusammenhang mit den Versen IX/24, X/72, X/74. Zeile 3: die ***Sturzflut***, eine überraschende Revolution in Frankreich, öffnet die Königsgruft, aus der ein Nachfahre (Zeile 2) Ludwig XVII. steigt. Bindeglied zu Vers X/74 ist sowohl ***hecatombe***, das Massensterben, als auch die ***Gruft***. An die Regierung kommt dieser Herrscher nach der Beendigung des ***Massensterbens*** 1999 (vergl. Vers X/72). Zeile 4: er wird in der Nachfolge der römischen Kaiser stehen und Feinde des Reiches schrecken, wie das Haupt der Medusa, bei deren Anblick jedermann zu Stein erstarrte.

85

Passer Guienne, Languedoc & la Rosne,
D'Agen tenans de Marmande & la Roole,
D'ouvrir par foy parroy, Phocen tiendra son trosne,
Conflict aupres sainct Pol de Manseole.

Er zieht durch die Guyenne, das Languedoc und entlang der Rhône,
Er hält Agen, Marmande und La Réole,
Um sie dem strengen Glauben zu öffnen. In Marseille steht sein Thron.
Der Konflikt entsteht um *Pol de Manseole*.

Zeile 4: *Pol de Manseole* kennen wir bereits aus dem Vers VIII/46 als *Pol Mensolee*. Religionskrieg in Südfrankreich. Das Hauptquartier der *Bösen* ist in Marseille.

86

Du bourg Lareyne parviendront droit à Chartres
Et feront pres du pont Anthoni pause,
Sept pour la paix cauteleux comme Martres
Feront entree d'armee à Paris clause.

Von Bourg-la-Rheine gelangen sie geradewegs nach Chartres
Und legen bei der Brücke von Anthony eine Rast ein.
Sieben gegen den Frieden verschworen wie Märtyrer
Verschaffen der Armee Zutritt zum verschlossenen Paris.

Dieser Vers geht IX/82 voran und schildert, wie Heinrich IV. im Winter 1594 auf Paris marschiert. Zeile 1: am 27. Februar wird Heinrich in Chartres zu König gesalbt, am 17. März bricht er von Saint-Denis nach Senlis auf. Zeile 3 ist geradezu unglaublich: als die Forderungen des Pariser Volkes laut werden, verfügt der ***selbsternannte*** "Generalleutnant" Mayenne das Verbot von Ansammlungen von mehr als sechs Menschen. Eine Versammlung von ***sieben*** Personen ist also bereits eine Verschwörung! Chef dieser Verschwörung ist der Pariser Gouverneur Charles de Cossé, Graf von Brissac. Am 22. März sind die spanischen Wachen ausgeschaltet (Zeile 4) und in einer Stunde ziehen die Truppen durch die offenstehenden Tore von Saint-Denis und die Porte Neuve in das vormals *verschlossene Paris* (vergl. Vers IV/93).

87

Par la forest du Touphon essartee,
Par hermitage sera posé le temple,
Le Duc d'Estempes par sa ruse inventee,
Du mont Lehori prelat donra exemple.

Bei dem Wald durch *Touphon* gerodet,
Bei der Einsiedelei wird die Kirche erbaut.
Der Herzog von Estampes hat es hinterlistig eingefädelt.
Vom Berg *Lehori* der Prälat gibt das Beispiel.

Zeile 1: *gerodet*, flachgeworfen wurde der Wald durch Typhon. Typhon ist ein feuerspeiender, drachenleibiger Riese aus der griechischen Mythologie. Der physikalische Ursprung dieser Sage rührt her - auch aus China sind alte Berichte bekannt - von Einschlägen von Großmeteoren zu Beginn der Mittelsteinzeit vor 9.600 Jahren. Verstümmelte Reste haben sich in der Sintflutsage erhalten (vergl. der Großmeteor im Inhaltsverzeichnis). Dieser Vers ist zu datieren nach dem Einschlag. Der ***gerodete Wald*** ist eine der Sekundäreffekte des Impakts.

Zeile 2: man beginnt mit dem Wiederaufbau nach kontinentweiter Zerstörung der Zivilisation. Zeile 4: der *mont Lehori* ist der *mont le hori* = der Berg des Fischerkahns, also der Berg der römischen Kurie, der Aventin; und der *Prälat* des Fischerkahns ist der Papst. Er geht tapfer voran. Wieder ein Vers, der "angeblich nicht zu lösen ist".

88

Calais, Arras, secours & Theroanne,
Paix & semblant simulera l'escoute,
Soulde d'Alobrox descendra par Roane,
Destornay peuple qui defera la routte.

Calais, Arras zu Hilfe von Thérouanne,
Friede und Gleichklang täuscht der Horcher,
Soldaten von Savoyen steigen nach Roanne herab.
Er umgeht die Leute, die den Weg verlegen.

Zeile 1: *Thérouanne* steht wahrscheinlich für einen britischen Truppenführer. Thérouanne setzt sich zusammen aus (engl.) *The* = der und *Rouanne* = Roanne, einer Stadt an der Loire. Calais und Arras liegen an und in der Nähe der Kanalküste, von dort kommen die Briten zu Hilfe von *the Roanne*, dem, der an der Loire kämpft. Der Kampf geht gegen den Süden Frankreichs, Savoyen an den französischen Alpen.

89

Sept ans sera Philip fortune prospere,
Rabaissera des Arabes l'effort,
Puis son mydi perplex rebors affaire,
leune ognyon abysmera son fort.

Sieben Jahre ist Philipp das Glück gewogen,
Zunichte macht er der Araber Anstrengungen,
Dann, auf seinem Höhepunkt, verstrickt ein Vorfall ins Gegenteil,
Der junge Ogmion bricht seine Stärke.

Der Beginn der Laufbahn des *Ogmion* (vergl. Verse V/80, VIII/44). Bereits sein Vorgänger Philipp kämpft mit den Arabern.

90

Un capitaine de la grand Germanie
Se viendra rendre par simulé secours
Au Roy des Roys ayde de Pannonie,
Que sa révolte fera de sang grand cours.

Ein Feldherr aus dem großen Deutschland
Wird sich bereit finden, vorgetäuschte Hilfe zu leisten.
Dem König der Könige Hilfe aus Österreich,
So daß sein Umsturz Ströme von Blut fließen läßt.

Zeile 1: der ***größte Feldherr*** von ***Großdeutschland***: Hitler. Zeile 2: der Beginn des Zweiten Weltkriegs. Deutsche Truppen marschieren in Polen ein, um den unterdrückten Deutschen in den zwangsweise abgetretenen Gebieten zu ***helfen***. Zeile 3: auf dem Gipfel seiner Macht hatte der Führer fast ganz Europa in den Händen, Macht wie nur Kaiser Napoleon I. vor ihm. Österreich hatte sich Deutschland begeistert angeschlossen. Zeile 4: Ströme von Blut werden vergossen, um Hitler wieder zu stürzen. Hitlers Umsturz der Weimarer Republik verlief dagegen legal und ohne Blutvergießen. Für Hitler stimmte im Parlament seinerzeit z.B. der spätere Bundespräsident Heuß.

91

L'horrible peste Perynte & Nicopolle.
Le Cherfonnez tiendra & Marceloyne,
La Thessalie vastera l'Amphipolle,
Mal incogneu, & le refus d'Anthoine.

Die schreckliche Seuche Perinth und Nicopolis,
Sie hält den Peloponnes und Makedonien.
Thessalien verwüstet Amphipolis.
Das Übel ist unbekannt und Zurückweisung von Antoine.

Die ***schreckliche Seuche*** wird wohl eher ein Bürgerkrieg oder ähnliches sein, als eine veritable Krankheit. Die Interpretation steht und fällt mit der richtigen Übersetzung (im Sinne von Nostradamus) des Wortes ***incogneu***, Zeile 4. Man kann diese Zeile auch so verstehen, daß ***Antoine*** die Tragweite des ***Übels***, eines politischen Geschehens, ***unterschätzt*** hat. Künftiges Geschehen, nicht zuzuordnen.

92

Le Roy voudra en cité neufve entrer,
Par ennemis expugner l'on viendra
Captif libere faulx dire & perpetrer,
Roy dehors estre, loin d'ennemis tiendra.

Der Herrscher will die neue Stadt betreten,
Man geht daran, sie von den Feinden zu stürmen.
Der befreite Gefangene macht falsche Aussagen und begeht Untaten.
Der König wird draußen sein, entfernt von den Feinden hält er sich.

Der Vers beschreibt die gleiche Situation wie in Vers IX/86: Heinrich IV. will seine neue Hauptstadt betreten, aber die katholische Liga und die Spanier (Zeile 2) lassen ihn nicht hinein, der Sturm auf Paris scheitert. Paris wird belagert, Generalleutnant Mayenne ist in der Stadt "gefangen" (Zeile 3). Im Februar 1590 bemüht er sich, seine Lage und sein Ansehen zu verbessern und erobert Vincennes, Pontois, Paissy. Am 14. März erringt der König bei Ivry seinen bekanntesten Sieg. Die Schlacht dauerte nur eine Stunde, Mayennes Niederlage ist vollständig. - Paris bleibt dem König jedoch noch bis zum Februar 1554 verschlossen (Zeile 4).

93

Les ennemis du fort bien esloignez,
Par chariots-conduict le bastion,
Par sur les murs de Bourges esgrongnez
Quand Hercules battra l'Hæmathion.

Die Feinde von der Festung weit entfernt,
Auf Kriegsfahrwagen gefahren zur Bastion.
Von den Mauern von Bourges herab werden sie angegrollt,
Wenn Herkules die Sonnenstadt besiegt.

Im Krieg gegen Frankreich 1940 umgehen die deutschen Panzerverbände die Bunkerfestungen der Maginotlinie, indem sie durch Belgien vorstoßen (Zeile 1 und 2, vergl. Vers IV/80). Am 17. Juni stehen die Panzerspitzen 150 km südlich Paris vor Bourges. Frankreich ist verloren, der Widerstand ist gebrochen, in Bourges wird nur noch ***gegrollt*** (Zeile 3). Mit ***Herkules*** meint Nostradamus wohl eher den tapferen deutschen Soldaten als Hitler. Von Herkules besiegt zu werden, ist keine Schande. Paris ist die ***Sonnenstadt*** und steht für Frankreich, das am 27. Juni kapituliert.

94

Foibles galeres seront unies ensemble,
Ennemies faux le plus fort en rempart:
Faible assaillies Vratislave tremble,
Lubecq et Mysne tiendront barbare part.

Morsche Schiffe werden sich vereinen,
Falsche Feinde, der stärkste auf dem Wall:
Schwache werden angegriffen, Preßburg zittert,
Lübeck und Meißen ergreifen Partei der Barbaren.

Die morschen Staatsschiffe, die sich zusammentun werden, sind die Länder des ehemaligen kommunistischen Machtbereichs. Rußland wird die Führung übernehmen. Der

Westen, der abgerüstet hat und militärisch schwach ist, wird von diesen falschen Feinden getäuscht.

Vratislawa steht für Tschechien, das als einer der ersten Staaten Opfer der Aggression werden wird. Lübeck und Meißen sind Städte, die westlich und östlich der ehemaligen Grenze zur DDR liegen. Möglicherweise wendet sich der Osten Deutschlands in dieser Krise wieder dem sozialistischen Rußland zu (vergl. Vers VI/74). Vielleicht, allerdings, beschreibt dieser Vers auch die jüngst vergangene Geschichte... Bei den Galeeren/Staatsschiffen handelt es sich u.U. um die *Sieben*, die Nostradamus auch *Schiffe* nennt (vergl. Vers II/18).

95

Le nouveau faict conduira l'exercise,
Proche apamé iusqu'aupres du rivage,
Tendant secours de Milannoille eslite,
Duc yeux privé à Milan fer de cage.

Der Neue läßt das Heer führen,
Nahe der Erschöpfung gerade bis zum Ufer.
Schutzsuchend von der Mailänder Elite.
Der Führer, der Augen beraubt, Mailand Eisenkäfig.

Zeile 1: daß Nostradamus ohne Namensnennung *der Neue* schreibt, wäre einmalig. Wahrscheinlich muß es heißen *de* nouveau: *von* neuem wird das Heer ... geführt. Und diese Tatsache soll verschleiert werden.

Zeile 2: pamé heißt erschöpft, apamé ist der Hinweis auf die Stadt Apamea am Mäander in der Türkei, wo sich das Geschehen wohl abspielt. Nicht klar, erfolgreich verschleiert, ist auch, ob der Führer, nach Mailand gebracht, dann dort im Eisenkäfig sein wird, oder ob der Führer Mailands im Eisenkäfig steckt. Lassen wir es dabei bewenden.

96

Dans cité entrer exercit desniee,
Duc entrera par persuasion,
Aux foibles portes clam armee amenee,
Mettront feu, mort, de sang effusion.

In die Stadt einzuziehen, wird dem Heer verwehrt,
Der Führer geht hinein durch Überredung.
An schwache Tore wird heimlich die Armee geführt.
Sie legen Feuer, Tod, Blutvergießen.

Die *Stadt* ist wieder Paris, diesmal 1870/71. Ende Dezember 1870 wird die Stadt von den Deutschen eingeschlossen. Sie hält sich bis zum 28. Januar 1871. Zeile 2: neuer Chef der Exekutivgewalt wird der 73jährige Alphons Thiers, der in der Bevölkerung als Politiker hohes Ansehen genießt.

Mitte März bilden sozialistische Revolutionäre in Paris die Kommune: Revolution. Unter Marschall Mac-Mahon erobern Regierungstruppen systematisch die Außenbezirke (Zeile 3), der Häuserkampf in der Stadt dauert noch eine Woche (Zeile 4). Die Tuilerien, das Rathaus, der Justizpalast brennen ab, die Kämpfe fordern 20.000 Tote.

97

De mer copies en trois pars divisee,
A la seconde les vivres failleront,
Desesperez cherchant champs Helisees,
Premiers en breche entrez victoire auront.

Durch Meer sind die Heere in drei Teile getrennt,
Dem zweiten gehen die Lebensmittel aus.
Verzweifelt suchen sie westliche Gefilde.
Die erste dringt in die Bresche und erringt den Sieg.

Dieser Vers ist *übel* verschleiert und so zu verstehen: Napoleon hatte im wesentlichen nacheinander drei Heere: die Italienarmee, die ägyptische und die Große (Rußland) Armee. Die *zweite* ist durch das Mittelmeer von den beiden anderen getrennt und scheitert (Zeile 2) im Nahen Osten. Die *dritte* Armee marschiert 1812 auf dem Rückzug von Moskau verzweifelt nach Westen. Zeile 4: die *erste* Armee legt in Italien mit ihren Siegen den Grundstock für Napoleons Aufstieg.

98

Les affligez par faute d'un seul taint,
Contremenant à partie opposite,
Aux Lygonnois mandera que contraint
Seront de rendre le grand chef de Molite.

Die Heimgesuchten durch Schuld eines einzigen Geheimnisträgers,
Im Gegensatz zur Gegenseite.
Den Bewohnern von Lyon wird kundgetan, daß sie aufgefordert
Sind, den großen Führer der Unternehmung auszuliefern.

Da auch in der Vergangenheit Lyon stets Brennpunkt von politischen Auseinandersetzungen war, ist schwer zu sagen, ob hier ein geschichtliches oder künftiges Ereignis geschildert wird.

99

Vent Aquilon fera partir le siege,
Par murs getter cendres, chauls & poussiere:
Par pluyes apres, qu'il leur fera bien piege,
Dernier secours encontre leut frontiere.

Der Nordwind beendet die Belagerung.
Aus Schutzmauern Asche, Kalk und Staub,
Durch Regen danach, das ihnen recht zur Falle wird,
Letzte Rettung entgegen ihrer Grenze.

Napoleon scheitert in Moskau. Nach und nach brennt die Stadt ab. Zeile 3: wenig bekannt ist, daß der Abmarsch bei warmem, herbstlichen Wetter begann, aber dann der Regen alles in Schlamm verwandelte, und die durchnäßten Soldaten zu Zehntausenden starben. Die folgende Kälte gab der Armee dann den Rest. Rettung gab es nur für den, der sich nach Preußen durchschlagen konnte.

100

Navalle pugne nuit sera superee,
Le feu, aux naves à l'Occident ruine
Rubriche neusve, la grand nef coloree,
Ire à vaincu, & victoire en bruine.

Bei der Seeschlacht kommt die Nacht von oben herbeigeflogen,
Das Feuer. Den Schiffen, dem Westen Verderben, durch
Den neuen Rotstein, Das große Schiff gefärbt.
Haß dem Besiegten und Sieg im Nebel.

Dies ist wohl einer der interessantesten Verse für unsere Epoche. Hier wird nicht einfach eine Seeschlacht beschrieben. Nostradamus hat in diesem Vers drei Bilder ineinandergewoben. Das eine Bild entspricht dem Vers V/62 und ist zu diesem ein Parallelbild. Auch dort wird dem Westen Unheil vorhergesagt, Schiffe werden versenkt. Durch den *Tridental* (die USA) und *Rom* ergibt sich die Klammer zu diesem Vers, der damit eindeutig dem Dritten Weltkrieg zugeordnet werden kann.

Rubriche (Zeile 3) ist nicht einfach *Rot*, wie bisher flüchtig übersetzt, sondern das Wort heißt Rubrik, Abteilung, oder Rot*stein*, hat also eine Doppelbedeutung. Die macht sich Nostradamus zu Nutze, hier doppelt sich der Vers. Erkennbar wird das dadurch, daß - völlig ungewöhnlich und sehr (!) selten -, mitten in den Zeilen Kommas als Unterbrechung eingebaut sind, so daß bei den Sätzen und dem Sinn (was bisher auch stets einfach nicht erkannt worden ist) Zeilensprünge vorliegen. Die Aussage ist eben nicht, daß (Zeile 3) "Mit neuem Rot das große Schiff gefärbt ist" - das ist nur *Tarnung*. Die Aussage lautet:

"... dem Westen Verderben, durch den Rotstein!" Der neue, rote *Stein*/Felsen ist der Großmeteor, dem Nostradamus (siehe Inhaltsübersicht) viele seiner Verse gewidmet hat. Und jetzt wird auch klar, wieso (Zeile 1) "von oben die Nacht geflogen kommt", verbunden mit *Feuer*. Nach dem Einschlag beginnt eine Verfinsterung, Feuer fällt vom Himmel.

Das dritte Bild (Zeile 3) sagt aus, daß eine neue *Rubrik*/Republik das große Schiff gefärbt hat. Ich meine, hier wird die erneute Rotfärbung der russischen Flotte beschrieben, denn in Zeile 4 lesen wir, daß dem Besiegten Haß entgegenschlägt. Die Ursache ist der Rückfall Rußlands zum Nationalkommunismus, was den Krieg auslöst. Die letzten Worte des Verses sind verschieden deutbar. Der Nebel mag für das Kriegsende im Herbst stehen. *Bruine* kann auch den weltweiten Rauch/Staub beschreiben, der nach den Meteoriteneinschlägen noch längere Zeit die Fernsicht einschränkt und die Atmosphäre eintrübt.

1

A l'ennemy, l'ennemy foy promise
Ne se tiendra, les captifs retenus:
Prins, preme mort, & le reste en chemise,
Damné le reste pour estre soustenus.

Dem Feinde hat der Feind Treue versprochen,
Er hält sich nicht daran. Die Gefangenen werden zurückgehalten,
Gefangen, totgetreten, und der Rest im Hemd,
Verdammt der Rest, unterstützt zu werden.

Zeile 1: in der Genfer Konvention haben fast alle Staaten der Welt vereinbart, gewisse völkerrechtliche Regeln auch im Krieg einzuhalten. Zeile 2: Rußland hält sich nicht an diese Gesetze. Der Grund ist, daß Rußland die Konvention nie unterzeichnet hat. Nach dem Zweiten Weltkrieg werden Millionen deutsche Kriegsgefangene in ***Schweigelagern*** zurückgehalten, wo man sie zu Hunderttausenden umkommen läßt (Zeile 3). Überlebt haben häufig nur diejenigen, die von ihren Angehörigen Lebensmittelpakete erhielten (Zeile 4).

2

Voille gallere voil de nef cachera,
La grande classe viendra sortir la moindre,
Dix naves proches le tourneront pousser,
Grande vaincue unies à soy iondre.

Das Segel des Schiffs verbirgt das Segel der Barke,
Die große Flotte läßt die kleine hinaus.
Zehn nahe Schiffe zwingen sie, beizudrehen.
Der Große besiegt, gemeinsam im Glauben vereint.

Das *Schiff* ist das Deckwort für die katholische Kirche. Die kleinen Schiffe sind die verschiedenen christlichen Konfessionen, die aus ihr/der Flotte entstanden sind. Sie werden nach dem Sieg über den ***Großen*** - möglicherweise Rußland, vielleicht auch das Islamische Imperium - wieder mit dem ***Mutterschiff*** vereint segeln (Zeile 4).

3

En apres cinq troupeau ne mettra hors,
Un fuytif pour Penelon laschera,
Faux murmurer, secours venir par lors,
Le chef le siege lors abandonnera.

Erst nach fünf schickt er die Truppen hinaus,
Einen Flüchtigen läßt er wegen Penelon frei.
Falsches Gerücht, Hilfe käme von dort,
Der Chef gibt die Belagerung dann auf.

Penelon ist das Anagramm für ***Polènnes*** = Polen. Der Zweite Weltkrieg: Am 3. September 1939 hatte Frankreich dem Deutschen Reich den Krieg erklärt, blieb jedoch, wie Deutschland auch, weitgehend untätig. Erst im fünften Monat, im Mai 1940 (Zeile 1) schickt Hitler "die Truppen hinaus"; Frankreich wird überrannt. Zeile 2: an der polnisch-deutschen Streitfrage wegen Danzig war der Krieg wegen Penelon = Anagramm von Polen ausgebrochen. Heß fliegt nun 1941 nach Schottland, um wegen eines Friedens mit England zu sondieren. Hitler distanziert sich offiziell von dieser Absicht und erklärt, Heß sei geflohen.

Zeile 3: Polen hatte erwartet, daß Frankreich und England sogleich mit Truppen Deutschland angreifen würden, sah sich jedoch getäuscht. Zeile 4: Hitler gibt die Belagerung Frankreichs auf und greift an (Zeile 1). Zeile 4 ist ein Musterbeispiel für eine bewußte Irreführung durch Nostradamus. Man geht davon aus, daß, wenn eine Belagerung abgebrochen wird, der Belagerer abzieht. Aber diese Schlußfolgerung muß nicht zutreffen: der Belagerer kann auch zum Sturmangriff antreten, wie in diesem Fall.

4

Sus la miniuict conducteur de l'armee
Se sauvera subit esvanouy,
Sept ans apres la fame non blasmee
A son retour ne dira oncq ouy.

Um Mitternacht der Führer der Armee
Rettet sich und ist sogleich verschwunden.
Sieben Jahre später ist der Ruf nicht mehr getadelt,
Bei seiner Rückkehr wird dergleichen gesagtes nicht gehört werden.

Charles II. wird 1651 in der Schlacht von Worcester von Cromwell geschlagen und muß bei Nacht und Nebel fliehen. Sieben Jahre später stirbt Cromwell und General Monk führt ihn daraufhin auf den Thron zurück.

5

Albi & Castres feront nouvelle ligue,
Neuf Arriens Lisbon & Portugues,
Carcas, Tholose consumeront leur brigue,
Quand chef neuf monstre de Lauragues.

Albi und Castres schließen ein neues Bündnis,
Neuf Arriens Lissabon und Portugiesen,
Carcassonne, Toulouse beenden ihre Umtriebe,
Wenn der neue Chef das Wunder bewirkt von Lauragais.

Zeile 2: *neuf Arriens* können *neun* oder auch *neue* aus Arras sein, oder Arier oder Arianer usw., in allen Kombinationen (wenigstens sechs Varianten). Das Lauragais ist eine Gegend südlich von Toulouse, Albi und Castres östlich. Wohl allgemeine Wirren in Südwesteuropa vor dem Dritten Weltkrieg.

6

Sardon Nemans si hault desborderont
Qu'on cuidera Deucalion renaistre,
Dans le colosse la pluspart fuyront,
Vesta sepulchre feu estaint apparoistre.

Der Gard wird Nîmes so hoch überschwemmen,
Daß man meint, Deukalion sei wiedergeboren.
In das Colosseum fliehen die meisten,
Grab der Vesta. Es erscheint das erloschene Feuer.

Zeile 4: das Colosseum ist das antike Amphitheater von Nîmes. Diesmal ist die *Überschwemmung* offensichtlich ein reales, physikalisches Geschehen: Deukalion ist der Stammvater der Griechen. In einem hölzernen Kasten (Schiff) rettet er sich als einziger vor der Sintflut. Geschildert wird hier einer der Sekundäreffekte nach dem Meteoriteneinschlag in den Ozean. Schlagartig verdampfen Tausende von Kubikkilometern Wasser und regnen sofort ab. Ich empfehle Prof. Dr. Tollmanns Buch: *Und die Sintflut gab es doch* (vergl. Vers IX/87: Ungeheure Druckwellen, die kontinentweit Wälder umbrechen, sind ein weiterer Sekundäreffekt).

Zeile 4: Dieser Vers ist ein Doppel zu Vers IX/9. Auch dort werden die ungeheuren Regengüsse beschrieben, in Verbindung mit dem Erscheinen des *Feuers*. Zeile 4 läßt sich so deuten: Heim und Herd, deren Schutzgöttin die Vesta ist, sinken ins Grab. Es erscheint das neue Feuer in Gestalt eines Großmeteors am Himmel.

7

Le grand conflit qu'on appreste à Nancy,
L'Aemathieu dira tout ie soubmets,
L'isle Britanne par vin, sel en solcy,
Hem. mi. deux Phi. long temps ne tiendra Mets.

Der große Krieg, den man bei Nancy führt,
Der Sonnenkönig sagt: Ich unterwerfe alles.
Die Insel Britannien wegen Wein, Salz in Sorge.
Hem. mi. zwei *Phi.* Lange Zeit hält man Metz nicht.

Die lateinischen Abkürzungen in Zeile 4 sind relativ leicht zu dechiffrieren. Hem(icyclium) = Halbkreis; es gibt im Lateinischen nur fünf Worte, die mit hem... beginnen. Mi(litia) = Krieg/Feldzüge. Die beiden *Phi/F* sind die beiden Könige, die Frankreich mit *Hem.* und *mi.* eingrenzen: Philipp IV. von Spanien (1621-1665) und Ferdinand von Habsburg (1637-1657). Der Sonnenkönig ist Ludwig XIV. (1638-1715), der an allen Grenzen Krieg führt und Frankreich zur ersten Großmacht in Europa aufsteigen läßt: "Ich unterwerfe alles!" England, die Handelsnation, muß zurückstecken.

Zeile 3: Im Westfälischen Frieden 1648 wird Frankreich Metz zugesprochen. Doch 1871 fällt Elsaß-Lothringen zurück an das junge Kaiserreich, Metz ist wieder deutsch.

8

Index & poulse parfondera le front
De Senegalia le Comte à son fils propre,
La Myrnamee par plusieurs de prin front
Trois dans sept iours blesses mors.

Mit Zeigefinger und Daumen durchstößt er die Front,
Des Grafen von Senigallias eigener Sohn.
Die Venus mit mehreren in vorderster Front,
Drei in sieben Tagen tödlich verletzt.

Das Schicksal Kaiser Napoleons III. im Feldzug 1870 (Zeile 4). *Verletzt*, allerdings tödlich, war sein Ehrgeiz und sein Stolz. Zeile 2: der Kaiser war Patenkind Papst Pius IX., Nachfahre der Fürsten von Senigallia.

Zeile 1: die Preußen stoßen nach Frankreich vor, siegen bei Metz und Sedan. Die *Venus* ist die bildschöne Kaiserin Marie-Eugenie, die nach der Gefangennahme des Kaisers am 2. September 1870 in Paris versucht, zu retten, was zu retten ist.

9

De Castillon figuieres iour de brune,
De femme infame naistra souverain prince
Surnom de chausses perhume luy posthume
Onc Roy ne fut si pire en sa province.

Im Schloß von Figueras an einem nebligen Tag
Von niederträchtiger Frau wird ein absoluter Herrscher geboren.
Den Nachnamen *Erdhose* hat er nach seinem Tod.
Nie gab es einen schlimmeren König in seinem Land.

Figueras liegt in Südspanien. Der Vers schildert ein künftiges Geschehen.

10

Tasche de meurdre, enormes adulteres,
Grand ennemy de tout le genre humain,
Que sera pire qu'ayeuls, oncles, ne peres,
En fer, feu, eau, sanguin & inhumain.

Befleckt mit Mord, ungeheuerlichen Ehebrüchen,
Großer Feind des ganzen Menschengeschlechts,
Der schlimmer ist als seine Vorfahren, Onkel oder Väter,
Mit Eisen, Feuer, Wasser, blutrünstig und unmenschlich.

Es scheint, Nostradamus benötigt diesen Vierzeiler, um all die netten Eigenschaften und Taten des Fürsten von Figueras aus Vers X/9 deutlich aufzuzählen.

11

Dessous lonchere du dangereux passage
Fera passer le postume sa bande,
Les monts Pyrens passer hors son bagage,
De Parpignan courira Duc à Tende.

Unterhalb der gefährlichen Passage von Junqera
Führt der Nachgeborene seine Bande vorbei.
Die Pyrenäen überquert er ohne seine Troß.
Von Perpignan eilt der Führer zum Tende.

Ein Angriff aus Spanien über die Pyrenäen in Richtung Perpignan. Der dortige Führer (Zeile 4) zieht sich zurück zum Col de Tende an der italienischen Grenze. Teil eines künftigen Krieges, jedoch nicht zuzuordnen.

12

Esleu en Pape, d'esleu sera mocqué,
Subit soudain esmeu prompt & timide,
Par trop bon doux à mourir provoqué,
Crainte estainte la nuict de sa mort guide.

Zum Papst gewählt, macht man sich über den Gewählten lustig.
Plötzlich, sogleich verstummt er und wird alsbald furchtsam,
Weil zu gut und weich, wird er in den Tod getrieben.
Die Furcht unterdrückt. Die *Nacht* für seinen Tod Anhaltspunkt.

Wahrscheinlich wird hier der Tod von Papst Johannes Paul I. geschildert. Zeile 4 ist dafür ein recht klarer Indikator. Unbeachtet starb der Papst irgendwann in der *Nacht*, wie man lesen kann. Eine Wiederholung desgleichen ist nur schlecht vorstellbar (vergl. Vers III/65).

13

Souz la pasture d'animaux ruminant
Par eux conduicts au ventre helbipolique,
Soldats cachez, les armes bruit menant,
Non loing temptez de cité Antipolique.

Unter dem Futter der Tiere die wiederkäuen,
Von jenen in den Magen von *Helbipolis* gebracht.
Die Soldaten versteckt, die Waffen, die lärmen, gefahren,
Nicht weit erprobt durch die Stadt Antibes.

Napoleons Flucht aus Elba am 26. Februar 1815 mit sieben Schiffen, in denen er 1.200 Soldaten versteckt hatte. Am 1. März landet er bei Antibes, die Zitadelle wird genommen, doch man hat vergessen, das Tor zu sichern. Der Oberst der Garnison läßt es hinter den Grenadieren unter Hauptmann Lamouret wieder versperren, alle sind gefangen (Zeile 4). Napoleon muß sie abschreiben, er zieht ohne sie weiter.

Helbipolis ist eine Mischform aus (H)elba = Elba (das *h* wird im französischen nicht gesprochen) und aus Polis (griech.) = *die Stadt*, bei Nostradamus stets Paris. Am 20. März erreicht Napoleon *die Stadt*. Im *Magen* von Helbipolis ist tatsächlich die Route enthalten, auf der Napoleon seine Soldaten führt: Von Elba nach Paris.

Das Glanzlicht habe ich mir für den Schluß aufgespart: Die Soldaten sind versteckt (Zeile 3) im "Futter eines Tiers, das wiederkäut". In der Realität sind sie versteckt auf Napoleons Brigg L'Inconstant, die *Unbeständige*. Und *ruminer* heißt wiederkäuen, aber auch: hin und her, also unbeständig/*inconstant*.

Nostradamus weist ganz eindeutig darauf hin: ich, Nostradamus, kenne alle Einzelheiten der künftigen Geschichte bis hin zu Details wie Namen von Schiffen!

14

Urnel Vaucile sans conseil de soy mesmes
Hardit timide, par crainte prins, vaincu,
Accompagné de plusieurs putains blesmes
A Barcellonne aux chartreux convaincu.

Urnel Vaucile weiß sich keinen Rat mehr,
Beherzt, doch voller Sorge, weil er fürchtet gefangen, besiegt zu werden,
Begleitet von mehreren bleichen Dirnen,
In Barcelona zu den Karthäusern bekehrt.

L'urnel, der Urnel, ist der ***Leichenblasse*** (lat.) lurror, begleitet wird er von ***bleichen Dirnen***. *Vaucile* entstammt dem lateinischen Wort ***Vacillato*** = das Wanken. Der Urnel Vaucile, der leichenblaß daherwankt, scheint in seiner Ratlosigkeit eine rechte Jammergestalt zu sein. Die Zukunft wird den Sachverhalt, der hinter diesem Vers steht, eines Tages beklagen. Er scheint Mönch zu werden.

15

Pere duc vieux d'ans & de soif chargé,
Au iour extreme fils desniant l'esguire
Dedans le puis vif mort viendra plongé,
Senat au fil la mort longue & legere.

Der Vater des Fürsten ist alt an Jahren und dem Trunk verfallen,
Am Tag des Todes verweigert er dem Sohn das Erbe,
Lebendig in den Brunnen wird er durch Ertränken zu Tode gebracht.
Der Rat wünscht dem Sohn einen späten und leichten Tod.

Künftiges Geschehen.

16

Heureux au regne de France, heureux de vie
Ignorant sang, mort, fureur & rapine,
Par non flateurs seras mis en envie,
Roy desrobé, trop de foye en cuisine.

Glücklich an der Herrschaft von Frankreich, Freude am Leben,
Fremd ist ihm Blut, Tod, Raserei und Raub.
Von Leuten, die nicht schmeicheln, wird er beneidet.
Der König wird entkleidet, weil er zu sehr an die Küche glaubt.

Die Regierung Ludwigs XVIII., der nach Napoleons Abdankung bis 1824 König von Frankreich ist. Er stirbt im Alter von 69 Jahren, phlegmatisch, wohlbeleibt und dem Komfort ergeben. Seinen Thron verliert er zeitweilig (Zeile 4), als Napoleon aus Elba flieht. Am 19. März 1815 verläßt er fluchtartig Paris in Richtung Belgien. "Am meisten tut es mir um meine Pantoffeln leid", vertraut sich der König MacDonald an. "Sie hatten sich schon so gut meinen Füßen angepaßt." Dieser König ist für Napoleon kein ernstzunehmender Gegner.

17

La Royne Ergasie voyant sa fille blesme,
Par un regret dans l'estomach enclos,
Crys lamentables seront lors d'Angolesme,
Et au germain mariage forclos.

Die Königin Ergaste sieht ihre Tochter leichenblaß,
Wegen eines Bedauerns, das sie auf der Seele hat,
Jämmerliche Schreie schallen aus Angoulême
Und über die unerlaubte Vetternehe.

Ergaste ist das Tarnwort für *Ergost(e)*, ein Wort aus der Pflanzenzucht, das ein abgestorbenes Zweigende bezeichnet. Beschrieben wird die französische Königin Marie-Antoinette, von den Revolutionären gefangengehalten im Temple. Auch sie wird ermordet. Ihre Tochter, die Herzogin von Angoulême (Zeile 3), teilt ihr Schicksal. Zeile 4: verheiratet ist sie mit ihrem Vetter, dem späteren Karl X. (1757-1836).

18

Le rang Lorrain fera place à Vendosme,
Le haut mis bas, & le bas mis haut,
Le fils de Hamon sera esleu dans Rome,
Et les deux grands seront mis en defaut.

Das Haus Lothringen macht Platz dem Vendôme,
Das Hohe wird erniedrigt, der Niedere erhöht,
Der Sohn von Hamon wird in Rom erwählt,
Und die beiden Großen werden zum Scheitern gebracht.

Nach der Ermordung Heinrichs III. 1589 sahen sich die katholischen Guisen aus Lothringen bereits auf Frankreichs Thron. Diese mächtige, gesunde, tatkräftige Sippe hatte bereits Heinrich II. treu gedient. Doch kurz vor dem Tod schließt sich Heinrich III. mit Heinrich von Navarra, dem Anführer der Hugenotten zusammen, und dieser folgt als Heinrich IV. auf den Thron. Die Guisen sind aus dem Spiel.

Zeile 3: Amon ist ein Götzendiener, König im Alten Testament. Genau so sah der Papst zunächst Heinrich IV. Doch im Juli 1593 konvertiert der König und nimmt seinen Gegner den Wind aus den Segeln. Zeile 4: *die beiden Großen* sind die Führer der Guisen, die Brüder Henry und Franz von Guise. Henry ist Kardinal von Lothringen.

19

Iour que sera par Royne saluee,
Le iour apres le salut, la priere:
Le compte fait raison & valbuee,
Par avant humble oncques ne fut si fiere.

Der Tag wird kommen, an dem sie als Königin begrüßt wird,
Am Tag nach der Begrüßung das Gebet.
Die Rechnung war richtig und wertvoll,
Zuvor demütig, seither noch nie derart stolz wie nie.

In Frankreich hat es nie eine regierende Königin gegeben auf Grund des dort geltenden salischen Gesetzes. Beschrieben wird die ***jungfräuliche Königin*** Elisabeth I. (1533-1603). Nach dem Tod ihrer Halbschwester Maria Tudor folgt sie auf den englischen Thron. In den Augen der Kirche ist sie - Tochter Heinrichs VIII. und der Anna Boleyn - illegitim und konnte sich nie Hoffnung auf den Thron machen (Zeile 4). ***Rechtmäßige*** Thronfolgerin wäre die Witwe Franz II., Maria Stuart gewesen. Um diese Angelegenheit aus der Welt zu schaffen, wird sie auf Betreiben Elisabeths inhaftiert und 1587 schließlich hingerichtet.

20

Tous les amys qu'auront tenu party,
Pour rude en lettres mis mort & saccagé,
Bien publiez par fixe grand neanty,
Onc Romain peuple ne fut tant outragé.

Alle die Freunde, die Partei ergriffen haben, werden
Wegen Grobheiten in Schriften zu Tode gebracht und enteignet.
Öffentliches Gut durch die Staatsschatzverwaltung des Großen hinfällig,
Nie zuvor geschah dem römischen Volk größere Schmach.

Inquisition und Verfolgung ***Andersdenkender*** in der Zeit des Dreißigjährigen Krieges. Zeile 4: auch Rom leidet unter den ketzerischen Umtrieben der Protestanten.

21

Par le despit du Roy soustenant moindre,
Sera meurdy luy presentant les bagues
Le pere au fils voulant noblesse poindre
Fait, comme à Perse iadis feirent les Magues.

Zum Ärger des Königs unterstützt er die Kleinen,
Er wird ermordet, man zeigt ihm die Ringe.
Der Vater will dem Sohn Hochherzigkeit erweisen,
Er handelt, wie in Persien seinerzeit es die Magier taten.

Es wird leider nicht klar, wer hier nun wen ermordet, wer wessen Vater/Sohn ist. Künftiges Geschehen.

22

Pour ne vouloir consentir au divorce,
Qui puis apres sera cognu indigne,
Le roy des Isles sera chassé par force,
Mis à son lieu qui de roy n'aura signe.

Da man der Geschiedenen nicht zustimmen kann,
Die dann danach als unwürdig bezeichnet wird,
Wird der König der Inseln mit Gewalt verjagt.
Gesetzt an seinen Platz den, der kein königliches Zeichen hat.

Zeile 3: Nostradamus gebraucht wieder einmal recht starke Worte für ein Geschehen: Eduard VIII. folgt im Januar 1936 seinem Vater Georg V. auf den Thron. Im Dezember, noch vor der Krönung, dankt er zugunsten seines Bruders Georg VI. ab. Der Grund war, daß er die geschiedene Amerikanerin Simpson-Warfield heiraten wollte, was nach englischem Recht - der König ist Oberhaupt der anglikanischen Kirche - untragbar gewesen wäre. Sein Bruder, Georg VI., war kein König, der die Krone erfolgreich in der Öffentlichkeit vertreten konnte (Zeile 4).

23

Au peuple ingrat faictes les remonstrances,
Par lors l'armee se saisira d'Antibe,
Dans l'arc Monech feront les doleances
Et à Freius l'un l'autre prendra ribe.

Dem unzufriedenen Volk machen sie Vorhaltungen,
Darauf bemächtigt sich die Armee Antibes,
Im Winkel Monaco stoßen sie Wehgeschrei aus,
Und in Frejus nimmt ein anderer die Küste.

Anschlußvers an X/13 und X/16: Ludwig XVIII. mahnt vergeblich die Franzosen, sie sollten doch mit ihm zufrieden sein (Zeile 1). Napoleon I. landet bei Antibes (Zeile 2), marschiert dann weiter in Richtung Frejus (Zeile 2), biegt bei Cannes von der Küste nach

Norden ab in Richtung Crosse. *Ein anderer* ist Napoleon, im Gegensatz zum König (Zeile 1). Das ganze Unternehmen spielt sich in der Gegend von Monaco ab (Zeile 3).

24

La captif prince aux Italles vaincu
Passera Gennes par mer iusqu'à Marseille,
Par grand effort des forens survaincu,
Sauf coup de feu barril liqueur d'abeille.

Der gefangene Fürst bei Italien ist besiegt,
Er fährt an Genua vorbei auf dem Meer nach Marseille.
Durch großen Aufwand durch Freunde überwunden,
Außer einem Schuß nur Likör der Biene.

Anschlußvers an X/23. Zeile 1: der geschlagene Napoleon I. auf der Insel Elba bei Italien gefangen. Zeile 2: die Fahrtroute von Elba nach Genua vorbei in Richtung Marseille. Zeile 3: die *Hundert Tage* enden mit der verlorenen Schlacht von Waterloo. Ganz Europa hatte gegen Napoleon Front gemacht. Zeile 4: Napoleon hat keine Armee mehr. Die Biene ist sein Wappentier. Unmittelbar vor seinem Tod verlangt Napoleon mehrfach im Delirium nach süßen Getränken, nach Orangensaft und Mandelmilch!

25

Par nebro ouvrir de Brisanne passage,
Bien esloignez el rago fara muestra,
Dans Pelligouxe sera commis l'outrage
De la grand dame assise sur l'orchestra.

Am Ebro öffnet *Brisanne* den Durchgang
Weit entfernt vom Tajo führt er die Verhaftung durch.
Von *Pelligouxe* wird die Schmach begangen.
Mit der großen Dame, die über dem Orchester sitzt.

Zeile 1: *Bisanne* ist (lat.) der *Bisanguis*, der Doppelmörder. *Pelligouxe* ist jemand, der in wilder Ehe lebt, (lat.) *Pelicatus*. Er scheint zu tun zu haben mit der *Dame* in Zeile 4. Aber das bringt uns leider auch nicht viel weiter. Zukünftiges Geschehen in Spanien.

26

Le successeur vengera son beau frere,
Occuper regne souz umbre de vengeance,
Occis ostacle son sang mort vitupere,
Long temps Bretaigne tiendra avec la France.

Der Nachfolger wird seinen Schwager rächen,
Er besetzt den Thron im Schatten der Rache.
Wer Widerstand leistet erleidet schändlichen Tod durch sein Blut.
Lange Zeit wird die Bretagne zu Frankreich stehen.

Das Edikt von Nantes (13. April 1598). Heinrich IV. tritt 1589 die Nachfolge seines katholischen Vorgängers und Schwagers Heinrich III. an. Er selbst ist Führer der Hugenotten, konvertiert jedoch: "Paris ist eine Messe wert." Seine Gegner ringt er nieder, ist dann jedoch auf Ausgleich und Ruhe im Königreich bedacht. Neben Ludwig XIV. ist Heinrich der erfolgreichste und beliebteste König Frankreichs geworden. Besonders das Wohl der kleinen Leute liegt ihm am Herzen: "Ich will, daß der Bauer am Sonntag ein Huhn im Topf hat!" Das Toleranzedikt von Nantes, in der ***Bretagne*** (Zeile 4), hat Gültigkeit bis zum Oktober 1685. Daraufhin verlassen 200.000 Protestanten das Land.

27

Par le cinquiesme & un grand Hercules
Viendront le temple ouvrir de main bellique,
Un Clement, Iule & Ascans recules,
Lespee, clef, aigle, n'eurent onc si grand picque.

Durch den Fünften und einen großen Herkules,
Sie werden den Tempel öffnen mit kriegerischer Hand.
Ein Clemens, Julius und Ascanius weichen,
Das Schwert, der Schlüssel, der Adler erlebten nie zuvor einen so großen Angriff.

Heinrich IV. regierte nach Heinrich III. und vor Ludwig XIII. am Ende des 16. Jahrhunderts. Hier wird König Heinrich V. angekündigt. Der ***große Herkules*** ist wohl er selbst und nicht eine andere Person. Sollte dieser Henric identisch sein mit dem König ***Chiren*** (Anagramm auch von Henric), dann ist der ***Herkules*** sein Waffenbruder ***Ogmion***, der uns bereits aus vielen Versen geläufig ist.

Der ***geöffnete Tempel*** ist ein Bild dafür, daß sie Krieg führen werden. Im alten Rom wurden nur in - den seltenen - Friedenszeiten die Tore des Janustempels geschlossen gehalten, so unter Kaiser Augustus längere Zeit.

Zeile 3: weichen werden ***Clemens*** = der Papst, ***Julius*** = der römische Führer, ***Ascanius*** = der deutsche Führer (die Askanier sind ein deutsches Fürstenhaus, das bis

1319 in Brandenburg herrschte, in Kursachsen bis 1423, in Sachsen-Lauenburg bis 1689, in Anhalt bis 1918).

Die drei Symbole werden in Zeile 4 wiederholt: *Schlüssel* = Papst, *Schwert* = römisches Imperium, *Adler* = Deutschland. Doch höchstwahrscheinlich weichen nicht diese drei, sondern der *Feind* weicht *vor* diesen drei: *Un* = Einer. Nämlich der, der diese drei besetzt/unterjocht hatte. Dieser Vers gehört möglicherweise zum Dritten Weltkrieg (vergl. Vers X/72).

28

Second & tiers qui font prime musique
Sera par Roy en honneur sublimee,
Par grasse & maigre presque demy eticque
Raport de Venus faulx rendra deprimee.

Der Zweite und der Dritte, die die erste Geige spielen,
Stehen beim König in höchstem Ansehen.
Da dick und dürr sind sie recht dürftig,
Der Bericht der falschen Schönheit macht betrübt.

Zeile 4: Eine Schönheit bei Hof spinnt eine Intrige gegen den Zweiten und Dritten. Wahrscheinlich bezieht sich dieser Vers auf die Söhne Katharinas von Medici, die Nostradamus die *Schlange* nennt, und das zu Recht. Der *Zweite* ist Franz II., der nach *zwei* Jahren Herrschaft an einem vereiterten Mittelohr 17jährig 1560 stirbt. Er war zeitlebens kränklich gewesen. Der *Dritte* ist sein homosexueller Bruder Heinrich *III.*, der 1589 ermordet wird. Damit erlischt das Haus Valois. Katharina war über viele Jahre hinweg kinderlos gewesen. Heinrich II. sah sich bereits nach einer anderen Frau um. Um so glücklicher war er, daß es nun doch Thronfolger gab (Zeile 2).

29

De POL. MANSOL dans caverne caprine
Caché & prins extrait hors par la barbe,
Captif mené comme beste mastine
Par Begourdans amenee apres de Tarbe.

Der POL MANSOL im Steinbock in einer Höhle,
Versteckt und erwischt am Bart herausgezogen.
Der Gefangene weggeschleppt wie eine Bestie von Bluthund,
Von den Leuten aus Bigorre wird er mitgeführt bis in die Nähe von Tarbes.

POL MANSOL, angeblich nicht zu lösen, wie üblich, ist das Anagramm von MONS APOLL, dem *Felsen* des *Apoll*. Der *Fels* (Petrus, der *Fels*, der erste Papst) ist der Papst,

Apoll-inaris ist der heilige Märtyrer, der Paulus begleitete (Märtyrertod um 75 n.Chr.). Hier wird schwer verschlüsselt das Märtyrerschicksal eines künftigen Papstes geschildert. Zeile 1 gibt den Monat an: Tierkreiszeichen Steinbock = 23. Dezember bis 20. Januar.

30

Nepvei & sang du saint nouveau venu,
Par le surnom soustient arcs & couvert
Seront chassez & mis à mort chassez nu,
En rouge & noir convertiront leur vert.

Neffe und vom Blut eines Heiligen ist der Neuankömmling,
Mit dem Zunamen stützt er Bögen und Dächer,
Sie werden vertrieben und zu Tode gebracht, nackt verjagt.
In Rot und Schwarz verwandeln sie ihr Grün.

Zeile 2 ist recht klar: Bögen und Dächer werden von *Säulen* gestützt. Angespielt wird auf das italienische Fürstenhaus *Colonna*.

Zeile 1: ein ***Neffe*** ist ein Kardinal, mit Zeile 1 und 2 wird ein künftiger Papst beschrieben.

Zeile 4: Grün ist die Farbe des Islams, er verbreitet Blut (rot) und Trauer (schwarz). Künftige Auseinandersetzung des christlichen Abendlandes mit dem Islamischen Imperium. Der neue Papst stammt aus dem Haus der Colonna.

31

Le sainct empire vienra en Germanie,
Ismaëlites trouveront lieux ouverts,
Anes voudront aussi la Carmanie,
Les soustenans de terre tous couverts.

Das Heilige Reich kommt nach Deutschland,
Die Araber finden die Orte geöffnet,
Die Seelen wollen auch *Carmanie*.
Die Unterstützer sind alle mit Erde bedeckt.

Zeile 1 ist eindeutig: Deutschland wird führende Monarchie in Europa, eine Wiedergeburt des Heiligen Römischen Reiches Deutscher Nation. Zeile 2: Araber und Juden söhnen sich aus. Zeile 3: das Kunstwort *Carmanie* ist eine Ableitung des lateinischen Wortes *Carmen* = Gebets-/Gesetzesformel. Wahrscheinlich im Zusammenhang mit Zeile 2 zu sehen. Zeile 4 kann auch so übersetzt werden: Die die Erde unterstützen, haben alle Obdach. Beide Varianten machen Sinn (die *Unterstützer* wären radikale Parteigänger).

32

Le grand empire chacun an devoit estre,
Un sur les autres le viendra obtenir:
Mais peu de temps sera son regne & estre,
Deux ans aux naves se pourra soustenir.

Das große Empire muß jedes Jahr voll *da* sein,
Einer vor allen wird es schaffen.
Aber kurze Zeit wird seine Herrschaft und Dasein sein,
Zwei Jahre kann er sich auf seine Flotte stützen.

Das französische *Empire* (Zeile 1) unter Kaiser Napoleon I. (1804-1813). Der *Eine* (Zeile 2) ist NapoleonI. Diese Analyse wird unterstützt durch die Tatsache, daß nach zwei Jahren Kaiserreich Ende 1805 die französische Seemacht in der Schlacht von Trafalgar entscheidend gebrochen wurde.

33

La faction cruelle à robbe longue,
Viendra cacher souz les pointus poignards:
Saisir Florence le duc & lieu diphlongue,
Sa descouverte par immurs & flangnards.

Die grausame Partei mit langen Gewändern,
Versteckt unter den Spitzfindigkeiten Dolche.
Florenz genommen, der Führer und die Gegend zweisprachig,
Seine Entdeckung durch Unreife und Bummelei.

Zeile 3 kann auch so verstanden werden: Der Führer von Florenz, er und die Gegend *unterschiedliche* Sprache. Zeile 1 und 2 kann wohl dem Nahen Osten zugeordnet werden, wo religiöser Zwist bis heute zu Hause ist, desgleichen Kaftane. Fernere Zukunft.

34

Gaulois qu'empire par guerre occupera,
Par son beau frere mineur sera trahy,
Par cheval rude volitgeant trainera,
Du fait le frere long temps sera hay.

Der Franzose, der das Empire durch Krieg erlangt,
Wird von seinem jüngeren Schwager verraten,
Von einem wilden Pferd, das Sprünge macht, wird er gezogen.
Deswegen wird der Bruder lange Zeit gehaßt.

Zeile 1: *Empire*, *Franzose*, *Krieg* = Napoleon. Sein Schwager, der Kavalleriegeneral Murat, nach 1808 König von Neapel, sagt sich nach der Völkerschlacht von Leipzig von seinem Herrn los. Zeile 3 und 4: Karriere hatte Murat gemacht durch sein furchtloses Draufgängertum als Kavallerist und seinem *Bruder* (beau *frère* = wörtlich: schöner Bruder = Schwager) Napoleon zu manchem Sieg verholfen.

35

Puisnay royal flagrand d'ardant libide,
Pour se iouyr de cousine germaine:
Habit de femme au temple d'Arthemide:
Allant Meurdry par incognu du Maine.

Der jüngere Königssohn, erfüllt von brennender Leidenschaft,
Möchte sich seiner deutschen Cousine erfreuen.
In Frauenkleidung zum Tempel von *Artemis*.
Er wird ermordet durch einen Unbekannten aus Maine.

Der *jüngere Königssohn* ist der Sohn Ludwigs XVIII., der Graf von Artois. Sein Vater ist jüngerer Bruder des hingerichteten Ludwig XVI. Dessen Tochter, Marie-Therès-Charlotte, heiratet er. Die ist zur Hälfte Deutsche. Zeile 3: Marie-Therès ist während der Revolution im Temple eingekerkert. Sie wird besucht von *Artois*, der als Frau (= Artemis) verkleidet ist. Der Graf von Artois folgt 1824 Ludwig XVIII. als Karl X. auf den Thron. Mordkomplotte gab es sicher reichlich, als Ultraroyalist war er nicht überall beliebt. Sein Sohn, der Herzog von Berry, wird ermordet (vergl. Vers III/96).

36

Apres le Roy du soucq guerres parlant,
L'isles Harmotique le tiendra à mespris:
Quelques ans bons rongeant un & pillant,
Par tyrannie à l'Isle changeant pris.

Danach sprechen sie zum König des Grobkittels von Kriegen.
Die *Harmonique* halten das für ein Mißverständnis,
Nach einigen guten Jahren quälen sie einen und plündern,
Durch Tyrannei wird auf der Insel der Wechsel vorgenommen.

Wieder ein Vers zu Charles I. (vergl. Vers VIII/37). Der König des groben Sträflingskittels ist der König *im Hemd* bei seiner Hinrichtung 1649. *Sie* sind die Aufständischen unter dem Militärdiktator, dem *Tyrannen* (Zeile 4) Cromwell. Zeile 2: die *Harmonischen* ist Großbritannien, nach Jahrhunderten Kriegen, das vereinte England/Schottland. Zeile 3: gequält wird der König, ausgeplündert der Klerus. Die Herrschaft wechselt vom König (Zeile 4) zu Cromwell.

37

L'assemblee grande pres du lac de Borget,
Se ralieront pres de Montmelian:
Marchans plus outre pensifs feront proget,
Chambry Moriane combat sainct lulian.

Die große Versammlung beim See von Bourget,
Sie treffen sich beim Montélimar.
Sie gedenken weiterzumarschieren, um Fortschritte zu machen,
In Chambéry und Morian kommt es am St. Julianstag zur Schlacht.

Rote Revolution in Frankreich. Sie nimmt ihren Ausgang südöstlich von Lyon (vergl. Verse IX/69 und 70).

38

Amour alegre non loing pose le siege,
Au sainct barbar seront les garnisons:
Ursins Hadrie pour Gaulois feront plaige,
Pour peur rendus de l'armee aux Grison.

Nicht weit vom Dschebel Amour in Algerien beginnt er die Belagerung,
Dem heiligen Barbaren gehören die Garnisonen,
Russen und Hitler für die Franzosen Klage,
Aus Angst ergibt sich die Armee der Grauköpfe.

Der Zweite Weltkrieg. Zeile 3: Hitler und Stalin schließen 1939 einen Pakt, so daß Deutschland im Osten den Rücken frei hat, seine Truppen nach Frankreich zu werfen. ***Ursins*** = Russin/Russen. ***Hadrie*** kennen wir bereits als Hitler aus mehreren Versen. Zeile 1: Rommel in Afrika. Zeile 2: die Deutschen, eigentlich ein Kulturvolk/heilig, jetzt unter Hitler Barbaren, besetzen die Garnisonen Frankreichs. Zeile 4: die älteren Soldaten sind als Besatzung der Maginotlinie, als Festungstruppen eingesetzt. 500.000 Soldaten werden eingekreist und kapitulieren am 22. Juni 1940.

39

Premier fils vefue malheureux mariage,
Sans nuls enfans deux Isles en discord,
Avant dix huict incompetant eage,
De l'autre pres plus bas sera l'accord.

Der erste Sohn der Witwe führt eine unglückliche Ehe
Ohne Kinder. Zwei Inseln in Zwietracht,
Vor achtzehn das Alter unvollendet.
Mit dem anderen, in der Näher niederer, ist es genauso.

Die *Witwe* ist Katharina von Medici, deren Mann, Heinrich II. 1559 bei einem Turnierunfall tödlich verunglückt (vergl. Vers I/35). Der erste Sohn, Franz II., heiratet mit fünfzehn Maria Stuart und stirbt bereits 1560. Da schwächlich und zurückgeblieben, wurde die Ehe wohl nie vollzogen und bleibt kinderlos (Zeile 2). Maria, Königin von Schottland, verläßt Frankreich, worauf auf der Insel sich Schotten und Engländer befehden. Maria hat Anspruch auf den englischen Thron. Zeile 3: Franz II. stirbt, bevor er 18 Jahre alt ist. Sein Nachfolger ist Karl IX., der nun unerwartet König wird. Er ist der jüngere Bruder des Franz II., erst neun Jahre alt. Er stirbt 1574 an Tuberkulose, ebenfalls kinderlos: *genauso* (Zeile 4).

40

Le ieune nay au regne Britannique,
Qu'aura le pere mourant recommandé,
Iceluy mort LONOLE donra topique,
Et à son fils le regne demandé.

Der jünger geborene an der Regierung Britanniens,
Der vom sterbenden Vater empfohlen wurde,
Dieser tot, gibt LONOLE den Ort.
Und seinem Sohn wird die Regierung angeboten.

Die englischen Premierminister ***Pitt der Ältere*** und ***Pitt der Jüngere***. Pitt d.Ä. (1708-1778), Earl von Chatham, unterstützt Friedrich den Großen im Siebenjährigen Krieg mit Hilfsgeldern. Er empfiehlt seinen Sohn als Nachfolger. Pitt d.J. (1759-1806) hatte diesen Beinamen zur Unterscheidung, weil er wie sein Vater William hieß. Zeile 3: als entschiedener Gegner Frankreichs - gleich ob unter revolutionärer Herrschaft oder unter Napoleon - schickt er britische Truppen nach LONOLE = Olonne in der Vendée, als diese sich gegen Paris erhebt. 1801 tritt Pitt d.J. zurück, doch 1804 ersucht man ihn erneut, Premier zu werden (Zeile 4).

41

En la frontiere de Caussade & Charlus,
Non guieres loing du fond de la vallee,
De ville Franche musique à son de luths,
Environnez combouls & grand mittee.

An der Grenze von Caussade und Caylus,
Gar nicht weit vom Grund des Tals,
Von Villefranche her Musik mit Ton der Lauten,
Umgeben von Bränden und großem Schießen.

Zeile 1: Südfrankreich bei Agen, das an der Garonne zwischen Bordeaux und Toulouse liegt. Eine Grenze gibt es dort nicht. Schlüssel zum Vers ist das letzte Wort der Zeile 3 *luths* = die Lauten. *Luths* steht *unter* der Zeile 2 am *Grund des Tals*. Nostradamus macht mit *unter* auf *luths* aufmerksam, und er meint keine Lauten, sondern statt luths: lux (lat.) = das Licht. Der "Ton des Lichts" von Villefranche her - das ist die Aussage. Lichtblitz und Detonationsknall einer A-Bombe. Jetzt wird auch Zeile 4 klar: "Großes Schießen" und kreisrunde Verbrennung durch die Hitzewelle.

Zeile 2: nun ist auch ein *Talgrund* = Explosionskrater entstanden und eine (Zeile 1) *Grenze*, nämlich die der radioaktiven Verseuchung.

42

Le regne humain d'Angelique geniture,
Fera son regne paix union tenir:
Captive guerre demy de sa closture,
Long temps la paix leur fera maintenir.

Die menschliche Herrschaft engelgleicher Herkunft
Verleiht seiner Regierung Friede und Eintracht.
Der Krieg gefangen ab der Mitte seiner Herrschaft,
Lange Zeit bleibt der Friede ihnen erhalten.

Loblied auf die segensreiche Regierung unter dem Herrscher Henric (vergl. Vers IV/77).

43

Le trop bon temps trop de bonté royalle,
Fais & deffais prompt subit negligence:
Legiers croira faux d'espouse loyalle,
Luy mis à mort par sa benevolence.

Die zu gute Zeit und die zu große königliche Güte,
Schnell beendet und besiegt wegen der Nachlässigkeit.
Leicht glaubt er Fehltritte seiner treuen Frau.
Sie werden ihn töten wegen seiner Großherzigkeit.

Ludwig XVI. ruht sich aus auf dem, was seine Vorgänger geleistet haben. Er ist ein introvertierter, freundlicher Familienmensch. Als Marie-Antoinette in die Halsbandaffäre verwickelt wird, verhält er sich äußerst ungeschickt. Diese Affäre hat nicht unerheblich - da von seinen Gegnern leicht auszuschlachten - zu seinem Ende beigetragen.

44

Par lors qu'un Roy sera contre les siens,
Natif de Bloye subiuguera Ligures,
Mammel, Cordube & les Dalmatiens,
Des sept puis l'ombre à Roy estrennes & le mures.

Dann, wenn ein Herrscher gegen die Seinen ist,
Unterwirft der in Blois geborene Oberitalien,
Mammel, Cordoba und die Dalmatiner,
Von den Sieben dann nur der Schatten, vom König eingekesselt und Gespenster.

Wieder die ***Sieben***! Vergl. Verse II/18. Wenn Nostradamus ihnen derart viele Verse widmet, muß es sich um ganz entscheidende Ereignisse handeln. Dieser Vers ist möglicherweise der Anschlußvers zu X/42. Wenn das der Fall ist, wehrt Henric den Angriff der Roten Sieben auf Mittel- und Westeuropa ab. Dem voraus geht eine Revolution in Frankreich (Zeile 1). Das Volk steht auf gegen den Präsidenten.

Zeile 3: ***Mammel*** (lat.) = ***Mama*** kennen wir bereits aus Vers VI/49 als Tarnwort für ***Mütterchen*** Rußland. Da Cordoba = Spanien und Dalmatien = Balkan nicht verschlüsselt sind, ist davon auszugehen, daß der Ursprung der ***Sieben*** in Rußland zu suchen ist. Dieser Verdacht bestand ja bereits, denn an anderer Stelle werden sie die ***Roten*** genannt, Neokommunisten. Henric bricht im Dritten Weltkrieg die Macht der ***Sieben*** verbündeten roten Staaten. Er beendet den Volksaufstand/die Revolution in Spanien und Italien, er schafft Ordnung auf dem Balkan. Nächste Zukunft.

45

L'ombre du regne de Navarre non vray,
Fera la vie de desort illegtime:
Le veu promis incertain de Cambray,
Roy Orleans donra mur legitime.

Die Abgeschiedenheit der Herrschaft von Navarra ist nicht wahr,
Er führt das Leben eines illegitimen Aufrührers.
Der versprochene Schwur von Cambrai ist unsicher.
Der König gibt Orleans Schutz und Legitimität.

Zeile 1 und 2: Heinrich von Navarra bleibt kein kleiner Fürst am Rande der Pyrenäen, er wird Frankreichs erster König aus dem Hause Bourbon. Bis 1589 steht er an der Spitze der Hugenotten, kämpft gegen Franz II., Karl IX., Heinrich III. und ihre Mutter, Katharina von Medici. Zeile 3: der Friede von Cambrai 1529. Doch bereits 1536 geht der Krieg weiter. Zeile 4: Mit *Orleans* ist nicht die Stadt gemeint, sondern das Haus Orleans, Nebenlinie der Bourbonen, die von Heinrichs Aufstieg profitiert.

46

Vie sort mort de l'or vilaine indigne,
Sera de Saxe non nouveau electeur:
De Bunsvic mandra d'amour signe,
Faux le rendant au peuple seducteur.

Leben, Schicksal, Tod von Oranien, unwürdiges Scheusal,
Er wird nicht Kurfürst von Sachsen.
Von Braunschweig fordert Dumouriez ein Zeichen.
Falsche gibt er dem Verführer der Bevölkerung.

Zeile 3 und 4: im August 1792 marschiert die preußische Armee unter Führung des Herzogs von ***Braunschweig*** in Frankreich ein, um den König wieder einzusetzen. Bei Valmy zwingen Kellermann und ***Dumouriez*** ihn zum Rückzug. Zeile 1: der Herzog wird 1806 bei der Schlacht von Auerstedt tödlich verletzt. Sein Gegner war ***Oranien***.

47

De Bourze ville à la Dame Guyrlande,
L'on mettra sus par la trahison faicte
Le grand Prelat de Leon par Formande,
Faux pellerins & ravisseurs deffaicte.

Von der Stadt Bourges der Dame die Girlande,
Man regt sich auf über den begangenen Verrat.
Der große Prälat von Leon durch *Formande*.
Falsche Pilger und Räuber besiegt.

Ein Vers, den ich nicht lösen kann. Nur soviel: die ***Dame*** ist die Republik Frankreich, und sie erhält keine *Guyrlande*, sondern hier ist das lateinische Wort ***gyro*** = sich im Kreise drehen, ***gurges*** = der Strudel gemeint. Bourges ist der Ausgangspunkt des Scheitern der Republik. *Formande* ist (lat.) = Äußeres/Erscheinung. Der große Prälat (der Papst) wird durch das Äußere über die Tatsache getäuscht, daß er es mit ***Räubern*** zu tun hat. *Leon* könnte in künftiger Papst *Leo* sein oder ein Hinweis auf die Zeit im Jahr, wenn die Sonne im August im *Leo* = Löwen steht.

48

Du plus profond de l'Espagne enseigne,
Sortant du bout & des fins de l'Europae,
Troubles passant aupres du pont de Laigne,
Sera deffaicte par bande sa grand troupe.

Aus der hintersten Ecke von Spanien das Banner,
Er kommt vom Ende und den Grenzen Europas.
Wirren entstehen bei der Brücke bei Llanes,
Seine große Truppe wird durch die Bande geschlagen.

General Franco ist 44 Jahre alt, als er sich 1936 gegen die spanische Republik erhebt. El Ferrol ist der letzte Winkel im Westen Spaniens; von dort stammt er. Mit seinen Soldaten setzt er von Afrika (Spanisch-Marokko) über. Llano liegt im Baskenland, das bis heute nicht befriedet ist. Zeile 4: Anfangs sah es so aus, als wenn sein Vorhaben scheitern würde, die Niederlagen Francos führen fast zum Ende des Aufstands.

49

Iardin du monde aupres de cité neufve,
Dans le chemin des montagnes cavees:
Sera saisi & plongé dans la cuve,
Beuvant par force eaux soulphre envenimees.

Der Garten der Welt bei Villeneuve,
Auf dem Weg der Berge und Täler.
Er wird ergriffen und in den Bottich getunkt,
Sie trinken durch die Umstände Wasser mit Schwefel vergiftet.

Der ***Garten der Welt*** ist das Musterland, die Schweiz. In Vers II/65 nennt sie Nostradamus den ***abschüssigen Park***. Die Schweiz, das Land der Berge und Täler: Bestätigung in Zeile 2. Villeneuve liegt am Genfer See. Wahrscheinlich wird hier die Endphase des Dritten Weltkriegs beschrieben. Zeile 3: Vernichtung eines russischen Armeekorps im Jura (vergl. Verse V/68, VIII/34).

Zeile 4: aus dem öffentlichen Wassernetz fließt kein Wasser mehr. Das Oberflächenwasser, das man trinken muß, um nicht zu verdursten, ist verseucht, jedoch ist das keine Kriegsfolge, sondern einer der Sekundäreffekte durch Meteoriteneinschläge, die auch den Krieg schlagartig beenden. Bei Einschlägen von größeren Meteoriten entstehen gewaltige Mengen von Salpetersäure, die den PH-Wert von Batteriesäure haben. Dieser ***Regen*** ist blutrot. Ich verweise auf das Buch von Prof. Dr. Tollmann: ***Und die Sintflut gab es doch***. Im übrigen: siehe im Inhaltsverzeichnis unter ***Der Großmeteor***.

50

La Meuse au iour terre de Luxembourg,
Decouvrira Saturne & trois en lurne:
Montaigne & pleine, ville, cité & bourg,
Lorrain deluge, trahison par grand hurne.

Die Maas wird bei Tag die Erde von Luxemburg
Durchfließen. Saturn und drei im Wassermann.
Berg und Ebene, Ortschaften, Stadt und Burg in der
Lothringer Flut. Verrat durch große *Hurne*.

Wahrscheinlich ist der erste Satz ganz anders aufzufassen, als er so korrekt übersetzt ist, nämlich folgendermaßen: "Die Maas ist an jenem Tag durch Terror von Luxemburg durch Unglück (= Saturn-Prinzip) überschattet." Oder verständlicher: "Angst und Schrecken gehen an jenem Tag von Luxemburg aus, was das Gebiet der Maas überschattet. Drei (Planeten stehen) im Wassermann."

Die *hurne*/Urne (das *h* wird im französischen nicht ausgesprochen), auf die dies alles zurückzuführen ist, daß buchstäblich alles *untergeht*, ist der Atommeiler Cattenon, (Urna (lat.) = der Wasserkrug) nur zehntausend Meter von der Luxemburger Grenze entfernt. Ende Dezember 1997 stehen Mars, Jupiter und Uranus im Wassermann.

Aber das besagt nicht viel, drei Gestirne in einem Tierkreiszeichen ist sehr häufig. Und außerdem muß diese Deutung gar nicht stimmig sein. Sicher ist jedoch folgendes: 1. Beschrieben wird ein physikalisches Phänomen negativer Art. 2. Die Maas wird in Lothringen nicht unter Wasser setzen, da die sie nicht abbiegen und bergauf fließen kann. Die *Flut*, die alles überdeckt, ist anderer Natur.

51

Des lieux plus bas ud pays de Lorraine,
Seront des basses Allemaignes unis:
Par ceux du siege Picards, Normans, du Maisne
Et aux cantons se seront reünis.

Die südlicher gelegenen Gebiete von Lothringen
Werden mit denen Süddeutschlands vereint.
Durch die Belagerer der Picarden, Normannen, der von Maine,
Und zu Kantonen werden sie wiedervereint.

Nach dem deutsch-französischen Krieg von 1870/71 fallen im Frieden von Frankfurt (10. Mai 1871) Elsaß und Teile Lothringens zurück an das Deutsche Reich. Unglaublich präzise Zeile 1: das Elsaß, *südlicher gelegen* und *Gebiete von Lothringen* - jedoch nicht ganz. Zeile 4 schildert die Reichsgründung. Nach außen durch Kaiser und Parlament vertreten, behalten die deutschen Staaten die unterschiedlichsten Eigenheiten.

52

Au lieu où LAYE & Sclede se marient,
Seront les nopces de long temps maniees:
Au lieu d'Anvers où la crappe charient,
leune vieillesse consorte intaminee.

Am Ort wo LAYE und Schelde sich heiraten,
Werden Bündnisse auf lange Zeit abgeschlossen.
Am Ort von Antwerpen wo der Dreck anschwemmt.
Die Jungen werden die alten trösten.

Laye und Schelde fließen in Gent zusammen, einer Stadt, in der viele Friedensverträge abgeschlossen worden sind. Nostradamus warnt: wie der Unrat vor Gent, der die Schelde flußabwärts nach Antwerpen fließt, kommen keine friedlichen Jahrhunderte, diese Verträge gehen sämtlich den ***Bach hinunter***.

In Großbuchstaben: Anagramm! Laye/Laie = Aeli(nos), der (lat.) Weheruf, im französischen gehalten als aïe, im deutschen als ***au-weia*** verballhornt.

53

Les trois pelices de loing s'entrebatron,
La plus grand moindre demeurera à l'escoute:
Le grand Selin n'en sera plus patron,
Le nommera feu peltre blanche routte.

Die drei Dirnen bekämpfen sich von weitem,
Die Größte wird weniger lang zu hören sein.
Der große ***Selim*** wird nicht länger ihr Beschützer sein,
Sie nennt ihn Feuer-Krieger-weißer-Weg.

Zeile 4: ein blanc-bec = weißer Schnabel ist ein (franz.) Grünschnabel. Weiß = unerfahren/inkompetent. Was dem Miles - wir kennen ihn bereits - hier nachgesagt wird, ist also, daß er sich auf die Wege des Krieges nicht versteht, kein Machtpolitiker ist.

Die drei Dirnen (Zeile 1) sind drei Republiken, die im Krieg miteinander liegen oder von internen Konflikten geschüttelt werden. Mutmaßungen darüber hinaus führen hier leider auch nicht weiter.

54

Nee en ce monde par concubine fertive,
A deux hault mise par les tristes nouvelles,
Entre ennemis sera prinse captive,
Amenee è Malings & Bruxelles.

Geboren in diese Welt von einer fruchtbaren Geliebten,
Zum Zweiten hoch gebracht durch traurige Neuigkeiten.
Zwischen Feinden wird er gefangen genommen,
Mitgenommen aus Mecheln und Brüssel.

Zeile 1: Juan de Austria (1547-1578), Sohn Kaiser Karls V. und der Barbara Blomberg, Halbbruder Philipps II. (1555-1598), der Spanien erbte (Zeile 2: der Zweite, der II.). Juan besiegte 1571 die Türken bei Lepanto, wurde 1576 spanischer Statthalter in den Niederlanden. 1578 besiegte er die Aufständischen unter Wilhelm von Oranien bei Gembloux. Und der ist es, der (Zeile 3) ***gefangen genommen*** wird (Zeile 4). Die ***traurige Nachricht*** (Zeile 2) ist die Abdankung Karls V. Sie bringt Philipp II. auf den Thron.

55

Les malheureuses nopces celebreront
En grand ioye: mais la fin malheureuse,
Mary & mere nore desdaigneront,
Le Phibe mort, & nore plus piteuse.

Die Unglückseligen feiern Hochzeit
Mit großer Freude. Aber das Ende ist unheilvoll.
Mary und Mutter verschmähen die ***nore***,
Der Vielgeliebte tot, und die ***nore*** noch jämmerlicher.

1559, nach dem Tod im Turnier seines Vaters Heinrich II. (vergl. Vers I/35) wird Franz II. mit fünfzehn Jahren König von Frankreich. Er ist zurückgeblieben, kränklich, von Ekzemen geplagt und stirbt im Jahr darauf. Mit sechzehn heiratet er die ein Jahr ältere Maria Stuart, Königin von Schottland, die 1560 bereits wieder Witwe ist (Zeile 1 und 2). Mit dem Anagramm aus ***noir*** bezeichnet Nostradamus häufig den französischen König (roi). Hier verwendet er ***nore*** für ***reine***, die Königin (vergl. Vers IX/20, dort ist die Königin die ***herne***).

Mary hat eine Doppelbedeutung: Enthalten ist der Name der jungen Königin, zum anderen heißt ***Mari*** der Ehemann. Die Mutter ist Katharina von Medici, von Nostradamus zu Recht die ***Schlange*** genannt. Sie vereitelt eine Heirat, die Maria auf den spanischen Thron gebracht hätte. So endet sie als Opfer Elisabeths I. 1587 auf dem Schafott.

56

Prelat royal son baissant trop tiré,
Grand flux de sang sortira par sa bouche,
La regne Anglicque par regne respiré,
Long temps mort vifs en Tunis comme souche.

Der königliche Prälat, sein Gewand zu sehr geschürzt,
Ein großer Schwall von Blut strömt aus seinem Mund.
Das englische Reich kann durch den Herrscher aufatmen.
Die in Tunis lebenden sind tot wie ein Klotz.

Zeile 1 und 2: Wieder eine Doppelbedeutung. Wird ***baissant trop*** zusammengefaßt, heißt es ***zusehr*** verbeugt. Papst Pius VI. stirbt 1799 als Opfer Napoleons in Valence an einem chronischen Bluthusten: zuviel (Blut) abgezapft (tiré, Zeile 1). Zeile 3: England wird unter Pitt d.J. zur Großmacht. Zeile 4: Langzeitprognose für Tunesien: kaum befreit von den Osmanen, warten schon die neuen Kolonialherren, allen voran England.

57

Le sublevé ne cognoistra son sceptre,
Les enfans ieunes des plus grand honnira:
Oncques ne fut un plus ord cruel estre,
Pour leurs espouses à mort noir bannira.

Der Hochgekommene erkennt sein Szepter nicht an,
Die kleinen Kinder der Größten schmäht er,
Nie zuvor gab es ein gemeineres, grausameres Geschöpf,
Wegen seiner Frauen zum Tod der *noir* verurteilt.

Robespierre, der Hochgekommene, erkennt Ludwig XVI. nicht als König an. Den Dauphin kerkert er mit den Eltern im Temple ein (Zeile 2). Zeile 4: noir ist das Standard-anagramm für roi = der König.

Man ist der Auffassung, daß die Königin Marie-Antoinette, vom Volk stets die *Österreicherin* betitelt, nicht unerheblich zum Sturz der Monarchie beigetragen hat. Mit fünfzehn Jahren heiratet sie den König und setzt bis zu ihrem Tod freiwillig nie den Fuß außerhalb des Schlosses von Versailles. Sie kennt weder Paris, noch sonst etwas vom Land. Und über sie kennt das Volk nur böswillig ausgestreute Geschichten. Hätte sie sich etwas volkstümlicher verhalten, hätte es keine Revolution gegeben. Der König muß diese Versäumnisse als erster mit dem Leben bezahlen.

58

Au temps du dueil que le felin monarque
Guerroyera le ieune Aemathien:
Gaule bransler, perecliter la barque,
Tenter Phossens au Ponant entretien.

Zur Zeit des Zweikampfs, wo der raubgierige Monarch
Den jungen Sonnenkönig bekriegt.
Frankreich wankt, die Barke angefressen.
Marseille auf die Probe gestellt auf der Brücke Übereinkunft.

Der Sonnenkönig (Zeile 2) ist Ludwig XIV., der 1643 im Alter von fünf Jahren König wird. Der *raubgierige Monarch*, der den jungen Sonnenkönig bekriegt, ist der Prinz Louis von Condé, der sich gegen den König stellt und sich 1651 in Bordeaux zum Souverän ausrufen läßt. Zeile 3: im Konzil von Paris (1681/82) wird die päpstliche Autorität radikal beschnitten, Frankreich ist unablässig in Kriege verwickelt. Zeile 4: der Pyrenäenfrieden auf der Fasaneninsel (= Brücke) im Grenzfluß Bidossa; das Rousillon fällt an Frankreich.

59

Dedans Lyon vingt-cinq d'une halaine,
Cinq citoyens Germains, Bressans, Latins;
Par dessous noble conduiront longue traine
Et descouverts par abbois de mastins.

In Lyon Fünfundzwanzig einer Meinung,
Abgefallene deutsche Bürger, aus Lüttich, aus Rom.
Unter einem Adligen ziehen sie ein großes Fangnetz
Und entdeckt durch Gebell von Bluthunden.

Prinz Louis von Condé plant mit befreundeten Protestanten den Umsturz in Lyon, jedoch fliegt die Verschwörung auf. Louis ist der Urgroßvater des Condé aus Vers X/58. 1569 wird er mit seinem Oheim Coligny, dem Führer der Hugenotten, gefangengenommen und erschossen.

60

Ie pleure Nisse, Mannego, Pize, Gennes,
Savonne, Sienne, Capue, Modene, Malte;
Le dessus sang, & glaive par estrennes,
Feu, trembler terre, eau, malheureuse nolte.

Ich beweine Nizza, Monaco, Pisa, Genua,
Savona, Siena, Capua, Modena, Malta.
Von oben Blut, und das Schwert umschnürt sie,
Feuer, Erdbeben, Wasser, böser Wille.

Krieg und Naturkatastrophen vernichten die westlichen Mittelmeerküsten. Das ***Blut*** von oben ist der blutrot gefärbte Salpetersäureregen, Sekundäreffekt nach Meteoreinschlägen, genauso wie ***Feuer***, ***Erdbeben***, Tsunami-Wellen (***Wasser***), die sich weit ins Inland wälzen und alles unter sich begraben (vergl. Vers X/49 und im Inhaltsverzeichnis ***Der Großmeteor***).

61

Betta, Vienne, Emorre Sacarbance,
Voudront livrer aux Barbaers Pannone:
Par picque & feu, enorme violance,
Les coniurez descouverts par matrone.

Betta, Vienne, Emorre, Sacarbande.
Sie wollen den Barbaren den Balkan ausliefern.
Durch Wurfspieß und Feuer mächtige Gewalt.
Die Verschwörer werden von einer alten Frau entdeckt.

Zeile 1 dechiffriert: "Bestien (in) Wien, Hinsterbende Verfluchtbande." Diesen Übeltätern, die offenbar bis Wien vorgedrungen sind, ist der Balkan preisgegeben. Möglicherweise das Jalta-Abkommen, mit dem Roosevelt ganz Osteuropa seinem lieben Freund ***Joe*** (Stalin) ausliefert. Die Russen stehen zu Kriegsende in Wien. Eine ***Dame*** ist häufig eine Republik, die ***alte Matrone*** wahrscheinlich Amerika mit seiner Freiheitsstatue. Zeile 4: nicht lang nach dem Krieg geht den USA doch ein Licht auf, daß man Deutschland vernichtet hat, das ein Bollwerk gegen den Osten war, der nun wegen ihrer politischen Ahnungslosigkeit mitten in Europa steht. Zeile 3 dürfte den Atomwaffeneinsatz gegen die japanische Zivilbevölkerung beschreiben. Noch so eine Ruhmestat der USA.

62

Pres de Sorbin pour assaillir Ongrie,
L'heraut de Brudes les viendra advertir:
Chef Bisantin, Sallon de Sclavonie,
A loy d'Arabes les viendra convertir.

In der Nähe von Serbien will man Ungarn angreifen.
Der Herold aus Budapest wird sie warnen.
Der Chef der Byzantiner, in Salona von Slawonien,
Zum Gesetz der Araber wird er sie bekehren.

Ende des 16. Jahrhunderts unter Suleiman II. (1520-1566) erreichte das Osmanische Reich den Gipfel seiner Macht. 1580 wird der größte Teile Ungarns erobert (Zeile 1), 1683 Wien belagert. Doch der Großwesir Kara Mustafa muß sich wieder zurückziehen, es folgen die Türkenkriege unter Prinz Eugen.

63

Cydron, Raguse, la cité au sainct Hieron,
Reverdira le medicant secours:
Mort fils de Roy par mort de deux heron,
L'Arabe, Ongrie feront um mesme cours.

Chania, Ragusa, die Stadt des heiligen Hieronymus,
Sie grünen erneut, Hilfe als die Heilmittel.
Der Sohn des Königs tot. Durch Tod der beiden Helden.
Die Araber, Ungarn *um* auf gleichem Kurs.

Chania liegt auf Kreta, Ragusa (Dubrovnic) und die Stadt des heiligen Hieronymus (Strido) auf dem Balkan. Ein Wort *um* (Zeile 4) gibt es im Französischen nicht, hier heißt es *aufgepaßt*. Es gibt nicht einmal ein Wort, das mit *um*... beginnt. Hingewiesen wird auf das Wort *um*or (lat.) die Nässe und *un*dans (lat.) (vergl. Vers II/43) *unter*gehen. Wie hier haben wir es wie dort auch mit drei Herrschern zu tun, so daß wahrscheinlich diese beiden Verse zusammengehören. *Um* ist der Indikator der Klammer. Die Feinde aus dem Osten, die den gleichen Kurs steuern, gehen unter.

64

Pleure Milan, pleure Lucques, Florance,
Que ton grand duc sur le char montera,
Changer le siege pres de Venise s'advance,
Lors que Colonne à Rome changera.

Weine Mailand, weine Lucca, Florenz,
Wenn dein großer Herzog auf den Wagen steigt,
Er wechselt den Sitz, geht vor in die Nähe Venedigs,
Dann wird *Colonne* in Rom wechseln.

Nach dem Sieg von Solferino der Franzosen und Piemontesen am 24. Juni 1859 über die Österreicher, geht die Lombardei für Habsburg verloren, das jedoch Venedig behält.

Colonne, die Säule, ist die Stütze der Katholiken, der Papst in Rom. 1870, elf Jahre später, verliert er den Kirchenstaat, die italienische Hauptstadt wechselt von Florenz nach Rom.

65

O vaste Rome ta ruyne s'approche,
Non de tes murs, de ton sang & substance:
L'aspre par lettres fera si horrible coche,
Fer poinctu mis à tous iusques au manche.

Oh mächtiges Rom, dein Untergang naht,
Nicht deiner Mauern, deines Blutes und Substanz,
Der Harte verursacht mit Schriften einen derart entsetzlichen Einschnitt.
Das spitze Eisen stößt nach allen bis zum Griff.

Radikaler Wandel und Umsturz durch ***Schriften*** in der römisch-katholischen Kirche. Zukunft. Gegen den ***Harten*** scheint der Reformator Luther ein Waisenknabe gewesen zu sein. Hier geht es um offene Feindschaft.

66

Le chef de Londres par regne l'Americh,
L'Isle d'Escosee t'empiera par gelee:
Roy Reb auront un si faux Antechrist,
Qui les mettra trestous dans la meslee.

Der Regierungschef von London durch Herrscher von ***Americh***,
Die schottische Insel ***t'empiera*** im Frost.
Die Königreiche ***Reb*** haben einen so falschen Antichristen,
Was sie allesamt in den Nahkampf verwickelt.

Man kann sich kaum vorstellen, was dieser arme Vers schon abstruse Deutungen hat ertragen müssen. Er schildert nur den Unabhängigkeitskrieg Amerikas von der englischen Krone. Zeile 1: ***Americh*** = (franz.) Amerique/Amerika. ***Par*** (lat.) ist der pars = Teile/Landesteil. Zeile 1 dechiffriert: Der Regierungschef von London - Teil der Herrschaft von Amerika ...

Zeile 2: das Wort ***t'empira*** schillert ein wenig: Empire = die Herrschaft, temperée = konstitutionelle Monarchie, empirer = verschlimmern. - Wahrscheinlich von jedem etwas. Die schottische Insel ist Neuschottland/Amerika. Im Winter (Frost), genau am 1. Weihnachtstag 1776, geht Washington über den Delaware und schlägt die entscheidende Schlacht mit den Briten. Zeile 4: ***Reb***, ***Reb***ellen wurden die der Krone abtrünnigen Untertanen des englischen Königs in London nur genannt. Der Plural weist hin auf die dreizehn Staaten, die sich 1776 von der Krone abspalten. Für Nostradamus ist das ein Unding, und somit ist Washington ein ***falscher Antichrist***. Washington übrigens, der frommen Legende entkleidet, war ein hochfahrender, zynischer, verschlagener Staatsmann und Aristokrat, beileibe kein volksfreundlicher Demokrat. Zeile 4: die Briten kämpfen in gewohnter Lineartaktik, den irregulären Heckenschützen sind sie im *Nahkampf* nicht gewachsen.

67

Le tremblement si fort au mois de May,
Saturne, Caper, Iupiter, Mercure au bœuf:
Venus, aussi Cancer, Mars en Nonnay,
Tombera gresle lors plus grosse qu'un œuf.

Das Erdbeben ist so stark im Monat Mai,
Saturn, im Gehörnten Jupiter, Merkur im Stier.
Venus auch im Krebs, Mars ist im fünften Tag.
Es fällt dann Hagel, viel größer als ein Ei.

In Vers IX/83 nennt Nostradamus den 11. Mai als Datum eines schweren Erdbebens. Es ist wohl das gleiche, das hier geschildert wird. Zeile 2 und 3 sind schwer verschlüsselt. Saturn kann den Planeten meinen, kann jedoch auch *Unglück* bedeuten. *Nonney* ist der fünfte Tag, der *gehörnte* ist der Widder.

Dieser Vers läßt sich auch anders deuten, aber ich biete eine der wahrscheinlicheren Varianten an: Das Datum ist der 11. Mai, wie in Vers IX/83 beschrieben, und das sollte zu denken geben. 11. Mai 1999: Saturn und Merkur stehen im Stier, Jupiter im Widder, dem *Gehörnten*. Venus steht *auch* schon (seit zwei Tagen nämlich) im Krebs. Mars ist im *fünften* Tag (!) im neuen Zeichen (Waage). Wir werden sehen. Bei dem Hagel wird es sich um Meteritenschauer handeln.

68

L'armee de mer devant cité tiendra,
Puis partira sans faire longue allee:
Citoyens grande proye en terre prendra,
Retourner classe reprendre grande emblee.

Die Armee vom Meer hält vor der Stadt,
Dann fährt sie ab, ohne weite Strecke zurückzulegen.
Den Bürgern nimmt er große Beute an Land,
Bei Rückkehr des Heeres rückerobert weithin ohne Mühe.

Übersicht über den Verlauf des Zweiten Weltkries in Frankreich. Zeile 1: das britische Expeditionskorps (vom Meer) schützt *die Stadt*, wie gehabt Paris, vom Herbst 1939 bis Juni 1940 vor den Deutschen. Doch mit Beginn der Kampfhandlungen muß es weichen und schifft sich wieder nach England ein (Zeile 2). Die Deutschen besetzen Frankreich. *Er* ist Hitler. Im Juni 1944 landen die Angloamerikaner erneut und erobern ganz Frankreich zurück (Zeile 4).

69

Le fer luysant de neuf vieux eslevé,
Seront si grands par Midy Aquilon:
De sa seur propre grandes alles levé,
Fuyant meurdry au buisson d'Ambellon.

Das leuchtende Schwert von Neuem schwingt der Alte,
Sie sind so groß in/durch ***Midy Aquilon***.
Von seiner eigenen Schwester wird der große Adler erhoben.
Der Flüchtende ermordet im Gebüsch von ***Ambellon***.

Zeile 4: ***Bellona*** ist die Kriegsgöttin, ***ambe***do (lat.) = aufzehren. Ambellon ist aus beiden Wörtern zusammengesetzt. Die ***Flüchtende***, eine Republik, geht im Krieg zugrunde. Zeile 2: ***Midy Aquilon*** kann heißen: "Im Süden des Nordlandes" oder "Süden des Adlerlandes". Mit den Möglichkeiten ***par*** zu übersetzen als ***in*** und als ***hindurch*** ergeben sich vier Varianten. Wahrscheinlich ist mit ***Aquilon*** das ***Adlerland*** Deutschland gemeint, die ***Schwester*** ist Frankreich, die Deutschland (den Adler) unterstützt. Der neue ***Alte*** ist der neue deutsche König. Nahe Zukunft.

70

Lœil par obiect fera telle excroissance,
Tant & ardente que tombera la neige.
Champ arrousé viendra en decroissance,
Que le primat succombera à Rege.

Für das Auge wird das Objekt auf ungeheure Größe anschwellen.
So sehr und feuerglühend, daß Schnee fällt.
Die bewässerten Felder werden schrumpfen,
Daß der Vorrang der Regierung unterliegt.

Bis vor wenigen Jahren, da sich nur ein kleiner Kreis von Fachgelehrten mit den Sekundäreffekten von Impakten von Meteoren beschäftigt hatte, konnte dieser Vers nicht gelöst werden. Zeile 1: ein Großmeteor nähert sich soweit der Erde, daß er weite Teile des Himmels abdeckt. Beim Einschlag wird schlagartig Energie in der Größenordnung von mehreren Hunderttausend Atomsprengkörpern freigesetzt. Es folgen Vulkanausbrüche, weltweite Erdbeben und Verschiebungen der Kontinentalplatten. Durch Rauch und Staub verfinstert sich der Himmel, die Temperaturen fallen, Schneefall setzt ein. Milliarden

Menschen sterben. Zeile 3 und 4: Schwierigkeiten beim Nahrungsanbau, anschließend mit der Lebensmittelrationierung.

71

La terre & l'air geleront si grand eau,
Lors qu'on viendra pour leudy venerer
Ce qui sera iamais ne fut si beau,
Des quattre parts le viendront honorer.

Das Land und die Luft, gefroren so viel Wasser,
Dann, wenn man den Donnerstag verehrt,
Das, was geschieht - nie geschah derart schönes.
Von vier Seiten kommen sie, um zu ehren.

Zeile 4 enthält Anklänge an die Anbetung der Weisen aus dem Morgenland in Bethlehem an der Krippe. Beschrieben wird wohl die Geburt des künftigen europäischen ersten Kaisers (vergl. Vers VI/70), möglicherweise ist es Heinrich V. (vergl. Vers X/27).

72

L'an mil neuf cens nonante neuf sept mois,
Du ciel viendra un grand roy d'effrayeur:
Resusciter le grand Roy d'Angolmois,
Avant apres Mars regner par bon heur.

Im Jahre neunzehnhundertneunundneunzig siebenter Monat,
Wird vom Himmel ein großer Schreckenskönig kommen,
Zur Wiederkehr wird er den großen König von Angoulême bringen,
Vor und nach Krieg(en) wird er wohlgefällig herrschen.

Wohl der bekannteste Vers von Nostradamus, weil er, völlig ungewöhnlich, eine unverschlüsselte Jahreszahl enthält. Was haben Laien nicht alles in diesen Vers hineininterpretiert! Der *Schreckenskönig* wird jedoch nicht im Jahre 1999 erscheinen, sondern im Jahre zuvor.

Mit dem Datum in Zeile 1 gibt Nostradamus den Zeitpunkt der *Kaiserkrönung* des französischen Herrschers an, in Zeile 2 die Ursache dieses für uns unglaubliche Geschehen. Eine weitere unverschlüsselte Jahreszahl nennt Nostradamus in seinem Prosateil: "... 1792, wo man glauben wird, dies seit der Zeitpunkt der Erneuerung des Zeitalters." Abschaffung der Monarchie in Frankreich und Beginn einer neuen Zeitrechnung mit dem Jahr 1. 1792 und 1999 bezeichnen die Jahre der Abschaffung und Wiedereinführung der Monarchie wie eine Klammer. Aus anderen französischen Quellen ist bekannt, daß Frankreich nach dem nächsten Krieg am 1. Januar 1999 wieder Monarchie wird. Der Herrscher "wird zwei Kronen tragen." Die zweite ist die Kaiserkrone. Es ergeben sich geschichtliche Parallelen zu Kaiser Napoleon. Mit dem Wort ***Angolmois*** weist Nostradamus darauf hin, daß der künftige französische Monarch ein Bourbone sein wird, ein Nachkomme Heinrich IV. aus dem Hause **Ang**oul**ê**m**e**-Val**ois**.

Über den ***Schreckenskönig***, der am Ende unseres Jahrhunderts erscheinen wird, gibt es seit Jahrhunderten eine Vielzahl von Seherschauungen. Es handelt sich um einen Himmelskörper, der nahe an unserem Planeten vorbeizieht. (vergl. Vers III/34, dort wird der Himmelskörper ein ***Monstrum*** genannt.) Im Gefolge scheint er Meteore mit sich zu führen, von denen einige auf der Erde einschlagen. Die Folge sind weltweit verheerende Erdbeben, eine mehrtägige Finsternis durch Staubmassen, Vulkanausbrüche, Flutwellen in Küstenregionen. Der Dritte Weltkrieg, der etwa drei Monate vorher im Sommer ausgebrochen war, wird durch diese Katastrophe beendet, bevor sich die Menschheit selbst vernichtet. Die Menschen sagen: "Gott selbst hat eingegriffen." Es folgt eine lange Friedenszeit: Der Monarch regiert vor (späteren) Kriegen, die jedoch nicht in die Zeit seiner Herrschaft fallen (vergl. Verse VI/24, X/74).

Dieser Vers taucht alljährlich stets unweigerlich in preiswerten astrologischen Heftchen zum Jahresende auf: "Was Nostradamus für 1996 (die Jahreszahl wechselt) prophezeit." Wie der Leser mittlerweile weiß, hat expressis verbis der Meister nie etwas speziell für 1992/1993 usw. (nach Belieben austauschbar) vorhergesagt. Da werden dann dem unkundigen Leser nur aus dem Zusammenhang gerissene Versbruchstücke zusammengerührt. Statt: "Im Jahre eintausendneunhundertneunundneunzig ..." liest man dort stets: "1999 ..." Es ist denkbar, daß Nostradamus in Zeile 1 zwar scheinbar 1999 geschrieben hat, jedoch die Worte gar keine Zahlen sind, der Meister Unkundige in die Irre führt. Die Worte im einzelnen:

Mil =	tausend (mille)	oder (lat.)	miles =	Soldat
Neuf =	neun oder neu			
Cens =	hundert (cent)	oder (lat.)	centrum =	Mittelpunkt
			censeo =	ich meine
nonante =	neunzig	oder (lat.)	non ante =	nicht zuvor
sept =	sieben	oder (lat.)	separatus =	getrennt
	Septembre/ September			
mois =	Monat			
	ich			

Zeile 1 lautet: "L'an mil neuf cens nonante neuf sept mois."

Variante der Übersetzung: Im Jahr, in dem der neue Soldat an der Spitze im Monat September wie noch nie erneuert, ..." Sicher ist bei Nostradamus, wie wir wissen, leider gar nichts. Wir werden ja sehen...

73

Le temps present avecques le passé,
Sera iugé par grand Iovialiste:
Le monde tard par luy sera lassé,
Et desloyl par le clergé iuriste.

Die gegenwärtige Zeit mit der Vergangenheit,
Wird beurteilt durch den großen Jupitermenschen,
Die Welt wird spät seiner überdrüssig
Und Treulosigkeit durch den Klerus als Richter.

Zeile 1 und 2: ***Jupiter*** steht für Königsmacht und Pracht. Dieser Monarch beurteilt die Zeit seiner Herrschaft, die sich positiv von der Vergangenheit abhebt. Offenbar muß er sich mit Ansprüchen der Kirche herumschlagen. Es handelt sich um Ludwig XIV. (vergl. Vers X/58). Zeile 3: Sauvigny schreibt in der Geschichte der Franzosen: "Seine letzten Jahre waren von demütigenden Niederlagen ... und ... Fehlern überschattet, zu denen noch Klagen aus dem ganzen Königreich hinzukamen..." Ludwig stirbt 1715 im Alter von 77 Jahren.

74

Au revolu du grand nombre septiesme,
Apparoistra au temps ieux d'Hecatombe,
Non esloigné du grand aage milliesme,
Que les entrez sortiront de leur tombe.

Bei der Weiterdrehung der großen Nummer Sieben,
Wird zur Zeit der Spiele das Massensterben sein,
Nicht weit der großen Tausender Jahreszahl,
Was bewirkt, daß die Hereinkommenden aus ihrer Gruft steigen werden.

Nostradamus rechnet nach der Bibel. Beginn der Zeitrechnung ist die Schöpfung 4000 v. Chr. Die Tausender Jahreszahl, die große Nummer Sieben (7000), entspricht dem Jahr 2000 n.Chr. Nicht weit davon, zur Zeit der Spiele, also das Massensterben. Das genaue Jahr zu entschlüsseln war nicht möglich vor dem Sommer 1994. Da wurde festgelegt, daß 1998 die Spiele zur Fußballweltmeisterschaft in ***Frankreich*** stattfinden sollen, kurz vor der Jahrtausendwende.

In Zeile 1 verwendet Nostradamus absichtlich das Wort ***revolu***, das auf die Revolution hinweist, die im Sommer 1998 in Frankreich herrscht. Das weltweite Massensterben wird ausgelöst durch den Ausbruch des Dritten Weltkriegs und den Einschlag von Meteoren. Dies Ereignis beendet Revolution und Krieg (vergl. Vers III/34).

Die direkte Linie der französischen Monarchie, die mit der Enthauptung Ludwig XVI. beendet und endgültig mit seinen Vorfahren in der Gruft zu ruhen schien, wird neu belebt. Wenig bekannt ist, daß der Dauphin, der im Temple von den Revolutionären gefangen gesetzt worden war, ausgetauscht und befreit worden ist. Er nahm den Namen Graf Naumdorf an und lebte bescheiden und zurückgezogen in Deutschland. Seine Nachfahren wanderten nach Kanada aus. Von dort, aus dem Ausland, kommt der junge französische König nach Frankreich wieder herein. Er ist zweiter Sohn und heißt Henry. Sein jetziger Familienname ist bekannt.

75

Tant attendu ne reviendra iamais.
Dedans l'Europe, en Asie apparoistra,
Un de la ligue yssu du grand Hermes,
Et sur tous Roys des Orients croistra.

So sehr auch erwartet, erscheint er nie
In Europa. In Asien taucht er auf.
Einer der Liga, entsprungen dem großen Hermes
Und über alle Könige des Ostens wird er wachsen.

Zeile 1 wird stets falsch so verstanden, als ob ein ***Erwarteter*** Europa verläßt und nicht mehr zurückkehrt. Nein, der ***Erwartete*** ist jemand, der Kindheit und Jugend nicht in Europa zugebracht hat: er kommt aus Asien (Zeile 2). Die ***Liga*** ist traditionell ein staatstragender Verband königstreuer Monarchisten. Hermes ist der Gott der Weisheit, offenbar eine Eigenschaft dieses Herrschers. Die ***Könige des Ostens*** sind wohl die osteuropäischen Staaten. Anschlußvers an X/74.

76

Le grand Senat discernera la pompe,
A l'un qu'apres sera vaincu chassez,
Ses adherans seront à son de tromps
Biens publiez, ennemis dechassez.

Der Große Senat hält einen Triumphzug ab,
Für einen, der danach besiegt, vertrieben wird.
Sind seine Anhänger beim Schall der Trompeten da,
Güter enteignet, als Feinde vertrieben.

Wahrscheinlich Napoleon I. Zuerst bei der Rückkehr gefeiert (Zeile 1), danach nach St. Helena endgültig vertrieben (Zeile 2). Bei seiner Rückkehr von Elba waren wieder alle da (Zeile 3). Aber nach dem doppelten Abfall ist nach 1815 von der französischen

Monarchie keine Milde mehr zu erwarten. Marschall Ney z.B. wird am 17. Dezember 1815 erschossen.

77

Trente adherans de l'ordre des quirettes
Bannis, leurs biens donnez ses adversaires,
Tous leurs bienfaits seront pour demerites,
Classe espargie delivrez aux Corsaires.

Dreißig Mitglieder des Ordens der Vollbürger
Verbannt, ihr Habe ihren Gegnern übereignet,
Alle ihre Leistungen gelten als Untaten,
Die Flotte zersprengt, ausgeliefert den Korsaren.

Ein künftiger Regierungswechsel, wohl in Italien (Quiriten). Nicht zuzuordnendes Bruchstück.

78

Subite ioye en subite tristesse,
Sera à Rome aux graces embrassees,
Dueil, cris, pleurs, larm sang excellent liesse
Contraires bandes surprinses & troussees.

Plötzliche Freude in plötzliche Trauer,
Wird sein in Rom, aus Erbarmen umarmt.
Trauer, Schreie, Tränen, Freude bei denen edlen Bluts,
Gegnerische Banden überwunden und kurzer Prozeß.

Dieser Vers gehört wahrscheinlich zum italienischen Bürgerkrieg. Unerwartet bricht er aus, doch er wird mit französischer Hilfe niedergeschlagen.

79

Les vieux chemins seront tous embellis,
Lon passera à Memphis somentrees,
Se grand Mercure d'Hercules fleur de lys
Faisant trembler terre, mer & contrees.

Die alten Wege werden sämtlich ausgebessert,
Man erreicht Memphis *Somentrees*.
So großer Merkur. Die Lilie des Herkules
Macht die Erde beben, das Meer und die Umgebung.

Zeile 2: *Somentrees* enthält mehrere Worte, die den Sinn erst zusammengefügt ergeben: Sommeil = der Schlaf, sommet = der Gipfel, sommier = der Windkasten. In Verbindung mit *Merkur*, dem geflügelten Götterboten und *neuen Wegen* (Zeile 1) erreicht man Memphis dröhnend (Zeile 4) im Schlaf, über die Gipfel im Windkasten, kurz im Düsenflugzeug oder einem künftigen, noch staunenswerteren Gerät. Die Lilie ist das Wappen der Bourbonen, wohl am Flugzeug des *Herkules* = Herrschers angebracht.

80

Au regne grand du grand regne regnant,
Par force d'armes les grands portes d'airain
Fera ouvrir, le Roy & Duc ioignant,
Port demoly, nef à fons, our serain.

In der Herrschaft groß, regierend ein großes Reich,
Mit Waffengewalt wird er die großen ehernen Tore
Öffnen lassen. Die Führer vereinen sich mit dem König.
Der Hafen zerstört, Schiff versenkt, heiterer Tag.

Frischauf zum fröhlichen Krieg! Ferne Zukunft. Die großen ehernen Tore sind sinnbildlich die Tore des Janustempels in Rom, die in Kriegszeiten geöffnet wurden.

81

Mis tresor temple citadins Hesperiques,
Dans iceluy retiré en secret lieu:
Le temple ouvrir les liens fameliques,
Reprens, ravis, proye horible au milieu.

Gebracht wird der Schatztempel der Bürger Amerikas,
Bis dato entzogen, an geheimen Ort.
Den Tempel öffnen hungrige Banden,
Sie plündern, rauben, in der Mitte entsetzliche Beute.

Das liest sich, als ob in einer Krisensituation der amerikanische Staatsschatz in Fort Knox geplündert würde. Aber am Ende von Zeile 4 scheint eine schreckliche Überraschung zu lauern ...

82

Cris, pleurs, larmes viendront avec couteaux,
Semblant fuir, donront dernier assault:
L'entour parques planter profonds plateaux,
Vifs repoussez & meurdris de prinsault.

Schreie, Weinen, Tränen. Sie kommen mit Messern.
Sie scheinen zu fliehen, unternehmen einen letzten Angriff.
Rundum errichten sie Palisaden auf solidem Plateau.
Die Lebenden zurückgeschlagen, getötet die Springer.

Indianerangriff auf ein Fort. Nostradamus beschreibt die Ausrottung der amerikanischen Urbevölkerung durch die Regierung der USA.

83

De batiller ne era donné signe,
Du parc seront contraints de sortir hors:
De Gand l'entour sera cogneu l'ensigne,
Qui fera mettre de tous les siens à morts.

Zum Angriff wird kein Zeichen gegeben,
Sie sind gezwungen, den Park wieder zu verlassen.
In der Umgebung von Gent kennt man das Zeichen,
Das allen den Seinen den Tod bringen wird.

Zeile 1: Angriff ohne Kriegserklärung (Zeile 1) auf Belgien (Gent). Das Zeichen, das jeder kennt (Zeile 3), ist das Hakenkreuz. Damit erklärt sich die Zeile 4 von selbst.

84

Le naturelle à si hault non bas,
Le tard retour fera maris contens
Le Recloing ne sera sans debats,
En employant & perdant tout son temps.

Die Illegitime nach so hoch, nicht hinab.
Die späte Rückkehr stellt die Seefahrer zufrieden.
Der Widerspruch ist nicht ohne Streitgespräche,
Sich damit zu befassen, verliert ein jeder seine Zeit.

Zeile 1: Elisabeth I. (1533-1603) galt als Tochter Heinrichs VIII. und der Anna Boleyn dem Papst als ***illegitim*** (Zeile 3 und 4). Zeile 2 bezieht sich auf die spanische Armada, die unter Philipp II. 1588 England besiegen sollte. Doch sie wurde von Drake geschlagen.

85

Le vieil tribun au pont de la trehemide
Sera pressee, captif ne delivrer,
Le vueil non vueil, le mal parlant timide,
Par legitime à ses amis livrer.

Der alte Tribun im Zustand des Zagens,
Er wird gedrängt, weil die Gefangenen nicht freigelassen werden.
Der Alte, nicht weise, spricht zaghaft über das Übel,
Wie man rechtfertigt, an seine Freunde auszuliefern.

Der ***Tribun*** in Verbindung mit "alt, nicht weise" ist Marschall Pétain, den wir bereits aus mehreren Versen kennen. Beim Waffenstillstand war er davon ausgegangen, daß die französischen Kriegsgefangenen in Kürze freigelassen würden und sieht sich getäuscht.

86

Comme un gryphon viendra le Roy d'Europe,
Accompagné de ceux d'Aquilon,
De rouges & blancs conduira grand troupe,
Et iront contre le Roy de Babylon.

Wie ein Greif kommt der König Europas,
Begleitet von denen des Adlerlandes.
Von Roten und Weißen führt er eine große Truppe,
Und sie ziehen gegen den König von Babylon.

Zeile 2: Truppen des ***Adlerlandes*** sind deutsche Truppen, der Adler ist das deutsche Wappentier. Der König Europas wird von ihnen ***begleitet***, das heißt, seine Hausmacht sind diese Truppen nicht, er ist nicht Deutscher, möglicherweise handelt es sich um ***Henric***, Heinrich V. Wer die ***Roten*** und ***Weißen*** sind, aus denen sich seine Armee zusammensetzt, vermag ich nicht zu sagen. ***Rote*** sind häufig Kardinäle, könnte für ***christlichen Segen*** stehen; die ***Weißen*** (Dominikaner) für religiöse Eiferer, so daß ein Kreuzzug/Glaubenskrieg gegen die Moslems beschrieben wird.

87

Grand Roy viendra prendre port pres de Nisse,
Le grand empire de la mort si en fera
Aux Antipolles posera son genisse,
Par mer la Pille tout esvanouyra.

Der große König wird den Hafen bei Nizza erobern.
Das große Reich des Todes bereitet er so
Antibes. Er bringt sein Volk.
Vom Meer zerstört die *Pille* alles.

Der *Hafen* bei Nizza an der französischen Mittelmeerküste ist Marseille; Nizza und Antibes liegen östlich davon. *Genisse* heißt auf französisch das *Kalb*, auf Latein Volk/Stamm/Geschlecht. Mit dem *Kalb*, das im Alten Testament die Heiden anbeten, wird gesagt, daß der Eroberer kein Europäer ist, wohl *Heide*, Moslem also.

Pille leitet sich auch ab von (lat.) Pila = der Mörser, die Säule oder der Ball, Pilum = der Wurfspeer. Ganz eindeutig Bilder einer Atombombe: *alles* zerstört und "großes Reich des Todes". Fernere Zukunft.

88

Pieds & Cheval à la seconde veille
Feront entree vastient tout par la mer:
Dedans le poil entrera de Marseille,
Pleurs, crys & sang, onc nul temps si amer.

Zu Fuß und zu Roß bei der zweiten Nachtwache
Verschaffen sie sich Zugang und zerstören vom Meer her alles.
Nach Marseille zieht der Poilu ein.
Weinen, Schreie und Blut, nie zuvor war so bittere Zeit.

Wahrscheinlich Anschlußvers an X/87. Bemerkenswert ist (Zeile 3) *le Poil*. Seit dem Ersten Weltkrieg werden die französischen *Landser Poilu* genannt. Mit der Zeile 1 *Seconde* = zweite wird etwas ausgesagt, das im vorab nicht zu entschlüsseln ist. Als Zeitangabe dient diese Zeile nicht. Die *Pferde* sind Panzerfahrzeuge.

89

De brique en marbre seront les murs reduits,
Sept & cinquante annees pacifiques:
Ioye aux humains, renoué l'aqueduict
Santé, grands fruict, ioye & temps melifique.

Aus Marmorsteinen werden die Mauern wiedererrichtet,
Sieben und fünfzig friedliche Jahre,
Freude bei den Menschen, erneuert das Aquädukt.
Gesundheit, reiche Ernten, Freunde und honigsüße Zeit.

Die Friedenszeit nach einem alles zerstörenden Krieg. Nicht zu definieren ist, um welchen Krieg es sich handelt, da die künftigen Zeiten offenbar kaum weniger kriegerisch sind als die Vergangenheit. Möglicherweise wird die Regierungszeit des Henric beschrieben.

Das ***Aquädukt*** könnte für Wasserleitung schlechthin stehen oder die Wasserverbindung zwischen dem Mittelmeer und dem Indischen Ozean, den Suezkanal meinen.

90

Cent fois mourra le tyran inhumain,
Mis à son lieu sçavant & debonnaire,
Tout le Senat sera dessous sa main,
Fasché sera par malin temeraire.

Hundertmal stirbt der unmenschliche Tyrann,
An seine Stelle wird ein Weiser und Wohltäter gesetzt.
Der ganze Senat ist unter seiner Hand.
Betrübt wird er durch den tollkühnen Bösewicht.

Napoleons I. berühmte ***Hundert Tage*** (Zeile 1) nach der Flucht aus dem Exil auf Elba. Der Wohltäter (Zeile 2) ist der phlegmatische Ludwig XVIII., der durch den *Bösewicht* (Zeile 4), der sofort die Regierung fest im Griff hat, vertrieben wird.

91

Clergé Romain l'an mil six cens & neuf,
Au chef de l'an fera election:
D'un gris & noir de la Compagne yssu,
Qui onc ne fut si maling.

Der römische Klerus im Jahre eintausend sechshundert und neun
Wird in diesem Jahr ein Oberhaupt wählen,
Von einem Grauen und Schwarz der Campagna hervorgegangen,
Der vorher nicht so böses tat.

Zeile 1: die offen geschriebenen Sechshunderter-Jahreszahlen haben schon so manchen Neuling in Sachen Nostradamus in die Irre geführt. Es sind jedenfalls keine Jahreszahlen der gängigen Zeitrechnung, wahrscheinlich nicht einmal Zahlen, sondern stehen für verschlüsselte Buchstaben. Nach 600 oder 1.600 folgen stets nur ganz geringe Zahlen, meist unter Zwanzig. Geschildert wird eine Papstwahl. Zeile 4: der Vater scheint ein Graukopf zu sein, die Mutter erheblich jünger. Ein guter Griff scheint diese Wahl wohl nicht (gewesen?) zu sein.

92

Devant le pere l'enfant sera tué,
Le pere apres entre cordes de ionc,
Genevois peuple sera esvertué,
Gisant le chef au milieu comme un tronc.

Vor dem Vater wird das Kind getötet,
Der Vater danach zwischen Seilen aus Binsen,
Die Bevölkerung von Genf bietet alle Kräfte auf,
Spaltet den Chef in der Mitte wie einen Klotz.

Zeile 1: *Vor* kann zeitlich oder örtlich verstanden werden. Zeile 2: ***Cordes de ionc*** ist unter Umständen ein *Gliederseil*, also eine Kette. Aber diese Überlegungen führen hier auch nicht weiter. Die ersten beiden Zeilen sind wohl allegorisch aufzufassen. Ein künftiges Geschehen in der Schweiz.

93

La barque neufve recevra les voyages,
Là & aupres transferont l'Empire:
Beaucaire, Arles retiendront les hostages,
Pres deux colonnes trouvees de Porphire.

Die neue Barke geht wieder auf Reisen,
Da und in die Nähe verlegen sie das Kaiserreich.
Beaucaire, Arles halten die Geiseln zurück,
In der Nähe werden zwei Säulen aus Porphyr gefunden.

Ein Vers, der sich mit dem Schicksal des Papsttums beschäftigt. Die *Barke* ist die Kirche/die Kurie. Sie scheint nicht mehr fest in Rom ihren Sitz zu haben. Porphyr ist purpurrot, die Farbe der Kardinäle. An zwei Kardinälen (Zeile 4) hat die Kirche festen Halt (vergl. Verse I/43, IX/32).

94

De Nismes, d'Arles, & Vienne contemner,
N'obey tout à l'edict d'Hespericque:
Aux labouriez pour le grand condamner,
Six eschappez en habit seraphicque.

Von Nîmes, von Arles und Vienne werden sie mißachtet,
Man beachtet überhaupt nicht das Edikt der Westmächte.
Zum Arbeitseinsatz für den Großen werden sie verurteilt,
Sechs entfliehen im Habit der Franziskaner.

Möglicherweise handelt es sich um Juden, die während der Besetzung Frankreichs durch den *Großen* (Hitler) gejagt werden, um sie in Arbeitslager zu schaffen. In Klöstern findet eine kleinere Anzahl Unterschlupf.

95

Dans le Espaignes viendra Roy tres puissant,
Par mer & terre subiuguant or Midy:
Ce mal fera, rabaissant le croissant,
Baisser les aisles à ceux du Vendredy.

In die spanischen (Gebiete) kommt ein sehr mächtiger König,
Über Meer und Land unterwirft er den Umkreis des Südens.
Dies Unheil getan, unterwirft er den Halbmond,
Er drückt die Flügel denen vom Freitag hinunter.

Mit Philipp II. (1527-1598) endet in Spanien die Toleranz gegenüber Juden und Arabern. Die Ungläubigen (den Moslems ist der Freitag heilig) werden verfolgt und vertrieben.

96

Religion du nom des mers vaincra,
Contre la secte fils Adaluncatif,
Secte obstinee deploree craindra
Des deux blessez par Aleph & Aleph.

Die Religion mit dem Namen des Meers wird siegen
Gegen die Sekte der Söhne des *Adaluncatif*,
Eine Sekte, befürchtet daß widerspenstig beweint.
Von zwei verletzt, durch Aleph und Aleph.

Adaluncativ ist abgeleitet von (lat.) adulatio = knechtische Verehrung, adulator = der Speichellecker, adulatorius = kriechend. Es sind willenlose Geschöpfe einer ***Partei***.

Die Religion mit dem Namen des ***Meeres*** ist die NATO, deren ersten beiden Buchstaben (Nord-Atlantik) genau das aussagen. Der Vers beschreibt den Sieg der NATO über die neue Rote Partei, deren Niedergang dann auch noch von Unbelehrbaren nachgetrauert wird.

Aleph ist in allerhöchstem Grad verschlüsselt. Es besteht aus zwei Teilen: à = zu, von, bis; und leph = lev oder leu, der Löwe. Die entscheidende Auseinandersetzung wird durchgeführt vom Löwen (einem Armeeführer) im ***Löwen*** (Tierkreiszeichen Löwe) (vergl. Vers VIII/34, auch dort werden die beiden ***Löwen*** ausdrücklich genannt).

97

Triremes pleines tout aage captifs,
Temps bon à mal, de doux pour amertume:
Proye à Barbares trop trost seront hastifs,
Cupide de voir plaindre au vent la plume.

Die Dreiruderer sind gefüllt mit Gefangenen jeden Alters.
Die guten Zeiten in schlechte, die süßen in bittere.
Beute den Barbaren, zu früh werden sie hasten,
Begierig gefällig zu scheinen, die Fahne nach dem Wind.

Sklavenjagd. Einsatz der Schwarzen auf den Feldern Amerikas. Mit wohl kaum einem anderen liebenswerten Volk könnte man derart umspringen.

98

La splendeur claire à pucelle ioyeuse,
Ne luyra plus, long temps sera sans sel
Avec marchans, ruffiens, loups odieuse,
Tous pesle mesle monstre universel.

Der helle Glanz der freudvollen Jungfrau
Strahlt nicht länger, lange Zeit wird man ohne Kraft sein.
Mit Händlern, Kriegsfürsten, gehässigen Wölfen.
Alles drüber und drunter, ein weltweites Monstrum.

Eine recht gute Beschreibung der Gegenwart.

99

La fin le loup, le lyon bœuf & l'asne,
Timide dama seront avec mastins:
Plus ne cherra à eux la douce manne,
Plus vigilance & custode aux mastins.

Am Ende werden der Wolf, der Löwe, Stier und Esel,
Das scheue Reh mit den Bluthunden sein.
Nicht länger wird auf sie das süße Manna regnen.
Mehr Aufsicht und Bewachung den Bluthunden.

Fatal ist, daß man dem ***Bluthund***, den russischen Führer (bekannt aus dem Prosateil der Prophezeiungen Nostradamus) gegenüber nicht mißtrauisch genug war. Er vertilgt den Wolf = Deutschland, den Löwen = England, den Stier = die Idee Europa, den Esel = Israel, das Reh = Polen. Zeile 2: ***Mit*** = im Kampf mit. Ein Vers zum Dritten Weltkrieg.

100

Le grand Empire sera par Angleterre,
Le Pempotam des ans plus de trois cens:
Grandes copies passer par mer & terre,
Les Lusitains n'en seront pas contens.

Die große Herrschaft wird nach England,
Bei *Pempotam* sein an Jahren mehr als dreihundert.
Große Heere ziehen über Land und Meer.
Die Portugiesen werden damit nicht einverstanden sein.

Der *Pempotam* ist der (lat.) Pennipotens, der ***Geflügelte***, der allmächtige amerikanische Adler, der England 300 Jahre nach der Hinrichtung Charles I. 1649, also nach dem Zweiten Weltkrieg 1949 als Weltmacht ablöst. Zeile 4 deutet auf einen künftigen Krieg hin, in dem Amerika Portugal als Stützpunkt in Europa benutzt.

Eine Auswahl unterschiedlichster Begriffe und ihre Bedeutung

Aemathion	Pförtner des Sonnengottes; Ludwig XIV., der Sonnenkönig
Aquilon	Nordwestwind, Bezeichnung für Länder hoch im Norden
Aquitanien	Südwestfrankreich
Arbon	altfranz.: Harban; öffentlicher Aufruf
Ares	Griechischer Kriegsgott
Arethusa	Quelle bei Syrakus auf Sizilien, Quellnymphe
Aries	Widder, steht häufig für Deutschland
Armorique	Bretagne und Teile der Normandie
Arroy	Kreislauf / Unruhe
Asinier	Jude
AUGE	Anagramm von uage (vague), Welle
Ausonien	Unteritalien
Aux	Aix (die Stadt), sie / die (altfranz.)
Azostains	- Anagramm von Satanis - sauer - Stahl / Waffe - Bewohner von Asdod in Palästina
Babylon	- Rom im negativen Sinn - Macht gegen das Christentum / der Islam
Balance	- Waage - Ausgleich - Tierkreiszeichen Waage
Barbare	Ausländer, Fremde schlechthin
Bastarner	Volksstamm zwischen Weichsel und Ukraine
Begourdon	Heuchler, Häretiker (altfranz.)
Bellerophon	Sohn des Glaukos, Enkel des Sisyphus, er tötete die Chimäre
Benacus	See bei Verona
Beta	- Zweiter Buchstabe des griech. Alphabets - Herbst
Bethis	Guadalquivir
Beu / Be	Gott (altfranz.)
Bizans	Bollwerk bei Byzanz
Blaue	- blau / blond / nordisch - UN-Soldaten
Blois	Stammsitz der Valois
Boge	Sack / Höhle (altfranz.)
Boreas	Nordostwind

Boristenes	Flüsse der Ukraine, die ins Schwarze Meer münden: Dnjepr / Dnjestr
Brannonices	Keltischer Stamm
Brave	Unflat (altfranz.)
Brech	Honigwabe (altfranz.)
Bresse	Landschaft nordöstlich von Lyon
Brodes	- Keltischer Volksstamm südlich des Genfer Sees - umzingelt
Bruin	Schatten, Untergang
Bruine	- braun / Nebel - Streit / Kampf
Bugie	- Abtreibungsmittel aus Zypressensaft - Militärlager in Unterägypten
Burançois	Russen
Bureau	Strohfeuer (altfranz.)
Cap. / Cape	Capetinger, Bezeichnung für die Herkunft der Bourbonen
Cappa magna	- Ornat der Bischöfe - Papst
Capricorne	Steinbock (Sternbild)
Carmanien	Persien
Cassilin	Antike Stadt, heute Capua
Catulon	Katalonien
Celin	Der Gerechte; siehe auch ***Selin***
Cerf	Hirsch / Polen
Chaldenon	Chaldäa, Land zwischen Euphrat und der arabischen Wüste; steht für Wahrsagerei
Chameau	- Kamel - Chamäleon
Chaut	Strohhütte in der Camargue
Chef	- Chef / Führer - Anfang
Cherra	- Liebe - Zufall
Cheval	- Folterbank der Inquisition - Pferd
Chiren	Henric, ein künftiger Monarch, Heinrich V.
Cinq	- Fünf - Im Handumdrehen - Lumpen / Lappen
Cité, la	Stadt Paris
Classe	- Heer - Flotte - Volk

Colonna	Kardinal / die Säule
Condon	Verschenkung
Coq	Hahn / Frankreich
Corsibonne	Dirne
Cudo	Fellhelm
Cyphe	Ägyptisches Weihrauchpulver
D.M.	- Duce Mussolini - Deus Maritus (wohlgesonnener Gott)
Dacien	Ostungarn, Rumänien
Dama	Hirsch / Polen
Dame	- Dame / Prinzessin - Französische Republik
Deie	Klaue, Kralle
Deluge	- Überflutung - Bürgerkrieg - Revolution
Deukalion	Sintflut in der griechischen Mythologie
Deux	- Zwei - Christengott (altfranz.) - Altar (altfranz.) - Gottesdienst (altfranz.)
Dinebro	DINer Et BRO = Weinkanne und Brot
Duc	- Herzog - Führer - Fürst - Minister
Ée	Leben (altfranz.)
Eiovas	Häretikergespenst (griech.: Alpha Jota Omega Nü)
Endymion	Ein schöner Jüngling, den Silene mit einem Kuß auf dem Berge Latmos in ewigen Schlaf versenkte
Enviellie	altersschwach (altfranz.)
És	dieser (altfranz.)
Esmeu	- eingeschätzt (altfranz.) - bewegt
Esté	- Hochmut (altfranz.) - Jammer
Far	- Engpaß (altfranz.) - Bucht (altfranz.) - Fahrrinne (altfranz.)
Faujnars	Possenreißer beim Satyrspiel
Ferrare	- Schmid - Ferrara - Sitz des Statthalters Ostroms

Fisch	Jesus Christus - Gott - Erlöser
Galeere	- Kriegsschiff - Staat
Genest	Geschlecht, Stamm, Familie
Grand	Groß, viel, mächtig, schrecklich
Großer Neptun	USA
Gryphon	- Greif / Deutschland, wenn es *gut* ist - Orientalen allgemein
Ha	*Haruspe* Priester, der aus den Eingeweiden von Opfertieren wahrsagt
Hadrie	Hitler; leitet sich ab von Hades (die Unterwelt)
Hamon	Nichtjüdische Semiten
Harmotique	Tyrannenmörder
Hekatombe	- öffentliches Opfer von hundert Rindern - als Anagramm enthalten: - atom - bombe
Herne	Anagramm von Reine = Königin
Hero	Priesterin der Aphrodite
Hieron	Freund der Römer
Hister	Hitler (H + ister) Ister (lat.): die Donau
Huict	- acht - gerufen - mit dem Hammer bearbeitet
Hurne	- Schicksalsgefährte der Antike - Urne: Wassertopf Aschenurne A-Sprengkörper
Huy	Kriegsgeschrei
Hyppolith	Keuscher Jüngling
Ieve	der gute Gott (Jehova)
Inde	- Indien - Schwachkopf - Fluß in Südfrankreich - Violett / Farbe des höheren Klerus
Insubrer	Norditaliener um Mailand
Iris	- Edelstein - Göttin des Regenbogens - Schwertlilie
Jupiter	- Planet Jupiter - Herrscher des Himmels / der gute Gott - als Ausruf: "Oh Gott!"
JURA	- Juragebirge - Anagramm für Auri = strahlend

Kabeiri	- Großer Wagen (semitisch) - Norden - Wegweiser der Schiffahrt
Kreta	- Insel Kreta - Kreter der Palastwache König Davids - Lügner
Las	Schlinge, Falle, Lasso
Latmus	Berg in der südlichen Türkei
LAUDE	Anagramm von le Dau(phin) = der Thronfolger
Leo	- Löwe (Sternbild) - England
Leopard	Gier
Lestor	Vorgebirge bei Troja
Leuconi	Gallische Völker
Links	- verworfen - kommunistisch
Lutetia	Paris
Lybitina	Göttin des Todes
Lygust	Byzanz (alter Name)
Lykurg	König der Edener
Mamade	Priesterin des Priapos
Mammer	Rußland (*Mütterchen*)
Manubia	Donner und Blitz (Augurensprache)
Maresch	- Sumpfland (fränkisch) - Sturzflut
Mars	- Planet Mars - Krieg - römischer Kriegsgott
Mastin	- Bluthund - Anagramm des künftigen Führers (ein zweiter STALIN)
Maux	Flüche
May	grüne *Maienzweige* (altfranz.)
Melitus	Malta
Mendosus	Mann aus der Vendôme (Heinrich IV.)
Merkur	- Planet Merkur - Gott des Handels und der Diebe
Mil	- feurig, heiß, glänzend - tausend - Soldat - Arzt (altfranz.)
Mond	Islam
Monech	- Monaco - Mönch

Montmorency	Connétable Frankreichs z.Z. von Nostradamus
Myrmidonier	Volk in Thessalien
Mys	Arzt (altfranz.)
Mysne	Landschaft am Hellespont
Nef, Neveu	- Schiff
	- christliche Kirche
Nepoen	- Neffe
	- Napoleon III. (Neffe Napoleons I.)
	- Kardinal
Neptun	England
Nero	Hitler (wegen der Verfolgung der Juden)
Nice	- Nizza
	- Nichte
	- Sieg
Noir	- schwarz
	- Anagramm für *roi* (König)
NORLARIS	Anagramm von LORRAIN (Lothringen)
Normannen	Amerikaner
Nuict	- Nacht
	- dunkel
	- 24 Stunden
O	- Krieg (altfranz.)
	- O(ppenheimer)
Ogmion	Keltischer Herkules
Olcades	Edelsteine
Oppi(dum)	Stadt
Orgon	Schweizer (von Orgetorix)
Orme	Ulme
Ours	Bär / Rußland
Pache	- Frieden
	- Vorgebirge auf Sizilien
	- Schmuggel
Palme	Hand
Pannonien	Ungarn
Pêche	*Pfirsich*, der homosexuelle Heinrich III.
Pelta	kleiner Schild
Pempotan	Großes Gelage (von pomme potatio)
Perinth	Bulgarien
Pest	- Krankheit: Pest
	- Landplage
	- großes Unheil
	- blutiges Gemetzel
	- geistige Vergiftung

Phaëton	- Verrat
	- Beiname des Helios
Phocea	Mutterstadt von Marseille
Phoebus	Mondsymbol
Phokier	Bewohner des Südens der Provençe
Phybe	Sonnengott
Plancus	Gründer Lyons
Pluiel	Südwind mit Regen
Pol	- Schlamm
	- Hahn
POL MANSOL	Anagramm für MONS APOLL
Porphyr	roter Marmor / purpurrot
Prelat	hoher geistlicher oder weltlicher Chef
Pristis	Walfisch / Meeresungeheuer
Quatre	- vier
	- gepreßt
	- Katzenanbetung / Katharer
Rana	- Laubfrosch / Italien
Rapis	Anagramm für Paris
Ribe	Unterholz
Rouge	- rot / Rote
	- Kardinal
	- rotglühend
	- Inquisition
Rubrich	- Hafen von Narbonne
	- Rot
	- Gesetz
Sac	Plünderung
Sallenons	Kalabrischer Volksstamm
Samatobryn	Anagramm für *Atom brysant*, Atombombe
Sceus	Halbgebildeter
Secatombe	- Opfer durch Erdbeben
	- Anagramm für sec. (lat.) zwei / die zweite Atom-bombe
Secte	- Sekte
	- Partei
Sel	- Salz
	- se - el = so sehr (altfranz.)
Selin	- Selene, die Mondgöttin
	- Anagramm für miles (lat.) Soldat
	- Halbmond / Islam
Sept	- sieben
	- Zaum
	- angesteckt

Septentional	nördlich
Serpent	Schlange; Katharina von Medici, die ränkesüchtige Witwe Heinrichs II.
Seul	alleinstehend / Priester
Sex	- Geschlecht
	- Stamm
	- sechs
Sol	- Sonne
	- Festland
	- Fundament
Some	- Klang
	- Jahr
	- Kirchenlehrer
Soy	Durst (altfranz.)
Supelman	bleibende Ausstattung
Symade	Römischer Redner des 4. Jahrhunderts v.Chr.
Synagoge	Israel
Tarase	- Drachen
	- Wasserspeier an Kathedralen
Tasche	Steuern (altfranz.)
Taurus	- Sternbild des Stiers
	- Sumpf an der Küste der Provençe (Etang de Tau)
Teste	- Kopf
	- Chef
	- Zeuge
	- Evangelien
Tête rasée	*Geschorener Kopf* = Soldat; Kaiser Napoleon I.
Thrasobul	Athener, der die *Dreißig Tyrannen* vertrieb
Tiran	- Tirana
	- Tyrann
	- ein Übel schlechthin
Trense	Trense (aus dem deutschen)
Tresemide	Dreikönigstag
Tridental	Dreizack-Meeresgott = USA / England
Trinacria	alter Name für Sizilien
Trois	Anagramm für roi (König)
Tyrton	ungenießbarer Fraß
Uarde	Dalmatier (Varde)
Urzin	Bärenhaut
Ustageois	- Sabinerland
	- verbrennen
Val	Wehe (lat.)
Veil	Warnung

Venus	- der Planet Venus
	- vom Verb *venir*: sie sind gekommen
Verres	- Schweinebrühe
	- wegschleifen
	- Gegner Ciceros
Vert	- grün
	- jung
	- kraftvoll
Veue	Gelübde (altfranz.)
Vidame	Stellvertreter eines Bischofs
Vingt	- zwanzig
	- besiegt
Virsbonne	Raufbold
Vitry	völlig klar
Vitupre	verstümmeln
Voyage	- Reise
	- Kreuzzug
Vultry	Südostwind
Waage	- Sternbild im Herbst
	- Gerechtigkeit
Wolf	- Deutschland, wenn es *böse* ist
	- Teufel
Zara	- Sara, Frau des Abrahams
	- Stadt in Mauretanien
	- venezianische Hafenstadt in Dalmatien

EWERTVERLAG GmbH

...der mit den offenen Büchern...

Mühlentannen 14 - D 49762 Lathen (Ems) Fon 05933 92620 - Fax 05933 92621

Buch-Programm '97

Autor	Best.-Nr.	Titel (HC = Hardcover)	DM
		Dokumentation - Neues Wissen	
K.-D. Ewert	8-000-2	Die physikalischen Zwangsläufigkeiten des Kosmos (HC)	29.80
	8-063-0	Die physikalischen Zwangsläufigkeiten des Kosmos	19.80
Ewert/Würth	8-119-x	Die Energiemaschine - Energie zum Nulltarif	39.80
Frank de Martin	8-001-0	Die Seele des Kosmos - Ende der org. Dummheit (HC)	39.80
C. von Esterfeld	8-002-9	Geheimnis des Kosmos - Das wahre Bild der Welt (HC)	29.80
Günter Guzano	8-070-3	Das Universum - Entstehung - Teil 1	39.80
	8-079-7	Das Universum - Entstehung - Teil 2	39.80
Roger Verdade	8-003-7	Das Mädchen mit dem Mondpendel -Dokumentation (HC)	39.80
	8-008-8	Des Teufels Planet - Der Schrei des vergossenen Blutes	29.80
Jan van Helsing	8-069-x	Geheimgesellschaften und ihre Macht im 20. Jahrh. (HC)	44.80
(HC)	8-492-x	Geheimgesellschaften - Band 2 - Interview m. van Helsing	44.80
(HC)	8-654-x	Secret Societies and Their Power in the 20th Century	49.80
(HC)	8-816-x	Les Societés Secrètes et leur Pouvoir au 20eme Siecle	49.80
(HC)	8-573-x	BUCH III - Der Dritte Weltkrieg	49.80
Bruno Sammer	8-170-x	Die geheime Verschwörung der Illuminaten	39.80
Georg Segal	8-055-x	Die geheime Regierung - Außerirdische sind gelandet	19.80
Falke	8-065-7	Die unsichtbaren Waffen der Macht (HC)	39.80
Gary Allen	67-00-3	Die Insider I Baumeister der "Neuen Welt-Ordnung" (HC)	29.80
	67-03-8	Die Insider II - Baumeister der "Neuen Welt-Ordnung" -	29.80
Peter Blackwood	64-04-3	Der namenlose Krieg	39.80
Franke-Gricksch	64-05-1	Das ABC der Insider	44.80
Des Griffin	79-41-6	Wer regiert die Welt	34.80
B. Bouvier	8-167-x	Die letzten Siegel - Chronologie des III Weltkriegs	39.80
	8-153-x	NOSTRADAMUS	49.80
Dr. R. Y. Kendel	8-094-0	Das wichtigste Geheimnis der Menschheit - DWGM (HC)	39.80
	8-095-9	Antaris - auf dem Weg in eine andere Welt	29.80
Franz Bardon	38-21-2	Der Schlüssel zur wahren Quabbalah (HC)	42.00
	38-22-0	Frabato	24.80
Dr. L. Bardon	38-18-2	Erinnerungen an Franz Bardon	16.80
Dr. Georg Lomer	38-20-4	Lehrbriefe zur geistigen Selbstschulung	24.80
Maiski	38-17-4	Wer half Hitler	29.80
D. Rüggeberg	38-10-7	Theosophie und Anthrosophie im Licht der Hermetik	16.80
	38-12-3	Christentum und Atheismus - Okkultismus und Magie -	19.80
	38-15-8	Geheimpolitik I - Der Fahrplan zur Weltherrschaft	29.80
	38-16-6	Geheimpolitik II - Logen-Politik	29.80
Hans Ruesch	1-027-1	Die Pharma-Story - Der GROSSE Schwindel	28.00
Joachim-F. Grätz	1-124-3-	Sind Impfungen sinnvoll? Ein Ratgeber aus der Praxis	14.80
Simone Delarue	1-110-3	Impfschutz - Irrtum oder Lüge?	32.00
F. und S. Delarue	1-085-9	Impfungen - der unglaubliche Irrtum	24.00
Harris L. Coulter	1-109-x	Impfungen - der Großangriff auf Gehirn und Seele	32.00
Muna S. Ananda	8-062-2	Ludus Christi - Die Demaskierung der Christlichen Lüge	29.80
James Creedens	8-053-3	Das Geheimnis des roten Planeten - Die Marsrätsel	29.80
Ruth Minshull	67-50-x	Emotionen - Höhen - Tiefen - Gesetzmäßigkeiten	29.80
P. B. Nichols	9-269-3	Das Montauk Projekt - Experimente mit der Zeit	30.00

Dokumentation - Neues Wissen

P. B. Nichols	9-272-3	Rückkehr nach Montauk	30.00
F. Zückmantel	8-184-x	Geheimakte UFO	39.80
Ulrich Kramer	67-44-5	Der Schmale Pfad - Handbuch fürs Management	24.80
Nin-Sikilla	8-015-0	Sphinx und Cherub	39.80
	8-052-5	Das veruntreute Erbe	39.80
René Egli	8-092-4	Das LOL²A-Prinzip (HC)	39.80
Volker Kranz	8-093-2	Erfolg-Reich-Sein (HC)	29.80
Eugen F. Müller	8-019-3	Danach - Leben in Ursache und Wirkung	19.80
Rho Sigma	67-90-9	Forschung in Fesseln - Edition Freie Energie	36.00
	8-099-1	DENVER Report - Aktuelles "Freie Energie" (englisch)	98.00
	67-93-3	TESLAs verschollene Erfindungen - Geniale Techniken	24.80
	67-60-7	Nikola Tesla - Das Genie unserer Zukunft - Freie Energie	29.80
	67-61-5	Erfinder ohne Nobelpreis Band II	29.80
Franz Ferzak	465-0-2	Nikola Tesla	24.80
	465-3-7	Wilhelm Reich - Ein außerirdischer Österr. - ermordet	24.80
	465-1-0	Karl Freiherr von Reichenbach	17.80
	465-2-9	Der Engel des Verwunderlichen	24.80
	465-4-5	Humdidldums Abenteua	16.80
Kurt Pagels	8-007-x	Es geht nur ohne Einstein	29.80
	8-011-8	Kant gegen Einstein	19.80
	8-016-9	Kant gegen Marx-Engels-Lenin	29.80
	8-051-7	Paradoxe Realität	29.80
C. A. Ammann	8-111-4	Die erhabene Leichtigkeit des Seins (Herbst '96)	39.80
	8-112-2	La Sublime Leggerezza Dell'Essere (Herbst '96)	39.80
Sarah Velden	8-096-7	Die Mühle der Barmherzigkeit	19.80
Martin Schöttle	8-004-5	Leben, Lieben, Lernen	29.80
K. Braunmüller	8-113-0	Scientologie - Bedrohung oder Erlösung? (HC)	39.80
Bob Frissell	8-260-x	Zurück in unsre Zukunft... Vorwärts in die Vergangenheit	30.00
Klaus Lutz	8-022-3	Wenn Makler betrügen... und Banken mitmachen	19.80
Amrit Madarva	8-044-4	Mit Glocken und Kanonen	19.80
Hans Bertling	8-021-5	Liebe, Glück und Harmonie	29.80
	8-048-7	Buch des Lebens - Zwischen Leben und Tod	19.80
E. Schillert	8-037-1	Nähe ist kein Traum	19.80
Peter Lechner	8-023-1	Gegen den Strom	19.80
	8-075-4	Tod eines Feinschmeckers	29.80
Anton Meyer	8-110-6	Die Weissagungen des hl. Malachias - (Herbst '95) (HC)	19.80
Heinz Kraft	8-030-4	Ein unfertiges Mosaik	19.80
G. G. Horvath	8-009-6	Shannondoa - Licht der Sterne	29.80
	8-026-6	Shannondoa - Auf zu den Jahren im All	19.80
	8-033-9	Falle BermudaDreieck	19.80
	8-034-7	Der Schrei des Escador	19.80
	8-054-1	Der Gralskreis	29.80
(Herbst '96)	8-109-2	Die Genjäger...	39.80
F.-H. Warstat	8-025-8	...sie waren doch Geschwister...	19.80
Siegm. Künzel	8-036-3	Wie Du mir...	19.80
Georg Richert	8-045-2	Die Fälle des Kommissar Müller	24.80
	8-064-9	Die ewigen Gesetze des Friedens	12.80
	8-097-5	Die neue Zeit des Friedens	29.80
	8-107-6	Die neue Welt des Friedens - Am Tor zum 21. Jahrhundert	24.80
Ludwig Conrad	8-057-6	Tischtennis - So werde ich Meister	19.80

Roman - Biographie

Christien L'ebèl	8-005-3	Verlorene Diamanten	19.80
Dr. S. Tischer	8-043-6	Höhen und Tiefen eines bewegten Lebens	19.80
M. Heuser	8-091-6	Entmündigt - Das Leben der Maria H.	19.80
Götz Lang	8-031-2	Wenn Frauen wüßten...was Männer ab 50 fühlen	19.80
	8-038-x	Liebesbriefe verliebter Männer	19.80
Beate Maile	8-010-x	Der Weg	19.80
	8-077-0	Wandel im Zeichen der Schlucht	29.80
M. Nederkorn	8-046-0	Die Zeit der Wüste	19.80
G. Chr. Nebgen	8-047-9	Terra Marique Teil 1 - Frieden	29.80
	8-080-0	Terra Marique Teil 2 - Hinein in den Krieg	29.80
	8-081-9	Terra Marique Teil 3 - Lehrreiches Ende	29.80
Elke Strobach	8-058-4	Ein schreckliches Mädchen	29.80
Willi Schleip	8-071-1	Die Zeit mit Lidotschka	24.80
	8-100-9	Gegen den Backofen atmen	24.80
Wolfgang Zöller	8-067-3	Die Firma... Wer nichts wagt gewinnt! - Satire	29.80
Charl. Förster	8-068-1	Die Kaiserschiffe	29.80
O. K.G. Geldszus	8-024-x	Das Tagebuch des Thomas R. - DDR zur Wendezeit	29.80
Jörg Bausen	8-078-9	Die Mördersekte - Spannender Krimi	19.80
Karl Heilmann	8-087-8	Familie Fürchtegott und der Dackel Cleverle	29.80

Gesundheit

I. v. Wedemeyer	8-061-4	Zurück zur Natur - Gesünder leben - aber wie?	29.80
NeumayerHalbig	12-05-x	Ich lebe noch - So besiegten wir den Krebs	29.80

Reise

Käthi Rodenbeck	8-012-6	Eine ungewöhnliche Crew	19.80
(Herbst '95)	8-108-4	Zu Gast in Rußland	19.80
Rodenbeck/Lodh	8-042-8	Indienreise	19.80

Roulette (Nur gegen Vorkasse)

Roger Verdade	8-027-4	Dauergewinne auf wissenschaftlicher Basis	98.00
	8-059-2	Dauergewinne auf wissenschaftlicher Basis - Teil II	98.00
	8-028-2	Supergewinne auf wissenschaftlicher Basis	98.00

Kinderbuch

Dieter Ahlswede	8-039-8	Violas Traumgeschichten	9.80
Wenke Mayer	8-072-x	5 Geschichten	9.80

Esoterik

Ananda	8-066-5	Feiere Dein Leben	19.80
R. Danielczyk	8-076-2	Das Wirken Gottes	29.80
Jürgen Schwarz	8-060-6	Der Tod hat kein Recht	19.80
Heiko Skerra	8-017-7	Alchemie - Das Geheimnis der Goldherstellung	29.80
Viktor Bättig	8-013-4	Kein Mensch ist tot, wenn er stirbt	29.80
Markus Luscha	8-083-5	Gott und wir	39.80
Matth. Bormann	8-084-3	Tarot des Matto - inkl. TAROT-Karten	39.80
B.-D. Neht	8-098-3	An den Grenzen des Geistes - Geistheilung - (HC)	44.80
Adele Holzer	8-085-1	Das Geheimnis des Planeten Phaethon	29.80
B. Sommer	8-088-6	Der Weg ins Licht - Hypnoseerfahrungen	29.80
L. Kin	67-23-2	Gott & Co. - Nach wessen Pfeife tanzen wir	40.00